Sportwissenschaft studieren
Band 8

Sportsoziologie
Ein Lehrbuch in 13 Lektionen

Die Reihe

Sportwissenschaft studieren richtet sich vor allem an Sportstudierende, aber auch an alle im Sport Lehrenden und an diejenigen, die an sportwissenschaftlichen Themen und ihrer Vermittlung interessiert sind. Alle Bände der Reihe *Sportwissenschaft studieren* sind als Lehrbücher in Lektionen abgefasst. Ihr durchgängiger Fragencharakter bahnt einen Dialog mit dem Leser/der Leserin an. Die Lehrbücher haben Einführungscharakter und sind demnach: komprimiert im Inhalt, klar strukturiert im Aufbau, verständlich geschrieben und übersichtlich gegliedert. Die Reihe *Sportwissenschaft studieren* eignet sich zum Selbststudium sowie als begleitende Lektüre (z. B. in Vorlesungen) oder als Diskussionsgrundlage (z. B. in Seminaren).

Bereits erschienen:
Eckart Balz & Detlef Kuhlmann: Sportpädagogik (Band 1)
Gerhard Trosien: Sportökonomie (Band 2)
Michael Bräutigam: Sportdidaktik (Band 3)
Alfermann/Stoll: Sportpsychologie (Band 4)
Rainer Wollny: Bewegungswissenschaft (Band 5)
Arno Müller: Sportphilosophie – in Planung (Band 6)
Kuno Hottenrott & Georg Neumann: Trainingswissenschaft (Band 7)
Ansgar Thiel, Klaus Seiberth & Jochen Mayer: Sportsoziologie (Band 8)

Sportwissenschaft studieren
Band 8

Ansgar Thiel,
Klaus Seiberth & Jochen Mayer

Sportsoziologie

Ein Lehrbuch in 13 Lektionen

Meyer & Meyer Verlag

Herausgeber der Reihe „Sportwissenschaft studieren“:
Prof. Dr. Wolf-Dietrich Brettschneider und Dr. Detlef Kuhlmann (bis Band 8)

Sportsoziologie
Ein Lehrbuch in 13 Lektionen

Bibliografische Information der Deutschen Nationalbibliothek
Die Deutsche Nationalbibliothek verzeichnet diese Publikation in der Deutschen Nationalbibliografie; detaillierte bibliografische Daten sind im Internet über http://dnb.d-nb.de abrufbar.

2. Auflage 2018
Auckland, Beirut, Budapest, Cairo, Cape Town, Dubai, Hägendorf, Indianapolis, Maidenhead, Singapore, Sydney, Tehran, Wien
Member of the World Sport Publishers' Association (WSPA)
Druck: CPI – Clausen & Bosse, Leck, Germany
ISBN 978-3-89899-639-6
E-Mail: verlag@m-m-sports.com
www.dersportverlag.de
www.wissenschaftundsport.de

Inhalt

Einleitung

Anspruch und Konzept dieses Lehrbuchs

Viele Studierende der Sportwissenschaft haben, wenn sie ihr Studium aufnehmen, bislang nur wenig über die Sportsoziologie gehört. Die meisten verbinden Sport v.a. mit praktischer Bewegung. Einige haben in der Schule schon etwas über trainingswissenschaftliche Grundlagen gehört. Manche wissen, dass ein anatomisches und physiologisches Grundwissen notwendig ist, um die Funktionsweise von Bewegungen zu verstehen. Und viele haben aufgrund ihrer eigenen sportlichen Erfahrungen eine Vorstellung, welche Rolle die Psyche beim Sporttreiben spielt und wie sich Sport auf die Psyche auswirkt. Was die Sportsoziologie macht, erfährt ein großer Teil der Studierenden erst in der ersten Sportsoziologie-Vorlesung. Dabei lassen sich viele Fragen zum Sport nur beantworten, wenn man die sozialen Bedingungen ihrer Entstehung versteht.

Doping im Spitzensport ist hierfür ein gutes Beispiel: Die Sportmedizin liefert Erkenntnisse, die für die Überführung von Dopingsündern gebraucht werden. Die Sportpsychologie kann Motive von Dopingsündern analysieren. Die Sportsoziologie erklärt darüber hinausgehend die strukturellen Zwänge, in denen sich die Athleten befinden. Aus soziologischer Perspektive wäre es zu einfach, Doping auf eine Charakterschwäche einzelner Athleten zurückzuführen. Die Sportsoziologie sieht die Wurzeln des Dopings bereits darin, dass Athleten über eine lange Zeit in ein System hineinsozialisiert werden, in dem es vorrangig um das Gewinnen im sportlichen Wettkampf geht. Um an die Spitze zu kommen, muss vieles aufgegeben werden. Das ganze Leben muss auf den Spitzensport ausgerichtet werden. Freunde und Familie rücken in den Hintergrund. Und es wird immer schwieriger, sich neben Training und Wettkampf eine alternative Existenz aufzubauen, die einen absichert, wenn es mit dem Sport mal nichts mehr ist. Deshalb werden die Athleten mit der Zeit immer abhängiger vom Spitzensport. Das bedeutet für die Athleten aber auch, dass sie mit allen Mitteln ein Scheitern vermeiden müssen. Dazu kommt, dass Doping verdeckt praktiziert wird und jede Aufdeckung eines Dopingfalls die Annahme erhärtet, dass es eben auch schwarze Schafe gibt, die unrechtmäßig ihre Leistungen verbessern. Nimmt nun ein Athlet wahr, dass ein anderer, den er eigentlich für leistungsschwächer hält als sich selbst, plötzlich deutlich bessere Leistungen erbringt, dann liegt für ihn die Annahme nahe, dass dieser andere Athlet gedopt hat. Bereits diese Vermutung erhöht wiederum den Anreiz, selbst zu dopen, um die angenommene Ungerechtigkeit auszugleichen.

Doping ist nur eines von vielen Beispielen, die von der Sportsoziologie in den letzten Jahrzehnten intensiv bearbeitet wurden. Andere typische sportsoziologische Fragen beziehen sich z. B. auf die Entwicklung von Sportvereinen, die ganz offensichtlich nach anderen Mustern funktionieren als Wirtschaftsunternehmen, oder auf den Zugang von Menschen zum Sport. Die sehr fruchtbare sportsoziologische Forschung der letzten Jahrzehnte hat dazu geführt, dass sich die Sportsoziologie als eine zentrale Teildisziplin der Sportwissenschaft etabliert hat. Ihre Erkenntnisse sind nützlich für alle im Sport Beschäftigten, deshalb sind sie auch ein wichtiger Inhalt des Studiums der Sportwissenschaft.

Das vorliegende Lehrbuch zielt darauf ab, Einblicke in die Denkweise, in zentrale Themen und in die wichtigsten Forschungsbereiche der Sportsoziologie zu geben. Mit diesem Buch möchten wir einen möglichst breiten Überblick geben, was in der Sportsoziologie geforscht wird. Wir haben das Buch so konzipiert, dass es als Grundlagenliteratur einer Sportsoziologie-Vorlesung dienen kann und damit Studierenden nützlich ist, die sich auf Klausuren vorbereiten müssen. Das Buch hat aber auch den Anspruch, eine gute Grundlage für die Examensvorbereitung in den verschiedenen Studiengängen der Sportwissenschaft zu sein. Und nicht zuletzt soll das Buch auch für diejenigen, die sich bereits im Beruf befinden, hilfreich für eine Reflexion ihrer Arbeit aus einer »anderen« Perspektive sein.

Um dem Text eine leserfreundliche und lernförderliche Struktur zu geben, haben wir das ganze Buch in »Lektionen« eingeteilt. Zu Beginn jeder Lektion finden sich Leitfragen, die im Laufe des Texts beantwortet werden. Der Lehrbuch-Charakter zeigt sich außerdem in den zahlreichen Hervorhebungen, die die Lektionen durchziehen. Sie liefern den Lesern Zusatzinformationen, Definitionen und weiterführende Literaturhinweise. Darüber hinaus sind am Ende jedes Kapitels Lernkontrollfragen formuliert, die dem Leser dabei helfen sollen, wesentliche Erkenntnisse zu rekapitulieren. Damit stellen die Fragen eine ideale Grundlage für die Prüfungsvorbereitung dar. Schließlich ist jeder Lektion ein ausführliches

Literaturverzeichnis angehängt, in dem die verwendeten Quellen aufgeführt sind und das Hinweise zur Vertiefung des Themas gibt.

Das Lehrbuch besteht aus insgesamt 13 Lektionen. Die Lektionen verteilen sich (mit Ausnahme der ersten, einführenden Lektion) auf drei Hauptteile. Jede Lektion widmet sich einem spezifischen Thema der Sportsoziologie und die einzelnen Lektionen stehen jeweils für sich. Die Reihenfolge, in der die Lektionen gelesen werden können, ist also variabel.

- Nach einer Einführung in die Sportsoziologie (Lektion 1) beleuchten wir in **Teil I** *Entwicklungsdynamiken des Sports*. Dabei geht es zunächst um die Frage, wie der Sport entstanden ist, wie er sich also zu einem eigenständigen und so relevanten Bereich der Gesellschaft »ausdifferenziert« hat (Lektion 2). Daran schließt sich eine Analyse der Rolle des sportlichen Körpers in der modernen Gesellschaft an. Sportlichkeit spielt heute in vielen Zusammenhängen eine wichtige Rolle, was man nicht nur in der Werbung, sondern auch in der Wortwahl von Politikern beobachten kann. Der sportliche Körper ist also nicht nur etwas, das biologisch zu untersuchen ist. Er ist vielmehr auch ein Symbol für viele Werte (Leistung, Durchsetzungsfähigkeit, Gesundheit), welche die heutige Gesellschaft kennzeichnen (Lektion 3). In jüngerer Zeit wird in Zusammenhang mit sportlicher Betätigung das Gesundheitsmotiv immer wichtiger. Für den Gesundheitssport ist es dabei besonders wichtig, dass Gesundheit nicht nur die Abwesenheit von Krankheit ist. Gesundheit ist ein vielschichtiger Begriff. Deshalb ist es beispielsweise für die Gesundheitsförderung durch Sport sehr wichtig zu klären, welche »Gesundheit« gefördert werden soll (Lektion 4). In der darauf folgenden Lektion wird der Spitzensport genauer unter die Lupe genommen. Dabei geht es zum einen um die Frage nach den grundlegenden Strukturen dieses Sozialsystems. Zum anderen analysieren wir anhand von zwei Beispielen (Doping, Gesundheit), wie diese Strukturen das Handeln von Athleten, Trainern und Managern prägen (Lektion 5). Abschließend setzen wir uns mit Trends im Sport auseinander. Wir gehen darauf ein, wie sich Trends begrifflich von Moden und Hypes unterscheiden. Anschließend erläutern wir die Mechanismen, denen Trends (auch im Sport) folgen (Lektion 6).

- In **Teil II** rückt die *Organisation des Sports* in den Mittelpunkt. Hier geben wir zunächst einen Überblick, wie der organisierte Sport in Deutschland strukturiert ist, angefangen bei übergeordneten Dachverbänden, bis hin zum Sportverein. Danach beschreiben wir die Strukturen des Sports, die der Organisation internationaler Wettkämpfe zugrunde liegen (Lektion 7). In einer weiteren Lektion diskutieren wir den Wandel des Sportvereins, der in Deutschland der zahlenmäßig größte Sportanbieter ist. Heute gibt es nicht mehr »den« Sportverein. Sportvereine unterscheiden sich im Hinblick auf die Größe, die Angebote, das Klientel und die Mitarbeiterstruktur. Nach einer Beschreibung des Erscheinungsbildes von heutigen Sportvereinen diskutieren wir die Mechanismen, die dem strukturellen Wandel von Sportvereinen zugrunde liegen (Lektion 8). Welche Besonderheiten beim Management von Sportvereinen zu beachten sind, besprechen wir in der letzten Lektion des zweiten Hauptteils. Dabei erklären wir, warum Sportvereine als Freiwilligenorganisationen anders zu steuern sind als beispielsweise Wirtschaftsunternehmen (Lektion 9).

- **Teil III** beschäftigt sich mit Aspekten der *Teilhabe am Sport*. Zunächst behandeln wir die Sozialisation im und durch Sport. Eine wichtige Rolle spielt dabei die Diskussion von Forschungsergebnissen zu sozialen Faktoren, welche den Zugang zum Sport bedingen und zur Auswirkung des Sporttreibens auf das Denken und Handeln der Sport treibenden Personen (Lektion 10). In der darauf folgenden Lektion diskutieren wir soziale Ungleichheiten hinsichtlich des Zugangs zum Sport. Wir stellen die wichtigsten Erklärungsmodelle sozialer Ungleichheit vor und besprechen anschließend empirische Befunde zu sozialen Ungleichheitsphänomenen (Lektion 11). Gesondert behandeln wir die Frage nach der Integration von Menschen mit Migrationshintergrund in den Sport. Diesem Thema wird derzeit sowohl in der Wissenschaft als auch in der Sportpraxis eine große Relevanz zugesprochen. Wie kompliziert diese Diskussion ist, zeigt bereits die Auseinandersetzung mit zentralen Begrifflichkeiten dieses Forschungsbereichs. Dass der Sport zwar viele Integrationspotenziale bereithält, in der Praxis doch immer wieder Grenzen der Integration auftauchen, ist eine wichtige Erkenntnis der sportsoziologischen Forschung zu diesem Thema (Lektion 12). Den Abschluss der Lektion bildet eine Auseinandersetzung mit dem Thema »soziale Konflikte« im Sport. Wie in anderen Sozialbereichen sind Konflikte auch im Sport keine Seltenheit. Die Strukturen des Sports erzeugen aber ganz spezifische Konfliktpotenziale, die in dieser Lektion vorgestellt werden. Daran anschließend fragen wir danach, aus welchen Gründen Konflikte eskalieren. Die Lektion abschließend behandeln wir die Bedingungen einer Deeskalation von Konflikten (Lektion 13).

Die behandelten Themen bilden eine exemplarische Auswahl von Forschungsfragen ab. Bei der Auswahl haben wir darauf geachtet, v.a. auch Themen zu berücksichtigen, die den aktuellen sportsoziologischen Diskurs – aus unserer Sicht – maßgeblich geprägt haben oder prägen. In Anbetracht der thematischen Vielfalt sportsoziologischer Forschung und Theoriebildung erhebt das Buch jedoch nicht den Anspruch, *alle* sportsoziologisch relevanten Themen zu behandeln.

Die einzelnen Lektionen sind als Grundlagentexte zu verstehen. Sie ermöglichen den Einstieg in ein Thema – keinesfalls aber eine erschöpfende Auseinandersetzung. Die Lektionen liefern dem Leser also einen Überblick über zentrale Begriffe, Modelle, Erkenntnisse und Zusammenhänge. Zusätzlich enthält der Text an verschiedenen Stellen Hinweise, die eine vertiefende Auseinandersetzung ermöglichen.

Noch ein Hinweis zur Darstellung der Lektionen: Die Autoren haben sich stets bemüht, komplexe Zusammenhänge einfach darzustellen, d.h. in ihrer Komplexität zu reduzieren. Dieses Vorhaben stößt jedoch hin und wieder an seine Grenzen; denn manche Zusammenhänge sind eben nur dann zu durchschauen, wenn ihrer Komplexität Rechnung getragen wird und die soziologischen Fachbegriffe verwendet werden, die zugegebenermaßen nicht immer einfach zu verstehen sind. Aus diesem Grund finden sich in einigen Lektionen auch Passagen, deren Lektüre etwas mehr Zeit in Anspruch nehmen wird als der restliche Text. Für manche Studienanfänger wird dies eine interessante Herausforderung sein, manchen mag dies anfangs aber möglicherweise auch schwierig erscheinen und eventuell »lästig« sein. Doch um soziale Phänomene im Sport beschreiben, verstehen und erklären zu können, ist aus unserer Sicht eine Fachsprache unumgänglich.

Damit die Studierenden sehen, dass die vorgestellten sportsoziologischen Erkenntnisse von Forschern aus der ganzen Welt stammen, die sich oft jahrelang in unzähligen Studien mit den betreffenden Themen auseinandergesetzt haben, fallen die zu den einzelnen Kapiteln gehörenden Literaturlisten etwas länger aus, als dies bei Lehrbüchern in der Regel der Fall ist. Aus Platzgründen werden wir dennoch nicht immer alle Autoren nennen können, die sich mit dem betreffenden Thema irgendwann einmal beschäftigt haben. Wir beschränken uns (auch aus Gründen der Lesbarkeit) bei der Nennung von Autoren im Text daher entweder auf die Autoren von Überblickswerken zum jeweiligen Thema, oder auf diejenigen Autoren, die den Diskurs maßgeblich geprägt haben oder die Grundlage für die im Text diskutierten Gedanken geliefert haben.

Neben unserem Buch gibt es im deutschsprachigen Raum eine ganze Reihe an weiteren Überblickswerken zur Sportsoziologie. Dazu gehören beispielsweise folgende Arbeiten:

BETTE, K.-H. (2010). *Sportsoziologie.* Bielefeld: Transcript.

CACHAY, K. & THIEL, A. (2000). *Soziologie des Sports.* Weinheim: Juventa.

HEINEMANN, K. (2007). *Einführung in die Soziologie des Sports* (5. Aufl.). Schorndorf: Hofmann.

WEIS, K. & GUGUTZER, R. (Hrsg.). (2008). *Handbuch Sportsoziologie.* Schorndorf: Hofmann.

All diese Werke sind sehr lesenswert. Sie haben alle ihren jeweils eigenen Zugang zum Thema. Manche sind sehr spezifisch und gehen sehr differenziert auf Forschungsfragen der Sportsoziologie ein, andere bieten eher einen breiten Überblick. Damit sind sie eine gute Ergänzung zu unserem Buch, weshalb wir auch an entsprechenden Stellen immer wieder auf diese Veröffentlichungen hinweisen.

Eine letzte Anmerkung: Aus Gründen der besseren Lesbarkeit verwenden wir im Folgenden in der Regel die maskuline Form. Gemeint sind damit beide Geschlechter.

Lektion 1

Gegenstandsbereich der Sportsoziologie

1 Einleitung

Sport ist eine aus der modernen Gesellschaft nicht mehr wegzudenkende Erscheinung. Mehr als die Hälfte der Bevölkerung bezeichnet sich heute als mehr oder weniger sportlich aktiv. In der Alltagssprache und -mode ist Sport allgegenwärtig. Doch warum stellt Sport heute eines der zentralen öffentlichen Themen dar? Wie hat sich der Sport entwickelt? Nach welchen Logiken funktioniert der Spitzensport eigentlich im Vergleich zum Breitensport? Inwieweit haben Zuwanderungsprozesse seit den 1950er-Jahren Einfluss auf das deutsche Sportsystem genommen? Die Sportsoziologie versucht, Antworten auf diese und andere Fragen zu geben. Dabei nimmt sie eine spezifische Perspektive ein. Womit sich die Sportsoziologie genau beschäftigt, was ihre spezifische Perspektive auszeichnet und wie sie sich zu einer wichtigen Teildisziplin der Sportwissenschaft entwickelte, ist Gegenstand des folgenden Kapitels.

Folgende Themenbereiche werden im Laufe der Lektion bearbeitet:

- Prinzipien und Erkenntnismodelle soziologischen Denkens
- Theoriebildung und Paradigmen in der Soziologie
- Soziologische Referenztheorien
- Soziologische Forschungsmethoden
- Entstehungsgeschichte der Sportsoziologie
- Sport als vielschichtiger Begriff
- Grundfragen der Sportsoziologie

2 Soziologie als »Mutterwissenschaft«

Die Sportsoziologie bedient sich der Theorien und Methoden der allgemeinen Soziologie. Die Disziplin Soziologie entwickelte sich erst zu Beginn des 19. Jahrhunderts. Den Begriff *Soziologie* führte der französische Philosoph Auguste Comte ein. Er verband damit den Anspruch, eine »soziale Physik« zu entwerfen, die sich v.a. mit der Veränderung gesellschaftlicher Strukturen beschäftigt. Den Status einer wissenschaftlichen Disziplin erlangte die Soziologie durch Pioniere wie Émile Durkheim, Georg Simmel oder Max Weber Ende des 19. Jahrhunderts (vgl. Gukenbiehl, 2010). Dabei wurde von Anfang an gefordert, dass man bei der Untersuchung »sozialer Tatsachen« im Prinzip vorgehen müsste wie in der naturwissenschaftlichen Forschung.

Umfassende Einblicke in die Entstehungs- und Entwicklungsgeschichte der Soziologie bieten z. B. die Arbeiten von Hermann Korte (2006) und Volker Kruse (2008).

Die »klassische« Ausgangsfrage der Soziologie lautet: Was steckt dahinter? (Cachay & Thiel, 2000). Von Anfang an hatte die Soziologie den Anspruch, ein tiefer gehendes Verständnis von gesellschaftlichen Prozessen und Phänomenen zu liefern. Soziale Phänomene sollten – im Gegensatz zu etablierten Wissenschaften wie der Philosophie, Psychologie oder der Erziehungswissenschaft – durch soziale Mechanismen, Dynamiken oder Muster, die dem Phänomen inhärent sind, erklärt werden.

Veranschaulichen lässt sich die Perspektive der Soziologie anhand einer klassischen Studie von Émile Durkheim. Unter dem Titel »Le suicide« veröffentlichte der Soziologe im Jahr 1897 eine Studie, die sich mit dem gesellschaftlich weitgehend tabuisierten Phänomen des Selbstmords beschäftigt. Von grundlegender Bedeutung für die Etablierung der Soziologie ist diese Studie deshalb, weil sie auf die Relevanz von sozialen Bedingungen für das Handeln des Einzelnen verweist (Durkheim, 1973). Anders als die Psychologie oder die Medizin erklärte Durkheim den Selbstmord nicht als Ergebnis psychologischer Zustände, sondern zeigte, dass das Suizidverhalten in erheblicher Weise mit sozialen Faktoren in Verbindung steht. Durkheims Studie kam zu dem Ergebnis, dass die Selbstmordrate bei Protestanten zu dieser Zeit über der von Katholiken und Juden lag. Durkheim führte diese Differenz u. a. auf die schwächere Einbindung der Protestanten in eine

Gruppe und, damit verbunden, auf eine geringere soziale Kontrolle zurück. Die geringere Selbstmordrate bei Katholiken erklärte Durkheim u. a. mit dem Verweis auf eine stärkere Anerkennung von Autoritäten.

Seit den ersten Studien hat der soziologische Diskurs eine Vielzahl von Definitionen dessen hervorgebracht, was unter *Soziologie* zu verstehen ist. Heute noch sehr geläufig ist eine Definition von Max Weber aus dem Jahr 1921. *Soziologie* repräsentiert demnach »eine Wissenschaft, welche soziales Handeln deutend verstehen und dadurch in seinem Ablauf und in seinen Wirkungen ursächlich erklären will« (Weber, 1984, S. 19). Ein grundlegender Anspruch der Soziologie besteht somit darin, »soziale Tatbestände«, d.h. gesellschaftliche Prozesse, Abläufe, Strukturen und Zusammenhänge, zu beschreiben, zu verstehen und zu erklären. Der Anspruch der modernen Soziologie besteht nun darin, »das Ineinandergreifen geplanter Prozesse und ungeplanter Veränderungen zu beobachten« (Nassehi, 2008, S. 26). Sie zielt darauf ab, Wechselwirkungen zwischen gesellschaftlicher Wirklichkeit und sozialem Handeln offenzulegen (Berger & Luckmann, 1967) und untersucht deshalb Voraussetzungen, Abläufe und Folgen des Zusammenlebens von Menschen. Dabei steht eben nicht das Individuum im Mittelpunkt. Der Gegenstand der Soziologie umfasst vielmehr das soziale Handeln von Menschen, die Strukturen sozialer Zusammenhänge und die Wechselwirkungen zwischen Gesellschaft und Menschen und die sozialen Prozesse in der Gesellschaft, also wie sich soziale Strukturen, soziale Beziehungen und soziales Handeln über die Zeit verändern (vgl. Thiel, 2011). Dabei geht es nicht zuletzt auch um die Frage, inwieweit Menschen Gesellschaft schaffen oder aber durch sie geschaffen werden (Cachay & Thiel, 2000).

Im Zentrum des Erkenntnisinteresses der Soziologie steht das »Soziale«. Während dieser Begriff im Alltag in der Regel normativ konnotiert und moralisch aufgeladen ist, wird er in der Soziologie neutral verwendet. Wenn Soziologen von »sozialem« Handeln sprechen, geht es nicht um die Klärung der Frage, inwieweit eine Person umgänglich, freundlich, hilfsbereit oder zuvorkommend ist. Der Begriff besitzt in der Soziologie keine wertende Komponente, sondern subsummiert alle Handlungen, die in gesellschaftlichen Zusammenhängen stattfinden und in denen Menschen in Interaktion miteinander treten (vgl. Cachay, 1988).

2.1 Prinzipien und Erkenntnismodelle soziologischen Denkens

Um zu Erkenntnissen über soziale Phänomene zu kommen, geht die Soziologie in ganz spezifischer Weise vor. So ist das soziologische Denken durch bestimmte »Prinzipien« geprägt (Cachay, 1988):

- Die Soziologie ist eine Erfahrungswissenschaft. Erfahrungswissenschaften zeichnen sich dadurch aus, dass sie auf empirische Aussagen ausgerichtet sind. Der Überprüfbarkeit dieser Aussagen kommt große Bedeutung zu.
- Ein weiteres wesentliches Merkmal soziologischen Denkens besteht darin, dass Aussagen nicht normativ sein sollen. Im Selbstverständnis der Sportsoziologie geht es vielmehr darum, deskriptive Aussagen aufzustellen. Im Gegensatz zur Ethik versucht die Soziologie, ein Phänomen so darzustellen, wie es sich zeigt und nicht, wie es sein soll.
- Das »Prinzip der Werturteilsfreiheit«, auf das insbesondere Max Weber verweist, ist grundlegend für die moderne Soziologie, denn es macht die ideologische Neutralität zu einer Grundvoraussetzung soziologischer Erkenntnisgewinnung (vgl. Müller, 2007). In diesem Sinne ist auch Max Webers Forderung zu verstehen, soziologische Theoriebildung müsse frei von Bewertungen sein, denn es ginge einzig und allein darum, soziale Tatsachen möglichst präzise zu beschreiben. Demzufolge seien Werturteile in der Soziologie nicht angebracht.
- Schließlich zeichnet sich das soziologische Denken durch das Festhalten allgemeiner Aussagen aus, die einen weiten Geltungsbereich aufweisen. Die Aussagen sind zeitlich und örtlich minimal eingeschränkt, d.h., eine Aussage über ein konkretes gesellschaftliches Phänomen darf weder nur an einem bestimmten Ort noch nur zu einer bestimmten Zeit gelten.

2.2 Theoriebildung in der Soziologie

Nicht wenige stellen sich die Frage, wozu denn überhaupt soziologische Theorien taugen und ob unser Alltagsverstand nicht auch ausreicht, um zu Erklärungen für soziale Phänomene zu gelangen. Diese Lektion würde genau an dieser Stelle enden, wenn sich diese Frage mit »Ja« beantworten ließe. Doch die Soziologie geht davon aus, dass der Alltagsverstand nicht ausreicht, um tragfähige Erklärungen zu liefern. Zwar stellt auch der Alltagsverstand »Theorien« auf. Alltagstheorien sind jedoch nichts anderes als »naive Theorien«, die nicht in ausreichendem Maße belegt bzw. geprüft wurden. Dass naive Theorien keine tragfähigen Erklärungen für Phänomene der gesellschaftlichen Wirklichkeit und des sozialen Handelns liefern, hängt insbesondere damit zusammen, dass sie weder auf klar festgelegte Begrifflichkeiten zurückgreifen noch Methoden einsetzen, die von anderen nachvollzogen werden können. Mit der fehlenden Nachvollziehbarkeit geht ferner das Problem der »Blindheit« der Alltagstheorie gegenüber den Grenzen der eigenen Aussagen einher (Thiel, 2011).

Im Gegensatz zu Alltagstheorien gehen soziologische Theorien nicht davon aus, dass es möglich ist, einen sozialen Tatbestand so zu beschreiben, »wie er ist«, sondern so, »wie man ihn sieht«. Es ist diese grundlegende Erkenntnis, die vielen Menschen nicht von vornherein einleuchtet. Denn in der Regel herrscht die Meinung vor, dass das, was man mit eigenen Augen sieht, »wahr« sei. Eines der wohl bekanntesten Beispiele dafür, dass die augenscheinlichste Erklärung nicht gleichzeitig auch die tragfähigste ist, liefert die Ablösung des geozentrischen Weltbildes durch das heliozentrische Weltbild. Lange Zeit wurden die Beobachtungen der Himmelskörper so gedeutet, dass die Sonne und die Sterne um die Erde kreisen. Bis ins 17. Jahrhundert wurde dieses geozentrische Weltbild auch vonseiten der Wissenschaft vertreten. Dieses Weltbild basierte auf jahrhundertelangen systematischen Beobachtungen. Mit der Entdeckung der Jupitermonde durch Galilei (1564-1642) und der Theorie der elliptischen Planetenbewegungen durch Kepler (1571-1630) musste diese »Wahrheit« schließlich revidiert werden. Trotz aller Augenscheinlichkeit war sie nicht mehr mit aktuellen Erkenntnissen der Mathematik, Physik und Astronomie vereinbar (vgl. Joas, 2007; Thiel, 2011).

Das Beispiel macht deutlich, dass das, was uns der Alltagsverstand rät, nicht unbedingt stimmen muss. Der Soziologe Peter Berger fasst diese zentrale Erkenntnis folgendermaßen zusammen: »Man kann wohl sagen, dass die erste Stufe der Weisheit in der Soziologie ist, dass die Dinge nicht sind, was sie scheinen« (2011, S. 41). Diese Erkenntnis lässt sich auch auf die Erklärung sozialer Phänomene übertragen. Soziologischer Theoriebildung kommt die Aufgabe zu, Alltagstheorien und populäre Deutungsmuster zu sozialen Phänomenen kritisch zu reflektieren. Die Rolle des Soziologen ist damit die eines zweifelnden Beobachters. Ausgehend von diesem kritischen Anspruch, beinhaltet soziologisches Denken »eine Art ›Kunst des Misstrauens‹ gegenüber den Selbstverständlichkeiten des Alltags« (Eickelpasch, 1999, S. 10). Die kritische Distanz soll dabei auch zu den eigenen Theorien gewahrt bleiben. Denn die im soziologischen Reflexionsprozess gewonnenen Aussagen können nur unter der Voraussetzung, dass sie von anderen nachvollzogen und überprüft werden können, Gültigkeit im wissenschaftlichen Sinne erlangen. Denn nur dann besteht die Möglichkeit, dass theoretische Annahmen systematisch verworfen und durch »bessere«, d. h. letztendlich für den Alltag fruchtbarere, Theorien ersetzt werden.

Um tragfähige Theorien aufzustellen, greifen Soziologen in der Regel auf eine wissenschaftliche Fachsprache zurück. Schon der bedeutende Soziologe Alfred Schütz wies der Soziologie die Aufgabe zu, »die soziale Welt so klar wie möglich durch wohlgeordnete Ausdrücke [zu] beschreiben, und zwar in Übereinstimmung mit den wissenschaftlichen Idealen der Kohärenz, der Konsistenz und der analytischen Konsequenz« (Schütz, 1972, S. 54). Diese aus soziologischer Perspektive »klare« und »wohlgeordnete« Sprache wird von Nicht-Soziologen häufig als »überkompliziert« und »unverständlich« bewertet. Und tatsächlich lassen sich viele soziologische Arbeiten und Texte nicht immer beim ersten Lesen verstehen. Der fast schon als klassisch zu bezeichnende Vorwurf an die Soziologie, sie würde soziale Phänomene lediglich kompliziert ausdrücken, übersieht aber, dass die Soziologie ebenso wie die Physik oder die Philosophie eine Fachsprache benötigt, die sich von der Mehrdeutigkeit der Umgangssprache abgrenzt und die eben nur dann zu verstehen ist, wenn man sich deren Begriffe, Theorien und Methoden aneignet. Niemand würde von einem Physiker erwarten, seinen Schülern oder Studenten die Grundsätze der Quantenphysik zu erklären, ohne das dazu notwendige Fachvokabular zu benutzen. Doch von der Soziologie verlangt man genau das, da sie sich mit Alltagsproblemen beschäftigt, zu denen fast jeder etwas sagen kann und will. Hier zeigt sich ein Dilemma der Soziologie. Sie muss sich immer wieder für ihre Fachsprache rechtfertigen, insbesondere auch vor denen, die in der Praxis mit den Problemen zu tun haben, mit denen sich die Soziologie beschäftigt. Gleichzeitig ist eine Fachsprache zentrale Voraussetzung für Wissenschaftlichkeit und die Überprüfbarkeit von Theorien (vgl. Thiel, 2011).

2.3 Soziologische Referenztheorien

Der Theorie kommt in der Soziologie eine fundamentale Bedeutung zu. Soziologische Theorien sind darauf ausgelegt, Erklärungen für soziale Phänomene und Prozesse zu liefern. Der Wissenschaftstheoretiker Karl Popper beschreibt die Rolle der Theorie folgendermaßen: »Theorie ist das Netz, das wir auswerfen, um ›die Welt‹ einzufangen – sie zu rationalisieren, zu erklären und zu beherrschen« (Popper, 1935, S. 31).

Trotz ihrer kurzen Wissenschaftsgeschichte hat die Soziologie eine Vielzahl an konkurrierenden Theorien und Perspektiven hervorgebracht. Zudem hat sich eine Reihe sogenannter Bindestrich-Soziologien entwickelt (z. B. Rechtssoziologie, Wirtschaftssoziologie, Migrationssoziologie), die sich mit speziellen Fragen bzw. Gegenstandsbereichen beschäftigen und die sich oft auch durch spezifische Zugänge auszeichnen. Auf den ersten Blick ist diese Vielfalt zunächst irritierend – v. a. für diejenigen, die von der Soziologie endgültige Wahrheiten erwarten. Dazu kommt, dass sich die Soziologie nicht selten mit der Tatsache konfrontiert sieht, dass verschiedene theoretische Zugänge beim Blick auf ein und dasselbe Phänomen zu unterschiedlichen und bisweilen gegensätzlichen Ergebnissen gelangen.

Der wesentliche Unterschied zwischen verschiedenen Theorien besteht nun darin, »dass sie die Realität – bildlich gesprochen – mit unterschiedlichen Objektiven, Blenden und Lichtstärken wahrnehmen« (BETTE & SCHIMANK, 2006, S. 21). In der Logik soziologischen Denkens haben diese unterschiedlichen »Wahrnehmungen« durchaus ihre Berechtigung. Denn die Soziologie versteht sich als »multiparadigmatische Wissenschaft« (KNEER & SCHROER, 2009, S. 7). Die Vielfalt an theoretischen Zugängen wird als Chance gesehen, um zu ergänzenden Perspektiven auf soziale Phänomene zu kommen, die wiederum zu einem tieferen Verständnis führen. In diesem Sinne fungieren (soziologische) Theorien als »Beobachtungsinstrumente für die analytische Durchdringung der Wirklichkeit« (BETTE & SCHIMANK, 2006, S. 21).

In weiten Teilen der Soziologie besteht Einigkeit darüber, dass sich Gesellschaft und gesellschaftliche Räume lediglich als Konstruktionen von Wirklichkeit denken lassen. Mit *Konstruktivismus* wird ein erkenntnistheoretisches Paradigma bezeichnet, welches Wirklichkeit als auf fundamentale Weise individuell und sozial konstruiert versteht. Der Konstruktivismus geht davon aus, dass »Erkennen und Wissen nicht der Niederschlag eines passiven Empfangens sein können, sondern als Ergebnis von Handlungen eines aktiven Subjekts entstehen« (GLASERSFELD, 2007, S. 30). Realität und Wahrheit sind somit keine objektiven Phänomene, sondern relative, beobachterabhängige Konstruktionen von Wirklichkeit, die das Ergebnis von Interaktionen, Deutungen und Interpretationen sind. Einblicke in die erkenntnistheoretische Denktradition liefern die Beiträge von Karin KNORR-CETINA (1989) sowie von Peter BERGER und Thomas LUCKMANN (1967).

Nun ist es im Rahmen einer Lektion nicht möglich, alle bedeutenden theoretischen Ansätze des 20. Jahrhunderts umfassend darzustellen. Stattdessen sollen im Folgenden einige ausgewählte theoretische Zugänge, die den sportsoziologischen Diskurs maßgeblich beeinflusst haben, kurz angedeutet werden. Exemplarisch unterschieden werden soll an dieser Stelle zwischen system-, akteur-, zivilisations- und kulturtheoretischen Zugängen.

Zugänge	Vertreter (Auswahl)
Systemtheoretische Zugänge	Niklas Luhmann Rudolf Stichweh Helmut Willke
Akteurtheoretische Zugänge	Max Weber James S. Coleman Uwe Schwimank
Zivlisations- und figurationstheoretische Zugänge	Norbert Elias Eric Dunning
Kulturtheoretische und praxeologische Zugänge	Pierre Bourdieu Michel Foucault Loïc Waquant

***Abb. 1:** Theoretische Zugänge der Soziologie*

Systemtheoretische Zugänge

Niklas LUHMANN (1984) kennzeichnet die moderne Gesellschaft als in verschiedene Teilsysteme gegliedert, die sich jeweils primär an einer bestimmten Funktion orientieren. Politik und Verwaltung, Wirtschaft, religiöses Handeln, Familie, Wissenschaft, Erziehung usw. treten als verschiedene Sozialsysteme mit relativ hoher Autonomie nebeneinander, wodurch die Gesellschaft eine neue Stufe der Komplexität erreicht: »Die ausdifferenzierten Teilsysteme gewinnen durch Spezialisierung auf ihre besondere Funktion hohe Freiheiten – etwa in der religiösen Dogmenabstraktion und -interpretation, in der politischen Machtausübung und Rechtsänderung, in der finanziellen Disposition über Kapitalbildung, Investition und Konsum, in der wissenschaftlichen Forschung – und diese Freiheiten sind nicht mehr durch gemeinsame Zielvorstellungen aufeinander abgestimmt. So entsteht ein strukturell erzeugter Überhang an Möglichkeiten. Die Gesellschaft wird überkomplex, da sie mehr Möglichkeiten konstituiert, als sie aktualisieren kann« (LUHMANN, 1970, S. 186-187).

Ein wichtiger Unterschied der systemtheoretischen Perspektive zu handlungstheoretischen Ansätzen ist, dass mit dem Begriff des sozialen Systems nicht die Ausdifferenzierung von Menschen, sondern von Kommunikationszusammenhängen bezeichnet wird (vgl. Cachay & Thiel, 2000). »Ausdifferenziert werden können nur Kommunikationszusammenhänge, nicht Menschen« (Luhmann, 1981, S. 35). Personen sind gemäß dieser Perspektive Adressaten von Kommunikation. Sie nehmen zwar an verschiedenen sozialen Systemen teil, gehen aber in keinem dieser Systeme vollständig auf. Weil das Erleben und Handeln von Personen durch kein soziales System voll zu regulieren ist, werden sie in der Systemtheorie konsequenterweise zur Umwelt (genauer gesagt zur »inneren Umwelt«) von Sozialsystemen gerechnet (vgl. Cachay & Thiel, 2000). Soziale Systeme entstehen ja überhaupt erst auf der Basis der Nichtidentität von Personen und dem damit verbundenen Problem der doppelten Kontingenz. Damit ist gemeint, dass alles »auf andere Menschen bezogene Erleben und Handeln darin doppelt kontingent ist, daß es nicht nur von mir, sondern auch vom anderen Menschen abhängt, den ich als alter ego, das heißt also ebenso frei und ebenso launisch wie mich selbst begreifen muß« (Luhmann, 1971, S. 62). Entgegen der Aussagen vieler Kritiker der Systemtheorie wird also nicht bezweifelt, dass es so etwas wie Individualität, individuelle Werte und Bedürfnisse gibt. Im Gegenteil: Gerade weil es Individualität gibt, wird der Fokus auf die Strukturen und Prozesse gerichtet, die Ordnung zwischen Individuen schaffen bzw. dafür verantwortlich sind, dass Individuen regelhaft handeln (Thiel, 2011).

In der deutschsprachigen Sportsoziologie findet sich eine ganze Reihe an Fragestellungen und Studien, denen ein systemtheoretischer Zugang zugrunde liegt. Typisch für die sportsoziologische Systemtheorie ist die Frage nach jenen Ordnungen, welche die Subsysteme des Sports (z. B. Breitensport, Spitzensport, Trendsport; Gesundheitssport) in fundamentaler Weise prägen (vgl. u. a. Bette, 1999; Cachay, 1988; Cachay & Thiel, 2000; Stichweh, 1990). In jüngerer Zeit wurden u. a. auch Fragen zum Doping (Bette & Schimank, 2006), zur strukturellen Kopplung von Schule und Spitzensport (Teubert, Borggrefe, Cachay & Thiel, 2006), zum Berufsfeld Trainer (Digel, Thiel, Schreiner & Waigel, 2010) oder zum Umgang mit Gesundheit im Spitzensport (Thiel, Mayer & Digel, 2010) aus systemtheoretischer Perspektive analysiert.

Akteurtheoretische Zugänge

Im Gegensatz zur Systemtheorie kommt in handlungstheoretischen Zugängen dem Individuum eine zentrale Bedeutung bei der Erklärung des Sozialen zu. Gegenstand von Akteurtheorien sind Zusammenhänge zwischen Handlung und sozialer Struktur. Wichtige Soziologen, die diesen Zugang geprägt haben, waren z. B. Max Weber, Georg Simmel oder James S. Coleman. Charakteristisch für die soziologische Akteurtheorie ist, dass Individuen als handelnde Akteure und Konstrukteure gesellschaftlichen Sinns verstanden werden. Um das Soziale erklären zu können, sind darum zunächst gesellschaftliche Akteure in ihren Handlungsvollzügen, genauer gesagt, die »wechselseitige Konstitution von handelndem Zusammenwirken und sozialen Strukturen« (Schimank, 2005, S. 23), zu untersuchen. Geradezu beispielhaft für diesen Zugang ist das von Coleman (1991) stammende und von dem deutschen Soziologen Hartmut Esser (1999) weiterentwickelte »Badewannen-Modell«. Im Wesentlichen lässt sich das Modell auf drei Hauptfragen reduzieren. Erstens wird gefragt, in welcher Weise strukturelle und institutionelle Bedingungen Einfluss auf das individuelle Handeln nehmen. Zweitens geht es um die Frage, wie gesellschaftliche Werte individuelles Handeln beeinflussen. Drittens ist zu erklären, wie individuelles Handeln gesellschaftliche Ordnungen verändern kann. Im Vordergrund akteurtheoretischer Zugänge steht die Relation zwischen Handlung und gesellschaftlichen Strukturen. Es geht also nicht darum, zu erklären, »warum ein Sportjournalist einen Dopingfall aufgreift und in einem Zeitungsartikel als Auswuchs des politischen Drucks auf alle Spitzensportler darstellt« (Schimank, 2005, S. 24). Aus Sicht der Akteurtheorie ist vielmehr entscheidend, »wie dieses Handeln eines einzelnen Journalisten mit dem Handeln anderer Akteure – anderer Journalisten, aber auch der Sportfunktionäre oder des Sportpublikums – zusammenwirkt« (Schimank, 2005, S. 24).

Über die genannten handlungstheoretischen Ansätze hinaus hat im deutschsprachigen Raum in den letzten Jahren insbesondere auch ein Versuch des Soziologen Uwe Schimank (2000), akteurtheoretische Ansätze mit systemtheoretischen Perspektiven zu verbinden, Aufmerksamkeit erregt. Auch die sportsoziologische Forschung wurde durch Schimanks Analyse-Modell stark beeinflusst. Eine der ersten sportsoziologischen Arbeiten, in denen dieser Ansatz angewandt wurde, stammt von Ilse Hartmann-Tews (1996) und beschäftigt sich mit dem »Strukturwandel des Sports im internationalen Vergleich«. Siegfried Nagel (2006) wendet diesen Ansatz zur Analyse der Entwicklung von Sportvereinen an. Um Veränderungs- und Entwicklungsprozesse im Sportverein zu erklären, wird der Sportverein in dieser Untersuchung zum einen als »korporativer Akteur« mit spezifischer Organisationsstruktur und -kultur betrachtet. Zum anderen wird der Tatsache Rechnung getragen, dass sich Sportvereine aus individuellen Akteuren zusammensetzen. Gefragt wird also nicht nur danach, inwieweit die Mitglieder in ihren Handlungen Veränderungen in Gang setzen, sondern auch umgekehrt, inwieweit die strukturellen Besonderheiten von Sportvereinen das Handeln der Mitglieder beeinflussen.

Zivilisations- und figurationstheoretische Zugänge

Mit der Figurations- und Zivilisationstheorie verbindet man v.a. den Soziologen Norbert Elias. Zivilisations- und figurationstheoretische Zugänge zielen darauf ab, grundlegende zivilisatorische Entwicklungsprozesse zu beschreiben und zu erklären. Dazu greifen sie auch auf Erkenntnisse aus anderen wissenschaftlichen Disziplinen, wie z. B. die Geschichtswissenschaft, zurück. Im Gegensatz zu vielen anderen Soziologen geht Elias dabei nicht von einem deterministischen, sondern von einem dynamischen Geschichts- und Gesellschaftsverständnis aus, dem die Annahme eines wechselseitigen Verhältnisses zwischen Individuum und Gesellschaft zugrunde liegt. Der Blick richtet sich dabei nicht auf das einzelne Individuum oder Handlungen einzelner Akteure, sondern auf die Beziehungen, in denen Menschen zueinander stehen. Gesellschaft wird in den Arbeiten von Norbert Elias als etwas Prozesshaftes angesehen, das sich in seiner Dynamik nur dann erfassen lässt, wenn man Menschen in ihren gesellschaftlichen Beziehungs-, Verflechtungs- und Verstrickungszusammenhängen betrachtet. Kennzeichnend für diesen prozesstheoretischen Zugang ist der Begriff der *Figuration*. Mit Figurationen sind Muster in den Beziehungen zwischen Menschen und Gruppen bezeichnet. Veränderungen in diesen Konstellationen machen auf Entwicklungsprozesse aufmerksam (ELIAS, 1939).

Eine wichtige figurationstheoretische Arbeit aus dem Bereich der Sportsoziologie stammt von Norbert ELIAS und Eric DUNNING (2003). Im Zentrum der Arbeit »Sport und Spannung im Prozess der Zivilisation« stehen Wechselwirkungen zwischen gesellschaftlichen Zivilisationsprozessen und der Entwicklung des (modernen) Phänomens Sport.

Kulturtheoretische und praxeologische Zugänge

Die Kultursoziologie ist eine äußerst vielfältige und heterogene Bindestrich-Soziologie. Zur Kultursoziologie im weitesten Sinne sind auch die Arbeiten von Pierre Bourdieu – einem der wichtigsten Soziologen des 20. Jahrhunderts – zu rechnen, die einen sehr großen Einfluss auf die Sportsoziologie hatten und noch immer haben. Die Besonderheit des Bourdieuschen Ansatzes ist die Verbindung von strukturalistischen mit subjektivistischen Denktraditionen bei der Erklärung von *Gesellschaft*. Basierend auf einer Vielzahl empirischer Erkenntnisse, kommt Bourdieu zu dem Ergebnis, dass der Möglichkeitsraum von Individuen durch konkrete strukturelle Rahmenbedingungen, wie z. B. den ökonomischen Status oder das Bildungsniveau, gekennzeichnet ist, dass Menschen diesen Rahmen aber gleichzeitig in sehr individueller Weise gestalten. Gesellschaft ist bei Bourdieu ein in hohem Maße symbolischer Raum, der aus zahlreichen Statusgruppen besteht und dessen zentrale Logik die der Differenz ist. Im Alltag zeigt sich diese Differenz in verschiedenen Lebensstilen und Habitusformen. Der Begriff des *Habitus* ist Dreh- und Angelpunkt des Bourdieuschen Ansatzes. Der Habitus einer Person fungiert als Mittler zwischen Struktur und Praxis. Habituelle Dispositionen werden im Laufe der Sozialisation erzeugt und in der Praxis durch Handeln einverleibt. Der Habitus einer Person entsteht sowohl aus den konkreten Daseinsbedingungen und Regeln, die eine soziale Umgebung einem Individuum auferlegen, als auch aus individuellen Gestaltungsspielräumen, die sich dem Menschen bieten. Menschen sind somit keine passiven Rezipienten gesellschaftlicher Rahmenbedingungen, sondern individuelle Gestalter dieser. Die Beziehungen zwischen dem handelnden Subjekt und den sozialen Strukturen, die sich in Handlungspraktiken zeigen, sind nicht linear determiniert. Sie werden vielmehr immer wieder neu von Individuen hervorgebracht, interpretiert und modifiziert (Bourdieu, 1992; 1999).

Der Sport taucht in Bourdieus Werk primär als bedeutsame gesellschaftliche Praxis auf (Alkemeyer, 2008). Gemäß dieser Perspektive repräsentiert der Sport in erster Linie einen symbolischen Raum. Im praktischen Vollzug besteht darin die Möglichkeit, Anerkennung zu erlangen und Statusgewinne zu erzielen. Gleichzeitig fungiert Sport als Raum, um Unterschiede und Gemeinsamkeiten distinktiv zum Ausdruck zu bringen. Der sportbezogene praxeologische Diskurs wird stark von Arbeiten dominiert, die den Körper im Sport in den Blick nehmen (vgl. u. a. Alkemeyer, 2006).

2.4 Soziologische Forschungsmethoden

Ähnlich vielfältig wie die theoretischen Zugänge sind die Methoden, die zur Analyse sozialer Phänomene eingesetzt werden. Da die Soziologie von ihrem Selbstverständnis her eine empirische Wissenschaft ist, hat sie im Laufe ihrer Wissenschaftsgeschichte verschiedene Methoden entwickelt. Jede dieser Methoden zielt darauf ab, Informationen über die zu beschreibenden sozialen Phänomene zu erhalten. Und doch ist für ein spezifisches Phänomen nicht jede Methode geeignet. So liegt es beispielsweise auf der Hand, dass die Beobachtung und Beschreibung des »heimlichen« Phänomens Doping andere methodische Designs erfordert als die Erfassung von besser sichtbaren Lebensstilen unterschiedlicher Breitensportler.

Im Hinblick auf die systematische Beobachtung, Beschreibung und Erklärung sozialer Phänomene lassen sich, in Anlehnung an den englischen Soziologen Antony Giddens (1999), vier Hauptmethoden der soziologischen Forschung unterscheiden: die *Feldforschung*, die *Befragung*, die *Dokumentenanalyse* und das *Experiment*.

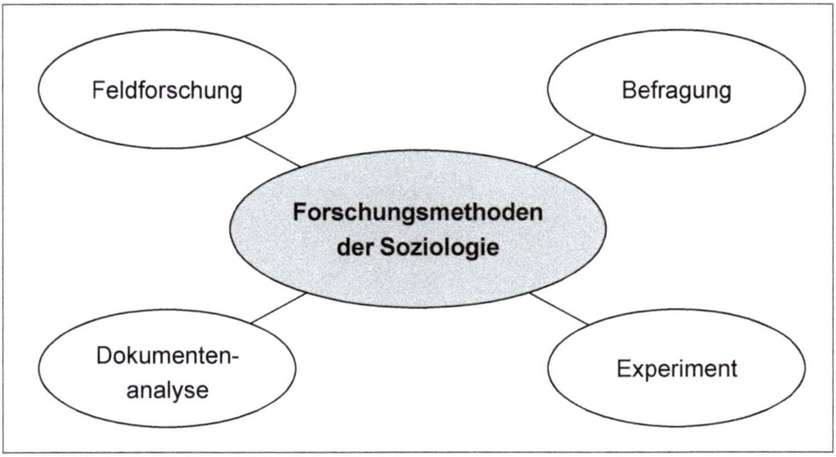

Abb. 2: *Forschungsmethoden der Soziologie*

Feldforschung

Die Feldforschung greift in der Regel auf Formen der teilnehmenden Beobachtung zurück. Das Besondere an dieser Methode besteht darin, dass der Forscher selbst Teil des Feldes ist, das er untersucht. Allerdings kommt ihm in der Regel eine passive Rolle als stiller Beobachter zu. Seine besondere Rolle in einer Gruppe oder Gemeinschaft macht es ihm möglich, Beobachtungen aufzuzeichnen und diese später systematisch auf der Grundlage von Kategorien auszuwerten.

Ein aus Sicht der Sportsoziologie interessantes Beispiel für eine Feldforschung ist die ethnografische Feldstudie über den Berliner YAAM-Club (Young African Art Market) des Soziologen Robert SCHMIDT (2002). Der Fokus dieser Szene-Studie lag auf den Zusammenhängen zwischen Lebensstil, Alltagskultur und sportlicher Praxis. Beim YAAM-Club handelt es sich um einen spezifischen Freizeitraum, der sich durch regelmäßige, auf einem Freiluftgelände im Stadtteil Treptow stattfindende Veranstaltungen auszeichnet. Vor allem am Wochenende treffen sich dort Menschen mit ähnlichen Interessen, um am Spreeufer Musik zu hören, zu tanzen, Sport zu treiben, zu baden und vieles mehr. Schmidt beobachtete zum einen, dass die Veranstaltungen von Menschen unterschiedlichster ethnischer Herkunft besucht wurden. Zum anderen zeigte sich, dass das Identitätsstiftende an dieser auf den ersten Blick so heterogen wirkenden Gruppe, der Glaube an eine »black culture«, d.h. eine Art »schwarze« Leitkultur, war. Über ein in den alltäglichen Interaktionen allgegenwärtiges »acting black« vergewisserten sich die Mitglieder ihrer Zugehörigkeit zu der Gruppe. SCHMIDTS (2002) Feldbeobachtungen ermöglichten es, Aussagen über die spezifische Identität der Gruppe, ihre Vorstellungen von Zugehörigkeit, aber auch über ihre sportlichen Präferenzen zu treffen. So macht die Studie eindrucksvoll deutlich, wie sehr der Glaube an eine »schwarze Kultur« auch in den körperlichen und sportlichen Praktiken zum Ausdruck kommt.

Der Vorteil der Feldforschungsmethode liegt auf der Hand. So kann der Forscher zum einen sehr differenzierte Informationen quasi aus erster Hand bekommen. Zum anderen ist er in der Lage, auf Besonderheiten im Feld direkt eingehen zu können. Dennoch ist dieses Verfahren auch mit Nachteilen verbunden. Der offensichtlichste Nachteil besteht im hohen Zeitaufwand, der für die Datenerfassung nötig ist. Zudem sind die Daten zumeist nur in geringer Weise verallgemeinerbar. Der Forscher kommt zwar zu spezifischen Informationen über eine spezielle Gruppe. Diese Informationen sind jedoch auch nur für diese Gruppe repräsentativ.

Befragung

Bei der Methode der Befragung ist zwischen qualitativen Interviewverfahren und quantitativen Fragebogenuntersuchungen zu unterscheiden. Qualitative Interviews zeichnen sich dadurch aus, dass relativ freie Gespräche mit ausgewählten Personen aus dem Untersuchungsfeld geführt werden. Im Kern geht es darum, möglichst tief gehende Daten zu generieren. In der Regel werden diese Daten aufgezeichnet, transkribiert und schließlich mithilfe von Kategorien aufwendig ausgewertet. Die Vor- und Nachteile von qualitativen Interviews ähneln denen der Feldforschung. So können im Rahmen von qualitativen Interviews nur wenige Personen befragt werden. Sie erlauben somit in den wenigsten Fällen repräsentative Aussagen. Zudem ist ihre Auswertung in der Regel deutlich zeitintensiver. Für Forschungsfragen, die es erfordern, direkt mit Personen zu sprechen, Rückfragen zu stellen und Zusammenhänge aufzudecken, die unter der Oberfläche liegen, bietet das qualitative Interview große Möglichkeiten.

Bei quantitativen Fragebogenstudien wird dagegen versucht, repräsentative Stichproben zu ziehen. Am Beispiel des Sportentwicklungsberichts des Deutschen Olympischen Sportbundes (DOSB) lässt sich dies gut veranschaulichen. Dieser zielt darauf ab, die Situation der Sportvereine in Deutschland zu beschreiben (Breuer, 2009). Erstellt werden Sportentwicklungsberichte auf der Grundlage von regelmäßigen Vereinsbefragungen und -analysen, in deren Rahmen die gleichen Sportvereine zu ihrer Situation befragt werden. Um Daten über die Entwicklung der Sportvereine zu sammeln, die für das Management von Sportvereinen sowie für prognostische Zwecke nutzbar sind, werden Online-Befragungen durchgeführt. Durch den Einsatz von Online-Fragebögen wird es möglich, eine repräsentative Stichprobe der über 90.000 Sportvereine in Deutschland zu befragen. Darüber hinaus lassen sich statistische Verfahren einsetzen, mithilfe derer sich beispielsweise Durchschnittswerte bei der Ausstattung von Vereinen, Tendenzen der Mitgliederentwicklung oder Veränderungen im Hinblick auf die Entwicklung von Angebotsstrukturen ablesen lassen. Indem die gleichen Vereine alle zwei Jahre die gleichen Fragen beantworten, sind Aussagen über Veränderungen reliabel.

Quantitative Befragungen haben somit erstens den Vorteil, dass sie Daten liefern, mit deren Hilfe statistische Aussagen für die Gesamtheit der Gruppe, die man untersuchen wollte, gemacht werden können. Ein weiteres Argument für diese Art der Befragung ist zweitens die statistische Vergleichbarkeit der Daten. In dem Maße, in dem Fragebögen sogenannte geschlossene Fragen enthalten, generieren sie Daten, die sich über statistische Verfahren miteinander ins Verhältnis setzen lassen. Drittens lassen sich in quantitativen Fragebögen für gewöhnlich mehr Fragen stellen als bei anderen Untersuchungsformen. Dies liegt v.a. daran, dass die Fragen standardisiert und damit einfacher zu beantworten sind als solche Fragen, wie sie in qualitativen Interviews gestellt werden. Gleichzeitig muss sich der Forscher dessen bewusst sein, dass die Antworten bei quantitativen Befragungen im Vergleich zu qualitativen Interviews eher oberflächlich sind. Zudem bergen Fragebögen die Gefahr, »sozial erwünschte« Antworten zu produzieren, d.h. Antworten, bei denen die Befragten so antworten, wie sie annehmen, dass sie antworten sollen. In diesen Fällen produzieren Studien »Artefakte«, d.h. Ergebnisse, die nicht empirisch evident sind.

Dokumentenanalyse

Bei der Dokumentenanalyse greift der Forscher auf dokumentarische Quellen zurück und extrahiert daraus die für seinen Gegenstand relevanten Daten. Zur Dokumentenanalyse eignen sich Briefe und Zeitungsartikel, Satzungen oder Sitzungsprotokolle, Gerichtsurteile, Homepages und vieles mehr. Das Ziel dieses methodischen Zugangs kann variieren. So kann es darin bestehen, bereits vorliegende Quellen auf verwertbare Daten zu prüfen. Anspruch einer solchen Analyse kann es jedoch auch sein, Informationen zu beschaffen, die durch eine mündliche oder schriftliche Befragung nicht bzw. nicht in gleicher Qualität zu erwarten wären. So wird die Dokumentenanalyse z. B. eingesetzt, wenn es darum geht, sich ein detailliertes Bild von einer historischen Epoche zu machen. Möchte man herausfinden, wie die Massenmedien über ein aktuelles politisches Thema (z. B. Integration) berichten, so bieten sich dazu ebenfalls Dokumentenanalysen an.

Ein Beispiel für ein sportsoziologisches Forschungsprojekt, bei dem Dokumentenanalysen im Vordergrund standen, ist eine Arbeit zur Rekonstruktion nationalsozialistischer Überzeugungen im Bereich des Sports (Cachay, Bahlke & Mehl, 2000). Die Erkenntnisgrundlage bildete eine Analyse von Feldpostbriefen, die junge Soldaten aus dem Zweiten Weltkrieg an ihren ehemaligen Kinderturnwart geschrieben hatten. Die Analyse dieser Feldpostbriefe gab grundlegende Einblicke in Zusammenhänge zwischen der Sozialisation im Sportverein und der Akzeptanz der nationalsozialistischen Ideologie in der Soldatenrolle. Diese Analyse zeigt auch sehr gut die Schwierigkeiten dieses methodischen Zugangs auf. Obwohl die Feldpostbriefe ein relativ differenziertes Bild von der Perspektive der Soldaten zeichneten, war es dennoch schwierig, zu belegen, in welchem Maße die Aussagen in den Briefen tatsächlich das Denken der Soldaten ungefiltert wiedergaben, nicht zuletzt, weil diese Briefe der Kontrolle unterlagen. Typisch ist dieses Problem für Dokumentenanalysen insofern, als der Forscher nicht immer sicher sein kann, ob die Quellen vollständig, authentisch oder beschönigt sind.

Experiment
Experimente sind nach wissenschaftlichen Standards entworfene Versuchsanordnungen, die oft in Labors durchgeführt werden. In diesen Versuchsanordnungen werden künstliche Situationen erzeugt, welche ganz spezifische Situationen aus der »Wirklichkeit« simulieren. In der Soziologie werden Experimente deshalb eingesetzt, weil sie gut zu kontrollieren und leicht reproduzierbar sind. Im Gegensatz zur teilnehmenden Beobachtung besteht bei Experimenten die Möglichkeit, jene Einflüsse zu minimieren, die das Ergebnis verfälschen könnten. Variablen, wie z. B. die Tageszeit, die Untersuchungssituation oder das Verhalten des Forschers, sind somit kontrollierbar. Die Tatsache, dass Experimente unter streng festgelegten Untersuchungsbedingungen ablaufen, hat den Vorteil, dass diese problemlos zu einem späteren Zeitpunkt mit anderen Gruppen wiederholt werden können.

Ein Beispiel für ein klassisches sportsoziologisches Experiment stammt von Klein und Christiansen (1969). Im Mittelpunkt des Experiments stand die Frage, in welchem Maße die soziometrische Struktur einer Mannschaft eine Rolle bei der Ballabgabe beim Basketballspiel spielt. Die soziometrische Struktur einer Gruppe lässt sich feststellen, indem man die Beziehungen der einzelnen Gruppenmitglieder zueinander analysiert und prüft, inwieweit klare Rollenverteilungen und Hierarchien in der Gruppe festzustellen und inwieweit Mitglieder der Gruppe andere Mitglieder sympathisch oder unsympathisch finden. Zur Messung dieser Struktur wurde bei Klein und Christiansen auf die Methode von Moreno (1934) zurückgegriffen. Bei dieser Methode wird z. B. nach dem Mitschüler, mit dem die Person am liebsten zusammenarbeitet, neben welchem die Person am liebsten sitzen möchte oder den man zu seinem Geburtstag einladen würde, gefragt. Aus den Antworten auf diese Fragen wurde bei Klein und Christiansen (1969) schließlich ein »Soziogramm« erstellt, welches die soziometrische Struktur, d.h. Beziehungs-, Rollen- und Machtstrukturen in einer Gruppe, wiedergibt. Die Experimente zielten darauf ab, herauszufinden, inwieweit die innere Struktur einer Gruppe Einfluss auf das Spielverhalten, genauer auf die Ballabgabe im Basketball, nimmt. Interessanterweise stellten die Forscher fest, dass in Trainings- sowie bei Wettkampfsituationen gegen schwächere Gegner deutlich mehr Pässe bei den sympathischeren Mitspielern landeten. Gegen gleich starke oder überlegene Gegner bei Wettkämpfen verringerte sich dieser Effekt aber. Gefolgert wurde daraus, dass ein hoher Leistungsdruck dazu führt, dass Kooperationsprozesse nur noch in geringem Maße an emotionalen Aspekten wie Sympathie, sondern vielmehr funktional am sportlichen Erfolg ausgerichtet werden.

3 Sportsoziologie als spezielle Soziologie

Die Sportsoziologie repräsentiert eine spezielle Soziologie, die auf die Prinzipien soziologischen Denkens und Methoden soziologischer Erkenntnisgewinnung zurückgreift, die jedoch mit Blick auf ihren Gegenstandsbereich deutlich enger gefasst ist als die allgemeine Soziologie. Um den spezifischen Fokus der Sportsoziologie verstehen zu können, ist zunächst ein Blick auf die gesellschaftlichen Bedingungen zu werfen, unter denen sie entsteht. Im Folgenden geht es daher zunächst um die Frage, warum und wodurch sich ein Bedarf an sportsoziologischer Forschung und Theoriebildung entwickelt hat.

3.1 Entstehungsgeschichte der Sportsoziologie

Früher als in Deutschland beschäftigt man sich in den USA wissenschaftlich mit der Entwicklung und Erscheinung des sozialen Phänomens Sport. Bereits im 19. Jahrhundert – noch bevor sich die Sportbewegung in Deutschland etablierte – werden Arbeiten über die Entstehung von Sportspielen und die Ursachen kulturell unterschiedlicher Erscheinungsformen von Sport verfasst. In Deutschland beginnt der sportsoziologische Diskurs vergleichsweise spät und sehr zögerlich (ausführlich Bette, 2010). Zwar taucht Sport bereits als Gegenstand in den soziologischen Diskursen von Georg Simmel oder Max Weber auf. Er bleibt jedoch nur eine Randnotiz. Von einer Sportsoziologie mit eigenem Profil und Selbstverständnis konnte nicht gesprochen werden.

Einen ersten, wenn auch wenig beachteten Versuch der Profilierung machte Heinz Risse im Jahre 1921 mit dem Buch »Soziologie des Sports«. Wiederbelebt wurden diese Bemühungen insbesondere durch die sozial- und geisteswissenschaftlichen Grundlagenarbeiten von Helmuth Plessner (1956), Günther Lüschen (1960), Ommo Grupe (1964) und Bero Rigauer (1969).

Vor dem Hintergrund eines steigenden gesellschaftlichen Interesses am Sport sowie im Zuge der zunehmenden Versportlichung der Gesellschaft und der Verwissenschaftlichung des Sports etablierte sich die Sportsoziologie in den 1970er-Jahren als eigenständige Disziplin in der sich rasant entwickelnden Sportwissenschaft. Dies zeigte sich nicht zuletzt an der Veröffentlichung erster Lehrbücher zum Thema (z. B. Lüschen & Weis, 1976). Der Sportsoziologe Karl-Heinrich Bette (2010, S. 52) spricht in diesem Zusammenhang von einer »universitären Etablierung und Konsolidierung« der Sportsoziologie und macht dies insbesondere an der Einrichtung von Lehrstühlen und Professuren für Sportsoziologie fest. Bereits der Blick in die aktuelle sportsoziologische Forschungsliteratur zeigt, wie stark sich das Themenfeld der Sportsoziologie ausgeweitet hat und wie groß die Bedeutung der Sportsoziologie für die sportwissenschaftliche Theoriebildung geworden ist. Den sportsoziologischen Diskurs in Deutschland haben fortan zahlreiche Soziologen und Sportwissenschaftler geprägt (Bette, 2011).

Eine ausführliche Chronologie sportsoziologischer Forschung und eine detailliertere Darstellung von Entwicklungsschritten der Disziplin findet sich in Karl-Heinrich Bettes (2010) Grundlagenwerk »Sportsoziologie«. Bette benennt darin bedeutende Pioniere und legt fundiert die gesellschaftlichen Entstehungsbedingungen der Sportsoziologie dar. Einen Überblick über die sozialphilosophischen Bezugspunkte der Sportsoziologie findet sich in dem Handbuchbeitrag von Elk Franke (2008).

3.2 Gegenstand der Sportsoziologie

Obwohl sich die Sportsoziologie längst als Teildisziplin der Sportwissenschaft etabliert hat und hohe Anerkennung genießt, ist die Bestimmung ihres Gegenstandes auch heute noch schwierig. Dies hängt wohl auch damit zusammen, dass es der Sportwissenschaft in Deutschland bis heute nicht gelungen ist, eine allgemein anerkannte Definition von Sport zu entwickeln. Was unter »Sport« zu verstehen ist, ist keinesfalls eindeutig. Bereits die Verwendung des Sportbegriffs im Alltagsgebrauch im deutschen Sprachraum ist sehr different und vielschichtig. Nicht selten wird mit Sport all das bezeichnet, was irgendwie mit Bewegung zu tun hat. Neben dem klassischen Vereinssport kann mit »zum Sport gehen« sowohl das morgendliche Joggen, das Workout im Fitnessstudio, der Yoga-Kurs oder sogar die ambulante Herzinfarkt-Rehabilitations-Gruppe gemeint sein. Was unter »Sport« subsumiert wird und wodurch er sich von anderen Praktiken unterscheidet, ist somit in hohem Maße abhängig von der Perspektive desjenigen, der über Sport spricht. Sport ist also ein in hohem Maße beobachterrelativer Begriff. Dies bestätigt auch der Blick auf den sportwissenschaftlichen Diskurs, der eine Vielzahl an Definitionsversuchen hervorgebracht hat. Heinemann (1990) ordnet die Diskussion, indem er zwei Arten von Definitionen des Begriffs Sport unterscheidet: *Nominal-* und *Realdefinitionen*:

- *Realdefinitionen* basieren auf empirischen Daten über das Phänomen Sport. Ihnen liegen also »reale« Erfahrungswerte zugrunde. In der Regel orientieren sich diese Bestimmungsversuche an alltäglichen Begriffen von Sport und erfragen real existierende Vorstellungen von Sport, die dann in einem weiteren methodischen Schritt typologisiert werden. Ein Beispiel dafür liefert eine Studie von Haverkamp und Willimczik (2005). Die beiden Sportwissenschaftler haben zahlreichen Probanden verschiedene Merkmale (wie z. B. Leistung, Spaß, Geselligkeit) vorgelegt, welche sie verschiedenen Tätigkeiten zuordnen sollten (Fußball, Yoga, Angeln). Die Auswertung ergab einen äußerst vielfältigen und mehrschichtigen alltagssprachlichen Sportbegriff.
- *Nominaldefinitionen* sind mehr oder weniger plausible Versuche, ein komplexes Phänomen zu ordnen. Sie kennzeichnen den Gegenstand Sport, indem sie konkrete Merkmale oder Eigenschaften definieren, die erfüllt sein müssen, damit von Sport gesprochen werden kann. Zieht man beispielsweise den Sportbegriff des Deutschen Olympischen Sportbundes (DOSB) heran, so finden sich darin klare Kriterien. Von Sport kann dann gesprochen werden, wenn es sich um eine körperliche Aktivität handelt, die zweckfrei ist, auf formalen (Spielregeln) sowie ethischen Regeln (Fairness) basiert und die zumeist im Kontext eines organisierten Wettkampfsystems (z. B. in Form von Leistungsklassen) betrieben wird (DOSB, 2012). Diese Definitionen basieren also auf Festlegungen, die man teilen kann oder nicht.

Über sogenannte *Sportmodelle* wird versucht, die unterschiedlichen Teilbereiche des Sports als soziale Phänomene systematisch darzustellen (vgl. Digel, 1986; Lamprecht & Stamm, 1995). Insbesondere eine Arbeit von Klaus Heinemann (1998) hat hier einen starken Einfluss auf den sportsoziologischen Diskurs gehabt. Sport stellt aus dieser Perspektive ein gesellschaftliches Konstrukt dar, dessen vier konstitutive Elemente die körperliche Leistung, der Wettkampf, das sportartspezifische Regelwerk und die Unproduktivität sind. Heinemann geht davon aus, dass die verschiedenen Sportmodelle auf diese Elemente in sehr unterschiedlicher Weise zurückgreifen. Während beispielsweise der traditionelle Wettkampfsport alle konstitutiven Elemente integriert, ist der Gesundheitssport weder an ein sportartspezifisches Regelwerk gebunden noch ist er unproduktiv im Sinne eines Selbstzwecks. Vielmehr ist der Gesundheitssport gerade darauf ausgelegt, körperliche Bewegung funktional einzusetzen.

Während im deutschsprachigen Raum ein sehr weiter Sportbegriff vorzufinden ist, wird z. B. im englischen Sprachgebrauch konsequent zwischen »Physical Activity«, »Sport« und »Exercise« unterschieden. Während unter »Physical Activity« alle körperlichen Bewegungsaktivitäten gefasst werden (z. B. Gehen, Fahrradfahren), werden mit »Exercise« gezielte und systematische körperliche Aktivitäten bezeichnet (z. B. Übungen). »Sport« steht dagegen für eine Form der körperlichen Aktivität, die auf Wettkampf und Leistungssteigerung ausgelegt und die darüber hinaus unproduktiv und regelgeleitet ist (vgl. Caspersen, Powell & Christenson, 1985).

3.3 Grundfragen der Sportsoziologie

Bei den soziologischen Analysen des sozialen Phänomens Sport stellt sich eine Reihe von grundlegenden Fragen. Was die Sportsoziologie von der allgemeinen Soziologie unterscheidet, ist die Spezifik ihrer Grundfragen. Im Mittelpunkt stehen empirisch beobachtbare Zusammenhänge und Wechselwirkungen zwischen Gesellschaft und Sport (vgl. Weis & Gugutzer, 2008). Vereinfacht gesagt, lassen sich drei Grundfragen der Sportsoziologie identifizieren (Heinemann, 1998):

- Die Sportsoziologie fragt erstens danach, wie und in welcher Weise Gesellschaft auf den Sport wirkt. Um z. B. erklären zu können, wie sich Sport in Deutschland zu einem so bedeutenden Phänomen gesellschaftlichen Lebens entwickeln konnte, ist der Einfluss gesellschaftlicher Rahmenbedingungen, Antriebskräfte und Veränderungen zu untersuchen.
- Zweitens interessieren die Sportsoziologie jene Wirkungen, die vom Sport ausgehen und Einfluss auf die Gesellschaft nehmen. Die zweite Grundfrage der Sportsoziologie lautet also: In welcher Weise wirkt der Sport auf die Gesellschaft? Die Versportlichung der Alltagsmode und der Alltagssprache zeigt die Relevanz dieser Fragestellung.
- Drittens beschäftigt sich die Sportsoziologie mit den spezifischen Strukturen und Handlungslogiken des Sports. Die Annahme, dass Sport in vielerlei Hinsicht anders funktioniert als andere Gesellschaftsbereiche, macht es notwendig, diese Strukturen zu erklären. Wer z. B. Antworten auf die Frage sucht, warum sich so viele Menschen in Sportvereinen organisieren oder warum sich Sportvereine häufig schwer mit Veränderungen tun, der kommt nicht umhin, sich näher mit den strukturellen Besonderheiten und Formen der Vergemeinschaftung dieser Freiwilligenorganisation auseinanderzusetzen (Thiel, 2011).

Die Grundfragen sind auf drei verschiedenen Ebenen verortet. Grundsätzlich lässt sich zwischen *Makro-*, *Meso-* und *Mikroebene* unterscheiden:

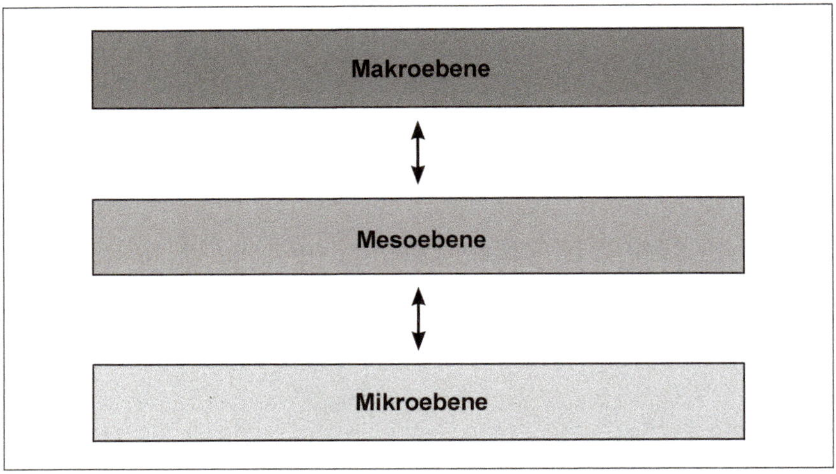

Abb. 3: *Verortung der Grundfragen der Sportsoziologie*

Verständlich wird diese Unterscheidung, wenn man den jeweiligen Ebenen typische Fragestellungen zuordnet (Thiel, 2011).

Makroebene
Auf der Makroebene werden soziale Phänomene des Sports analysiert, die einen vergleichsweise weiten Fokus haben. Dabei kann es z. B. um gesellschaftliche Funktionen, Wertstrukturen, Normen oder Logiken des Sports gehen. Folgende sportsoziologische Fragestellungen sind beispielhaft für diese Perspektive:

- Welche Entwicklungen haben Einfluss darauf genommen, dass Sport zu einem allgegenwärtigen gesellschaftlichen Phänomen geworden ist?
- Welche Werte kennzeichnen den Sport?
- Wie lassen sich Breiten- und Spitzensport unterscheiden und welche Gemeinsamkeiten haben diese Sportbereiche?
- Welche Relevanz hat der Sport für den Umgang mit Körperlichkeit in modernen Gesellschaften?

Mesoebene

Im Vergleich dazu ist die Mesoebene deutlich enger in ihrer Ausrichtung. Hier finden sich Fragestellungen, die insbesondere auf Organisationen, Organisationsformen und soziale Netzwerke des Sports Bezug nehmen. Untersucht werden z. B. Unterschiede zwischen Sportorganisationen und Wirtschaftsunternehmen oder Einflüsse von sozialen Ungleichheitsstrukturen auf die Sportteilnahme. Beispiele für sportsoziologische Fragestellungen sind:

- Wie ist der Sport in Deutschland organisiert?
- Wodurch zeichnen sich Sportorganisationen im Vergleich zu anderen Organisationsformen aus?
- Welche strukturellen Besonderheiten weisen Sportvereine auf?
- In welchem Maße nehmen soziale Ungleichheitsstrukturen der Gesellschaft Einfluss auf den Sport?
- In welcher Weise zeigen sich Lebensstile im Sport?
- Welche Bedeutung kommt der Organisationskultur in Sportorganisationen für das Verhalten von Sportvereinsmitgliedern zu?
- Wie lassen sich Sportorganisationen effektiv steuern und managen?

Mikroebene

Während auf der Mesoebene v.a. organisationale Aspekte untersucht werden, werden auf der Mikroebene Interaktionsprozesse zwischen Individuen oder Gruppen untersucht. Der Sport wird hier als Kommunikationsraum betrachtet, dem spezifische Interaktionsmuster zugrunde liegen. Der Fokus von sportsoziologischen Analysen kann dabei z. B. auf der Entstehung und dem Verlauf von Konflikten in Sportspielmannschaften liegen, auf typischen Karriereverläufen von Spitzentrainern oder auf Motiven und Einstellungen von Sporttreibenden. Sportsoziologischen Studien können vor diesem Hintergrund u. a. folgende Fragestellungen zugrunde liegen:

- Wie entstehen und verlaufen Konflikte in Sportspielmannschaften?
- Welchen Einfluss hat die Einstellung von Eltern zum Sport auf die Sportteilnahme ihrer Kinder?
- Welche Bedeutung hat die Kohäsion in Sportspielmannschaften für deren sportlichen Erfolg?
- Inwieweit unterscheiden sich typische Karriereverläufe von Spitzensportlern von jenen Karriereverläufen von Hochbegabten außerhalb des Sports?

4 Fazit

Es sollte deutlich geworden sein, dass die Sportsoziologie eine vergleichsweise junge Disziplin mit vielfältigen Forschungsbereichen repräsentiert. Dem sehr breiten Sportbegriff entsprechend werden von der Sportsoziologie im deutschsprachigen Raum daher auch Fragestellungen untersucht, die im englischsprachigen Diskurs in anderen Wissenschaftsbereichen angesiedelt sind, wie z. B. Fragen zur Soziologie des Körpers oder zu den sozialen Faktoren von gesundheitsbezogenem Bewegungsverhalten. Dennoch bildet auch hier der Sport im engeren Sinne den Kernbereich der Forschung, angefangen bei Untersuchungen zur Sportpartizipation im Freizeitsport, über Studien zu den sozialen Bedingungen sportlicher Talentförderung bis hin zu Analysen der Kommerzialisierung des Spitzensports. Da die Sportsoziologie keine eigenen Theorien und Methoden entwickelt, wird sie sich weiterhin von der allgemeinen Soziologie nur aufgrund ihres spezifischen Gegenstandes unterscheiden. Deshalb ist es auch weniger der eigenständige disziplinäre Charakter der Sportsoziologie, der sichert, dass zukünftig Probleme des Sports soziologisch analysiert werden, als vielmehr die Tatsache, dass die Sportsoziologie als ein integraler Teil der Sportwissenschaft strukturell mit eigenen Lehrstühlen an Universitäten verankert ist.

Lernkontrollfragen

- Womit befasst sich die Soziologie?
- Durch welche Prinzipien zeichnet sich soziologisches Denken aus?
- Was beschreibt das Prinzip der Werturteilsfreiheit von Max Weber?
- Warum taugen Alltagstheorien nicht zur wissenschaftlichen Erklärung sozialer Phänomene?
- Warum greift die Soziologie auf eine Fachsprache zurück?
- Wie kommt die Soziologie zu ihren Erkenntnissen?
- Welches sind die bedeutendsten theoretischen Zugänge der (Sport-)Soziologie?
- Welche unterschiedlichen typischen soziologischen Forschungsmethoden lassen sich unterscheiden?
- Welche Vor- und Nachteile haben die verschiedenen Methoden der soziologischen Forschung?
- Vor dem Hintergrund welcher gesellschaftlichen Entwicklungen entsteht die Sportsoziologie als sportwissenschaftliche Disziplin?
- Wie lässt sich der Begriff »Sport« definieren? Wodurch unterscheiden sich Real- von Nominaldefinitionen?
- Welche Forschungsbereiche lassen sich in der Sportsoziologie unterscheiden?
- Welches sind Grundfragen der Sportsoziologie?
- Welche Analyse-Ebenen lassen sich in der Sportsoziologie unterscheiden?

Literatur

Alkemeyer, T. (2006). Rhythmen, Resonanzen und Missklänge. Über die Körperlichkeit der Produktion des Sozialen im Spiel. In R. Gugutzer (Hrsg.), *body turn. Perspektiven der Soziologie des Körpers und des Sports* (S. 265-295). Bielefeld: Transcript.

Alkemeyer, T. (2008). Sport als soziale Praxis. In K. Weis & R. Gugutzer (Hrsg.), *Handbuch Sportsoziologie* (S. 220-229). Schorndorf: Hofmann.

Berger, P. (2011). *Einladung zur Soziologie. Eine humanistische Perspektive.* Konstanz: UVK.

Berger, P. & Luckmann, T. (1967). *Die gesellschaftliche Konstruktion der Wirklichkeit. Eine Theorie der Wissenssoziologie.* Frankfurt/M.: Fischer.

Bette, K.-H. (1999). *Systemtheorie und Sport.* Frankfurt/M.: Suhrkamp.

Bette, K.-H. (2010). *Sportsoziologie.* Bielefeld: Transcript.

Bette, K.-H. (2011). *Sportsoziologische Aufklärung. Studien zum Sport der modernen Gesellschaft.* Bielefeld: Transcript.

Bette, K.-H. & Schimank, U. (2006). *Doping im Hochleistungssport. Anpassung durch Abweichung.* Frankfurt/M.: Suhrkamp.

Bourdieu, P. (1992). *Rede und Antwort.* Frankfurt/M.: Suhrkamp.

Bourdieu, P. (1999). *Die feinen Unterschiede. Kritik der gesellschaftlichen Urteilskraft* (11. Aufl.). Frankfurt/M.: Suhrkamp.

Breuer, C. (Hrsg.). (2009). *Sportentwicklungsbericht 2007/2008. Analyse zur Situation der Sportvereine in Deutschland.* Köln: Sportverlag Strauß.

Cachay, K. (1988). Gruppen, Organisationen und soziale Beziehungen im Sport. Einführung in Fragestellungen einer Soziologie des Sports. In O. Grupe (Hrsg.), *Sport. Theorie in der gymnasialen Oberstufe. Arbeitsmaterialien für den Sportunterricht. Bd. 1* (S. 311-400). Schorndorf: Hofmann.

Cachay, K., Bahlke, S. & Mehl, H. (2000). *»Echte Sportler« – »Gute Soldaten«. Die Sportsozialisation des Nationalsozialismus im Spiegel von Feldpostbriefen.* Weinheim: Juventa.

Cachay, K. & Thiel, A. (2000). *Soziologie des Sports.* Weinheim: Juventa.

Caspersen, C. J., Powell, K. E. & Christenson, G. M. (1985). Physical activity, exercise, and physical fitness: Definitions and distinctions for health-related research. *Public Health Reports, 100* (2), 126-131.

Coleman, J. (1991). *Grundlagen der Sozialtheorie. Band 1: Handlungen und Handlungssysteme.* München: Oldenbourg.

Deutscher Olympischer Sportbund (2012). *Definition »Sport«.* Zugriff am 5. Februar 2012 unter http://www.dosb.de/de/organisation/philosophie/sportdefinition/.

DIGEL, H. (1986). Über den Wandel der Werte in Gesellschaft, Freizeit und Sport. In Deutscher Sportbund (Hrsg.), *Materialien zum Kongress »Menschen im Sport 2000«* (S. 14-33). Schorndorf: Hofmann.

DIGEL, H., THIEL, A., SCHREINER, R. & WAIGEL, S. (2010). *Berufsfeld Trainer im olympischen Spitzensport*. Schorndorf: Hofmann.

DURKHEIM, É. (1973). *Der Selbstmord*. Neuwied: Luchterhand.

EICKELPASCH, R. (1999). *Grundwissen Soziologie. Ausgangsfragen, Schlüsselthemen, Herausforderungen*. Stuttgart: Klett.

ELIAS, N. (1939). *Über den Prozeß der Zivilisation. 2 Bde.* Basel: Haus zum Falken.

ELIAS, N. & DUNNING, E. (2003). *Sport und Spannung im Prozess der Zivilisation*. Frankfurt/M.: Suhrkamp.

ESSER, H. (1999). *Soziologie. Spezielle Grundlagen. Band 1: Situationslogik und Handeln*. Frankfurt/M.: Campus.

FRANKE, E. (2008). Sozialphilosophische Grundlagen der Sportsoziologie. In K. WEIS & R. GUGUTZER (Hrsg.), *Handbuch Sportsoziologie* (S. 16-26). Schorndorf: Hofmann.

GIDDENS, A. (1999). *Soziologie*. Graz/Wien: Nausner & Nausner.

GLASERSFELD, E. von (2007). Einführung in den radikalen Konstruktivismus. In P. WATZLAWICK (Hrsg.), *Die erfundene Wirklichkeit. Wie wissen wir, was wir zu wissen glauben? Beiträge zum Konstruktivismus* (S. 16-38). München: Piper.

GRUPE, O. (1964). *Leibesübung und Erziehung* (2. Aufl.). Freiburg i. Brsg.: Lambertus.

GUKENBIEHL, H. L. (2010). Soziologie als Wissenschaft. Warum Begriffe lernen? In H. KORTE & B. SCHÄFERS (Hrsg.), *Einführung in Hauptbegriffe der Soziologie. Band I* (7. Aufl., S. 11-22). Wiesbaden: VS.

HARTMANN-TEWS, I. (1996). *Sport für alle!? Strukturwandel des Sports im internationalen Vergleich: Deutschland, Großbritannien und Frankreich*. Schorndorf: Hofmann.

HAVERKAMP, N. & WILLIMCZIK, K. (2005). Vom Wesen zum Nicht-Wesen des Sports. *Sportwissenschaft, 35* (3), 271-290.

HEINEMANN, K. (1990). Einheit und Vielfalt des Sports – Daten zum Selbstverständnis von Sportlehrern. In H. GABLER & U. GÖHNER (Hrsg.), *Für einen besseren Sport* (S. 114-134). Schorndorf: Hofmann.

HEINEMANN, K. (1998). *Einführung in die Soziologie des Sports* (4. Aufl.). Schorndorf: Hofmann.

JOAS, H. (2007). Die soziologische Perspektive. In H. JOAS (Hrsg.), *Lehrbuch der Soziologie* (3. Aufl., S. 11-38). Frankfurt/M.: Campus.

Klein, M. & Christiansen, G. (1969). Group composition, group structure and group effectiveness of basketball teams. In J.W. Loy & G.S. Kenyon (Eds.), *Sport, culture and society. A reader on the sociology of sport* (pp. 397-408). New York: The Macmillan Company.

Kneer, G. & Schroer, M. (2009). Soziologie als multiparadigmatische Wissenschaft. Eine Einleitung. In G. Kneer & M. Schroer (Hrsg.), *Handbuch soziologische Theorien* (S. 7-18). Wiesbaden: VS.

Knorr-Cetina, K. (1989). Spielarten des Konstruktivismus. *Soziale Welt, 40* (1/2), 86-96.

Korte, H. (2006). *Einführung in die Geschichte der Soziologie* (8. Aufl.). Wiesbaden: VS.

Kruse, V. (2008). *Geschichte der Soziologie*. Konstanz: UVK.

Lamprecht, M. & Stamm, H. (1995). Soziale Differenzierung und soziale Ungleichheit im Breiten- und Freizeitsport. *Sportwissenschaft, 25* (3), 265-284.

Luhmann, N. (1970). Positivität des Rechts als Voraussetzung einer modernen Gesellschaft. In R. Lautmann, W. Maihofer & H. Schelsky (Hrsg.), *Jahrbuch für Rechtssoziologie und Rechtstheorie. Band I: Die Funktion des Rechts in der modernen Gesellschaft* (S. 176-202). Bielefeld: Bertelsmann.

Luhmann, N. (1971). Sinn als Grundbegriff der Soziologie. In J. Habermas & N. Luhmann (Hrsg.), *Theorie der Gesellschaft oder Sozialtechnologie* (S. 25-100). Frankfurt/M.: Suhrkamp.

Luhmann, N. (1981). *Politische Theorie im Wohlfahrtsstaat.* München: Olzog.

Luhmann, N. (1984). *Soziale Systeme. Grundriß einer allgemeinen Theorie*. Frankfurt/M.: Suhrkamp.

Lüschen, G. (1960). Prolegomena zu einer Soziologie des Sports. *Kölner Zeitschrift für Soziologie und Sozialpsychologie, 12* (3), 501-515.

Lüschen, G. & Weis, K. (Hrsg.). (1976). *Die Soziologie des Sports*. Darmstadt: Luchterhand.

Moreno, J. L. (1934). *Who shall survive? A new approach to the problem of human interrelations*. Washington, DC: Nervous and Mental Disease Publishing Company.

Müller, H.-P. (2007). *Max Weber*. Köln: Böhlau.

Nagel, S. (2006). *Sportvereine im Wandel. Akteurtheoretische Analysen zur Entwicklung von Sportvereinen*. Schorndorf: Hofmann.

Nassehi, A. (2008). *Soziologie. Zehn einführende Vorlesungen*. Wiesbaden: VS.

Plessner, H. (1956). Die Funktion des Sports in der industriellen Gesellschaft. *Wissenschaft und Weltbild, 19*, 262-274.

Popper, K. (1935). *Logik der Forschung*. Wien: Springer.

RIGAUER, B. (1969). *Sport und Arbeit. Soziologische Zusammenhänge und ideologische Implikationen.* Frankfurt/M.: Suhrkamp.

RISSE, H. (1921). *Soziologie des Sports.* Berlin: August Reher.

SCHIMANK, U. (2000). *Handeln und Strukturen. Einführung in die akteurtheoretische Soziologie.* München: Juventa.

SCHIMANK, U. (2005). *Differenzierung und Integration der modernen Gesellschaft. Beiträge zur akteurzentrierten Differenzierungstheorie 1.* Wiesbaden: VS.

SCHMIDT, R. (2002). *Pop – Sport – Kultur. Praxisformen körperlicher Aufführungen.* Konstanz: UVK.

SCHÜTZ, A. (1972). Der Fremde. In A. SCHÜTZ (Hrsg.), *Gesammelte Aufsätze. Band 2. Studien zur soziologischen Theorie* (S. 53-69). Den Haag: Nijhoff.

STICHWEH, R. (1990). Sport – Ausdifferenzierung, Funktion, Code. *Sportwissenschaft, 20* (4), 373-389.

TEUBERT, H., BORGGREFE, C., CACHAY, K. & THIEL, A. (2006). *Spitzensport und Schule. Möglichkeiten und Grenzen struktureller Kopplung in der Nachwuchsförderung.* Schorndorf: Hofmann.

THIEL, A. (2011). Sportsoziologie. In C. KRÖGER & W.-D. MIETHLING (Hrsg.), *Sporttheorie in der gymnasialen Oberstufe* (S. 27-47). Schorndorf: Hofmann.

THIEL, A., MAYER, J. & DIGEL, H. (2010). *Gesundheit im Spitzensport. Eine sozialwissenschaftliche Analyse.* Schorndorf: Hofmann.

WEBER, M. (1984). *Soziologische Grundbegriffe.* Stuttgart: UTB.

WEIS, K. & GUGUTZER, R. (2008). Einleitung: Sport in Gesellschaft und Soziologie. In K. WEIS & R. GUGUTZER (Hrsg.), *Handbuch Sportsoziologie* (S. 7-14). Schorndorf: Hofmann.

Teil I:
Entwicklungs-dynamiken des Sports

Lektion 2

Ausdifferenzierung des Sports

1 Einleitung

Der Sport in Deutschland stellt sich heute als ein sehr stark ausdifferenzierter Gesellschaftsbereich dar, der eng mit anderen Gesellschaftsbereichen wie den Medien, der Wirtschaft, der Gesundheit oder der Bildung verzahnt ist. Die Schwierigkeit, den Begriff *Sport* zu bestimmen, gibt erste Hinweise auf die Komplexität des Sozialraums Sport. Unterschieden wird zwischen Schul- und Vereinssport, Freizeit- und Breitensport, Leistungs- und Spitzensport, Gesundheits- und Alterssport, Präventions- und Rehabilitationssport, Trend- und Risikosport, Zuschauer- und Mediensport und vielem mehr. Längst ist Sport mehr als die körperliche Betätigung selbst. Er ist Gegenstand der Freizeitbeschäftigung, Berufsfeld, Erziehungs- und Bildungsinstanz sowie Unterhaltungs- und Vermarktungsobjekt. Der hohe Stellenwert, der dem Sport heute beigemessen wird, ist das Ergebnis verschiedener Entwicklungs- und Wandlungsprozesse. Dass es heute einen eigenständigen und politisch unabhängigen Sport gibt, ist somit keine Selbstverständlichkeit. Im Folgenden geht es um die Frage, wie sich der Sport in vergleichsweise kurzer Zeit zu einem eigenständigen Gesellschaftsbereich entwickeln konnte. Um diese Frage zu beantworten, ist der Blick auf jene Dynamiken und Verstrickungszusammenhänge zu richten, die Einfluss auf die Entstehung und Ausdifferenzierung des Sports und des Sportsystems in Deutschland genommen haben.

Folgende Themenbereiche werden im Laufe der Lektion bearbeitet:

- Entwicklung und sozialer Wandel
- Historische Erscheinungsbilder und Entwicklungsdynamiken des Sports
- Entwicklungsdynamiken und Anschlussofferten im 18. Jahrhundert
- Prozesse der Ausdifferenzierung des Sportsystems im 19. Jahrhundert
- Prozesse der Ausdifferenzierung des Sports im 20. Jahrhundert

2 Entwicklung und sozialer Wandel

Wenn von Entwicklungsprozessen gesprochen wird, so geschieht dies in der Regel mit Verweis auf konkrete zeithistorische Ereignisse, die in Zusammenhang mit gesellschaftlichen Veränderungen gebracht werden. Die Erfindung des Buchdrucks, die Entdeckung von Impfstoffen oder die Machtergreifung der Nationalsozialisten – all dies sind Geschehnisse, die von großer Bedeutung für die jeweilige Zeit waren und grundlegende Wandlungsprozesse anzeigen. Auch die Entwicklung des Sports wird häufig an historischen Ereignissen, wie z. B. der Veröffentlichung von gymnastischen Lehrbüchern, der Einrichtung von Turnanstalten oder der Gründung des Deutschen Sportbundes (DSB), festgemacht. Die Dokumentation von solchen Ereignissen in Form historischer Daten ist zweifellos relevant, wenn es darum geht, Entwicklungen zu rekonstruieren und Veränderungsprozesse zu dokumentieren. Geht es nun allerdings darum, Erklärungen dafür zu finden, warum sich eine Gesellschaft so und nicht anders entwickelt hat, so reicht es nicht aus, die Chronologie von historischen Ereignissen darzustellen. Die mit dem sozialen Wandel verbundenen Veränderungen von Wertmustern, Rollenbildern und Kommunikationsformen vollziehen sich nicht zufällig und aus heiterem Himmel. Hinter ihnen stehen ganz spezifische soziale Antriebskräfte, wie beispielsweise die Säkularisierung oder der technische Fortschritt (DIGEL & THIEL, 2008).

Die Soziologie verweist in diesem Zusammenhang auf ein fundamentales gesellschaftliches Entwicklungsprinzip: die *Differenzierung*. Dem Begriff der Differenzierung kommt daher auch eine Schlüsselposition in der soziologischen Entwicklungstheorie zu. Obwohl sich verschiedene Ansätze zur Erklärung von Entwicklung unterscheiden lassen, besteht doch weitgehend Konsens darüber, dass die Entwicklung einer Gesellschaft mit der Zunahme des Grads an Differenzierung einhergeht. Was zunächst abstrakt klingt, wird verständlicher, wenn man einen Blick in soziologische Grundlagenarbeiten wirft. Wir beschränken uns an dieser Stelle auf die Darstellung von drei Klassikern der Soziologie:

Herbert Spencer vergleicht Gesellschaft mit einem aus verschiedenen Teilen bestehenden Organismus. Der Organismus wächst, indem sich seine Teile verändern und eigenständig spezifische Aufgaben übernehmen. Auch Gesellschaften differenzieren sich aus, indem sich die einzelnen Teile verändern, spezialisieren und eigenständig werden. Damit sich ein Organismus entwickeln kann, müssen die einzelnen Teile miteinander zusammenhängen und ein Ganzes bilden. Dies gilt auch für Gesellschaften, deren einzelne Teile zwar unterschiedliche Aufgaben erfüllen, aber nicht vollkommen unabhängig voneinander arbeiten, sondern in

Wechselbeziehung stehen. Mit *Integration* ist die Vernetzung der einzelnen Teile im Sinne eines funktionierenden Ganzen beschrieben. Je höher der Differenzierungsgrad einer Gesellschaft ist, desto höher ist der Aufwand, der für die Integration des Wachstumsprozesses nötig ist (Spencer, 1901).

Norbert Elias hat mit seinen zivilisationstheoretischen Überlegungen eine ebenfalls grundlegende Erklärung für gesellschaftliche Entwicklungsprozesse geleistet, führt diese jedoch auf den Wandel von gesellschaftlichen *Konfigurationen* und zivilisatorischen Mustern zurück. Die moderne Gesellschaft besteht demnach aus einer Vielzahl von hierarchisch geordneten und wechselseitig aufeinander bezogenen Gesellschaftseinheiten. Entwicklungsprozesse geben Hinweise darauf, dass gesellschaftliche Figurationen, wie z. B. Machtkonstellationen, Verhaltensnormen und Kontrollmechanismen, einem kontinuierlichen Wandel unterliegen. Elias verdeutlicht dies am Beispiel der europäischen Zivilisationsgeschichte. Die fortschreitende Differenzierung macht er an der Bedeutungszunahme von gesellschaftlichen Zwängen fest. Dazu gehören u. a. eine zunehmende Trieb- und Affektkontrolle, die Verschiebung von Schamgrenzen sowie die Spezifizierung sittlicher Verhaltensregeln (Elias, 1976).

Etwas jüngeren Datums ist die systemtheoretische Entwicklungstheorie. Der Systemtheoretiker Niklas Luhmann unterscheidet drei unterschiedlich stark differenzierte Gesellschaftstypen: *segmentär, stratifikatorisch* und *funktional differenzierte Gesellschaften*. Kennzeichnend für gesellschaftliche Entwicklungen ist die Zunahme sozialer Komplexität.

Segmentär differenzierte (z. B. archaische) *Gesellschaften* bestehen aus kleinen Einheiten (Haushalt, Familie, Stamm), die unterschiedlich groß sein können und in der Regel miteinander unverbunden sind. Kennzeichnend für solche Gesellschaften ist, dass es eine geringe Rollendifferenzierung gibt, z. B. in Familienoberhaupt, Krieger oder Schamane. Die Verständigung in segmentär differenzierten Gesellschaften basiert v. a. auf oraler Kommunikation.

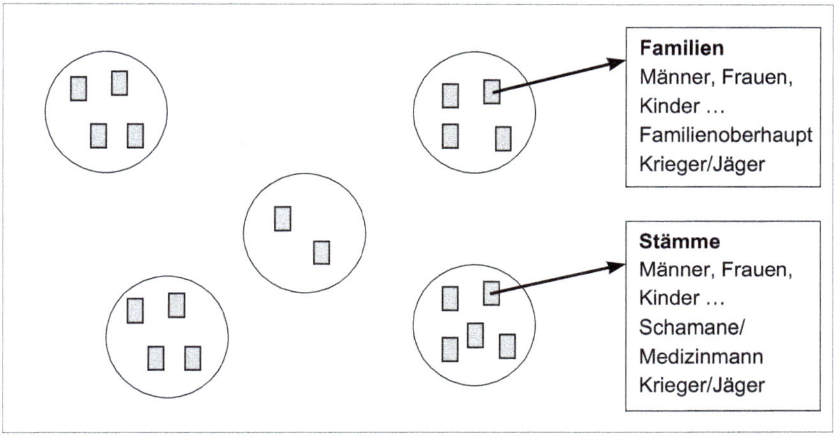

Abb. 1: *Segmentär differenzierte Gesellschaft (Cachay & Thiel, 2000, S. 32)*

Stratifikatorisch differenzierte Gesellschaften, wie sie sich v.a. in der Antike und im Mittelalter finden, weisen dagegen einen höheren Differenzierungsgrad auf. So handelt es sich um eine hierarchisch organisierte Gesellschaft, die auf klar voneinander getrennten Schichten basiert. In diesen Gesellschaften verändern sich Formen der Kommunikation, was durch die Entwicklung der Schrift und des Buchdrucks möglich wird.

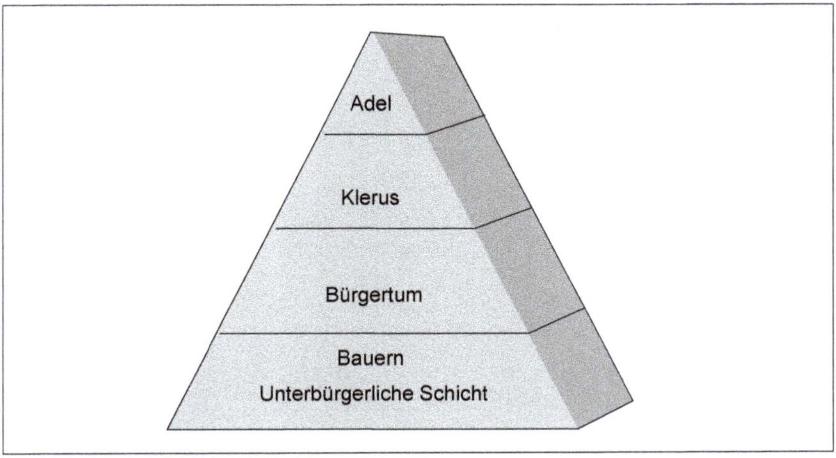

Abb. 2: *Stratifizierte Gesellschaft (Cachay & Thiel, 2000, S. 33)*

Die komplexeste Form stellen *funktional differenzierte Gesellschaften* dar. Sie bilden sogenannte *Funktionssysteme* aus, welche spezifische, gesellschaftlich relevante Funktionen übernehmen. Dies sind beispielsweise Politik, Religion, Recht, Wirtschaft, Wissenschaft, Gesundheit oder die Erziehung. Gesellschaftliche Teilsysteme entstehen vor dem Hintergrund von neuen gesellschaftlichen Problemen sowie Bedürfnis- und Anforderungsstrukturen, welche von dem jeweiligen Teilsystem gelöst oder bedient werden (sollen). Kennzeichnend für den Prozess der funktionalen Differenzierung ist die Etablierung einer für dieses Teilsystem typischen Logik sowie einer spezifischen Struktur. Gesellschaftliche Teilsysteme entwickeln spezifische Regeln und Organisationsstrukturen, sind autonom und weisen eine charakteristische Rollendifferenzierung auf. So ist die Gewaltenteilung in Exekutive, Legislative und Judikative ein Beispiel für Differenzierung und die Zunahme an gesellschaftlicher Komplexität. Mit der zunehmenden Verrechtlichung der Gesellschaft werden immer mehr gesellschaftliche Zusammenhänge geregelt und gemäß der Logik des Rechtssystems erschlossen (LUHMANN, 1984).

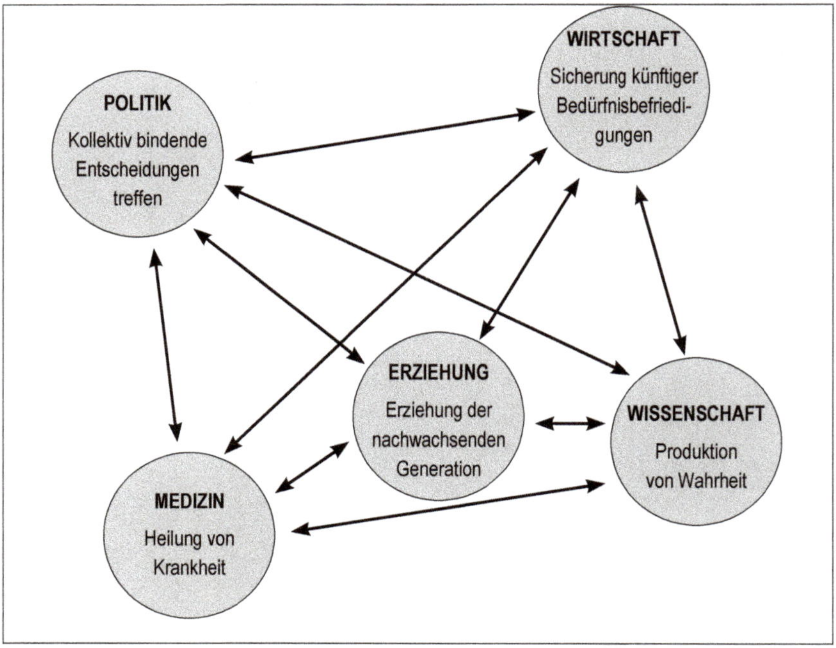

***Abb. 3:** Funktional differenzierte Gesellschaft (CACHAY & THIEL, 2000, S. 34)*

Eine detaillierte Auseinandersetzung mit klassischen und aktuellen soziologischen Differenzierungstheorien findet sich in Uwe SCHIMANKS (2007) Lehrbuch »Theorien gesellschaftlicher Differenzierung«. Einen Überblick über die systemtheoretische Entwicklungs- und Differenzierungstheorie des Sports liefern die Arbeiten von CACHAY (1988), STICHWEH (1990) sowie CACHAY und THIEL (2000).

3 Historische Erscheinungsbilder und Entwicklungsdynamiken des Sports

Betrachtet man die Entwicklung des Sports, dann zeigt sich, dass sich dieser in vergleichsweise kurzer Zeit zu einem multifunktionalen, eigenständigen Gesellschaftsbereich mit hoher gesellschaftlicher Relevanz ausdifferenziert hat. Doch wie lässt sich dies erklären? Ein Blick auf die historischen Erscheinungsbilder sowie auf die dahinter stehenden Antriebskräfte und Entwicklungsdynamiken soll Antworten auf die Frage geben, welche gesellschaftlichen Entwicklungen die Ausdifferenzierung des Sports forciert haben.

Kennzeichnend für die folgenden Darstellungen ist die Annahme, dass allgemeine gesellschaftliche Veränderungen vom Sport bzw. vom Sportsystem in spezifischer Weise resorbiert, reflektiert und verarbeitet wurden. Der Sport entwickelt sich also, indem er auf gesellschaftliche Ereignisse reagiert und wirkt durch seine Entwicklung gleichsam wieder auf die Gesamtgesellschaft (DIGEL & THIEL, 2008).

Doch was ist eigentlich »Sport«? Sport ist eigentlich ein Terminus, der – zumindest in Deutschland – eine vergleichsweise kurze Geschichte hat. Geht man zurück zu den Ursprüngen des Sports in Deutschland, so stößt man zunächst auf Begriffe wie Gymnastik, Leibesübung oder Turnen. Auf den ersten Blick sind diese Bezeichnungen Ausdruck körperlicher Praktiken, die im Sportbegriff aufgegangen sind. Auf den zweiten Blick stehen die Bezeichnungen für einen Sonderweg, den die Entwicklung des »deutschen« Sports nimmt.

3.1 Entwicklungsdynamiken und Anschlussofferten im 18. Jahrhundert

Den Ausgangspunkt für die Entstehung eines Sportsystems in Deutschland bildet das 18. Jahrhundert, in welchem rasante Entwicklungen auf vielen Gebieten des gesellschaftlichen Lebens stattfinden. Die schrittweise Ausdifferenzierung des Gesellschaftsbereichs Sport steht in engem Zusammenhang mit diesen Entwicklungen.

Entwicklungsdynamiken in Politik und Wirtschaft

Die Politik des 18. Jahrhunderts steht in Deutschland im Zeichen des Absolutismus. Die Gesellschaft war zu dieser Zeit stratifikatorisch differenziert und nach Ständen organisiert. An der Spitze der Politik stand ein mit allen Entscheidungsbefugnissen ausgestatteter Monarch. Charakteristisch für diese Zeit ist in ideeller Hinsicht der Prozess der *Säkularisierung*, d.h. der Trennung von Staat und Kirche (vgl. Weis, 2008). Darüber hinaus ist das 18. Jahrhundert v.a. von den Folgen geprägt, die der Dreißigjährige Krieg (1618-1648), zahlreiche Epidemien (v.a. die Pest) und Hungersnöte hinterlassen haben. Die in diesem Zusammenhang zu nennende *Peuplierungspolitik* ist eine Reaktion auf die gesellschaftlichen Missstände und den Wunsch nach allgemeiner Wohlfahrt. Sie zielt im Kern auf die Erhöhung der Bevölkerungszahl und die Anhebung des Bildungsniveaus ab. Mit ihr einhergehen ein verstärkter Siedlungsbau, die Anwerbung ausländischer Arbeiter und territoriale Expansionsbemühungen. In Anbetracht geringer Bevölkerungszahlen und hoher Sterblichkeitsraten, aber auch vor dem Hintergrund wirtschaftlicher und militärischer Expansionsbestrebungen, übernimmt der Staat zunehmend Verantwortung für das Wohl seiner Bürger (Cachay, 1988).

In unmittelbarem Zusammenhang mit dieser Politik steht die Wirtschaftsform des *Kameralismus*, die v.a. den gewerblichen Handel, Manufakturen und die Landwirtschaft fördert. Einfuhrzölle und Steuern sorgen für hohe Staatseinnahmen. Gleichzeitig entsteht ein zunehmender Bedarf an qualifizierten Arbeitern. Gesundheit bzw. Arbeitsfähigkeit wird zum kostbaren Gut und zur Voraussetzung für Wohlstand. Eine der fundamentalen Veränderungen der Zeit basiert auf der Erkenntnis, dass dem Staat in seinem Streben nach allgemeiner Wohlfahrt die Verantwortung für die Gesundheit der Bevölkerung obliegt. Der Monarch sieht sich nun zunehmend in der Pflicht gegenüber seinen Untertanen. Diese Entwicklung hat erhebliche gesellschaftliche Folgen. Die Erhaltung und Wiederherstellung von Gesundheit wird zur Staatsaufgabe. Die Einrichtung eines staatlichen Gesundheitswesens ist eine bedeutende politische Konsequenz (Cachay & Thiel, 2000).

Entwicklungsdynamiken in Medizin und Gesundheitspflege
Mit der Entstehung einer öffentlichen Gesundheitspflege erhält die Medizin tragende gesellschaftliche Relevanz. In Anlehnung an die Ideen der Aufklärung sollen Gesundheit und medizinische Versorgung nun allen Bürgern zugänglich gemacht werden. Der Medizin kommt der staatliche Auftrag zu, Menschen zu heilen und Krankheiten vorzubeugen. Krankheit wird immer mehr mithilfe von naturwissenschaftlichen Erkenntnissen und immer weniger aufgrund von göttlichen Schicksalslogiken erklärt. Die Medizin liefert mehr und mehr Alternativen zur bis dato verbreiteten Selbstmedikation. Angetrieben wird diese Entwicklung durch rasante Erkenntnisfortschritte in der medizinischen Forschung (Eckart, 2009). Vermehrt entstehen neue medizinische Theorien, Disziplinen, Behandlungsmethoden und Forschungsbereiche sowie neue medizinische Berufe (z. B. Kinderärzte, Gynäkologen, Orthopäden). Das staatliche Medizinalsystem nimmt nun auch Hygiene- und Arbeitsbedingungen in den Blick. Neue Patientenkreise und Zielgruppen werden erschlossen.

Eine grundlegende strukturelle Veränderung ist die Errichtung einer staatlichen Gesundheitsverwaltung. Besonders bedeutend ist in diesem Zusammenhang die Einrichtung von Staatskrankenhäusern, wie z. B. die Berliner Charité, die – als ehemaliges Pesthaus – im Jahre 1727 auf Geheiß von König Friedrich Wilhelm I. (König von 1713-1740) zu einem Bürgerhospital umgewandelt wird (Fischer, 2009). Diese allen Bürgern zugänglichen Krankenhäuser sorgen für eine bessere medizinische Versorgung und fungieren außerdem als Ausbildungsstätten für Ärzte. Der Kreis an Personen, die nun medizinische Versorgung in Anspruch nehmen können, weitet sich auf diese Weise erheblich aus. Die strukturelle Ausdifferenzierung der Medizin und des Gesundheitssystems schreitet zudem durch Ausbau der universitären Medizin fort. Damit verbunden ist eine erhebliche Zunahme der Ärztedichte (Eckart, 2009).

Für die Entstehung des Sportsystems liefert die Medizin insofern Anschlussofferten, als Bewegung und körperliche Übung nun zunehmend Eingang in die medizinische Behandlungspraxis finden. Während Leibesübungen Anfang des 18. Jahrhunderts noch dem Adel vorbehalten waren, finden sie sich nun in steigendem Maße in der öffentlichen Gesundheitspflege wieder und werden zur Erhaltung und Wiederherstellung von Gesundheit eingesetzt. Öffentliche Einrichtungen der Gesundheitspflege (z. B. orthopädische Anstalten) entdecken die »medizinische Gymnastik« und institutionalisieren diese in ihrem Behandlungsrepertoire (Cachay, 1988). Die Berücksichtigung von Bewegung und körperlicher Übung zur Bewältigung bzw. Herstellung von

Gesundheit und Leistungsfähigkeit stellt eine essenzielle Anschlussofferte für die Ausdifferenzierung des Sportsystems dar (CACHAY & THIEL, 2000).

Entwicklungsdynamiken in Erziehung und Bildung

Doch nicht nur in Politik, Wirtschaft und Medizin kommen weitreichende Entwicklungsprozesse in Gang. Auch auf dem Gebiet der Erziehung etablieren sich neue Vorstellungen, die fundamentale Kritik an der ständischen Erziehungsstruktur beinhalten (CACHAY, 1988). Inspiriert von humanistischen Ideen und getragen vom Geist der Aufklärung, wird Erziehung zum gesellschaftlichen Thema. Programmatisch für neue Visionen von Erziehung ist die Entdeckung der Kindheit als eigenständige Entwicklungsphase, die sich grundlegend vom Erwachsenenalter unterscheidet. Die neue Art der Erziehung schließt an ein humanistisches Bildungsideal an und ist unmittelbar mit dem Namen des französischen Denkers Jean-Jacques Rousseau (1712-1778) verbunden. Rousseau veröffentlicht im Jahr 1762 den ersten Erziehungsroman »Émile oder über die Erziehung«. Das Buch wird zum pädagogischen Referenzwerk der Zeit und darüber hinaus. Die zentrale Forderung Rousseaus besteht darin, dass sich Erziehung grundsätzlich am Wohl des Kindes zu orientieren habe. Erziehung bedeutet demnach, Erfahrungsmöglichkeiten zu schaffen und Entwicklungsanstöße zu geben. Revolutionär ist diese Idee deshalb, da sie kind- und altersspezifische Entwicklungsarrangements einfordert. Bewegung fungiert dabei als zentrales Mittel einer ganzheitlichen Erziehung (vgl. PROHL, 2010).

Die Philanthropen schließen in vielerlei Hinsicht an die humanistischen Ideale sowie an die Gesellschafts- und Kulturkritik Rousseaus an. Diese pädagogische Reformbewegung, die sich den Idealen der Aufklärung verpflichtet sieht, fordert die Rückkehr zu einer natürlichen, auf Gemeinnützigkeit ausgerichteten Volkserziehung. Kennzeichnend ist die Idee der Formbarkeit und Vervollkommnung des Menschen durch Erziehung. Erziehung zielt darauf ab, Kinder für das Erwachsenenalter vorzubereiten und ihnen nützliche sowie praktische Fähigkeiten zu vermitteln. Die Philanthropen verstehen sich als (Schul-)Reformer, die die Vision eines neuen, offenen Erziehungs- und Schulwesens jenseits von Standesschranken verfolgen. Die Gründung von öffentlichen Bildungsanstalten – sogenannte *Philanthropine* – durch Johann Bernhard Basedow (1724-1790) im Jahr 1774 und Christian Gotthilf Salzmann (1744-1811) im Jahr 1784 steht stellvertretend für den gesellschaftlichen Wandel auf dem Gebiet der Erziehung im 18. Jahrhundert (vgl. KRÜGER, 2005a).

Die beschriebenen Entwicklungsdynamiken im Bereich Politik und Wirtschaft, Medizin und Gesundheitspflege sowie Erziehung und Bildung eröffnen »Anschlussofferten« für eine Ausdifferenzierung des Sportsystems. Der Begriff der *Anschlussofferten* beschreibt Entwicklungen, die Kristallisationspunkte für die Entstehung eines Sportsystems liefern. Die Arbeit von CACHAY (1988) enthält eine sehr ausführliche Auseinandersetzung mit diesem Problemzusammenhang.

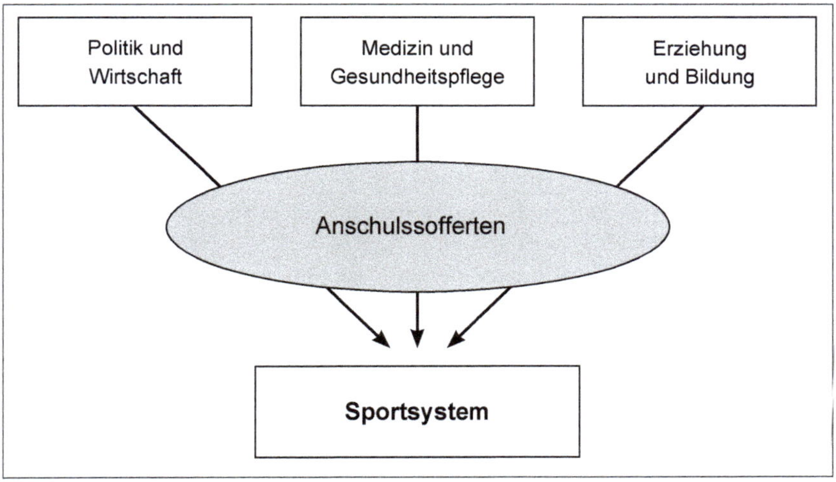

Abb. 4: *Entwicklungsdynamiken und Anschlussofferten im 18. Jahrhundert*

3.2 Prozesse der Ausdifferenzierung des Sportsystems im 19. Jahrhundert

Die Ausweitung des Adressatenkreises, die Schaffung eigener Bildungseinrichtungen und die Forderung nach einer öffentlichen, staatlichen Organisation von Bildung gehen einher mit der Etablierung der Pädagogik als eigenständiges universitäres Fach und der Gründung von Lehrstühlen für Pädagogik. In der aufkommenden pädagogischen Forschung werden Bewegung und körperlicher Übung relevante erzieherische Funktionen zugeschrieben (vgl. CACHAY, 1988). Damit ist eine wesentliche Voraussetzung für die Ausdifferenzierung eines eigenständigen Gesellschaftsbereichs geschaffen, in dessen Mittelpunkt körperliche Bewegung steht. Denn es ist eben diese pädagogische Reformbewegung, die Ende des 18. Jahrhunderts erste Bezeichnungen für körperliche Betätigungsformen einführt und damit beginnt, Leibesübungen systematisch in den Erziehungsalltag der Philanthropine zu integrieren. Die körperlichen Praktiken werden »Gymnastik« bzw. »Leibesübungen« genannt (CACHAY & THIEL, 2000).

Gymnastik und Leibesübung als Ausgangspunkt
Mit dem aus der Antike entliehenen Begriff *Gymnastik* wird in Deutschland seit dem 18. Jahrhundert eine Körper- und Bewegungspraxis bezeichnet, die ihren festen Platz im Schulalltag und in den Erziehungskonzepten des 18. und frühen 19. Jahrhunderts erhält. Im Gegensatz zu Rousseaus Erziehungsideal, das auf freie und natürliche Bewegungserfahrungen abzielt, beginnen die Philanthropen damit, gymnastische Übungen und Spiele zu systematisieren und zu reglementieren. Die Ausbildung körperlicher Fertigkeiten wird zu einem integralen Bestandteil einer ganzheitlichen Erziehung. Der große Beitrag der Philanthropen für die Entstehung eines Sportsystems besteht darin, dass sie gymnastische Übungen als unverzichtbares Medium einer vernünftigen und nützlichen Erziehung institutionalisieren. Gymnastik und Leibesübungen stellen für die Philanthropen dabei jedoch keinen Selbstzweck dar, sondern sind auf die Vervollkommnung des Menschen ausgerichtet. Gymnastische Übungen müssen darum in erster Linie nützlich sein und Kinder mit Fertigkeiten versorgen, die für das alltägliche Leben relevant sind (CACHAY, 1988).

Die Grundlage aller erzieherischen Bemühungen ist ein Menschenbild, das Seele und Körper als zwei getrennte Aspekte menschlichen Daseins konzipiert. Die Funktionsfähigkeit des Körpers wird als Voraussetzung für eine geistige Gesundheit angesehen. Die Etablierung reglementierter Übungen, die auf praktische Fertigkeiten (z. B. Schwimmen) abzielen und die unter gesundheitlichen Gesichtspunkten betrieben werden, verweist auf Differenzierungsprozesse. Neu ist, dass für das Betreiben der Übungen nun Übungsplätze bereitgestellt werden. Zwar sind diese Übungsplätze bei Weitem nicht vergleichbar mit heutigen Anlagen; jedoch weist die Tatsache, dass hier spezifische Funktionsräume geschaffen werden, die zu bestimmten Zeiten und unter Anleitung qualifizierter Lehrer genutzt werden, bereits auf einen zunehmenden Differenzierungsgrad hin. Mit der Veröffentlichung von Lehrbüchern ist ein weiterer Meilenstein der Ausdifferenzierung erreicht. Mit dem ersten Lehrbuch, das den Titel »Gymnastik für die Jugend« (1793) trägt, legt Johann Christoph Friedrich GutsMuths (1759-1839) den Grundstein für eine didaktisch-methodische Auseinandersetzung mit und die planvolle Vermittlung und Rationalisierung von gymnastischen Leibesübungen. Gerhard

Ulrich Anton Vieths (1763-1836) »Versuch einer Encyclopädie der Leibesübungen« folgt nur ein Jahr später.

Die Systematisierung und methodische Aufbereitung von gymnastischen Übungen und Spielen zählt zu den wesentlichen Anschlussofferten für das Sportsystem. Ein anderes Strukturmerkmal, das bei GutsMuths zumindest angelegt ist und das bis heute den Sport kennzeichnet, ist das der Leistung. GutsMuths entwickelt Leistungstabellen, die unterschiedlichste Parameter berücksichtigen und mit welchen er Entwicklungen seiner Schüler (z. B. im Hinblick auf Kraft und Schnelligkeit) dokumentiert. Die Idee des Leistungsfortschritts und der Leistungskontrolle taucht also bereits bei den Philanthropen auf (Cachay & Thiel, 2000).

Die Arbeiten von Robert Prohl (2010) und Michael Krüger (2005a) beschreiben eindrücklich die historischen Zusammenhänge zwischen dem aufklärerischen Zeitgeist, den visionären Vorstellungen von Erziehung und dem neuen Phänomen der Gymnastik. Während Krüger v. a. eine sporthistorische Perspektive einnimmt, legt Prohl den Fokus auf Entwicklungen, die zur Entstehung und Ausdifferenzierung der Sportpädagogik beigetragen haben.

Die Bedeutungszunahme von Bewegung und körperlicher Übung für Erziehung findet sich nicht nur bei den Philanthropen wieder. Auch andere pädagogische Reformbewegungen betonen die Notwendigkeit einer körperlichen Erziehung. So weist Wilhelm von Humboldt (1767-1835) bei seinen Bemühungen zur Reform des preußischen Schulsystems zu Beginn des 19. Jahrhunderts auf die erzieherische Bedeutung gymnastischer Übungen im Rahmen der »allgemeinen Menschenbildung« hin (vgl. Prohl, 2010).

Turnen als Sonderweg in Deutschland

Das 19. Jahrhundert wird im deutschsprachigen Raum jedoch nicht vom Begriff der *Gymnastik*, sondern von dem des *Turnens* dominiert. Mit dem *Turnen* nimmt die Körpererziehung und -bildung in Deutschland einen spezifischen Verlauf. Inhaltlich unterscheidet sich das Turnen von der Gymnastik zunächst kaum, denn Turnen greift auf gymnastische Übungen zurück und schließt explizit an die Vorarbeiten von GutsMuths an. Im Gegensatz zur Gymnastik versteht sich das Turnen aber als politische Bewegung. Der Turnbewegung immanent ist ein politisches Sendungsbewusstsein (Prohl, 2010).

Initiator dieser neuen Bewegung ist Friedrich Ludwig Jahn (1778-1852) – ein preußischer Hauslehrer und überzeugter Anhänger des Nationalstaatsgedankens. Die Turnbewegung bezieht ihren Antrieb aus den politischen Verhältnissen in Deutschland und versteht sich zumindest in der ersten Hälfte des 19. Jahrhunderts als bürgerlich-nationale Protestbewegung, die sich gegen Frankreich, v.a. aber gegen die Zersplitterung Deutschlands in verschiedene Fürstentümer richtet. Jahns Vision ist die der Errichtung eines deutschen Nationalstaats unter preußischer Führung. Turnen ist von Anfang an Ausdruck dieser nationalen Gesinnung und Mittel der Nationalerziehung. Ähnlich wie die Gymnastik ist auch das Turnen geprägt von der starken Reglementierung und Disziplinierung des Körpers. Turnen dient der Körperertüchtigung im Sinne von Wehrhaftigkeit. Zum Übungskanon gehören darum auch Kriegsübungen. Junge Männer sollen beim Turnen für den »Ernstfall« vorbereitet werden. Der erste Turnplatz entsteht 1811 auf der Hasenheide in Berlin. Der Turnplatz wird zum Symbol für den nationalen Widerstand sowie zum Übungs- und Ertüchtigungsraum für politisch Gleichgesinnte. Der große Zulauf führt v.a. in Preußen zur Gründung von »Turnanstalten« und »Turngesellschaften«. Damit entsteht eine spezifische Organisationsform, deren zentraler Zweck das Turnen ist (Krüger, 2010).

Mit diesem Schritt beginnt ein grundlegender, strukturell sehr bedeutender Differenzierungsprozess, der im Grunde als Ursprung des außerschulisch organisierten Breitensports und des Vereinswesens in Deutschland angesehen werden kann. Die Turner organisieren sich freiwillig in ihrer Freizeit in spezifischen Übungs- und Gemeinschaftsräumen, in welchen Standesunterschiede weitgehend aufgehoben sind (Prohl, 2010). Die Gründung von Turnerbünden als (regionale) Dachorganisationen, die Veranstaltung von nationalen Turnfesten und die zunehmende Reglementierung des Übungsbetriebs verweisen auf eine Zunahme des Organisationsgrads. Doch nicht nur die Körperpraktiken sind stark reglementiert. In der Schrift »Deutsche Turnkunst« (1816), die Jahn zusammen mit Ernst Wilhelm Bernhard Eiselen (1793-1846) verfasst, sind mit den »Turngesetzen« klare ethische Verhaltensvorschriften formuliert. Die Zunahme an Regeln geht einher mit einer Vervielfältigung der Körper- und Übungspraktiken. Dies hängt nicht zuletzt auch mit der Konstruktion und Einführung neuer Übungsgeräte (Barren und Reck) zusammen. Turnübungen werden technisch anspruchsvoller und damit differenziert sich auch die Rolle des Turners weiter aus. Ähnliches gilt für die Rolle des Übungsleiters bzw. Turnlehrers. Neu ist dagegen die Rolle des Zuschauers. Insbesondere im Rahmen von Turnfesten wird Turnen zum Ereignis, dem Menschen als passive Rezipienten beiwohnen (vgl. Krüger, 2005a).

Die Tatsache, dass trotz eines zwischenzeitlichen Verbots fast das gesamte 19. Jahrhundert in Deutschland im Zeichen des Turnens steht, hängt auch damit zusammen, dass Turnen durch Adolf Spieß (1810-1858) zum festen Unterrichtsfach für Schüler und Schülerinnen in Preußen wird. Auch an den Schulen werden eigene Turnplätze geschaffen. Damit einhergehen die Einrichtung staatlicher Bildungsanstalten und die Ausdifferenzierung des Berufs des Turnlehrers. An die Rolle des Turnlehrers werden damit zusätzliche Erwartungen gestellt. Mit dem »Turnbuch für die Schulen« (1847) schafft Spieß ein didaktisches Grundlagenwerk für Turnlehrer. Die Institutionalisierung als Schulfach markiert einen weiteren Meilenstein im Rahmen der Ausdifferenzierung des Sportsystems (vgl. Prohl, 2010).

All diese Entwicklungen zusammengenommen lassen eine gestiegene gesellschaftliche Relevanz des Phänomens Turnen im 19. Jahrhundert erkennen. Charakteristisch für den Differenzierungsprozess sind die Erweiterung der Organisationsstruktur und die zunehmende Autonomisierung des Gesellschaftsbereichs.

Der Weg des englischen Sports

Parallel zur Gymnastik und zum Turnen in Deutschland setzt sich in England im 18. und 19. Jahrhundert im Kontext weitreichender Industrialisierungsprozesse eine Form der körperlichen Betätigung durch, die sich grundlegend von der Praxis des Turnens unterscheidet: der *Sport*. Gegen Ende des 18. Jahrhunderts war *sports* noch in erster Linie eine Freizeitbeschäftigung englischer »Gentlemen«. *Sport* grenzte sich ab von den volkstümlichen *games* der Arbeiter und Bauern, die v.a. im Rahmen von festlichen Veranstaltungen betrieben wurden. Mit *sports* ist fortan eine Bewegungspraxis bezeichnet, die den Spiel- und Wettkampfgedanken in den Mittelpunkt stellt. Doch wie kommt es dazu, dass sich ein elitäres Freizeitvergnügen weniger Wohlhabender flächendeckend in der englischen Gesellschaft durchsetzt und sich weltweit verbreitet? Und aus welchem Grund wird der »Wettkampf- und Leistungssport als Speerspitze der Ausdifferenzierung« (Hartmann-Tews, 2006, S. 41) bezeichnet?

Von großer Tragweite ist die Entdeckung und Akzeptanz des Sports durch das Bürgertum. Was bislang v.a. eine exklusive und kostspielige Freizeitbeschäftigung des Adels und der Oberschicht war, etabliert sich zunehmend in bürgerlichen Kreisen (middle class). Die bürgerliche Spiel- und Sportbewegung des 19. Jahrhunderts bricht mit gesellschaftlichen Konventionen und ist in ihrer Entstehung

Ausdruck des Widerstandes gegenüber bestehenden Bildungsstrukturen, Gesellschaftsnormen und Erziehungsmethoden. Es sind v.a. Schüler der »Public Schools«, die gegen die bestehenden Ordnungen rebellieren und die Idee der Sportspiele in die Schulen tragen (Eisenberg, 1999; Krüger, 2005b).

Diese neue Form der körperlichen Aktivität findet in der Folge vermehrt Anklang in breiten Teilen der Gesellschaft. Insbesondere Mannschaftsspiele, wie Fußball, Rugby oder Hockey, erfreuen sich zunehmender Beliebtheit bei den Jugendlichen des Bürgertums. Aber auch Sportpraktiken wie Leichtathletik, Tennis, Boxen oder Rudern üben eine hohe Anziehungskraft aus. Auf struktureller Ebene zeigt sich die Ausdifferenzierung des Phänomens Sport in der Aufnahme von Sportpraktiken in das Schulcurriculum, in der Organisation eines Wettkampfbetriebs sowie in der Gründung sogenannter *Sports Clubs*, d.h. Vereinigungen zur Betreibung einer Sportart. Die Tendenz zur Spezialisierung zeigt sich nicht nur in der Fokussierung von Clubs auf Sportarten (z. B. Football, Cricket oder Rugby Clubs), sondern auch in der Schaffung von spezifischen Fachverbänden für bestimmte Sportarten wie die Football Association (FA) oder die Rugby Football Union (RFU), die nationale Meisterschaften organisieren (Eisenberg, 2010; Guttmann, 2004b).

Der englische Sport zeichnet sich letztendlich durch drei charakteristische Merkmale aus, an denen sich das Neue dieser Bewegung festmachen und sich – zumindest in dieser Phase – zu diesem Zeitpunkt vom »deutschen Weg« des Turnens abgrenzen lässt: die *Wettkampforientierung*, der *Spielgedanke* und die *Regelhaftigkeit*:

- Das wesentliche Charakteristikum des englischen Sports ist die *Wettkampforientierung*. Sport ist konzipiert als geregeltes Gegeneinander. Konkurrenz und Gegnerschaft sind wesentliche Aspekte dieser neuen Körper- und Bewegungspraktiken. Gekämpft wird gegen und mit anderen Personen oder Mannschaften. Im Gegensatz zur Gymnastik oder dem Turnen, wie es sich zu diesem Zeitpunkt zeigt – wird Leistung im Sport also anders bewertet. Im Sport werden Leistungen erbracht, die messbar, bewertbar und unterscheidbar sind. Der Leistungsvergleich im sportlichen Wettkampf ist primär auf die Einführung einer binären Unterscheidung ausgerichtet. Wettkämpfe produzieren Sieger und Verlierer. Ziel des Wettkampfs ist es, den Platz als Sieger zu verlassen und den Gegner am Erreichen seines Ziels zu hindern. Mit der Einführung der Unterscheidung Sieg/Niederlage tritt ein bis heute zentraler Aspekt des modernen Sports in Erscheinung. Und dennoch sind sportliche Wettkämpfe keine Auseinandersetzungen auf Leben und Tod. Voraussetzung für Wettkämpfe nach der Idee des englischen Sports ist ein grundlegendes Maß an Kooperation mit dem Gegner, das sich beispielsweise in der Verpflichtung zur Einhaltung von Regeln und einem respektvollen Umgang äußert (Eisenberg, 1999).

- Der Wettkampf bietet Sportlern einen temporär begrenzten Raum, der nach eigenen Logiken funktioniert. Dass sich Wettkämpfe trotz ihrer Leistungsfixierung der Ernst- und Folgenhaftigkeit alltäglicher Handlungslogiken entziehen, liegt wohl v. a. an der Bedeutung des *Spielgedankens*. Das Spiel repräsentiert ein weiteres konstitutives Merkmal des englischen Sports. Menschen wird dabei die Möglichkeit gegeben, Gefahr, Bedrohung und Konflikt im Spiel zu simulieren – jedoch ohne die Konsequenzen, die im Alltag zu erwarten wären (Elias, 1983). Im Gegensatz zur Gymnastik und dem Turnen, für die Leibesübungen in dieser Phase Mittel zur Beherrschung und Stärkung des Körpers sind, sind die Spiele des englischen Sports solchen instrumentellen Zwecken weitgehend enthoben. Sport wird in erster Linie um des Spiels willen getrieben. Sportlern eröffnet sich dadurch die Gelegenheit, sich zweckfrei zu betätigen und trotzdem gesellschaftlich relevante Erfahrungen zu machen. Der Anspruch der Sportspiele, einen Raum zu schaffen, in dem Menschen für einen begrenzten Zeitraum in Konkurrenz miteinander treten können und diese Gegnerschaft gleichzeitig mit Beendigung des Spiels wieder aufgelöst wird, ist grundlegend für die Sportbewegung.
- Kennzeichnend für den englischen Sport ist außerdem, dass den Sportarten verbindliche *Regeln* zugrunde gelegt werden (vgl. Guttmann, 2000; Coakley, 2004). Diese Regeln bilden die Grundlage für Wettkämpfe und sorgen dafür, dass z. B. Tennisspiele in der Grafschaft Sussex nach denselben Regeln ablaufen wie in Yorkshire. Im Gegensatz zum Turnen dieser Zeit geht es im Sport dabei weniger um die Reglementierung von Bewegungsabläufen, als vielmehr um die Festsetzung von Wettbewerbsstandards (Krüger, 2005b). Um Wettkämpfe regional und überregional organisieren zu können, werden Spiel- und Wettkampfregeln nun zunehmend schriftlich festgehalten. Es entstehen immer differenziertere Regelwerke, die die Bedingungen des Wettkampfs festschreiben und diesen zu einem räumlich und zeitlich unabhängigen Ereignis werden lassen. Insbesondere die schriftliche Fixierung von Regeln bildet die Grundlage für die schnelle globale Ausbreitung des Phänomens Sport. Die zunehmende Verfeinerung dieser Regelwerke bringt außerdem eine Ausdifferenzierung von spezifischen Rollen mit sich. Neben der Unterscheidung von

> Spielpositionen differenziert sich beispielsweise die Rolle und Sanktionsgewalt des Schiedsrichters zunehmend aus. Die Einsetzung einer neutralen Instanz, welche über die Einhaltung der Regeln wacht und dabei mit Sanktionsgewalt ausgestattet ist, gehört zu den wesentlichen Entwicklungen im Fußball. Mit der Teilnahme an einem Fußballspiel verpflichten sich die Spieler jedoch nicht nur zur Einhaltung des formalen Regelwerks, sondern unterwerfen sich einem ethischen Verhaltenskodex. So sieht sich die englische Sportbewegung grundlegend der Idee der *Fairness* und des *Fair Play* verpflichtet. Mit *Sportsmanship* ist ein Verhaltensethos bezeichnet, das Sportler dazu verpflichtet, in gegenseitigem Respekt miteinander in Wettstreit zu treten. Es sind diese Formen der Selbstverpflichtung, die typisch für den englischen Sport sind (vgl. EISENBERG, 2010).

Parallel zur industriellen Revolution, die von England ihren Ausgang nimmt, breitet sich die neue Idee des englischen Sports im Laufe des 19. Jahrhunderts auf andere Industrienationen aus. Eine wesentliche Verstärkung erfährt die Sportbewegung am Ende des 19. Jahrhunderts durch die Begründung der Olympischen Spiele der Neuzeit durch Pierre de Coubertin (1863-1937). Damit setzt sich die neue, auf Wettkampf basierende Spiel-, Körper- und Bewegungskultur durch. Insbesondere bei jenen Sportarten, die durch messbare Zeiten, Weiten oder Höhen gekennzeichnet sind, entwickelt sich gleichzeitig das Streben nach Rekorden zu einem Kennzeichen sportlichen Leistens (vgl. GUTTMANN, 2004a; b).

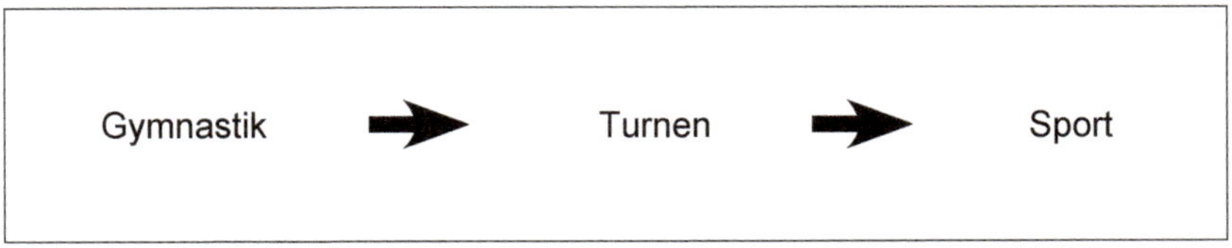

***Abb. 5:** Wandel der Begrifflichkeiten in Deutschland*

Einen anschaulichen Überblick über allgemeine Entwicklungs- und Transformationsprozesse des modernen Sports liefern insbesondere die Arbeiten von Allen GUTTMANN (2000) und Jay COAKLEY (2004).

Die Etablierung der Sportbewegung in Deutschland
Den Weg nach Deutschland findet der englische Sport durch englische Bürger, die v.a. infolge der Industrialisierung und der Handelsbeziehungen nach Deutschland kommen. Sie importieren neue Spiele. In Deutschland erweitern die neuen Sportarten das Repertoire an körperlichen Betätigungspraktiken erheblich. Doch auch wenn die neuen Sportspiele und Sportarten Mitte des 19. Jahrhunderts den Weg nach Deutschland finden und in Konkurrenz zum Turnen treten, bindet das Turnen anfangs immer noch die meisten Menschen, weil es im Vergleich zum Sport über einen höheren Organisationsgrad, einen eigenen Dachverband und ein bereits etabliertes Vereinswesen verfügt. Eine schnellere Ausbreitung der Sportbewegung im Kaiserreich scheitert daher nicht zuletzt an der gesellschaftlichen Vormachtstellung des Turnens. Von den Turnern wird der Sport anfangs noch äußerst abfällig bezeichnet; handelt es sich doch aus der Sicht vieler Turner lediglich um eine lästige Modeerscheinung. Insbesondere der Fußballsport wird negativ bewertet und – wie es Karl Planck im Jahr 1898 ausdrückte – als »Fußlümmelei« und »englische Krankheit« abqualifiziert (Planck, 1982; vgl. Luh, 2010).

Die Kräfteverhältnisse verschieben sich jedoch allmählich. Im letzten Drittel des 19. Jahrhunderts macht sich dies bemerkbar durch zahlreiche Sportvereinsgründungen. Gegen den Widerstand der Turnbewegung und des Turnerbundes entstehen nun auch in Deutschland verstärkt ein- und mehrspartige Vereine, die bereits durch ihren Vereinsnamen eine Affinität zum neuen Phänomen Sport signalisieren. Die Tatsache, dass Abkürzungen wie SC (Sportclub), SV (Sportverein) oder TSV (Turn- und Sportverein) nun immer häufiger in den Vereinsnamen deutscher Sportvereine zu finden sind, zeigt, wie stark das Phänomen und der Begriff *Sport* an Bedeutung gewinnen. Die mit der industriellen Revolution einhergehende Zunahme an Freizeitkapazitäten unterstützt diese Entwicklung und die Inklusion neuer Teilnehmer in erheblichem Maße.

3.3 Prozesse der Ausdifferenzierung des Sports im 20. Jahrhundert

Das 20. Jahrhundert repräsentiert für die Entwicklung des Sports in Deutschland ein sehr bedeutendes und zugleich wechselhaftes Zeitalter. Zum einen schreitet die Ausdifferenzierung des Sports auf verschiedenen Gebieten in rasantester Weise voran. Zum anderen zeigt sich, wie stark sich der Sport zur politischen und ideologischen Vereinnahmung eignet.

Sport in der Weimarer Republik und im Nationalsozialismus

Zu Beginn des 20. Jahrhunderts setzen sich die Differenzierungsprozesse v.a. auf der Ebene der Organisationsstrukturen (Luh, 2010) fort. Die Vision eines auf Wettkampf und Leistungsvergleich ausgerichteten Amateursports erreicht mit der Gründung von sportartspezifischen Fachverbänden eine neue Dimension. Bereits 1898 wird der »Deutsche Leichtathletik-Verband« (DLV) gegründet, dem 1900 der »Deutsche Fußball-Bund« (DFB) folgt (vgl. DFB, 1999). Eine Zunahme der Differenzierung des neuen Gesellschaftsbereichs Sport zeigt sich im Kaiserreich außerdem darin, dass in verschiedenen Sportarten – beispielsweise im Fußballsport – deutsche Meisterschaften und Länderspiele organisiert werden. Wenngleich der Deutsche Fußball-Bund anfangs noch in Konkurrenz zu drei anderen Verbänden steht, die ebenfalls deutsche Meisterschaften im Fußball ausspielen und eigene Nationalmannschaften stellen, so zeigt sich darin doch eine steigende Nachfrage nach fest organisierten Wettkämpfen (Luh, 2006). Eine ebenso bedeutende Entwicklungsdynamik geht von der Gründung internationaler Fachverbände aus. Mit der Gründung der »Fédération Internationale de Football Association« (FIFA) im Jahr 1904 entsteht eine internationale Dachorganisation für den Fußballsport, welche Wettkämpfe organisiert und den Wettkampfbetrieb überwacht. Entwicklungen wie diese geben Hinweise auf eine verstärkte Internationalisierung des Sports und die Einsicht in die Notwendigkeit der Koordination bzw. Vernetzung von nationalen Sportfachverbänden.

In Deutschland setzt sich der Mitgliederzulauf in der Weimarer Republik fort – wohl auch deshalb, weil die Zahl an Sportvereinen weiter wächst und weil flächendeckend regionale und nationale Meisterschaften durchgeführt werden. Darüber hinaus werden finanzielle Ressourcen in den Neu- bzw. Ausbau von geeigneten Sportstätten investiert, die der Vielfalt an neuen Sportarten gerecht werden sollen. Das zunehmende gesellschaftliche Interesse an sportlichen Wettkämpfen wird auch durch einen Anstieg der Publikumszahlen dokumentiert. Insbesondere bei Fußballspielen und Boxkämpfen werden hohe Zuschauerzahlen erreicht. Für die Ausdifferenzierung des Sports ist diese Entwicklung insofern hochrelevant, als damit eine neue Rolle entsteht. Personen, die sich nicht unbedingt selbst sportlich beteiligen möchten, sich aber trotzdem für Sport interessieren, erhalten nun die Gelegenheit, aus einer passiven Position heraus als Rezipienten an Sportereignissen und Wettkämpfen teilzunehmen. Die Etablierung des Zuschauersports eröffnet somit neue Möglichkeiten der Teilhabe am Sozialzusammenhang Sport. Im Zuge dieser Entwicklung wird Sport mehr und mehr zum Unterhaltungsprodukt und erlangt vermehrt Bedeutung in der medialen Berichterstattung. Die Medialisierung des Sports gehört zu den bedeutendsten Entwicklungen im Prozess der Ausdifferenzierung. Dem wachsenden Interesse am (Amateur-)Sport tragen Tageszeitungen nun mehr und mehr Rechnung. Zahlreiche Sportzeitschriften entstehen. Zudem eröffnet der rasante technische Fortschritt neue Möglichkeiten der Medialisierung des Sports. Über das Medium Rundfunk erreicht die Sportberichterstattung eine neue Dimension. Sportereignisse können nun auch von zu Hause aus verfolgt werden (vgl. LUH, 2010).

Mit der Machtergreifung der Nationalsozialisten ändert sich die Rolle des Sports fundamental. »Leibesübung«, wie es im Nationalsozialismus wieder heißt, ist geprägt von der faschistischen Instrumentalisierung und der systematischen Auflösung bestehender Organisationsstrukturen. Die Gründung des »Nationalsozialistischen Reichsbunds für Leibesübungen« (NSRL) – einer staatlichen Dachorganisation – ist mit erheblichen Konsequenzen für den Sport verbunden. Sportorganisationen, die der NS-Ideologie kritisch gegenüberstehen (z. B. Arbeitersportverbände), werden aufgelöst. Andere Sportverbände profitieren dagegen von der Gleichschaltung – wie Nils HAVEMANN (2005) in der historischen Arbeit »Fußball unterm Hakenkreuz« am Beispiel des Deutschen Fußball-Bundes deutlich macht. Sport wird von nun an staatlich organisiert und ist in erster Linie Mittel zum Zweck. Er dient zur Körperertüchtigung, Kriegsvorbereitung sowie zur symbolischen Inszenierung rassischer Differenz. Vor allem große Sportveranstaltungen werden zu Propagandaveranstaltungen und dienen zur Mobilisierung der Massen, Kollektivierung von Emotionen und Vergewisserung nationaler Identität. So wurden die Olympischen Spiele von 1936 in Berlin zum Symbol für die Vereinnahmung des Sports durch die Diktatur des Nationalsozialismus mit sämtlichen rassistischen Implikationen (vgl. LUH, 2010; TEICHLER, 2010).

Unmittelbare Einblicke in die rassistische Logik des Nationalsozialismus und die Instrumentalisierung des Sports im Sinne der Rassenideologie liefert das Buch »Sport und Rasse« von TIRALA (1936). Die Arbeit steht stellvertretend für die rassistische Deutung von Körperlichkeit im Sport des Nationalsozialismus.

Neuordnung des Sportsystems und Ausdifferenzierung des Sports nach 1945

Die Zeit nach dem Zweiten Weltkrieg ist insofern zentral für die Ausdifferenzierung des Sportsystems in Ost- und Westdeutschland, als die strukturellen Voraussetzungen für ein neues Sportsystem gelegt werden. Während in Ostdeutschland der Vereinssport aufgelöst wird und Sport nun primär in Betriebssportgruppen verlagert und nach sowjetischem Vorbild staatlich organisiert wird, kommt es in

Westdeutschland zu einer Neuordnung des organisierten Sports. Historischer Ausgangspunkt ist die von den Alliierten im Jahr 1945 verfasste »Direktive 23«, in der die Entmilitarisierung des Sportwesens angeordnet wird und die dem Sport ein neues, demokratisches Selbstverständnis verordnet. In der Bundesrepublik entsteht eine selbstverwaltete, am Gemeinwohl orientierte und demokratisch organisierte Sportstruktur, an deren Spitze ein politisch unabhängiger Deutscher Sportbund (DSB) steht. Freiwilligkeit, Zweckfreiheit, Fairness, Chancengleichheit und Subsidiarität sind grundlegende Aspekte dieses neuen Sportsystems, das sich fortan mit großen Schritten ausweitet. Die Revitalisierung des Vereinswesens führt zu einer erheblichen Mitgliederzunahme. Es sind zunächst jedoch in erster Linie junge männliche Erwachsene, die sich zum Wettkampfsport in Sportvereinen zusammenfinden. Dies ändert sich nach den 1960er-Jahren mit der sozialen Öffnung des Breitensports. Dieser Prozess der Öffnung steht in engem Zusammenhang mit fundamentalen gesellschaftlichen Veränderungen, die in der soziologischen Literatur mit Begriffen wie *Modernisierung*, *Individualisierung* und *Pluralisierung* bezeichnet werden.

Ulrich Beck (1986) hat die Ablösung der »klassischen« Industriegesellschaft in seinem Werk »Risikogesellschaft« ausführlich dargestellt. Der Soziologe vertritt die These, dass im Zuge von Modernisierungs-, Pluralisierungs- und Individualisierungsprozessen die bestehenden Ordnungen der Industriegesellschaft an Bedeutung verloren haben. Die Vielfalt an Wahlmöglichkeiten und die damit verbundenen Entscheidungsspielräume erlauben eine in hohem Maße individuelle Lebensführung, bergen jedoch gleichzeitig hohe Risiken für das Individuum. Die Bedeutung, die gesellschaftliche Individualisierungsprozesse für die Entwicklung des Sports hatten und haben, stellen Bette (1993) sowie Gugutzer (2008) anschaulich dar.

Im Sport treten Individualisierungs- und Pluralisierungsprozesse in vielfältiger Weise in Erscheinung. So artikulieren sich zunehmend auch solche Szenen, die quer zum traditionellen, wettkampforientierten, vereinsorganisierten Sportverständnis liegen. Sport fungiert in diesem Zusammenhang zunehmend als Medium des Ausdrucks von Individualität (vgl. Lamprecht & Stamm, 1995). Unübersehbar ist eine Vervielfältigung von Sinn- und Wertmustern im Sport. Mit der Zunahme an Freizeit werden veränderte Ansprüche an die Freizeitbeschäftigung und damit auch an den Sport gestellt. Analog dazu vervielfältigen sich auch die Sporträume. Mit der Pluralisierung von Sporträumen geht eine erhebliche Erweiterung individueller Wahloptionen einher. Gleichzeitig verliert der Vereinssport seine historische Monopolstellung. Zu den traditionellen Räumen des Schul- und Vereinssports kommen verstärkt kommerzielle Sporträume (z. B. Fitnessstudios) und informelle Sportszenen (z. B. Skater-Szene) oder Betriebe (z. B. Betriebssport) hinzu. Ferner zeigt sich, dass das Gesundheitssystem immer stärker auf den Sport als Mittel zur Prävention oder Rehabilitation zurückgreift. Bezeichnungen wie »Präventions- oder Rehabilitationssport« sind typisch für die gesundheitsbezogene Instrumentalisierung des Sports.

Die Entwicklung des Breitensports wird aber auch durch gesellschaftspolitisch erzeugte, sozialstrukturelle Veränderungsprozesse beeinflusst. In diesem Zusammenhang sind insbesondere auch die Zuwanderungsprozesse zu nennen, die durch die Anwerbeabkommen der 1950er- und 1960er-Jahre in Gang kommen (FINKELSTEIN, 2006). Obwohl sich der organisierte Sport lange Zeit nicht der Tragweite dieser Entwicklungen bewusst ist, setzt sich allmählich die Erkenntnis durch, dass Zuwanderungsprozesse Einfluss auf den Sport in der Bundesrepublik nehmen, was nicht zuletzt in der Entstehung monoethnischer bzw. migrantischer Sportstrukturen zum Ausdruck kommt (vgl. z. B. SONNENSCHEIN, 1999).

Vor dem Hintergrund der zunehmenden Nachfrage nach zusätzlichen Sport- und Freizeitangeboten durch unterschiedliche Interessentengruppen öffnet sich der organisierte Sport mehr und mehr für neue Angebote (CACHAY & THIEL, 2000). Ein wichtiger Antrieb dieser Öffnung ist der Anspruch des Breitensports, sich als bedeutender zivilgesellschaftlicher Bereich zu etablieren. Dazu inszeniert sich der organisierte Sport als gesellschaftlicher Raum, der auch Angebote für solche Personengruppen bereithält, deren Interesse sich nicht auf den Wettkampfsport, sondern beispielsweise eher auf gesundheitsorientierte Betätigungen richtet. Geselligkeit, Fitness, Spannung und Körpererfahrung sind nur einige Aspekte einer neuen Angebots-, Motiv- und Wertestruktur im Sport. Die Bemühungen, die für das Wachstum des organisierten Sports unternommen werden, zahlen sich durch stark steigende Mitgliederzahlen bei gleichzeitiger Erhöhung des bürokratischen Verwaltungsaufwands aus. Die Erweiterung der Angebotsstruktur des organisierten Sports erzeugt jedoch nicht nur Wachstum. Sie stellt den Breitensport gleichzeitig vor ein Dilemma, das Uwe SCHIMANK (1992) in einem grundlegenden Artikel als »Inklusionsdilemma« bezeichnete. Dieses Phänomen zeigt sich für den Breitensport darin, dass die Erweiterung von Angebotsstrukturen mit nicht unerheblichen Folgen für das Selbstverständnis und die Kohärenz des bislang v. a. auf Wettkampf ausgerichteten Vereinssports verbunden ist. Denn die Erschließung neuer Mitgliedergruppen geht nicht nur mit der Heterogenisierung der Teilnehmerstruktur einher, sondern führt darüber hinaus auch zu einer Entgrenzung des

Sportverständnisses. Fortan muss sich der organisierte Sport immer wieder mit der Frage auseinandersetzen, inwieweit die Inklusion von neuen Personengruppen und Sportmotiven gleichsam die Identität des organisierten Sports bedroht.

Gegen Ende des 20. Jahrhunderts zeigt sich immer deutlicher, dass Breitensport und Spitzensport in Deutschland sehr unterschiedliche Entwicklungen nehmen (Schimank, 2005). Während sich der Breitensport zunehmend für Orientierungen jenseits von Wettkampf und Leistung (z. B. Gesundheit, Spaß, Gemeinschaft) öffnet, kommt dem Leistungsprinzip im Spitzensport die zentrale Funktion zu (Stichweh, 1990). Der Spitzensport entwickelt sich schnell zum nationalen Prestigeobjekt und wird staatlicherseits in erheblichem Umfang gefördert. Die Olympischen Spiele 1972 in München beschleunigen diese Entwicklungen und eröffnen überdies die Gelegenheit der Darstellung eines neuen Deutschlands gegenüber der Weltöffentlichkeit (Grupe, 1996). In der anschließenden Entwicklung wird die Dominanz der quantifizierbaren Leistungslogik des Sports deutlich. Im Gegensatz zum englischen Sportideal fungiert Fairness im modernen Spitzensport nur noch als Binnenmoral (Schimank, 1988), die dem sportlichen Erfolg untergeordnet wird.

Eine strukturelle Differenzierung vollzieht sich durch die Einrichtung von Profiligen. So wird im Jahr 1962 die Fußball-Bundesliga gegründet. Im Zuge dessen etablieren sich vollkommen neue Berufsrollen (z. B. Berufssportler, Berufstrainer, Sportjuristen, Mannschaftsärzte etc.). Mit der Professionalisierung von Spitzensportorganisationen geht außerdem die Einrichtung von Lizensierungssystemen für Trainer und Schiedsrichter sowie die Anstellung von hauptamtlichen Mitarbeitern einher. Der Spitzensport entwickelt sich immer stärker zum Arbeitsmarkt. Doch nicht nur auf der Ebene der Organisationsstrukturen zeigen sich Professionalisierungsprozesse. Auch im Hinblick auf die Merkmale und Anforderungsstruktur von Sportarten lassen sich Entwicklungen erkennen. Taktische, technische und athletische Anforderungen nehmen ebenso zu wie die Systematisierung und Rationalisierung von Training. Nicht überraschend ist daher eine stetige Zunahme der Leistungsdichte im Spitzensport (Cachay & Thiel, 2000).

Die Professionalisierungstendenzen stehen in Verbindung mit einer steigenden Medialisierung, Verrechtlichung, Kommerzialisierung und Vermarktung des Spitzensports. Die Nachfrage nach medialer Aufbereitung von Sportereignissen sowie die Weiterentwicklung der Unterhaltungstechnologien (v. a. der Fernsehtechnik) tragen erheblich zur Beschleunigung dieser Prozesse bei (vgl. Luh, 2010). Unübersehbar ist auch die steigende Ökonomisierung und Globalisierung des Sports. Die Entstehung globaler Spielermärkte (Thiel, Riedl & Cachay, 2005) sowie die hohen Zahlen ausländischer Spieler in vielen Profiligen verweisen ebenso wie die gewinnbringende Vermarktung von Sportereignissen darauf, dass Wettkämpfe zu globalen, kommerziellen Werberäumen und populäre Spitzensportler zu Werbeikonen werden.

Das Thema der zunehmenden Globalisierung im Sport fassen z. B. Stamm und Lamprecht (2008) in einem Grundlagenartikel zusammen. Einen Überblick über jene Technologisierungsprozesse im Sport liefert z. B. Heinemann (2008). Einblicke in Verstrickungszusammenhänge zwischen Sport und Medien geben Digel und Burk (2001).

4 Fazit

Es sollte deutlich geworden sein, dass sich der Sport in Deutschland im Kontext gesellschaftlicher Verhältnisse und Zusammenhänge entwickelt. Das Sportsystem, wie es sich heute darstellt, ist in erheblicher Weise von den allgemeinen gesellschaftlichen Veränderungen beeinflusst. Und dennoch lässt sich die Entwicklung des Sports nicht einfach als Blaupause spezifischer historischer Ereignisse oder gesellschaftlicher Entwicklungsprozesse verstehen. Vielmehr haben die Ausführungen gezeigt, dass der Sport im Laufe seiner Entwicklung verschiedene Formen und programmatische Bewegungen hervorgebracht hat, die bisweilen in sehr unterschiedlicher Weise auf konkrete gesellschaftliche Ereignisse und Wendungen reagiert haben. Wie dieser Entwicklungsprozess weitergeht, ist nur bedingt vorauszusagen.

Lernkontrollfragen

- Was heißt Entwicklung?
- Was bedeutet sozialer Wandel?
- Welche Prinzipien liegen gesellschaftlichen Entwicklungen zugrunde?
- Welche historischen Erscheinungsformen von »Sport« lassen sich seit dem 18. Jahrhundert in Deutschland unterscheiden?
- Welche gesellschaftlichen Entwicklungen haben die Ausdifferenzierung des Sports beeinflusst?
- Wodurch kommt es zum Take-off des Sportssystems?
- Wodurch zeichnet sich der englische Sport aus und wodurch unterscheidet er sich vom deutschen Turnen?
- Wie lässt es sich erklären, dass sich der Sport so schnell zu einem eigenständigen Gesellschaftsbereich entwickeln konnte?
- Welches sind wesentliche Entwicklungsprozesse des Sports in Deutschland nach 1945?
- An welchen Phänomenen lässt sich die Ausdifferenzierung des modernen Sports festmachen?

Literatur

BECK, U. (1986). *Risikogesellschaft. Auf dem Weg in eine andere Moderne.* Frankfurt/M.: Suhrkamp.

BETTE, K.-H. (1993). Sport und Individualisierung. *Spectrum der Sportwissenschaften, 5* (1), 34-55.

CACHAY, K. & THIEL, A. (2000). *Soziologie des Sports.* Weinheim: Juventa.

CACHAY, K. (1988). *Sport und Gesellschaft. Zur Ausdifferenzierung einer Funktion und ihrer Folgen.* Schorndorf: Hofmann.

COAKLEY, J. (2004). *Sports in society. Issues and controversies.* New York: McGraw-Hill.

Deutscher Fußball-Bund (Hrsg.). (1999). *100 Jahre DFB. Die Geschichte des Deutschen Fußball-Bundes.* Berlin: Sportverlag Berlin.

DIGEL, H. & BURK, V. (2001). Sport und Medien. Entwicklungstendenzen und Probleme einer lukrativen Beziehung. In G. ROTERS, W. KLINGLER & M. GERHARDS (Hrsg.), *Sport und Sportrezeption* (S. 15-31). Baden-Baden: Nomos.

DIGEL, H. & THIEL, A. (2008). Gesellschaftlicher Wandel und Sportentwicklung. In E. BALZ & D. KUHLMANN (Hrsg.), *Sportentwicklung* (S. 19-32). Aachen: Meyer & Meyer.

ECKART, W. U. (2009). *Geschichte der Medizin. Fakten, Konzepte, Haltungen* (6. Aufl.). Berlin: Springer.

ELIAS, N. (1976). *Über den Prozeß der Zivilisation. Soziogenetische und psychogenetische Untersuchungen.* Frankfurt/M.: Suhrkamp.

ELIAS, N. (1983). Der Fußballsport im Prozeß der Zivilisation. In R. LINDNER (Hrsg.), *Der Satz »Der Ball ist rund« hat eine gewisse philosophische Tiefe* (S. 12-21). Berlin: Transit.

EISENBERG, C. (1999). *»English Sports« und deutsche Bürger. Eine Gesellschaftsgeschichte 1800-1939.* Paderborn: Schöningh.

EISENBERG, C. (2010). Die britischen Ursprünge des modernen Sports. In M. KRÜGER & H. LANGENFELD (Hrsg.), *Handbuch Sportgeschichte* (S. 181-186). Schorndorf: Hofmann.

FINKELSTEIN, K. E. (2006). *Eingewandert. Deutschlands »Parallelgesellschaften«.* Bonn: Christoph Links.

FISCHER, E. P. (2009). *Die Charité. Ein Krankenhaus in Berlin – 1710 bis heute.* München: Siedler.

GRUPE, O. (1996). Kultureller Sinngeber. Die Sportwissenschaft an deutschen Universitäten. *Forschung & Lehre, 3* (7), 362-366.

GUGUTZER, R. (2008). Sport im Prozess gesellschaftlicher Individualisierung. In K. WEIS & R. GUGUTZER (Hrsg.), *Handbuch Sportsoziologie* (S. 88-99). Schorndorf: Hofmann.

GUTSMUTHS, J. C. F. (1793). *Gymnastik für die Jugend*. Schnepfenthal: Verlag der Buchhandlung der Erziehungsanstalt.

GUTTMANN, A. (2000). The development of modern sports. In J. COAKLEY & E. DUNNING (Eds.), *Handbook of sport studies* (S. 248-259). London: Sage.

GUTTMANN, A. (2004a). *From ritual to record. The nature of modern sports* . New York: Columbia University Press.

GUTTMANN, A. (2004b). *Sports. The first five millennia*. Amherst, Boston: University of Massachusetts Press.

HARTMANN-TEWS, I. (2006). Soziale Konstruktion von Geschlecht im Sport und in den Sportwissenschaften. In I. HARTMANN-TEWS & B. RULOFS (Hrsg.), *Handbuch Sport und Geschlecht* (S. 40-53). Schorndorf: Hofmann.

HAVEMANN, N. (2005). *Fußball unterm Hakenkreuz. Der DFB zwischen Sport, Politik und Kommerz*. Frankfurt/M.: Campus.

HEINEMANN, K. (2008). Sport im Prozess der Technologisierung. In K. WEIS & R. GUGUTZER (Hrsg.), *Handbuch Sportsoziologie* (S. 110-121). Schorndorf: Hofmann.

JAHN, F. L. & EISELEN, E. (1816). *Die Deutsche Turnkunst zur Einrichtung der Turnplätze*. Berlin: Selbstverlag.

KRÜGER, M. (2005a). *Einführung in die Geschichte der Leibeserziehung und des Sports. Teil 2: Leibeserziehung im 19. Jahrhundert. Turnen fürs Vaterland*. Schorndorf: Hofmann.

KRÜGER, M. (2005b). *Einführung in die Geschichte der Leibeserziehung und des Sports. Teil 3: Leibesübungen im 20. Jahrhundert. Sport für alle*. Schorndorf: Hofmann.

KRÜGER, M. (2010). Aufklärung/19. Jahrhundert. Philanthropische Gymnastik und deutsches Turnen. In M. KRÜGER & H. LANGENFELD (Hrsg.), *Handbuch Sportgeschichte* (S. 175-180). Schorndorf: Hofmann.

LAMPRECHT, M. & STAMM, H. (1995). Soziale Differenzierung und soziale Ungleichheit im Breiten- und Freizeitsport. *Sportwissenschaft, 25* (3), 265-284.

LUH, A. (2006). Fußball als Massenphänomen und Faszinosum der Weimarer Zeit. *Stadion. Internationale Zeitschrift für Geschichte des Sports, 31* (2), 119-145.

LUH, A. (2010). Entstehung und Ausbreitung des modernen Sports in Deutschland im 20. Jahrhundert – ein Überblick. In M. KRÜGER & H. LANGENFELD (Hrsg.), *Handbuch Sportgeschichte* (S. 187-198). Schorndorf: Hofmann.

LUHMANN, N. (1984). *Soziale Systeme. Grundriß einer allgemeinen Theorie*. Frankfurt/M.: Suhrkamp.
PLANCK, K. (1982). *Fußlümmelei. Über Stauchballspiel und englische Krankheit* (Reprint von 1898). Münster: LIT.
PROHL, R. (2010). *Grundriss der Sportpädagogik*. Wiebelsheim: Limpert.
ROUSSEAU, J. J. (1762). *Émile oder über die Erziehung. In dt. Fassung besorgt von Josef Esterhues. I.-IV. Buch, Paderborn (1958), V. Buch, Paderborn (1961)*.
SCHIMANK, U. (1988). Die Entwicklung des Sports zum gesellschaftlichen Teilsystem. In R. MAYNTZ, B. ROSEWITZ, U. SCHIMANK & R. STICHWEH (Hrsg.), *Differenzierung und Verselbstständigung. Zur Entwicklung gesellschaftlicher Teilsysteme* (S. 181-232). Frankfurt/M.: Campus.
SCHIMANK, U. (1992). Größenwachstum oder soziale Schließung? Das Inklusionsdilemma des Breitensports. *Sportwissenschaft, 22* (1), 32-45.
SCHIMANK, U. (2005). *Differenzierung und Integration der modernen Gesellschaft*. Wiesbaden: VS.
SCHIMANK, U. (2007). *Theorien gesellschaftlicher Differenzierung* (3. Aufl.). Wiesbaden: VS.
SONNENSCHEIN, W. (1999). Assimilation versus Ethnizität. In R. ERDMANN (Hrsg.), *Interkulturelle Bewegungserziehung* (S. 81-92). Sankt Augustin: Academia.
SPENCER, H. (1901). *System der synthetischen Philosophie, Band I. Grundsätze einer synthetischen Auffassung der Dinge* (2. Aufl.). Stuttgart: Schweizerbart.
SPIESS, A. (1847). *Turnbuch für Schulen*. Basel: Schweighauser.
STAMM, H. & LAMPRECHT, M. (2008). Sport im Prozess der Globalisierung. In K. WEIS & R. GUGUTZER (Hrsg.), *Handbuch Sportsoziologie* (S. 100-109). Schorndorf: Hofmann.
STICHWEH, R. (1990). Sport – Ausdifferenzierung, Funktion, Code. *Sportwissenschaft, 20* (4), 373-389.
TEICHLER, H. J. (2010). Der deutsche Sport in der NS-Zeit. In M. KRÜGER & H. LANGENFELD (Hrsg.), *Handbuch Sportgeschichte* (S. 210-218). Schorndorf: Hofmann.
THIEL, A., RIEDL, L. & CACHAY, K. (2005). Spitzenfußball und Globalisierung. *Leipziger Sportwissenschaftliche Beiträge, 46* (2), 50-62.
TIRALA, L. G. (1936). *Sport und Rasse*. Frankfurt/M.: Bechhold.
VIETH, G. U. A. (1794). *Versuch einer Encyclopädie der Leibesübungen. Beyträge zur Geschichte der Leibesübungen* (Band 1). Berlin: Hartmann.
WEIS, K. (2008). Sport im Prozess der Säkularisierung. In K. WEIS & R. GUGUTZER (Hrsg.), *Handbuch Sportsoziologie* (S. 75-87). Schorndorf: Hofmann.

Lektion 3

Sportlicher Körper und Gesellschaft

1 Einleitung

Wenn von Wissenschaftlern oder Sportverbänden der Versuch unternommen wird, *Sport* zu definieren, so taucht praktisch immer die körperliche Aktivität als zentrales Merkmal auf. Doch nicht nur im Sport kommt dem Körper eine elementare Rolle zu. Auch in anderen gesellschaftlichen Zusammenhängen steht der Körper im Blickpunkt. Die Inszenierung des Körpers durch die Unterhaltungsindustrie in zahlreichen Casting-Shows, in welchen Menschen ihre Körper zur Bewertung freigeben, bietet eine Vielzahl an Beispielen hierfür. Dabei fällt auf, dass bei der Inszenierung von Körperlichkeit die »Sportlichkeit« eine wichtige Rolle spielt. Als *sportlich* werden Personen dann bezeichnet, wenn sie austrainiert und attraktiv sind. Auf Plakaten, in Filmen oder in Werbebroschüren ist der sportliche Körper allgegenwärtig. Bilder von sportlichen Körpern begegnen uns also längst nicht mehr nur im Sport. Der sportliche Körper ist in der modernen Gesellschaft vielmehr zum Statussymbol und zur Projektionsfläche für Wünsche, Hoffnungen und Ideale geworden. Für die Soziologie ist diese Entwicklung deshalb besonders interessant, weil sie im Grunde eine »Körperaufwertung« (Bette, 2005) in der modernen Gesellschaft symbolisiert, in welcher der Körper eigentlich durch Routinisierung und Bürokratisierung aus dem sozialen Miteinander verdrängt wurde. In der folgenden Lektion geht es zum einen um die Frage, in welchem Verhältnis die moderne Gesellschaft zum (sportlichen) Körper steht. Zum anderen wird nach der Rolle des Körpers im Sport gefragt.

Folgende Themenbereiche werden im Laufe der Lektion bearbeitet:

- Der Körper als soziale Konstruktion
- Zum Verhältnis von Körper und Geist
- Ansätze einer Soziologie des Körpers
- Zur Sonderstellung des Körpers im Sport
- Inszenierungsformen des sportlichen Körpers in der modernen Gesellschaft
- Die soziale Konstruktion devianter Körperlichkeit

2 Der Körper als soziale Konstruktion

Treten Menschen in direkte Interaktion, so ist der Körper des anderen der erste Bezugspunkt. In der sozialen Interaktion wird der Körper nicht selten auf phänotypische Merkmale reduziert. Um Menschen zuordnen bzw. in bestehende Kategorien einordnen zu können, werden im Alltag häufig körperliche Merkmale herangezogen und interpretiert. Merkmale wie Körperbau, Hautfarbe, Haarfarbe, Gang, Gestik, Mimik, Körperhaltung und Körperpraktiken binden die Aufmerksamkeit von Interaktionspartnern.

Wie mit Körperlichkeit im sozialen Miteinander umgegangen wird, hängt von den Symbolen, Wertigkeiten und Regeln ab, die in einer Gesellschaft mit Körperlichkeit verbunden werden. So ist der Körper keinesfalls nur etwas Biologisches, sondern auch eine soziale Konstruktion. Sozial konstruiert ist er in dem Sinne, dass der soziale Kontext Einfluss auf Körperlichkeit nimmt (vgl. Gugutzer, 2004). Ob sich eine Person »elegant« bewegt, ob sie viel gestikuliert, ihren Körper zur Schau stellt oder ihn versteckt, ist kaum hinreichend über biologische oder genetische Dispositionen zu erklären. Es ist vielmehr davon auszugehen, dass Formen des Umgangs mit dem Körper im Laufe des Lebens erlernt werden. Im sozialwissenschaftlichen Diskurs wird der Körper daher als »ein in Diskursen und Interaktionen hergestellter Sinnkörper« (Meuser, 2004, S. 202) verstanden.

2.1 Der Körper als geistes- und sozialwissenschaftlicher Erkenntnisgegenstand

Die Erkenntnis, dass der Körper mehr als eine genetisch bedingte äußere Form ist, gehört zu den grundlegendsten Einsichten des sozialwissenschaftlichen Körperdiskurses. Es ist insbesondere die anthropologische Philosophie, die sich mit dem Thema auseinandersetzt, lange bevor die Soziologie als wissenschaftliche Disziplin entsteht. Dabei ist es v. a. die Beziehung zwischen *Körper* und *Geist*, die die frühe wissenschaftliche Diskussion beschäftigt.

Zum Verhältnis von Körper und Geist

Die Wurzeln dieses Diskurses lassen sich bis ins 17. Jahrhundert zurückverfolgen. Charakteristisch für diese anthropologische Perspektive ist die Annahme, dass Körper und Geist als voneinander unabhängige »Substanzen« menschlichen Daseins zu verstehen sind. Dieser Ansatz geht zurück auf den französischen Philosophen René Descartes (1596-1650). Der Körper wird in dessen Werk als »ausgedehnte« Materie (res extensa) beschrieben. Der Geist repräsentiert dagegen die das Denken und das Bewusstsein umfassende körperlose Substanz (res cogitans). Mit der Trennung zwischen Körper und Geist vertrat Descartes eine explizit dualistische Position. Nicht der Körper unterscheidet den Menschen von anderen Spezies, sondern die Fähigkeit zu denken und ein eigenes Bewusstsein zu entwickeln. Der Satz »Ich denke, also bin ich«, steht stellvertretend für den Descartes'schen Dualismus (vgl. Cachay & Thiel, 2000; Gugutzer, 2004).

Diese Perspektive wird in der Folgezeit zunehmend in Frage gestellt. Einen bedeutenden Gegenentwurf lieferte Helmuth Plessner (1928). Im Mittelpunkt seiner Arbeit steht das Verhältnis von Person und Körper. Grundlegend für seinen dialogischen Zugang ist die Annahme, dass der Körper weit mehr ist als eine materielle Hülle. Dreh- und Angelpunkt seiner Theorie ist der Begriff der »exzentrischen Positionalität«, welcher die Sonderstellung des Menschen gegenüber anderen Lebewesen beschreibt. Während Tiere also, Plessner zufolge, identisch mit ihrem Körper sind und gewissermaßen in ihrem Körper »aufgehen«, besitzen Menschen die Fähigkeit, sich selbst in ihrer Körperlichkeit zu reflektieren. Menschen stehen somit in einem doppelten Verhältnis zu ihrem Körper. Sie sind einerseits an ihren Körper gebunden und sind gleichzeitig in der Lage, sich selbst von außen zu betrachten. Der Begriff »Körper-Sein« steht dabei für das Eins-Sein mit dem Körper. Die Person ist in diesen Situationen identisch mit ihrem Körper. »Körper-Haben« beschreibt dagegen die »exzentrische Positionierung« des Menschen. Der Mensch kann dabei über seinen Körper verfügen, ihn strategisch einsetzen und ihn reflektieren. Über den Körper treten Menschen also in Interaktion mit anderen und mit sich selbst (vgl. Gugutzer, 2004).

Die Erkenntnisse Plessners haben den sozial- und geisteswissenschaftlichen Körperdiskurs nachhaltig geprägt. In Anlehnung an Plessner stellen z. B. Berger und Luckmann fest: »Die menschliche Selbsterfahrung schwebt also immer in der Balance zwischen Körper-Sein und Körper-Haben« (1974, S. 53). Geist und Körper sind gemäß dieser Perspektive wechselseitig aufeinander bezogen.

Für die Entstehung der Sportwissenschaft in Deutschland ist Helmuth PLESSNERS (1928) Arbeit insofern grundlegend, als er einer der ersten Soziologen ist, der sich auch mit dem Phänomen Sport beschäftigt. Ommo Grupes anthropologische Begründung der Sportwissenschaft schließt unmittelbar an die Denktradition Plessners an. GRUPE (1964) weist den Körper als zentrales Medium der Selbst- und der Welterkenntnis aus. In diesem Sinne ist Bewegung »Ausdruck eines unaufhebbaren, aber doch auch veränderlichen Verhältnisses zu uns selbst, zu unserem Körper, zu unserer kulturellen und sozialen Mit- und Umwelt« (GRUPE, 1982, S. 68).

Ansätze einer »Soziologie des Körpers«

Eine explizite Soziologie des Körpers ist mit Plessners und Grupes Arbeiten jedoch (noch) nicht verbunden. Vielmehr lässt sich feststellen, dass der Körper in den Werken der soziologischen Klassiker kein zentrales Thema darstellt. Dies heißt jedoch nicht, dass diesem kein Interesse geschenkt würde. In den Arbeiten von Spencer, Goffman, Mead, Weber oder Parsons finden durchaus – wenn auch häufig nur vereinzelt – Auseinandersetzungen mit der gesellschaftlichen Rolle des Körpers statt.

Besondere Erwähnung verdient eine soziologische Arbeit von Norbert ELIAS (1939), die den Titel »Über den Prozeß der Zivilisation« trägt. Elias zeigte, dass der Prozess der Zivilisation von einem Wandel der sozialen Ordnungen begleitet wird, der das Verhältnis von Gesellschaft und Körper grundlegend verändert. Auf der Grundlage eines zivilisationstheoretischen Zugangs machte Elias darauf aufmerksam, dass der Körper im Zuge der Entwicklung der modernen Gesellschaft immer weiter in den Hintergrund des gesellschaftlichen Lebens gedrängt wird. Er begründete dies mit der zunehmenden Kontrolle, Disziplinierung und Instrumentalisierung des Körpers in den alltäglichen Interaktionen. Insbesondere die Industrialisierung hat – so die Annahme – zur Instrumentalisierung und Rationalisierung des Körpers beigetragen. Im Rahmen von industriellen Produktionsprozessen tritt der Körper v.a. als Funktionsgegenstand in Erscheinung. Gleichzeitig hat die Routinisierung von Arbeitsabläufen und des Alltags dazu geführt, dass »unzeitgemäß« gewordene Bedürfnisse des freien Auslebens in den automatisierten Interaktionen der Gegenwartsgesellschaft an den Rand gedrängt werden. Dass die gesellschaftliche Rolle des Körpers neu definiert wird, zeigt sich insbesondere an der Veränderung von Scham- und Peinlichkeitsgrenzen sowie in der zunehmenden Kontrolle von Affekten und Trieben. Im Vergleich zu früheren Gesellschaften verliert der Körper an Bedeutung und wird zunehmend in den Bereich des Privaten zurückgedrängt.

Eine zentrale These der Körpersoziologie ist, dass die moderne Gesellschaft durch *Entkörperlichung* und *Entindividualisierung* gekennzeichnet ist. Entkörperlicht sind soziale Handlungszusammenhänge in der modernen Gesellschaft insofern, als viele Handlungsabläufe so geregelt sind, »dass Identität und sozialer Rang des Einzelnen ebenso wie das Funktionieren sozialer Systeme unabhängig gegenüber körperlichen Eigenschaften und dem körperlichen Erscheinungsbild werden« (Heinemann, 2007, S. 88-89). So ist es z. B. für das Funktionieren von administrativen Prozessen unerheblich, ob ein schlanker oder ein übergewichtiger Mensch Zahlungsvorgänge in einer Bank überprüft. Viele gesellschaftliche Räume sind darüber hinaus auch entindividualisiert (Bette, 2005). So sind viele Unternehmensprozesse stark formalisiert und entpersonalisiert, sodass es weitgehend unerheblich ist, wer die Tätigkeit ausführt. Für Unternehmen ist es nämlich von geradezu entscheidender Bedeutung, dass es gelingt, Zuständigkeiten nicht an Individuen, sondern an Stellen festzumachen. So ist es dementsprechend auch Aufgabe des Managements, Voraussetzungen und Bedingungen dafür zu schaffen, dass persönliche Präferenzen in den Hintergrund treten und den unternehmensspezifischen Ansprüchen nachgeordnet werden. Zu diesem Zweck werden z. B. Stellen- und Aufgabenprofile erstellt, die gewährleisten sollen, dass die Stelle von verschiedenen Personen in ähnlicher Weise ausgeführt werden kann. Damit wird der Kellner, Verkäufer oder Verwaltungsangestellte zur jederzeit austauschbaren Figur. Es ist weitgehend egal, wie er aussieht, welche Charaktereigenschaften, Bedürfnisse oder Sorgen er hat, solange er Kunden adäquat bedient.

Dennoch wird mit diesen Phänomenen lediglich eine Seite gesellschaftlicher Wirklichkeit beschrieben. Nicht erklären lässt sich dagegen die zunehmende Bedeutung des Körpers in der Öffentlichkeit, in den Medien oder der Freizeit von Menschen. So wird derzeit ein regelrechter *Körperboom* beobachtet. Die vielfältigen Fitness- und Körperpraxen sowie die immense Nachfrage nach medialen Angeboten zur Inszenierung von Körperlichkeit geben Hinweise auf eine Rückkehr des Körpers in das gesellschaftliche Bewusstsein. Doch wie passt das zu den Erkenntnissen von Elias und dem gerade beschriebenen Phänomen der Entkörperlichung?

Eine Antwort auf diese Frage liefern Arbeiten des Sportsoziologen Karl-Heinrich Bette (2005). Dieser geht davon aus, dass es gerade die Gleichzeitigkeit zweier, auf den ersten Blick paradoxer Phänomene ist, über die sich die Rolle der modernen Gesellschaft zum Körper kennzeichnen lässt. Seine These lautet, dass »Körperverdrängung« und »Körperdistanzierung« einerseits typische Merkmale moderner Gesellschaften sind. Gleichzeitig hat der Körper gerade deshalb außerhalb von Arbeitszusammenhängen eine immense Aufwertung erfahren und tritt im öffentlichen Diskurs (wieder) als bedeutender Kommunikationsgegenstand in Erscheinung. Bette beschreibt dies als »paradoxe Gleichzeitigkeit von Entkörperlichung und Körperaufwertung« (2005, S. 48).

Im aktuellen soziologischen Diskurs wird der Körper als »Medium der Selbstpositionierung und sozialen Zuordnung« (Klein, 2010, S. 458) gekennzeichnet. Da Lebensstile in erheblicher Weise über Körper- und Bewegungspraktiken sowie Kleidung ausgedrückt werden, steht der Körper im Mittelpunkt von Stilisierungsprozessen. Über die Stilisierung des Körpers inszenieren sich Menschen als Individuen und positionieren sich damit aktiv im sozialen Raum.

Der heutige soziologische Körperdiskurs ist sehr stark von der Sozialtheorie Pierre Bourdieus geprägt. Der französische Soziologe konstruiert Gesellschaft als symbolischen Raum. In diesem nach einer »Logik der Differenz« (Bourdieu, 1992, S. 146) organisierten Raum ist der Körper Wahrnehmungsgegenstand und Träger von Distinktion. Obwohl Bourdieus Arbeit keine Soziologie des Körpers im engeren Sinne ist, kommt dem Körper darin also eine prominente Rolle zu. Der Körper repräsentiert »eine gleichermaßen materiale und symbolische Realität« (Meuser, 2004, S. 202) und tritt in Bourdieus Arbeit auf verschiedenen Ebenen der alltäglichen Interaktion in Erscheinung. Er ist Erkenntnissubjekt und -objekt zugleich. Gleichzeitig fungiert er als Träger sozialer Verhältnisse und Träger von Individualität. Bourdieu geht davon aus, dass Menschen auf einer unmittelbaren Ebene zunächst körperlich kommunizieren. Neben phänotypischen Merkmalen sind es z. B. Gang, Körperhaltung, Gestik und Mimik, die die Aufmerksamkeit der Interaktionspartner auf sich ziehen. Der Körper ist demnach die erste Instanz, an der Ordnungen ansetzen und auf deren Grundlage Menschen als ähnlich oder anders klassifiziert werden (Bourdieu, 1999). Ähnlich wie im anthropologischen Körperdiskurs ist der Körper bei Bourdieu genuines Medium des Zugangs zur Welt. Körperliche Erkenntnis versteht Bourdieu als spezifische Art des Verstehens, die anders gelagert ist als die kognitive Erkenntnis: »Eine Unmenge von Dingen verstehen wir nur mittels unseres Körpers, jenseits des Bewußtseins, ohne über die Wörter zu verfügen, es auszudrücken« (Bourdieu, 1992, S. 205). Grundsätzlich geht es Bourdieu darum, zu zeigen, dass es eine Wechselwirkung zwischen soziokulturellen Existenzbedingungen und körperlichen Dispositionen gibt. Bourdieu geht dabei davon aus, dass sich soziale Verhältnisse in den Körper einschreiben. In dieser Hinsicht ist der Körper in der alltäglichen Interaktion »Agent und Repräsentant sozialer Ordnung« (Klein, 2010, S. 458) und »gesellschaftlich produzierte und einzige sinnliche Manifestation der ›Person‹« (Bourdieu, 1999, S. 310).

Im Mittelpunkt der Theorie steht der Begriff des *Habitus*. Der Habitus repräsentiert die zentrale »Handlungs-, Wahrnehmungs- und Denkmatrix« (Bourdieu, 1976, S. 169) einer Person. Er zeigt sich in den »scheinbar automatischsten Gebärden und unbedeutendsten Körpertechniken [...]. Die Art zu gestikulieren oder zu gehen, sich zu setzen oder zu schnäuzen, beim Sprechen oder Essen den Mund zu bewegen« (Bourdieu, 1999, S. 727) sind Ausdruck des Habitus. Der Habitus ist nicht angeboren, sondern wird in der sozialen Interaktion erworben und schreibt sich regelrecht in den Körper ein (Bourdieu, 1999). Als Mittler zwischen Struktur und Subjekt ist hier der Körper in doppelter Hinsicht handlungsrelevant – als »Instrument und Produkt sozialen Handelns« (Klein, 2010, S. 458).

Den Rahmen für die Entwicklung des Habitus bilden die sozialen, kulturellen und historischen Bezüge, in denen Personen leben und handeln sowie die gesellschaftlichen Zwänge, Werte, Konventionen und Praktiken, die eine soziale Umgebung den Individuen auferlegt. Insbesondere der Familie kommt dabei eine gewichtige Rolle zu. Aspekte wie der sozioökonomische Status oder das Bildungsniveau der Eltern üben erheblichen Einfluss auf die Entwicklung des Habitus einer Person aus. Unterschiedliche soziale Lagen produzieren demzufolge auch unterschiedliche habituelle Dispositionen. Dennoch tritt das Individuum bei Bourdieu nicht als passiver Rezeptor von sozialen Bedingungen in Erscheinung. Innerhalb der sozialstrukturellen Bedingungen bildet das Individuum individuelle Eigenheiten aus. Der Habitus ist somit auch das Ergebnis einer individuellen Lebensgeschichte.

In den letzten Jahren rückt der Körper als Erkenntnisgegenstand sowie als soziale Konstruktion wieder stärker ins Blickfeld sozialwissenschaftlicher und soziologischer Analysen. So wird z. B. vom »body turn« (Gugutzer, 2006) oder einem »soziologischen Körperboom« (Meuser, 2004) gesprochen. Die Zunahme an soziologischen Arbeiten, die sich explizit mit dem Körper beschäftigen, verweist auf die Etablierung und Ausdifferenzierung einer soziologischen Teildisziplin, die häufig als *Soziologie des Körpers* bezeichnet wird (vgl. Gugutzer, 2004; Klein, 2010).

Ein »Dauerbrenner« der körpersoziologischen Forschung ist die Frage nach Unterschieden im Umgang mit Körperlichkeit in Abhängigkeit von Kultur, Religion oder Region. Dass es solche Unterschiede geben muss, ist im Bewusstsein der Öffentlichkeit stark verankert. So finden sich z. B. in vielen Reiseführern klare Hinweise, wie viel Körpernähe oder -kontakt in Ländern bei Begrüßungsritualen vorgesehen ist. Auch wenn solche Vorgaben in der Regel auf stereotypen Bildern über die Kulturen dieser Länder beruhen, so weisen sie doch darauf hin, dass in verschiedenen Sozialräumen, Gruppen und Szenen unterschiedliche Körperpraktiken gepflegt werden. Länder und Regionen haben im Laufe ihrer Geschichte häufig eigene Körpersprachen und Körpertechniken entwickelt, die dem fremden Beobachter unbekannt erscheinen können. In diesem Zusammenhang wird auch von der Körper- oder Bewegungskultur einer Gesellschaft gesprochen. Dass sich auch innerhalb von scheinbar homogenen Gesellschaften unterschiedliche »somatische Kulturen« (Boltanski, 1976) ausbilden, belegt die FKK-Bewegung, deren Umgang mit Körperlichkeit sich erheblich von populären Körpernormen abhebt. Diese Erkenntnis gilt insbesondere auch für den Sport. Beim Skateboarden wird der Körper in anderer Weise in Szene gesetzt als beim Gerätturnen. Unter der Bezeichnung *Sport* rangieren zahlreiche Sportarten, Sporträume und Sport-Szenen mit z. T. sehr unterschiedlichen Körper- und Bewegungskulturen. Im Tanz oder der rhythmischen Sportgymnastik werden in der Regel ästhetische Aspekte des Körpers hervorgehoben, während der Körper in der Leichtathletik auf die objektiv messbare Leistung reduziert wird. Durch die Ausdifferenzierung des Sports haben sich die Sportpraktiken vervielfältigt. Das Ergebnis ist eine schier unüberschaubare Vielfalt an Körpertechniken und -praktiken im Sport (Heinemann, 2007).

Gleichzeitig zeigt sich, dass gesellschaftliche und kulturelle Normen erheblichen Einfluss auf den Umgang mit Körperlichkeit nehmen können. Veranschaulichen lässt sich die gesellschaftliche und »kulturelle Relativität des Körpers« (Heinemann, 2007, S. 88) anhand einer Studie von Allison und Lüschen (1979). Am Beispiel des Basketball-Spiels des indigenen Volksstamms der Navajo rekonstruierten sie den Einfluss sozialer und kultureller Ordnungen auf den Umgang mit Körperlichkeit im Sport. Die Studie zeigt, dass das in den 40er-Jahren von Missionaren bei den Navajos eingeführte Basketball-Spiel zwar nach den offiziellen Regeln gespielt wird, dass dieses sich jedoch im Hinblick auf das Maß an Körpereinsatz, die Bedeutung ästhetischer Bewegungen und die Relevanz solidarischen Handelns grundlegend vom populären amerikanischen Basketball unterscheidet. So wird das Basketball-Spiel der Navajos als fast körperlos beschrieben. Erklärt wird dies damit, dass Sport-, Körper- und Bewegungspraktiken in Zusammenhang mit den kulturellen Regeln, Werten und Normen einer Gesellschaft stehen und im konkreten Fall dem Gegner lediglich eine symbolische Funktion zukommt, weil in der Kultur der Navajos das solidarische Handeln vorrangige Bedeutung hat (Allison, 1982).

Nachvollziehen lässt sich daran, dass der Sport trotz seiner universellen Regelwerke in lokale Traditionen und Lebenswelten von Menschen eingebettet ist. Wer körperliche Praktiken verstehen möchte, der muss sich mit den sozialen Verhältnissen beschäftigen, in denen Sport betrieben wird. Eine der wesentlichen Aufgaben der Soziologie des Körpers besteht deshalb auch darin, »die sozialen Rahmenbedingungen, unter denen das jeweilige körperbezogene Handeln stattfindet, systematisch und kritisch mit zu reflektieren« (Abraham, 2011, S. 41).

Wie stark einerseits soziale Ordnungen von Körperlichkeit alltägliche Kommunikations- und Interaktionsprozesse prägen und wie stark andererseits Interaktionen Einfluss auf Ordnungen von Körperlichkeit nehmen, lässt sich am Beispiel der Bilder, die Menschen vom Körper haben, verdeutlichen. So lässt der Blick auf das Bild des Körpers älterer Menschen Rückschlüsse darüber zu, wie ältere Menschen in einer Gesellschaft wahrgenommen und bewertet werden (vgl. Thiel, Gomolinsky & Huy, 2009).

3 Zum Zusammenhang zwischen Körperlichkeit und Sport

Dass der »soziale Körper« in der Sportsoziologie traditionell ein so wichtiges Thema darstellt, hängt mit der Sonderstellung des Körpers im Sport zusammen. Die »wechselseitige Konstitution von Subjekt, Körper und sozialer Welt ist am Sport so gut fassbar, wie an kaum einer anderen Praxis« (Alkemeyer, 2006, S. 290).

3.1 Zur Sonderstellung des Körpers im Sport

Der Körper ist im Sport fundamentale Zugangsvoraussetzung und zentraler Operator. Sport zeichnet sich durch einen »expliziten Körperbezug« (Bette, 2005, S. 249) aus und ist damit eine dezidiert körperliche und körperzentrierte Praxis. Erfahrungen, die im Sport gemacht werden, sind zunächst körperliche Erfahrungen bzw. Erfahrungen von Körperlichkeit. Der Körper ist also besonders im Sport »Träger, Vollzugsmedium und Produzent sozialer Ordnungen und kultureller

Bedeutungen« (Alkemeyer, 2006, S. 288). Während viele andere Gesellschaftsbereiche durch die gesprochene Sprache dominiert werden, stehen im Sport nonverbale, körperliche Interaktionsprozesse im Vordergrund. Der Sport ist ein »etablierter und gesellschaftlich akzeptierter Ort zur Artikulation verdrängter Körperlichkeit« (Bette, 2005, S. 248). Menschen treiben Sport, weil v.a. dort noch die Möglichkeit besteht, »persönliche und in den anderen Gesellschaftssphären vernachlässigte Dimensionen der eigenen Person einzubringen« (Bette, 2005, S. 248). Der Sport fungiert somit als kompensatorischer Raum, in welchem sich Praktiken beobachten lassen, die »normalerweise in den Vollzügen des alltäglichen Lebens verborgen« (Alkemeyer, 2006, S. 284) bleiben.

Versucht man zu erfassen, wie der Körper im Sport in Erscheinung tritt, dann lassen sich drei Formen unterscheiden: er ist erstens *Funktionsgegenstand*, zweitens *Ordnungskategorie* und drittens *Bindeglied* zwischen Struktur und Praxis.

***Abb. 1:** Erscheinungsformen des Körpers im Sport*

Der Körper als Funktionsgegenstand

Der Körper wird insbesondere im Wettkampfsport als Funktionsgegenstand behandelt. Der Wettkampfsport ist einer der letzten Sozialräume, in dem sich Menschen explizit körperlich messen. Charakteristisch für diesen Sozialraum ist die »Kommunikation körperlicher Leistung« (Stichweh, 1990, S. 379-380). Die Art und Weise, wie körperliche Leistung kommuniziert wird, ergibt sich aus der Logik des Wettkampfsports. Elementar für den Wettkampfsport ist die Orientierung am sportlichen Erfolg, der an Sieg oder Niederlage festgemacht wird. In keinem anderen gesellschaftlichen Bereich herrscht eine derart radikale Orientierung am Leistungsprinzip (Stichweh, 1990). Das sportliche Leisten erfolgt also ohne jegliche außersportliche Referenz, d.h., es ist unerheblich, ob jemand schön, klug, reich oder sympathisch ist. Gewinnen kann eine Person nur unter der

Voraussetzung, dass sie eine hohe sportliche Leistung erbringt (CACHAY & THIEL, 2000). Und ohne eine sportliche Mindestleistung kann eine Person zumindest im Spitzensport nicht an sportlichen Wettkämpfen teilnehmen.

> Gerade in diesem Sozialbereich, in dem die Bedeutung von Körperlichkeit für die Erbringung von Leistungen am offensichtlichsten ist, wird die Inszenierung einer Ästhetik des sportlichen Körpers am wenigsten direkt sichtbar. Die Ästhetik eines nackten, muskulösen Körpers ist vor dem Hintergrund von Zentimeter-, Gramm- und Sekundendifferenzen im Wettkampf nicht notwendigerweise leistungsrelevant. In der Logik des Wettkampfsports hat derjenige, der schneller ist, höher springt oder mehr Tore schießt, auch den »besseren« Körper. Die Inszenierungslogik ist damit im Grunde ganz einfach. Regeln und Anforderungsprofil der Sportart determinieren den jeweiligen Umgang mit Körperlichkeit. Die Anforderungen der Sportart legen wiederum nahe, welche körperliche Erscheinungsform (z. B. Figur) die aus funktionaler Sicht günstigste für die Erbringung von Höchstleistungen ist. Dementsprechend sieht der Körper von Kugelstoßern oder Sumoringern anders aus als der von Jockeys oder Hochspringern. Es gibt also nicht *den* sportlichen Körper als universelles Format.

Allerdings ist der Körper auf der Ebene der »geselligen Konversation über sportliche Leistung« in Öffentlichkeit und Massenmedien auch im Spitzensport mehr als nur Funktionsgegenstand. Das Interesse der Massenmedien an Stars, die »in Szene gesetzt« werden, macht es z. B. möglich, dass Einzelne aus dem Massenkollektiv herausgehoben werden. Der aufgestellte Kragen des Trikots bei Eric Cantona oder die Frisuren von David Beckham sind heute fast schon legendär. Die Kreativität, mit der Spieler durch neue Haarschnitte, Jubelposen sowie Schuhmodelle in eigenen, individuellen Farben oder mit spezifischen Symbolen ihren Körper individuell in Szene setzen, ist längst Teil des Spektakels Spitzenfußball. Diese Entwicklung haben Sportartikelhersteller bereits früh erkannt. Aktuell können Spieler bei ihrem Trikot Varianten von weit bis körperbetont wählen. Der Ästhetisierung und Individualisierung, aber auch der medialen Inszenierung von Leistungsfähigkeit und Sportlichkeit über den Körper sind kaum mehr Grenzen gesetzt. In dieser Hinsicht ist der Körper Medium der Stilisierung von Individualität.

Der Körper als Ordnungskategorie

Die Soziologie des Körpers knüpft an zahlreiche soziologische Forschungsbereiche an – angefangen bei der Sozialisations- und Ungleichheitsforschung bis hin zur Identitäts- und Geschlechterforschung. So spielt das Verständnis von Körperlichkeit bei der für die Geschlechterforschung grundlegenden Unterscheidung zwischen *sex* und *gender* eine zentrale Rolle. Während mit *sex* das biologische Geschlecht, d.h. »die Geburtsklassifikation des körperlichen Geschlechts aufgrund sozial vereinbarter biologischer Kriterien« (Gildemeister, 2004, S. 133) bezeichnet wird, steht der Begriff *gender* für das soziale Geschlecht, welches erst in Interaktion mit anderen und in Auseinandersetzung mit gesellschaftlichen Normen entsteht. Geschlecht ist demnach eine sozial hergestellte und subjektiv verarbeitete Kategorie gesellschaftlicher Wirklichkeit. Die Unterscheidung »bewahrt vor dem Missverständnis, Geschlecht sei etwas, was ein Individuum ›hat‹ und das im täglichen Handeln nur seinen Ausdruck findet« (Gildemeister, 2004, S. 133).

Der Blick in die Gegenwartsgesellschaft belegt, dass viele Gesellschafts- oder Tätigkeitsbereiche noch immer stark geschlechtsspezifisch konnotiert sind. Mehr noch: Die binäre Codierung von Geschlecht, d.h. die Festlegung von Personen auf Kategorien wie »männlich« oder »weiblich« anhand von scheinbar klar abgrenzbaren biologischen Merkmalen, ist geradezu charakteristisch für die moderne Gesellschaft. Im sozialen Alltag reduzieren diese Kategorisierungen gesellschaftliche Komplexität erheblich, indem sie klare und einfache Ordnungen zur Verfügung stellen (Gildemeister, 2004).

Dass naturalistische Vorstellungen von Zweigeschlechtlichkeit für jene Menschen zum Problem werden können, die sich eben nicht ohne Weiteres in die binäre Geschlechterordnung und Normalitätskonstruktionen einfügen (lassen), hat die Transsexualitätsforschung dargelegt (Knoblauch, 2002). Aber auch der historische Blick auf die soziale Konstruktion des Geschlechts zeigt, wie variabel und wandelbar gesellschaftliche Ordnungen von Körperlichkeit sind. Vergleicht man beispielsweise den weiblichen Idealkörper der Renaissance mit dem weiblichen Körperideal der westlichen Gesellschaft von heute, dann findet sich eine Vielzahl von Differenzen.

Dies lässt sich eindrücklich am Beispiel der historischen Entwicklung geschlechtsspezifischer Konstruktionen von Körperlichkeit im Sport seit dem 18. Jahrhundert darstellen (Pfister, 2006). In Gertrud Pfisters Arbeit werden hegemoniale Konstruktionen von Geschlecht und Körper in der Gymnastik- und Turnbewegung sowie in der Sportbewegung in verschiedenen historischen Abschnitten anschaulich dargestellt. Sie zeigt, dass die Gymnastik-, Turn- und beginnende Sportbewegung lange Zeit exklusiv »männliche« Angelegenheiten waren. Dies gilt auch für den Sport, der anfangs nicht nur fast ausschließlich von Männern ausgeübt wurde, sondern auch durchweg mit männlichen Attributen versehen war. Charakteristisch für diese binäre Attribuierung war eine biologisch hergeleitete Vorstellung von Zweigeschlechtlichkeit. Die gesellschaftliche Geschlechterordnung dieser Zeit war stärker als heute von der Vorstellung einer natürlichen Differenz zwischen dem Mann als »starkes« und der Frau als »schwaches« Geschlecht geprägt.

Das biologische Geschlecht hat sich im Sport trotz aller Offenheit bis heute als Ordnungskategorie gehalten. Dies zeigt sich nicht zuletzt daran, dass zumindest im Wettkampfsport bereits in frühem Alter zwischen Mädchen und Jungen differenziert wird. Weiterhin gibt es in manchen Sportarten geschlechtsspezifische Regelungen, wie z. B. die für Männer und Frauen unterschiedlichen Geräte (z. B. Reck und Schwebebalken) im Gerätturnen. Darüber hinaus finden sich auch heute noch Sportarten, die männlich oder weiblich konnotiert sind. So wird die Hervorhebung ästhetischer Aspekte des Körpers im Tanz oder in der rhythmischen Sportgymnastik häufig als »weiblich« kategorisiert, während Boxen lange Zeit als etwas »Männliches« galt.

Allerdings ist die Attribuierung von geschlechtsspezifischen Stereotypen zu Sportarten historisch wandelbar und auch regional unterschiedlich. Dies zeigt das Beispiel des Fußballs, der in den USA lange als eine eher »weibliche« Sportart angesehen wurde, in Europa, Südamerika oder Afrika eher männlich attribuiert (und auch dominiert) war. Mittlerweile haben sich diese Zuschreibungen verändert, auch wenn sich das Konzept der Zweigeschlechtlichkeit in den Wettkampfordnungen immer noch dahingehend gehalten hat, dass zwischen Männer- und Frauenfußball unterschieden wird. Diese Entwicklungen zeigen, wie wenig plausibel scheinbar selbstverständliche binäre Geschlechterordnungen im Sport sind, die auf biologische Differenzen und Leistungsparameter (z. B. Kraft, Schnelligkeit) zurückgeführt werden. Und dennoch halten sich diese Ordnungen hartnäckig, indem beispielsweise männliche von weiblichen Spielweisen unterschieden werden und der Körper dabei als Referenz- und Orientierungspunkt fungiert, an dem diese geschlechtsspezifischen Konstruktionen festgemacht werden (HARTMANN-TEWS, 2006).

> *Wer sich näher mit Zusammenhängen zwischen Körper, Geschlecht und Sport beschäftigen möchte, dem sei an dieser Stelle das »Handbuch Sport und Geschlecht« (Hartmann-Tews & Rulofs, 2006) empfohlen.*

Wie sehr sich der Körper als Ordnungsgegenstand und Instrumentalisierungsobjekt eignet, zeigt der Blick auf den Sport im Nationalsozialismus. So wurde der Körper im Sport des Nationalsozialismus zum zentralen Repräsentationsobjekt der faschistischen Ideologie. Er fungierte als Sinnbild für rassische Unterschiede, die Überlegenheit der »weißen Rasse« sowie für nationale Identität. Sportliche Wettkämpfe wurden auf diese Weise zu symbolischen Wettkämpfen auf der Ebene von Körperlichkeit stilisiert (Alkemeyer & Bröskamp, 1996; Wildmann, 1998).

Auch wenn in der heutigen öffentlichen Diskussion sowie in der (Sport-)Berichterstattung offene Formen von Rassismus weitgehend geächtet sind, verweisen verschiedene Autoren darauf, dass rassische Argumentationen zur Erklärung von Leistung nicht gänzlich verschwunden sind (Alkemeyer & Bröskamp, 1996). Noch immer tritt der Körper als Zuschreibungsobjekt in Erscheinung, an dem eine Reihe von Etikettierungen, Stereotypisierungen und Stigmatisierungen ansetzen (Seiberth, 2012). In der Fußballberichterstattung finden sich zahlreiche Beispiele, in denen die körperliche Erscheinung von Athleten stereotype Handlungserwartungen, Vexierbilder und naturalistische Körperlichkeitsvorstellungen zum Vorschein bringt. Das Bild vom ballgewandten Südamerikaner oder vom körperlich robusten Afrikaner sind sportspezifische Stereotype und Deutungsversuche, die explizit am Körper ansetzen (Thiel & Seiberth, 2009). Den Status von Wahrheiten haben solche Zuschreibungen nicht zuletzt auch deshalb erlangt, weil sie im medialen Diskurs immer wieder reproduziert werden. Beispiele für diesen »Natur-Essentialismus« (Gebauer, 1996, S. 83) finden sich bis heute in der Sportberichterstattung. So wird z. B. die Überrepräsentation »schwarzer« Athleten in bestimmten Sportarten medial häufig mit dem Verweis auf natürliche, körperlich-biologische Differenzen erklärt. (Sport-)Medien sind also auch bedeutende Produzenten spezifischer Ordnungen von Körperlichkeit im Sport. Insofern liefert der Blick auf den medialen Sportdiskurs und dessen Rezeption Einblicke in mediale und gesellschaftliche Ordnungen von Körperlichkeit (van Sterkenburg & Knoppers, 2004).

Der Körper als Bindeglied zwischen Struktur und Praxis
Eine wichtige Erkenntnis des sportsoziologischen Körperdiskurses ist es, dass sich soziale Strukturen über praktisches Handeln in Körperlichkeit »einschreiben«. Der französische Soziologe Loïc Wacquant hat diesen Zusammenhang im Rahmen einer ethnografischen Studie aus dem amerikanischen Boxsport eindrucksvoll beschrieben. Wacquant untersuchte während einer dreijährigen Forschungszeit den Umgang mit Körperlichkeit in einer Boxhalle in Woodlawn, einem von Armut, Kriminalität und Gewalt geprägten »schwarzen Ghetto von Chicago« (2003, S. 21). Wacquant versuchte dabei, zum einen spezifische Logiken und Praktiken zu identifizieren. Zum anderen versuchte er, Mechanismen zu beschreiben, über die sich diese Logiken in das Individuum und dessen Körperpraktiken einschreiben.

Dazu wählte er den Zugang der teilnehmenden Beobachtung. Wacquant argumentierte, dass es zum Verstehen dieses Sportraums nicht ausreiche, Körper und Körperpraktiken der Boxer von außen zu beobachten und zu beschreiben. Vielmehr vertrat er die Position, dass die körperbezogenen Prozesse, Mechanismen und Praktiken nur dann in ihrer Komplexität und Interdependenz verstanden werden können, wenn der Körper zum »Untersuchungsinstrument« (Wacquant, 2003, S. 279), d. h. zum Erkenntnissubjekt, gemacht wird. Um die Regeln, Logiken und Normen dieses Sozialraums am eigenen Leib zu erfahren und damit tiefe Einblicke in die »kinetische Kultur« (Wacquant, 2003, S. 273) dieses Raums zu erhalten, trainierte der Soziologe als aktiver Boxer in dieser Boxhalle mit und machte sich damit selbst und seine Körperlichkeit als Element dieses Sozialraums zum Forschungsgegenstand.

Die Körperzentrierung des Boxens beschreibt und erfährt Wacquant anhand zahlreicher Praktiken. Boxen wird in seiner Studie als Individualsportart gekennzeichnet, die ein sehr hohes Maß an körperlicher Disziplinierung voraussetzt sowie als Praxis, »für die der Körper gleichermaßen Sitz, Instrument und Zielscheibe ist« (Wacquant, 2003, S. 21). Der Körper tritt beim Boxen v. a. als formbare und disziplinierbare Ressource in Erscheinung, die es zu fördern, fordern, auszubeuten, aber gleichzeitig auch zu erhalten und zu pflegen gilt. Die Herausforderung des Boxers besteht darin, den Körper zur maximalen Leistungsfähigkeit zu bringen und diese trotz der intensiven Beanspruchung und Verschleißerscheinungen zu erhalten. Für die Boxer, die damit ihren Lebensunterhalt verdienen, ist der Körper das »Berufskapital« (Wacquant, 2003, S. 133).

In Abgrenzung zu jenen Vorstellungen, die Boxen als Akt roher Gewalt kennzeichnen, wird Boxen bei Wacquant als Symbiose aus körperlicher und mentaler Leistungsfähigkeit beschrieben. Die Boxhalle von Woodlawn stellt den institutionellen Rahmen der boxerischen Aktivitäten dar. Für die Mitglieder ist die Boxhalle einerseits ein »Ort rigorosen körperlichen Trainings« (Wacquant, 2003, S. 42), andererseits repräsentiert sie einen Raum, in dem sie Gemeinschaft und Zugehörigkeit suchen und erfahren. Im Gegensatz zu den prekären Zuständen des Gettos (Arbeitslosigkeit, Gewalt, Kriminalität) fungiert die Halle für die Mitglieder somit als sozialer Rückzugsraum und »Schutzschild gegen die Versuchungen und Gefahren der Straße« (Wacquant, 2003, S. 42), als eine »distinktiv andere Welt [...], in der sich Abenteuer, männliche Ehre und Prestige mischen« (Wacquant, 2003, S. 20). So wie der Trainingsalltag klaren Regeln, Ritualen und Normen folgt, ist auch der Umgang mit dem Körper in hohem Maße reglementiert. Was diesen Sportraum besonders macht, ist die Erkenntnis, dass es sich um einen Raum handelt, in dem Erkenntnis primär körperlich, d.h. »jenseits von Sprache und Bewusstsein übermittelt, erworben und entwickelt wird« (Wacquant, 2003, S. 273).

4 Inszenierungsformen des sportlichen Körpers in der modernen Gesellschaft

Während es in der Arbeit von Wacquant um die Versportlichung des Körpers im Zuge boxerischer Aktivitäten geht, diskutieren Sportsoziologen seit einiger Zeit das Phänomen der »Versportung« (Grupe, 1988) bzw. »Versportlichung« (Digel, 1990) von Gesellschaftsbereichen außerhalb des Sports. Dieses Phänomen zeigt sich in der Gegenwartsgesellschaft nicht nur in Form einer zunehmenden Anzahl an sportlich Aktiven, sondern insbesondere in einer zunehmenden Versportlichung der Alltagssprache, -mode und der Lebensstile. Bezüge zum Sport finden sich derzeit praktisch überall – angefangen beim Einsatz von Bildern aus dem Sport in der Werbung für Alltagsprodukte, bis hin zur Nutzung von Sportmetaphern in der Managementsprache oder in Reden von Politikern. Der Körper spielt in diesem Prozess der Versportung eine entscheidende Rolle und wird als Symbol für Sportlichkeit weit über den eigentlichen Sportraum hinaus inszeniert. In dieser Hinsicht wird er inszeniert als Sinnbild für (1) *Leistung und Erfolg*, (2) *Individualität und Attraktivität* sowie (3) *Kultivierung und Beherrschung*.

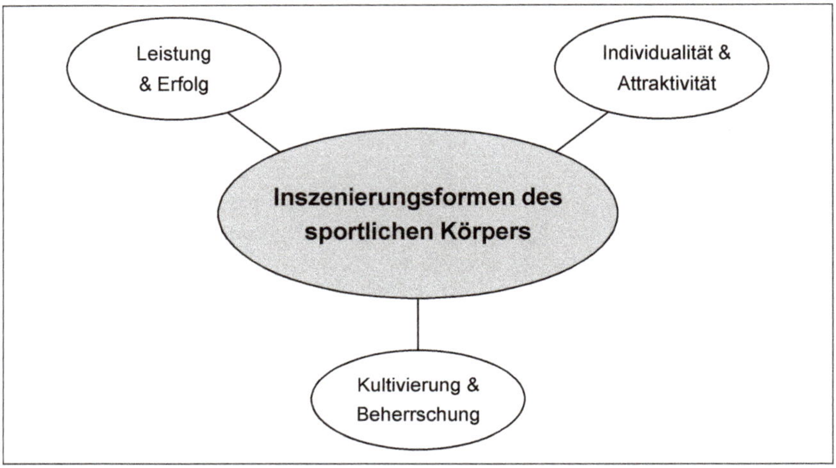

Abb. 2: *Inszenierungsformen des sportlichen Körpers*

4.1 Die Inszenierung von Leistung und Erfolg

Der sportliche Körper ist heute weit über den Sport hinaus zum Symbol für Leistungsfähigkeit geworden. Eine solche Symbolik kann sozial wirksam werden, weil für die moderne Gesellschaft die Idee charakteristisch ist, dass die soziale Struktur vom Prinzip her nicht auf Besitz und Herkunft, sondern auf der individuellen Leistung beruht. Trotz aller offensichtlichen sozialen Ungleichheiten ist diese Vorstellung in der öffentlichen Wahrnehmung auch heute noch weit verbreitet (Hartmann, 2002). Wer beruflich und sozial aufsteigen möchte, muss seine Leistung steigern. Die Vorstellung, dass sozialer und beruflicher Status v.a. das Ergebnis »harter« Arbeit und individueller Leistungsbereitschaft ist und dass eben diese leistungsbezogene Verteilung von Status die gerechteste sei, passt zur Idee eines fairen, durch formale Chancengleichheit geprägten Leistungssports. Die dahinter stehende Analogie ist relativ einfach: Ein trainierter Körper belegt Disziplin und Bereitschaft zur Perfektionierung durch Übung.

Der Spitzensport passt geradezu ideal als Sinnbild dieser kollektiven Weltdeutung. So, wie man keinen Wettkampf gewinnen kann, ohne adäquat zu trainieren, müssen sich Menschen in einer Gesellschaft, in der es Status nicht mehr a priori gibt, diesen erarbeiten bzw. erhalten. Leistungserbringung und Erfolg in beruflichen Kontexten ist in dieser Vorstellung ein extrem dynamischer und an

»hartes« Training gekoppelter Prozess. Dies kann auch den Körper als disziplinier- und formbare Ressource einschließen. Die körperliche Inszenierung dieser Bereitschaft zur Härte und absoluten Leistungserbringung außerhalb des Sports zeigt sich nicht nur im Umstand, dass in Managementkreisen der »Bierbauch« mittlerweile zum »No-Go« geworden ist. Ein Training des Körpers hat damit auch das Ziel, den Körper so zu gestalten, dass Leistungsfähigkeit körperlich ausgedrückt und Disziplin dokumentiert wird. Ein sportlicher, durchtrainierter Körper transportiert diese Botschaft für alle sichtbar. Betrachtet man Bilder heutiger Manager, so drängt sich der Eindruck auf, dass Durchsetzungsfähigkeit in nicht unerheblicher Weise körperlich demonstriert wird. Umgekehrt würde dies dann bedeuten, dass einem untrainierten, übergewichtigen Manager heute in geringerem Maße Durchsetzungsvermögen zugetraut wird.

Dieses Phänomen lässt sich auch bei der Entwicklung der Mode der Geschäftswelt beobachten. Versteht man Mode als elementaren Teil der Körperinszenierung, so spielt Kleidung im sozialen Umgang und insbesondere bei der Präsentation von Körperlichkeit eine signifikante Rolle. Menschen drücken sich über Kleidung aus, demonstrieren Zugehörigkeit und versinnbildlichen darüber Einstellungen zum Leben und zur Gesellschaft. Betrachten wir die Entwicklung des Dresscodes in Managerkreisen, dann wird die Versportlichung der Körperinszenierung in einem sportfremden Gesellschaftsbereich offensichtlich. So ist es heute eben nicht mehr nur für Sporttrainer, sondern z. B. auch für den Banker wichtig, nach außen den Eindruck der Sportlichkeit zu erzeugen. Die starke Körperbetonung von Businesskleidung gibt Anlass zu der Annahme, dass der Körper heute mehr denn je als Medium dient, um Leistungsfähigkeit und Erfolg zu repräsentieren. Dass der Anzug Seriosität ausdrückt, reicht in Zeiten, in denen z. B. Geldanlagen nicht mehr so leicht langfristig geplant werden können, eben nicht mehr aus. Der Anzug muss darum v. a. auch Dynamik und die Fähigkeit zum schnellen Anpacken symbolisieren und den Eindruck erzeugen, dass darin ein leistungsfähiger und disziplinierter Körper steckt.

4.2 Die Inszenierung von Individualität und Attraktivität

Sportlichkeit symbolisiert heute allerdings nicht nur Leistungsfähigkeit und Dynamik, sondern erlaubt gleichzeitig eine individuelle Abgrenzung vom Mainstream. Zur Inszenierung von Individualität bietet der Körper vielfältige Gelegenheiten. Als beispielsweise Joschka Fischer 1985 im hessischen Landtag als Umweltminister vereidigt wurde, gab es ein großes Medienecho, da er Jackett mit Jeans und weiße Sportschuhe trug und damit gegen den parlamentarischen Dresscode verstieß. Mit dieser Selbststilisierung hob er sich explizit und für alle Beobachter sichtbar vom politischen Establishment ab. Heute sind Sneakers oder Sportschuhe in fast allen Gesellschaftsbereichen angekommen, obwohl sie außerhalb des Sports eigentlich vollkommen zweckentfremdet eingesetzt werden. Dass sie trotzdem gerade in extrasportiven Räumen so stark nachgefragt werden, hängt v. a. damit zusammen, dass sie sich schlicht und einfach besser dafür eignen, das auszudrücken, was im öffentlichen Diskurs mit dem Prädikat *sportlich* beschrieben wird. Um sich selbst als dynamisch und sportlich zu inszenieren, eignen sich Sandalen mit weißen Tennissocken offensichtlich weitaus weniger als Sneakers und Sportschuhe.

Das, was wir als Versportlichung der Kleidung in formalen Kontexten wie Management, Banken oder Politik beobachten, wird in der Sprache des Modedesigns als *Casualisierung* bezeichnet. Casualisierung ist zum einen die bewusste Inszenierung einer Verschmelzung von Freizeit- und Arbeitswelt. In dieser Hinsicht ist sie Symbol für eine sogenannte »Work-Life-Balance«. Casualisierung drückt zum anderen aber auch das bewusste Aufgreifen von Trends aus Szenen abseits des Mainstreams aus, die dann wiederum in die Mainstreammode integriert werden. Gerade abseits des Mainstreams ist der Sport lange schon ein Modeelement. So ist derzeit die sogenannte Streetwear in erheblicher Weise von Sportszenen (z. B. der Skater-Szene) beeinflusst (Hitzler, Bucher & Niederbacher, 2010).

Dass Sportlichkeit ein so wichtiges Element des Ausdrucks von Individualität geworden ist, liegt aber nicht nur an den vielen Möglichkeiten, mit Kleidung und Accessoires, die ursprünglich aus dem Sport stammen, einen individuellen Lebensstil auszudrücken. Es liegt auch daran, dass ein sportlicher Körper mittlerweile zum Attraktivitätsideal geworden ist. Es ist daher auch kein Zufall, dass sich die Werbung häufig der Darstellung schlanker, durchtrainierter Körper bedient. Ebenfalls nicht ganz neu ist, dass sogar die Helden in Computerspielen häufig nicht etwa abstrakte Kunstfiguren sind, sondern über Körper verfügen, die als austrainiert und muskulös gezeichnet sind, obwohl sie das in der virtuellen Welt eigentlich nicht bräuchten. Ein eher neueres Phänomen ist, dass der sportliche Körper eine Voraussetzung auch für den Erfolg im Musikbusiness oder im Fernseh- und Filmgeschäft ist. Heute gehört es sogar für Punk-, Rap-, Hip-Hop- oder Popgruppen zum »guten Ton«, Muskeln zu zeigen.

Ein wichtiger Grund für diese Entwicklung ist wohl nicht zuletzt die enge Kopplung von sportlichem Körper und sexueller Attraktivität in der Realität der Massenmedien und damit auch im öffentlichen Diskurs. Den Rezipienten dieser Diskurse wird heute zunehmend suggeriert, dass der trainierte Körper eben auch der sexuell anziehendste sei. Michael KRÜGER (2009) verweist in diesem Zusammenhang auf eine zunehmende Versportlichung der Sexualität. Diese zeigt sich laut Krüger auch im Umstand, dass sich Spitzensportler als Objekte sexueller Begierde präsentieren. Diese Darstellung von Spitzensportlern ist im Grunde eine logische Konsequenz. Denn vor dem Hintergrund einer Gleichsetzung von sexueller Attraktivität und durchtrainiertem Körper besitzen Spitzensportler in der Regel die größte Glaubwürdigkeit. Allerdings ist die Inszenierung des Spitzensportlers als Objekt sexueller Begierde in bestimmten Männersportarten ein eher neues Phänomen. Der Fußball ist ein gutes Beispiel hierfür. Lange Zeit reichte es aus, besser zu sein als die anderen, um Themen für Unterhaltungen und Berichterstattungen zu bieten und um Garant für Absatzsteigerungen, z. B. in der Versicherungsbranche, zu sein. Die Inszenierung attraktiver Körper spielte hier keine zentrale Rolle. Aus diesem Grund wurden die Protagonisten des Fußballs noch vor nicht allzu langer Zeit nicht unbedingt als Sex-Symbole dargestellt. Die Verbindung von Attraktivität und Sportlichkeit eröffnete männlichen Spitzensportlern aber ganz neue Möglichkeiten als Objekte geselliger Konversation in der massenmedialen Unterhaltung und v. a. auch als Werbeträger. Denn obwohl im Grunde irgendein trainierter Körper reichen würde, um Werbung z. B. für Unterwäsche, Parfüm oder Deodorant zu machen, sind es heute häufig bekannte Spitzensportler, die als Werbekörper rekrutiert werden. Da sie über eine hohe sportbezogene Glaubwürdigkeit verfügen und ihre Prominenz den gewünschten Imagetransfer besonders unterstützt, eignen sie sich offenbar in besonderer Weise dazu, einem Produkt dynamische Attribute zu verleihen.

Die Nutzung von Spitzensportlern als Testimonials und Lifestyle-Ikonen in sportfremden Gesellschaftsbereichen führt zu einer »Entsportung« (GRUPE, 1988) des Bildes vom Athleten. Denn bei dieser Darstellung spielt der eigentliche Sinn des Sports, die Überbietung im Wettkampf, keine direkte Rolle mehr. Für die öffentliche Inszenierung des Sportlers erhalten die nicht-sportlichen Aspekte auf diese Weise eine ähnliche Relevanz wie die sportlichen. Der Sportler wird zur »Celebrity«, d. h. zur gesellschaftlichen Berühmtheit und erhält nicht mehr nur die Aufmerksamkeit von Sportzeitschriften, sondern sogar von Hochglanzjournalen, die ihre Gunst bis dato eher diversen Königsfamilien und Hollywoodstars gewährt haben.

4.3 Die Inszenierung von Kultivierung und Beherrschung

Der sportliche Körper ist heute schließlich auch Symbol für die Fähigkeit, Widerständiges zu beherrschen und zu kultivieren. Unter *Kultivierung* wird dabei die Überwindung einer natürlichen Gesetzmäßigkeit mit dem expliziten Ziel der Erreichung eines spezifischen Zustandes verstanden (THIEL, 2011). Wenn sich Heidi Klum zwei Monate nach der Geburt ihres zweiten Kindes mit makellosem Körper und ohne Zeichen einer vorausgegangenen Schwangerschaft auf dem Laufsteg oder in Fernsehshows präsentiert, so transportieren diese Bilder die Vorstellung von der Beherrschung des Körpers nachdrücklich.

Geradezu exemplarisch für eine solche Inszenierung von Körperlichkeit in Zusammenhang mit Sport sind Leni Riefenstahls Bilder und Filme zu den Olympischen Spielen von 1936 in Berlin. Kennzeichnend für die Bildersprache Riefenstahls sind die Umformung von Menschen zu Objekten und die Formung der Objekte zu Massen. Das zentrale Motiv der Form- und Bildersprache Riefenstahls ist dabei die Beherrschung des Individuellen. Ein zentrales Stilmittel von Riefenstahls Arbeiten zu Olympia besteht darin, den athletischen Körper in den Mittelpunkt zu rücken und ihn gleichzeitig jeglicher Individualität zu entheben, indem er in der Masse gewissermaßen aufgelöst wird. Diese Beherrschung des Individuellen ist charakteristisch für die Inszenierung des sportlichen Körpers im Nationalsozialismus (SONTAG, 1983; WILDMANN, 1998).

Eine spezifische Form der Inszenierung des »beherrschten« sportlichen Körpers findet sich im Bodybuilding. Hierbei dient der sportliche Körper als Symbol für die Überwindung körperlicher Entwicklungsgrenzen. Beim Bodybuilding geht es im Grunde darum, einen Körper, dessen natürliche Form den Athleten nicht zufriedenstellt, nach einem Idealbild zu formen. Die Besonderheit dieser Körperpraxis besteht darin, dass Bodybuilding in der Regel – zumindest wenn es über einen längeren Zeitraum betrieben wird – eine zutiefst intrinsische Motivation erfordert. In hohem Maße relevant sind also individuelle Visionen von Körperlichkeit. Das Individuum kämpft dabei mit aller Kraft darum, den widerständigen Körper zu »besiegen« und ihn nach dem Wunschbild zu gestalten. Und weil dies mit zunehmender Trainingsdauer und -häufigkeit immer mehr gelingt, wird die Selbstwirksamkeitserwartung, also die Erwartung, aufgrund eigener Kompetenzen gewünschte Handlungen erfolgreich ausführen zu können, extrem gesteigert.

In einer Studie untersuchte der Soziologe Joachim Bednarek (1985) die Körperzufriedenheit von Bodybuildern und verglich diese mit der Körperzufriedenheit von Models. Dabei fand er heraus, dass v. a. Wettkampf-Bodybuilder und weibliche Models eine relativ hohe Körperzufriedenheit aufweisen. Trotz der auf den ersten Blick sehr unterschiedlichen Tätigkeitsbereiche lassen sich also ähnliche Logiken identifizieren. Eine wesentliche Gemeinsamkeit besteht darin, dass sowohl die Wettkampf-Bodybuilder als auch die Models permanent in ihrer Körperlichkeit von anderen bewertet werden. Ihre Körper werden vor diesem Hintergrund zu Objekten, die nur dann das Attribut »stark« oder »schön« erhalten, wenn die verantwortlichen Wettkampfrichter bzw. die Fotografen, Modemacher oder Modelagenturen sie auch als »stark« bzw. »schön« bewerten. Um den Körper in der gewünschten Weise zu formen, brauchen beide Gruppen aber ein hohes Maß an intrinsischer Motivation, denn sie müssen erhebliche Anstrengungen investieren, um ihr Ziel zu erreichen. Durch diesen aktiven Einsatz und die Rückführbarkeit einer erfolgreichen Körperformung machen sich die Betreffenden selbst zum Subjekt, also zum aktiv Agierenden, auch wenn es sich letztendlich nur um die Verfolgung external vorgegebener Idealbilder handelt.

Gemeinsam ist den beiden Gruppen, dass die Zufriedenheit mit dem eigenen Körper an eine positive Rückmeldung von außen gebunden ist, d. h., dass die Körper so wahrgenommen werden, wie sie wahrgenommen werden sollen. Unterschiede zeigen sich allerdings im Hinblick auf die Stabilität von Idealbildern. Im Gegensatz zu den Idealbildern im (Wettkampf-)Bodybuilding, die sich als zeitlich relativ stabil erweisen, sind Models in hohem Maße von Modetrends abhängig. Während sich (Wettkampf-)Bodybuilder an Idealen von Körperlichkeit orientieren können und jeder Schritt, der sie näher an diese Idealbilder heranführt, als eigene, hart erarbeitete Leistung bewertet werden kann, können sich Models nicht ausschließlich darauf verlassen, dass sie mit Disziplin und harter Arbeit am eigenen Körper den erwünschten Eindruck erzeugen. So kann bereits ein Geschmackwechsel der Modemacher ausreichen, um den Ansprüchen nicht mehr zu genügen. In dieser Hinsicht müssen sich Models offensichtlich mit sehr variablen Körperbildern arrangieren.

Die gegenwärtig wohl dominanteste Form der Inszenierung des sportlichen Körpers als ein Symbol der Kultivierung und Beherrschung findet sich im Fitness- und Gesundheitskult. Hier ist der sportliche Körper Symbol einer diesseitsorientierten Religiosität und sichtbarer Maßstab eines radikalen »Healthismus«. Kennzeichnend für diese Perspektive ist die Individualisierung von Gesundheit. Gesundheit wird exklusiv in die Verantwortung der Person gelegt. Da eine sportliche Körpererscheinung in der Regel auch als eine gesunde Körpererscheinung wahrgenommen wird, verweist der sportliche Körper in der Logik dieser Perspektive auf Regelkonformität, der nicht-trainierte, v.a. der übergewichtige Körper zeigt dagegen individuelles Versagen an.

Diese diesseitsorientierte Religiosität hat mittlerweile auch Auswirkungen auf den Umgang mit dem späteren Lebensalter. Schlägt man Zeitungen auf, so finden sich darin häufig Darstellungen, die die Alterung der Bevölkerung zur größten gesellschaftlichen Hypothek stilisieren. Die demografische Entwicklung im Allgemeinen und die Alterung der Bevölkerung im Besonderen werden dabei nicht selten als regelrechte gesellschaftliche Bedrohungen dargestellt. Der Körper ist dabei erster Bezugspunkt von Gesundheit und gesundheitsrelevantem Verhalten. Bei näherer Betrachtung wird deutlich, dass die in Altersbildern enthaltenen negativen, stereotypen Altersattribute meist einen expliziten Körperbezug haben. Ältere Menschen werden in dieser Diskussion als wenig beweglich, krankheitsanfällig und als langsam in ihren Reaktionen, geistig und körperlich nicht belastbar und leicht ermüdbar beschrieben.

In der Alters- und Stereotypenforschung wird in diesem Zusammenhang auch von »Altersstereotypen« oder »Altersvorurteilen« gesprochen (Krings & Kluge, 2008; vgl. Thiel, Gomolinsky & Huy, 2009). *Stereotype* stellen gewissermaßen komplexitätsreduzierende Zusammenfassungen von Eigenschaften oder Verhaltensweisen von Personengruppen dar (Taylor, 1981). *Stereotypisieren* bedeutet demzufolge das Kategorisieren von Menschen oder Gruppen auf der Grundlage von vereinfachenden und verallgemeinernden Ordnungen (Klauer, 2008). Eine detaillierte Auseinandersetzung mit gesellschaftlichen Altersbildern bietet der »Sechste Bericht zur Lage der älteren Generation in der Bundesrepublik Deutschland« (BMFSJ, 2010).

Grundsätzlich ist davon auszugehen, dass individuelle Bilder von Alter in Auseinandersetzung mit gesellschaftlichen Deutungsvorlagen und Ordnungen entstehen. Diese lassen sich in öffentlichen Diskursen, aber auch in Organisationen und Institutionen nachzeichnen. Lange Zeit handelte es sich dabei vorrangig um Konstruktionen, die die Lebensphase älterer Menschen auf ein Normalbild reduzieren und mit Begriffen wie Bewegungsbeeinträchtigung, Bewegungsmangel, Vereinsamung oder geistigem Verfall verbinden. Das Bild vom wenig leistungsfähigen, gebrechlichen alten Menschen, der Kosten verursacht und die wirtschaftliche Prosperität der Gesellschaft behindert, eignet sich in besonderer Weise als

Kontrast zur Jugendlichkeitsideologie der modernen Gesellschaft. Das Alter wird damit quasi zum verzeitlichten Gegenspieler von Leistungsfähigkeit und Attraktivität. In Bereichen wie der Werbung oder der Unterhaltungsbranche finden sich daher auch primär Darstellungen jugendlicher Schönheit und körperlicher Makellosigkeit. Suggeriert wird dabei, dass das wichtigste Ziel für den Umgang mit dem Altern das Streben nach der ewigen Jugend sei.

Die Etablierung und Reproduktion negativer Altersbilder bleibt nicht folgenlos für die Betroffenen. So verweist Becca LEVY (2003) darauf, dass sich bei älteren Menschen mit einem eher negativ getönten personalen Altersbild gleichsam auch deren Bereitschaft zur Eigenaktivität und Eigenverantwortung verringert. Ob sich ältere Menschen gesund verhalten oder nicht, hängt also zu einem nicht unbeträchtlichen Teil von ihrer Einstellung zum Alter ab. Levy zufolge betreiben Menschen, die sich an negativen Stereotypen des Alterns orientieren, paradoxerweise wenig Gesundheitsvorsorge und weisen in der Folge eine eher geringere Gesundheit auf. Die Erklärung dafür ist recht einfach: Negative Altersstereotypen beruhen auf der Annahme, dass gesundheitliche Probleme eine unvermeidliche Folge des Älterwerdens sind. Damit führen negative Altersstereotypen zu einer Art selbsterfüllenden Prophezeiung. Gesundheitsförderliches Verhalten wird als nutzlos erachtet und potenzielle Effekte z. B. eines Nordic-Walking-Kurses werden – wenn es die Person einmal versucht – gar nicht erst wahrgenommen (LEVY, HAUSDORFF, HENCKE & WEI, 2000).

Derzeit verdichten sich die Anzeichen, dass sich bei den öffentlichen Darstellungen des Bildes vom Alter ein Wandel abzeichnet. Da immer mehr ältere Menschen Personen aus ihrer Altersgruppe als »Testimonials« sehen möchten, wird in der Werbe- und Unterhaltungsbranche auch immer häufiger auf die Schönheit »reifer« Gesichter hingewiesen, die für Lebenserfahrung und Gelassenheit stehen. Dies gilt bislang noch verstärkt für Frauen. Doch mit dem Älterwerden der Tom Cruises, Brad Pitts oder George Clooneys wird auch bei Männern der Kampf gegen den altersbedingten körperlichen Abbau zunehmend öffentlicher geführt. Und so finden sich auch in der Werbung mittlerweile vermehrt Fotos des sportlichen »Best Agers«, um die Identifikation der Kunden mit den Werbedarstellungen zu erhöhen. Bei näherem Hinschauen wird jedoch erkennbar, dass es sich auch hier in der Regel um trainierte, sportliche und dem jugendlichen Schönheitsideal entsprechende Körper handelt. Diese Beobachtung macht auf einen grundlegenden Aspekt in der gesellschaftlichen Wahrnehmung und Bewertung von Körperlichkeit aufmerksam. Während Bilder von gealterten Körpern zunehmend akzeptiert werden, nimmt die Akzeptanz von untrainierten Körpern ab. Der dahinter stehende Anspruch ist einfach: Ein sportlicher Körper setzt aktives, regelmäßiges Training voraus und lässt sich beispielsweise nicht durch passive Eingriffe erreichen. Botox®, Unterspritzen, Laserbehandlungen oder Schönheitsoperationen bieten zwar die Möglichkeit, das Gesicht jünger aussehen zu lassen. Der Erhalt von Jugendlichkeit durch regelmäßiges sportliches Training und diszipliniertes Gesundheitsverhalten scheint in der Öffentlichkeit allerdings deutlich positiver bewertet zu werden. Damit haben die Werte einer Leistungsgesellschaft auch das Altern erfasst.

5 Die soziale Konstruktion devianter Körperlichkeit

Die vorausgegangenen Ausführungen haben bereits angedeutet, dass die Inszenierung des sportlichen Körpers in der modernen Gesellschaft eine Kehrseite hat. Um die ästhetische, gesundheits- und leistungsbezogene Überlegenheit des sportlichen Körpers zu plausibilisieren, werden Gegenbilder benötigt, die das Scheitern der gesellschaftlich erwarteten Körperarbeit symbolisieren. Der (sport-) soziologische Körperdiskurs spricht in diesem Zusammenhang von *devianten*, d.h. von den Norm- und Idealbildern abweichenden Körpern. Ob bzw. inwieweit Menschen Zugang zu sozialen Zusammenhängen finden oder aber davon ausgeschlossen werden, hängt offenbar auch damit zusammen, wie ihr Körper von ihrer Umwelt bewertet wird. Damit wird der Körper in der sozialen Interaktion zum »Argument für soziale In- und Exklusion« (Klein, 2010, S. 458).

Gerade am Bild von adipösen Menschen lässt sich die Konstruktion von körperlicher Devianz mit all ihren Konsequenzen darstellen. Die öffentliche Diskussion über Ursachen und Folgen von Adipositas liefert ein Beispiel für körperbezogene Stereotypisierungen und Stigmatisierungen. Der nicht-sportliche, adipöse Körper wird in vielen Bereichen als ein Symbol für fehlende Leistungsfähigkeit inszeniert. Adipösen wird außerdem oft unterstellt, sie hätten nicht genügend Disziplin und Bereitschaft, hart an sich zu arbeiten, um die gesellschaftlich erwartete Körperform zu erreichen. Generell gilt es in der Gegenwartsgesellschaft als eine »Wahrheit«, dass sich Adipöse zu wenig bewegen und sich falsch ernähren. Gleichzeitig erhalten wir aus Apothekerzeitschriften oder Dokumentationen im Fernsehen regelmäßig die Information, dass Adipöse häufiger an Herz- und Krebserkrankungen leiden als Normalgewichtige. In der öffentlichen Diskussion führt dies nicht selten zur Schlussfolgerung, dass Adipöse selbst für ihre gesundheitlichen Probleme verantwortlich sind. Dies muss gar nicht mehr expliziert werden, denn bereits die erste Annahme schließt aus, dass Adipöse genug für ihre Gesundheit tun, was dann eben die genannten Folgen hat. Aus sozialpsychologischer und soziologischer Sicht interessant dabei ist, dass solche Vorstellungen nicht auf konkreten Interaktionen mit den betreffenden Personen basieren müssen. Sie verweisen vielmehr auf soziale Konstruktionen von Wirklichkeit, die im sozialen Miteinander als eine Art soziales Wissen fungieren. Die (Re-)Produktion solcher stereotypen, kollektiven Wirklichkeitskonstruktionen, Kausalitätsunterstellungen und hegemonialen Bewertungslogiken führt nicht selten zu Stigmatisierungen der entsprechenden Gruppen.

Von *Stigmatisierung* wird gesprochen, wenn Personen aufgrund von spezifischen Merkmalen oder Eigenschaften diskreditiert und aus sozialen Zusammenhängen ausgeschlossen werden. Phänotypische Merkmale können dafür ebenso herangezogen werden wie Gruppenzugehörigkeit (z. B. Ethnie, Nationalität, Religion). Eine der wichtigsten Grundlagenarbeiten zu diesem Thema hat Erving Goffman mit seinem Werk »Stigma« (1967) vorgelegt. Demnach sind Stigmatisierungen das Resultat von Zuschreibungsprozessen. Dem Individuum wird dabei eine »virtuelle Identität« zugeschrieben, die in Widerspruch zur individuellen Identitätskonstruktion steht. Stigmatisierungen führen zu einer Beschädigung der »sozialen Identität« der Betroffenen und gehen in der Regel mit der sozialen Marginalisierung der Person einher.

Stigmatisierungen zeigen sich in Bezug auf die Gruppe der Adipösen in vielfältiger Weise. In der Unterhaltungsindustrie repräsentieren Adipöse eine der letzten Bevölkerungsgruppen, deren offene Diskriminierung und Diskreditierung noch erlaubt zu sein scheint. Auch die Wissenschaft hat ihren Anteil an der Stigmatisierung der Gruppe. So finden sich in Medizin und Ökonomie Arbeiten, die adipöse Menschen für eine Vielzahl von gesellschaftlichen Problemen verantwortlich machen. Dabei kommt es zu regelrechten Zuschreibungsketten, bis hin zur Hypothese, dass die Zunahme der Anzahl an Adipösen mit für die globale Nahrungsmittelknappheit, eine erhöhte Treibhausgasemission und Unfallrate verantwortlich sei (z. B. Gryka, Broom & Rolland, 2012).

Die Kennzeichnung adipöser Menschen als Verursacher verschiedener globaler Krisen hat in manchen Ländern bereits den Weg ins Gesundheitssystem gefunden. Beispielsweise müssen Unternehmen in einem Industrieland wie Japan bereits heute mit Sanktionen, wie z. B. höheren Beiträgen der Unternehmen in die nationale Krankenversicherung, rechnen, wenn sie es nicht schaffen, die Anzahl Fettleibiger in ihrer Belegschaft zu reduzieren (Rees, Köhler & Dürand, 2009). Hinter solchen Maßnahmen steckt die Vorstellung, dass sozialer Druck geeignet ist, das Gesundheitsverhalten zu ändern. Implizit wird im genannten Fall aber auch die ebenso einfache wie problematische Botschaft übermittelt: Adipöse Menschen sind deviante, also abweichende Menschen.

Wie sehr sich diese Logik im Bewusstsein von Gesellschaften etabliert hat, zeigen verschiedene Studien. So ist laut einer Studie von HILBERT, RIED, RIEF und BRÄHLER (2008) der Großteil der Befragten der Überzeugung, dass Adipöse im Wesentlichen selbst für ihr Übergewicht verantwortlich sind. Mehr als die Hälfte der Befragten weist außerdem zumindest latent oder potenziell stigmatisierende Einstellungen gegenüber Adipositas auf, ein weiteres Viertel der Bevölkerung hat eine eindeutig stigmatisierende Einstellung. Nur etwa ein Viertel lehnt eine pauschale negative Beurteilung von adipösen Menschen eindeutig ab. Wie eine weitere Studie zeigt, beginnt diese Stigmatisierung schon im Kindesalter. Im Kindes- und Jugendalter äußert sich die Stigmatisierung Adipöser z. T. sehr offen als »Bullying«, in Form von Hänseleien, verbalen und physischen Attacken, diskreditierenden Spitznamen und sozialer Ausgrenzung. In einer experimentellen Untersuchung haben THIEL, ALIZADEH, GIEL und ZIPFEL (2008) stereotype und stigmatisierende Einstellungen von Kindern und über Kinder untersucht. Dabei mussten Kinder verschiedene Fotos, auf denen jeweils ein normalgewichtiges, ein adipöses und ein körperbehindertes Mädchen, sowie ein normalgewichtiger, ein adipöser und ein körperbehinderter Junge von anderen Kindern mithilfe von Attributen wie »hübsch«, »intelligent«, »faul« etc. bewerten. Das Ergebnis zeigt, dass das stereotype Bild des faulen, dummen und wenig attraktiven adipösen Kindes unter Kindern und Jugendlichen in ähnlicher Weise verbreitet ist wie unter Erwachsenen. Besonders das Foto des adipösen Jungen wird im Vergleich zu normalgewichtigen Kindern stark negativ bewertet. So wird ein hohes Körpergewicht von den befragten Schülern nicht nur mit geringer Sympathie und Intelligenz, sondern auch mit Faulheit und geringer Attraktivität assoziiert. Der Zusammenhang zwischen stereotypen Zuschreibungen und Stigmatisierungen wird dadurch deutlich, dass der abgebildete adipöse Junge in hohem Maße als Spielkamerad abgelehnt wird. Diese Bewertungen zeigen exemplarisch die mit Stereotypisierung verbundenen Beurteilungsfehler.

Die Forschung zeigt, dass Adipositas häufig auch psychologische Begleiterkrankungen aufweist, die v.a. auf soziale Ausgrenzung zurückzuführen sind. Dieses Problem der sozialen Ausgrenzung von Adipösen wird in der Soziologie des Sports und des Körpers erst ansatzweise diskutiert. Gerade für die Gestaltung von Sportangeboten für und mit Menschen mit Adipositas ist ein Wissen über deren Stigmatisierung und Stereotypisierung unerlässlich, um die soziale Situation zu verstehen, in der sich diese Menschen befinden. Die Erforschung der Stigmatisierung von devianten Körpern bietet also eine Vielzahl an Fragestellungen für eine Soziologie und Sozialpsychologie des Körpers und des Sports.

6 Fazit

Im Mittelpunkt des soziologischen Körperdiskurses steht die Erkenntnis, dass der Körper mehr als ein Abbild genetischer Anlagen ist. Was Menschen im Rahmen von Interaktionen wahrnehmen, sind v.a. soziale Konstruktionen des Körpers als einem Träger von Merkmalen. Dies gilt für den Sport umso mehr, als dieser in fundamentaler Weise körperzentriert ist. Körper und Bewegung repräsentieren gewissermaßen elementare Zugangsvoraussetzungen zum Sport. Im Sport ist der Körper zentraler Funktionsgegenstand und bevorzugtes Medium von Selbststilisierung. In kaum einem anderen Sozialraum werden Konstruktionen von Normalität und Differenz so exklusiv körperlich verknüpft wie im Sport. Eben darum liefert gerade der Sport mit seinen vielfältigen Körper- und Bewegungspraktiken ein äußerst weites sportsoziologisches Forschungsfeld. Die soziologische Forschung zeigt, dass das Bild des sportlichen Körpers weit über den Sport hinaus Symbol für Leistungsfähigkeit, Attraktivität und (Selbst-)Beherrschung ist. Gleichzeitig macht der sportsoziologische Körperdiskurs darauf aufmerksam, dass der Körper auch als soziale Projektionsfläche für stereotype und stigmatisierende Zuschreibungen fungiert, wenn – u. a. am Beispiel des gealterten oder adipösen Körpers – ein Gegenbild zum gesellschaftlichen Idealkörper gezeichnet wird. Die damit häufig verbundene Ausgrenzung von Menschen, die dem gültigen Schönheitsideal eines schlanken, fitten, jugendlichen und sportiven Körpers nicht entsprechen, ist eine Kehrseite des sportlichen Körperideals.

Lernkontrollfragen

- Welche Rolle spielt der Körper in der modernen Gesellschaft?
- Inwiefern ist der Körper ein soziales Konstrukt?
- In welcher Weise nimmt die Gesellschaft Einfluss auf den Körper?
- Welche Ansätze einer Soziologie des Körpers lassen sich unterscheiden und wie argumentieren diese?
- Was beschreibt der Begriff der »exzentrischen Positionalität«?
- Was ist mit »Entkörperlichung« gemeint?
- Welche Bedeutung kommt dem Körper im Sport zu?
- Welche Inszenierungsformen von Körperlichkeit lassen sich unterscheiden?
- Welche Rolle spielt der sportliche Körper in der modernen Gesellschaft?
- Warum setzen stereotype Zuschreibungen häufig am Körper an?
- Inwieweit kann der Körper zum Gegenstand von Stigmatisierung werden?

Literatur

ABRAHAM, A. (2011). Der Körpers als heilsam begrenzender Ratgeber? Körperverhältnisse in Zeiten der Entgrenzung. In R. KELLER & M. MEUSER (Hrsg.), *Körperwissen* (S. 31-52). Wiesbaden: VS.

ALKEMEYER, T. (2006). Rhythmen, Resonanzen und Missklänge. Über die Körperlichkeit der Produktion des Sozialen im Spiel. In R. GUGUTZER (Hrsg.), *body turn. Perspektiven der Soziologie des Körpers und des Sports* (S. 265-295). Bielefeld: Transcript.

ALKEMEYER, T. & BRÖSKAMP, B. (1996). Einleitung – Fremdheit und Rassismus und Sport. In B. BRÖSKAMP & T. ALKEMEYER (Hrsg.), *Fremdheit und Rassismus im Sport. Tagung der dvs-Sektion Sportphilosophie* (S. 7-40). Sankt Augustin: Academia.

ALLISON, M. (1982). Basketball – wie ihn die Anglo-Amerikaner verstehen und die Navajos ihn spielen. Ein kulturspezifischer Zugang zur Sportsozialisation. In P. BECKER (Hrsg.), *Sport und Sozialisation* (S. 115-132). Reinbek: Rowohlt.

ALLISON, M. & LÜSCHEN, G. (1979). A comparative analysis of Navaho Indian and Anglo basketball sport systems. *International Review for the Sociology of Sport, 14* (3-4), 75-86.

BEDNAREK, J. (1985). *Körperbewußtsein und Selbstdarstellung.* Dissertation. Technische Hochschule: Aachen.

BERGER, P. & LUCKMANN, T. (1974). *Die gesellschaftliche Konstruktion der Wirklichkeit. Eine Theorie der Wissenssoziologie* (4. Aufl.). Frankfurt/M.: FISCHER.

BETTE, K.-H. (2005). *Körperspuren: Zur Semantik und Paradoxie moderner Körperlichkeit* (2. Aufl.). Bielefeld: Transcript.

BOLTANSKI, L. (1976). Die soziale Verwendung des Körpers. In D. KAMPER & V. RITTNER (Hrsg.), *Zur Geschichte des Körpers* (S. 138-183). München: Hanser.

BOURDIEU, P. (1976). *Entwurf einer Theorie der Praxis auf der ethnologischen Grundlage der kabylischen Gesellschaft.* Frankfurt/M.: Suhrkamp.

BOURDIEU, P. (1992). *Rede und Antwort.* Frankfurt/M.: Suhrkamp.

BOURDIEU, P. (1999). *Die feinen Unterschiede. Kritik der gesellschaftlichen Urteilskraft* (11. Aufl.). Frankfurt/M.: Suhrkamp.

Bundesministerium für Familie, Senioren, Frauen und Jugend (BMFSJ) (Hrsg.). (2010). *Sechster Bericht zur Lage der älteren Generation in der Bundesrepublik Deutschland. Altersbilder in der Gesellschaft.* Berlin: BMFSJ.

CACHAY, K. & THIEL, A. (2000). *Soziologie des Sports.* Weinheim: Juventa.

DIGEL, H. (1990). Die Versportlichung unserer Kultur und deren Folgen für den Sport – ein Beitrag zur Uneigentlichkeit des Sports. In H. GABLER & U. GÖHNER (Hrsg.), *Für einen besseren Sport. Themen, Entwicklungen und Perspektiven aus Sport und Sportwissenschaft* (S. 73-96). Schorndorf: Hofmann.

ELIAS, N. (1939). *Über den Prozeß der Zivilisation. 2 Bde.* Basel: Haus zum Falken.

GEBAUER, G. (1996). Der Körper als Symbol für Ethnizität. In B. BRÖSKAMP & T. ALKEMEYER (Hrsg.), *Fremdheit und Rassismus im Sport* (S. 81-86). Sankt Augustin: Academia.

GILDEMEISTER, R. (2004). Doing Gender: Soziale Praktiken der Geschlechterunterscheidung. In R. BECKER & B. KORTENDIEK (Hrsg.), *Handbuch Frauen- und Geschlechterforschung. Theorie, Methoden, Empirie* (S. 132-141). Wiesbaden: VS.

GOFFMAN, E. (1967). *Stigma. Über Techniken der Bewältigung beschädigter Identität.* Frankfurt/M.: Suhrkamp.

GRUPE, O. (1964). *Leibesübung und Erziehung* (2. Aufl.). Freiburg i. B.: Lambertus.

GRUPE, O. (1982). *Bewegung, Spiel und Leistung im Sport. Grundthemen der Sportanthropologie.* Schorndorf: Hofmann.

GRUPE, O. (1988). Menschen im Sport 2000. Von der Verantwortung der Person und der Verpflichtung der Organisation. In K. GIESELER, O. GRUPE & K. HEINEMANN (Hrsg.), *Menschen im Sport 2000. Dokumentation des Kongresses »Menschen im Sport 2000«* (S. 44-66). Schorndorf: Hofmann.

GRYKA, A., BROOM, J. & ROLLAND, C. (2012). Global warming: Is weight loss a solution? *International Journal of Obesity, 36* (3), 474-476.

GUGUTZER, R. (2004). *Soziologie des Körpers.* Bielefeld: Transcript.

GUGUTZER, R. (2006). Der body turn in der Soziologie. Eine programmatische Einführung. In R. GUGUTZER (Hrsg.), *body turn. Perspektiven der Soziologie des Körpers und des Sports* (S. 9-53). Bielefeld: Transcript.

HARTMANN, M. (2002). *Der Mythos von den Leistungseliten.* Frankfurt/M.: Campus.

HARTMANN-TEWS, I. (2006). Soziale Konstruktion von Geschlecht im Sport und in den Sportwissenschaften. In I. HARTMANN-TEWS & B. RULOFS (Hrsg.), *Handbuch Sport und Geschlecht* (S. 40-53). Schorndorf: Hofmann.

HARTMANN-TEWS, I. & RULOFS, B. (Hrsg.). (2006). *Handbuch Sport und Geschlecht.* Schorndorf: Hofmann.

HEINEMANN, K. (2007). *Einführung in die Soziologie des Sports.* Schorndorf: Hofmann.

HILBERT, A., RIED, J., RIEF, W. & BRÄHLER, E. (2008). Stigmatisierende Einstellungen zur Adipositas in der deutschen Bevölkerung. Ergebnisse einer repräsentativen Surveyuntersuchung. *Adipositas, 2* (3), 142-147.

HITZLER, R., BUCHER, T. & NIEDERBACHER, A. (2010). *Leben in Szenen. Formen jugendlicher Vergemeinschaftung heute* (3. Aufl.). Wiesbaden: VS.

KLAUER, K. C. (2008). Soziale Kategorisierung und Stereotypisierung. In L. E. PETERSEN & B. SIX (Hrsg.), *Stereotype, Vorurteile und soziale Diskriminierung. Theorien, Befunde und Interventionen* (S. 23-32). Weinheim: Beltz.

KLEIN, G. (2010). Soziologie des Körpers. In G. KNEER & M. SCHROER (Hrsg.), *Handbuch Spezielle Soziologien* (S. 457-473). Wiesbaden: VS.

KNOBLAUCH, H. (2002). Die gesellschaftliche Konstruktion von Körper und Geschlecht. Oder: Was die Soziologie des Körpers von den Transsexuellen lernen kann. In K. HAHN & M. MEUSER (Hrsg.), *Körperrepräsentationen* (S. 117-135). Konstanz: UVK.

KRINGS, F. & KLUGE, A. (2008). Altersvorurteile. In L. E. PETERSEN & B. SIX (Hrsg.), *Stereotype, Vorurteile und soziale Diskriminierung: Theorien, Befunde und Interventionen* (S. 131-139). Weinheim: Beltz.

KRÜGER, M. (2009). Sport, Sex und Erotik. *Sportwissenschaft, 39* (1), 52-57.

LEVY, B. R. (2003). Mind matters: Cognitive and physical effects of aging self-stereotypes. *The Journals of Gerontology. Series B: Psychological Sciences and Social Sciences, 58* (4), 203-211.

LEVY, B. R., HAUSDORFF, J. M., HENCKE, R. & WEI, J. Y. (2000). Reducing cardiovascular stress with positive self-stereotypes of aging. *The Journals of Gerontology. Series B: Psychological Sciences and Social Sciences, 55* (4), 205-213.

MEUSER, M. (2004). Zwischen »Leibvergessenheit« und »Körperboom«. Die Soziologie und der Körper. *Sport und Gesellschaft, 1* (3), 197-218.

PFISTER, G. (2006). »Auf den Leib geschrieben« – Körper, Sport und Geschlecht aus historischer Perspektive. In I. HARTMANN-TEWS & B. RULOFS (Hrsg.), *Handbuch Sport und Geschlecht* (S. 26-39). Schorndorf: Hofmann.

PLESSNER, H. (1928). *Die Stufen des Organischen und der Mensch. Einleitung in die philosophische Anthropologie*. Berlin: de Gruyter.

REES, J., KÖHLER, A. & DÜRAND, D. (2009). Japan als Vorbild gegen Fettleibigkeit. *Wirtschaftswoche online*. Zugriff am 9. März 2012 unter http://www.wiwo.de/technologie/ernaehrung-japan-als-vorbild-gegen-fettleibigkeit/5498226.html

SEIBERTH, K. (2012). *Fremdheit im Sport. Eine kritische Auseinandersetzung mit den Möglichkeiten und Grenzen der Integration im Sport*. Schorndorf: Hofmann.

SONTAG, S. (1983). *Im Zeichen des Saturn: Essays*. Frankfurt/M.: FISCHER.

STICHWEH, R. (1990). Sport – Ausdifferenzierung, Funktion, Code. *Sportwissenschaft, 20* (4), 373-389.

Taylor, S. E. (1981). A categorization approach to stereotyping. In D. L. Hamilton (Eds.), *Cognitive processes in stereotyping and intergroup behavior* (pp. 83-114). Hillsdale: Erlbaum.

Thiel, A. (2011). Sportsoziologie. In C. Kröger & W.-D. Miethling (Hrsg.), *Sporttheorie in der gymnasialen Oberstufe* (S. 27-47). Schorndorf: Hofmann.

Thiel, A., Alizadeh, M., Giel, K. & Zipfel, S. (2008). Stigmatisierung von adipösen Kindern und Jugendlichen durch ihre Altersgenossen. *Psychother Psych Med, 58* (12), 1-9.

Thiel, A., Gomolinsky, U. & Huy, C. (2009). Altersstereotype und Sportaktivität in der Generation 50 +. *Zeitschrift für Gerontologie und Geriatrie, 42* (2), 145-154.

Thiel, A. & Seiberth, K. (2009). Der »soziale Körper« als Träger kultureller Differenz - Zur Reichweite eines Erklärungsmodells der sportwissenschaftlichen Integrationsforschung. In A. Horn (Hrsg.), *Körperkultur. Bd. 2* (S. 13-25). Schorndorf: Hofmann.

Van Sterkenburg, J. & Knoppers, A. (2004). Dominant discourses about race/ethnicity and gender in sport practice and performance. *International Review for the Sociology of Sport, 39* (3), 301-321.

Wacquant, L. (2003). *Leben für den Ring. Boxen im amerikanischen Ghetto.* Konstanz: UVK.

Wildmann, D. (1998). *Begehrte Körper. Konstruktion und Inszenierung des »arischen Männerkörpers« im »Dritten Reich«.* Würzburg: Königshausen & Neumann.

Lektion 4

Sport und Gesundheit

1 Einleitung

Sportliche Aktivität wird im Sprachgebrauch traditionell mit Gesundheit assoziiert. Dies zeigt sich seit den 1980er-Jahren auch auf der Programmebene. Sportvereine werben mit Gesundheitssportangeboten, Krankenkassen bieten Präventionssportkurse an und Kliniken ergänzen ihr Behandlungsportfolio um sporttherapeutische Maßnahmen. Dabei liegt die Vorstellung zugrunde, dass Sport gut für die Gesundheit sei und lebenslanges Sporttreiben vor Krankheiten schütze. Auf diese gesellschaftliche Konstruktion eines positiven Zusammenhangs von Sport und Gesundheit wird in dieser Lektion genauer eingegangen. Basierend auf einer historischen Annäherung an die Rolle von Gesundheit im Kontext von Leibesübungen und Sport, werden zunächst die Begriffe *Gesundheit* und *Krankheit* als soziale Konstruktionen diskutiert. Anschließend erfolgt eine Analyse der Programmatik von Sportangeboten im Kontext von Prävention, Sporttherapie und Rehabilitation. Dass das Verhältnis von Sport und Gesundheit durchaus paradoxe Züge aufweist, wird im abschließenden Abschnitt erörtert.

Folgende Aspekte werden im Verlauf der Lektion behandelt:

- Sport und Gesundheit aus historischer Perspektive
- Gesundheit und Krankheit als Konstruktionen von Wirklichkeit
- Gesundheitsdefinitionen und Gesundheitsmodelle
- Verhältnis von Gesundheit und Krankheit
- Experten- und Laienverständnisse von Gesundheit
- Ziele, Inhalte und Organisation des Gesundheitssports
- Widersprüchlichkeiten im Verhältnis von Sport und Gesundheit

2 Sport und Gesundheit aus historischer Perspektive

Bereits seit der Antike wird versucht, durch gymnastische Übungen die körperliche Leistungsfähigkeit und das Wohlbefinden zu verbessern (vgl. z. B. LANGENFELD, 2003). Doch erst mit dem Aufkommen der modernen Naturwissenschaft und den damit einhergehenden Entwicklungen im Bereich der Medizin entwickelt sich auch eine wissenschaftliche Vorstellung, wie Krankheit und Gesundheit durch körperliche Aktivität systematisch beeinflusst werden können. Bereits im 18. Jahrhundert wird bei Rousseau und GutsMuths auf die Rolle körperlicher Erziehung für die Gesundheit hingewiesen sowie darauf, dass die Bevölkerung erst wieder ein »gesundes« Verhalten lernen müsse, wofür die systematische Vermittlung gymnastischer Übungen notwendig sei. Das deutsche Turnen nach Jahn im frühen 19. Jahrhundert verfolgt mit dem Ziel einer gesundheitsorientierten Volkserziehung ebenfalls mehr oder weniger explizit gesundheitsbezogene Anliegen, wobei die Stärkung von Körper und Geist nicht zuletzt mit Blick auf nationale und militärische Anliegen gefordert wird. Im sogenannten Barrenstreit wird u. a. auch die Frage diskutiert, ob sich das deutsche Turnen oder die schwedische Gymnastik besser dafür eigne, die Gesundheit und Wehrtüchtigkeit des Volkes auszubilden (KRÜGER, 2006).

Bereits früh zeigt sich also – häufig mit Blick auf die Wehrtüchtigkeit des Volkes – eine stark funktionalistische Sichtweise von Gesundheit und eine Instrumentalisierung körperlicher Aktivität für das Erreichen »höherer« Ziele. Leibesübungen werden in der zweiten Hälfte des 19. Jahrhunderts aber auch vermehrt als Mittel eingesetzt, um sich gegen die im Zuge der Industrialisierung zunehmende »krank machende Gesellschaft« zu wappnen. In diese Phase fällt die stabile Verankerung der körperlichen Erziehung in der Schule und die Entstehung des Sportvereins, in welchem – zumindest im deutschsprachigen Raum – die Förderung der Gesundheit des Einzelnen und des Volkes immer zumindest ein Sekundärziel war. Auch in der Spielbewegung, der Gymnastikbewegung und in den Arbeitersportbewegungen um die Jahrhundertwende vom 19. zum 20. Jahrhundert wird das Gesundheitsmotiv aufgegriffen. Besonders bedeutsam ist hierbei die Gymnastikbewegung, durch welche Frauen und Mädchen einen Zugang zu gesundheitsorientierter Bewegung erhalten. In der Zeit des Nationalsozialismus erfolgt eine erneute Instrumentalisierung der Leibesübungen zur Verbesserung der »Volksgesundheit« und zur »Wehrertüchtigung«. Während wehrsportliche Übungen in Schule und Sportverein sowie eine militärische Gesinnung im Sport nach dem Zweiten Weltkrieg verboten wurden, bleibt die Idee von körperlich-sportlicher Aktivität als einem festen Bestandteil der Gesundheitserziehung jedoch erhalten (KRÜGER, 2006).

Seit Mitte der 1970er-Jahre hat sich die »Fitness-Gymnastik« als eine Art modernisierte Variante der gesundheitsertüchtigenden gymnastischen Übungen etabliert. Das Angebot ist vielfältig und reicht von »Aerobik« über »Body-Shaping«, »Jogging« oder »Nordic Walking« bis hin zu »Yoga«. Hinzu kommen Angebote wie Rückengymnastik, Herzsport oder Sport nach Krebs, die Hilfen bei der Bewältigung von körperlichen Beschwerden, von Risikofaktoren oder von manifesten Erkrankungen versprechen (Brehm & Bös, 2006). Im Zuge dieses Prozesses hat das Gesundheitsmotiv gleichzeitig auch im organisierten Sport eine kontinuierliche Bedeutungsaufwertung erhalten, was mit der Entstehung zahlreicher alternativer Angebote für Gesundheitssport, wie z. B. von kommerziellen Fitnessstudios, Krankenkassen, privaten Gesundheitsinstituten, (Rehabilitations-) Kliniken bis hin zu physiotherapeutischen Praxen, einherging. Heute ist der Gesundheitssport fest im Portfolio aller Organisationen verankert, die Angebote körperlicher Aktivität bereitstellen.

Nun sind Gesundheit und Krankheit keine absoluten Begriffe, sondern soziale Konstruktionen von Wirklichkeit (vgl. Bauch, 2004; Schumacher & Brähler, 2004). Als solche sind sie abhängig von den vorherrschenden gesellschaftlichen, kulturellen und historischen Denksystemen und werden gemäß des jeweiligen sozialen Kontexts immer wieder verändert und aktualisiert (Faltermaier, 2005). Wie *Gesundheit* und *Krankheit* definiert werden und in welchem Verhältnis diese beiden Konzepte zueinander gesehen werden, beeinflusst daher maßgeblich die Gestaltung des Gesundheitssystems und den Umgang mit Krankheit und Gesundheit sowohl im Alltag als auch in Einrichtungen des Gesundheitssystems (Franke, 2010).

3 Gesundheit und Krankheit als Konstruktionen von Wirklichkeit

Es gibt zahlreiche Begriffsbestimmungen von *Gesundheit* und *Krankheit*, allerdings keine wissenschaftliche Definition, die Allgemeingültigkeit beanspruchen könnte (vgl. Waller, 1995). Vielmehr vollzieht sich die Definition von Gesundheit als auch von Krankheit »im Spannungsfeld von gesellschaftlichem Kontext, medizinischem bzw. psychosozialem Gesundheitssystem (Expertensystem) und individueller Befindlichkeit, Symptomaufmerksamkeit und sozialem Umfeld (Laiensystem)« (Bengel & Belz-Merk, 1997, S. 23). Dementsprechend wird der Gesundheitsbegriff in Abhängigkeit von der naturwissenschaftlich-medizinischen, psychologischen, soziologischen oder juristischen Betrachtungsperspektive unterschiedlich definiert und es werden jeweils spezifische Aspekte des Krankheits- bzw. Gesundheitsbegriffs besonders hervorgehoben (Schumacher & Brähler, 2004). Vor diesem Hintergrund gilt es zunächst, die am weitesten verbreiteten Gesundheitsdefinitionen und -modelle zu skizzieren.

3.1 Gesundheitsdefinitionen und Gesundheitsmodelle

Die zahlreich vorliegenden Gesundheitsdefinitionen lassen sich nach Göckenjahn (1991, S. 15) in die Kategorien, »Gesundheit als Abgrenzungskonzept«, »Gesundheit als Wertaussage« und »Gesundheit als Funktionsaussage« differenzieren. Der Kategorie »Gesundheit als Abgrenzungskonzept« werden in erster Linie defizitorientierte Definitionen zugeordnet, wie sie in einem naturwissenschaftlich verstandenen Medizinsystem zu finden sind. Diese Definitionen bestimmen Gesundheit als die Abwesenheit bzw. das Freisein von Krankheit. Die Kategorie »Gesundheit als Wertaussage« fasst hingegen Definitionen zusammen, die Gesundheit mit positiven Assoziationen verknüpfen, wie beispielsweise die Definition der WHO, wonach Gesundheit als ein Zustand vollkommenen körperlichen, geistigen und sozialen Wohlbefindens angesehen wird und nicht nur als Abwesenheit von Krankheit. In der Kategorie »Gesundheit als Funktionsaussage« wird Gesundheit, z. B. in Anlehnung an Talcott Parsons (1967), als Zustand optimaler Leistungsfähigkeit eines Individuums für die Erfüllung der Rollen angesehen, für die es sozialisiert wurde. Krankheit ist damit charakterisiert durch eine generalisierte Störung der körperlichen, geistigen und sozialen Leistungsfähigkeit des Individuums in Bezug auf die Erfüllung der ihm von seinen sozialen Bezugsgruppen zugeschriebenen Aufgaben (Becker, 1982).

Ein einführender Überblick über einschlägige Gesundheitsdefinitionen und Gesundheits- und Krankheitsmodelle findet sich bei Alexa Franke (2010) und Heiko Waller (2006).

Nun sagen diese Gesundheitsdefinitionen lediglich etwas darüber aus, ob und wann jemand aus welcher Perspektive als gesund oder krank zu klassifizieren ist. In Gesundheitsmodellen wird darüber hinaus versucht, die Entstehung von Gesundheit und Krankheit abzubilden. Zur Erklärung von Gesundheit und Krankheit dominieren in der wissenschaftlichen Diskussion derzeit drei grundlegende Paradigmen: das *biomedizinische Krankheitsmodell*, das *biopsychosoziale Krankheitsmodell* und das *Modell der Salutogenese* (vgl. Faltermaier, 2005).

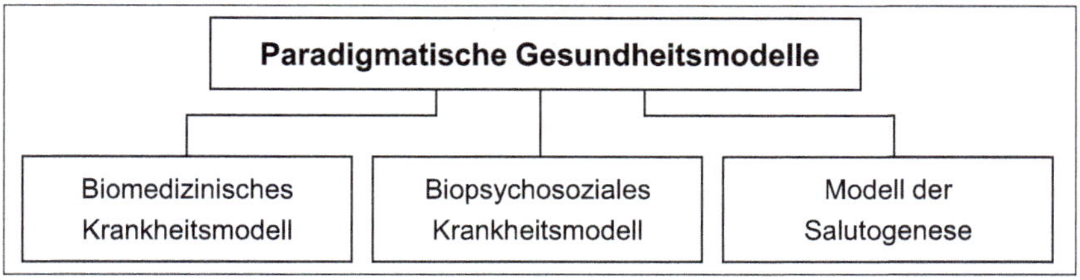

Abb. 1: *Paradigmatische Gesundheitsmodelle*

Das *biomedizinische Krankheitsmodell* fasst Krankheit als Störung des Organismus auf, die mit naturwissenschaftlichen Methoden erfasst werden kann. Krankheiten lassen sich in diesem traditionellen Denkmodell der naturwissenschaftlichen Medizin im besten Fall durch eine somatische Behandlung heilen. Der Fokus liegt folglich eindeutig auf der Behandlung diagnostizierter Krankheiten. Aus der Kritik am biomedizinischen Krankheitsmodell entstand das *biopsychosoziale Krankheitsmodell*, das die biologisch-somatische Sicht auf Krankheit um eine psychische und soziale Dimension erweitert. In diesem Modell stellen das Erleben des kranken Menschen sowie seine soziale Umwelt wesentliche Determinanten für die Entstehung, den Verlauf und die Behandlung von Krankheiten dar. Damit rücken neben biologischen auch psychosoziale Risikofaktoren und deren Einfluss auf die Krankheitsätiologie in den Blick (Faltermaier, 2005). Eng verknüpft mit diesen beiden pathogenetischen Modellen sind Risikofaktorenmodelle. Diese beinhalten Aussagen über Einflussfaktoren, von deren Ausprägungsgrad die Wahrscheinlichkeit für das Auftreten einer bestimmten Krankheit abhängt. Risikofaktorenmodelle basieren auf großen epidemiologischen Studien, die anhand großer Probandenkollektive die Entstehungsbedingungen weit verbreiteter Krankheiten erforschen, um daraus Präventionsmöglichkeiten abzuleiten (vgl. Becker, 2006).

Dem biomedizinischen bzw. biopsychosozialen Krankheitsmodell kommt im Kontext der Behandlung und gezielten Prävention von Krankheiten große Bedeutung zu. Deren Beitrag für ein differenziertes Verständnis von Gesundheit ist allerdings begrenzt, da Gesundheit lediglich als Abwesenheit von Krankheit konzipiert wird und damit auch allgemeine gesundheitliche Schutzfaktoren weitestgehend ausgeblendet werden (Becker, 2006).

Einen radikalen Perspektivenwechsel kennzeichnet das *Modell der Salutogenese*. Das von Aaron Antonovsky (1979) entworfene salutogenetische Modell gehört zu den einflussreichsten theoretischen Konzepten in den Gesundheitswissenschaften. In diesem Modell wird nicht Krankheit, sondern Gesundheit als das zu erklärende Phänomen angesehen. Das Modell geht auf den Medizinsoziologen Aaron ANTONOWSKY (1979) zurück, der danach fragte, warum bestimmte Menschen trotz extrem belastender Lebensereignisse gesund bleiben. Es geht also darum, zu fragen, wie Gesundheit hergestellt werden kann. Beim salutogenetischen Paradigma wird dementsprechend nicht nach Risikofaktoren für bestimmte Krankheiten, sondern nach gesunderhaltenden Bedingungen gefragt. Mit diesem Perspektivwechsel werden v.a. Protektivfaktoren genauer betrachtet, die einen Beitrag zur Widerstandsfähigkeit von Personen leisten (FALTERMAIER, KÜHNLEIN & BURDA-VIERING, 1998a). Im Grunde handelt es sich beim Modell der Salutogenese um ein Stressbewältigungsmodell, bei dem davon ausgegangen wird, dass die erfolgreiche Auseinandersetzung mit Stressoren maßgeblich vom Einsatz entsprechender Ressourcen abhängt. Solche Protektivfaktoren oder Gesundheitsressourcen werden in Erweiterung an ANTONOVSKY (1979) nicht nur auf die Bewältigung von Belastungen bezogen, sondern auch als Voraussetzungen für die Durchführung von gesundheitsbezogenen Maßnahmen und Verhaltensweisen betrachtet. Dabei lassen sich körperlich-konstitutionelle, personal-psychische, sozial-interpersonale und soziokulturelle Ressourcen unterscheiden (vgl. im Folgenden FALTERMAIER, 2005).

Die körperlich-konstitutiven Ressourcen umfassen die Funktionen des Organismus und Kräfte des Körpers. Getrennt werden muss hierbei zwischen der nicht beeinflussbaren, körperlich-genetischen Konstitution und den durch Verhalten veränderbaren körperlichen Ressourcen. Als veränderbare Ressourcen werden die Immunkompetenz, das vegetative und kardiovaskuläre System, die körperliche Fitness und das Körpergefühl diskutiert. Beispielsweise kann ein gutes Körpergefühl als Ressource gelten, wenn es dazu beiträgt, dass körperliche Belastungsgrenzen und Beschwerden frühzeitig erkannt werden. Personal-psychische Ressourcen beziehen sich auf die psychischen Merkmale einer Person, d.h. auf deren Persönlichkeitsmerkmale und Handlungskompetenzen (FALTERMAIER, 2005).

Als eine besonders bedeutsame personale Ressource gilt das von Antonovsky eingeführte *Kohärenzgefühl* (Sense of Coherence, SOC). Das Kohärenzgefühl ist als eine globale Orientierung aufzufassen, die beschreibt, in welchem Maße eine Person ein Gefühl des Vertrauens ausweist, »daß erstens die Anforderungen aus der inneren oder äußeren Erfahrenswelt im Verlauf des Lebens strukturiert, vorhersagbar und erklärbar sind, und daß zweitens die Ressourcen zur Verfügung stehen, die nötig sind, um den Anforderungen gerecht zu werden. Und drittens, daß diese Anforderungen Herausforderungen sind, die Investitionen und Engagement verdienen« (Antonovsky, 1993, S. 12). Je stärker das Kohärenzgefühl ausgeprägt ist, so die Annahme Antonovskys, desto eher gelingt es einer Person, gesund zu bleiben (Bengel, Strittmatter & Willmann, 2001, S. 85).

Das Besondere am *Kohärenzgefühl* ist seine steuernde Funktion. So beeinflusst die Ausprägung des Kohärenzgefühls den flexiblen und angemessenen Einsatz von generalisierten Widerstandsressourcen, zu denen auch Bewältigungsstile gezählt werden. Aus salutogenetischer Perspektive spielen weiterhin die sozial-interpersonalen Ressourcen eine wichtige Rolle, die sich auf das direkte Unterstützungsumfeld einer Person und auf deren soziale Beziehungen beziehen. So wird davon ausgegangen, dass sich das Vorhandensein sozialer Unterstützung und gut funktionierender sozialer Netzwerke gesundheitsförderlich auswirken. Schließlich schreibt Antonovsky den soziokulturellen Ressourcen eine wichtige Rolle für die Erhaltung von Gesundheit zu. Darunter versteht man übergeordnete Ressourcen, die über die Lebenswelt des Individuums hinausgehen und in der gesellschaftlichen und kulturellen Lebenswelt verankert sind. Hierzu gehören beispielsweise der Zugang zu Leistungen des Gesundheitssystems, aber auch materielle Ressourcen, wie Geld oder Vermögen, die eine wesentliche Voraussetzung für die Bewältigung von Belastungen und für die Gestaltung einer gesunden Lebensweise darstellen. Für viele der genannten Ressourcen gibt es zwar mittlerweile empirische Belege, deren Wechselwirkungen und spezifische Wirkungsweisen sind allerdings noch weitgehend unbekannt (Faltermaier, 2005).

3.2 Das Verhältnis von Gesundheit und Krankheit

Definitionen und Erklärungsmodelle von Gesundheit beinhalten automatisch immer auch Annahmen über das Verhältnis von Gesundheit und Krankheit. In der gesundheitswissenschaftlichen Literatur lassen sich drei unterschiedliche soziale Konstruktionen des Verhältnisses von Gesundheit und Krankheit unterscheiden: das *dichotome Konzept*, das *bipolare Konzept* und das *orthogonale Konzept* (vgl. im Folgenden Franke, 2010):

- Das *dichotome Konzept* liegt dem biomedizinischen Krankheitsmodell zugrunde und definiert Krankheit und Gesundheit als zwei voneinander unabhängige Zustände. Krankheit und Gesundheit können nicht gleichzeitig vorhanden sein, man ist also entweder krank oder gesund. Die Krankschreibung in arbeitsrechtlichen Kontexten basiert z. B. auf diesem Konzept: Bescheinigt der Arzt eine Krankheit, dann gilt der Patient so lange als arbeitsunfähig, bis die Krankschreibung abgelaufen ist. Beim dichotomen Konzept wird auf Basis objektiver Befunde, also auf Basis eindeutiger Symptome oder einer Überschreitung von Normwerten, festgelegt, ob eine Person entweder krank oder gesund ist. Für eindeutige Krankheitsbilder wie Infektionskrankheiten eignet sich dieses Konzept sehr gut, unpassend ist dieses Modell allerdings bei psychischen Störungen oder psychosomatischen Beschwerdebildern.
- Im Gegensatz zum dichotomen werden beim *bipolaren Konzept* Gesundheit und Krankheit lediglich als Pole eines Kontinuums angesehen, auf dem man sich in die eine oder andere Richtung bewegen kann. Die jeweilige Position auf einem solchen Gesundheits-Krankheits-Kontinuum hängt dabei von verschiedenen Dimensionen ab, wie z. B. dem medizinischen Befund, dem subjektiven Befinden, der Funktionseinschränkung, dem erlebten Schmerz oder der subjektiv erlebten Beeinträchtigung. Im bipolaren Konzept, das auch dem Modell der Salutogenese zugrunde liegt, findet demnach auch das subjektive Empfinden einer Person stärkere Berücksichtigung. Allerdings besteht das Problem, dass Gesundheit und Krankheit aus der gleichen Menge resultieren, d.h., ein Mehr an Krankheit bedeutet automatisch auch ein Weniger an Gesundheit und umgekehrt.
- Diesen Nachteil beheben *orthogonale Gesundheitskonzepte*, die Gesundheit und Krankheit als zwei voneinander unabhängige Größen darstellen. Beim Unabhängigkeitsmodell von Gesundheit und Krankheit werden krank machende und gesunderhaltende Einflüsse gegenübergestellt. Auf dieser Basis werden dann sowohl gesunde als auch kranke Anteile bestimmt und ein gesundheitlicher Gesamtzustand ermittelt. Ein anderes, sehr populäres Modell ist das zweidimensionale Modell von Befund (in Abb. 2 die y-Achse) und Befinden (in Abb. 2 die x-Achse). Die für das ärztliche Handeln ideale Konstellation ist eine Deckung von Befinden und Befund, d.h., eine Person fühlt sich krank und der Arzt kann eine hierfür zugrunde liegende Krankheit identifizieren (FRANKE, 2010). Es kommt allerdings häufig vor, dass sich Menschen krank fühlen, obwohl gar kein medizinischer Befund vorliegt und sie somit aus biomedizinischer Sicht gesund sind. In der sozialwissenschaftlichen Gesundheitsforschung wird diese Konstella-

tion als »Krankheitsdilemma« bezeichnet (Myrtek, 1998; Thiel & Zipfel, 2007). Die Medizin spricht hier von einer somatoformen Störung. Darunter versteht man körperliche Beschwerden, die nicht durch einen medizinischen Krankheitsfaktor, durch die Wirkung eines Medikaments oder eine andere psychische Störung erklärt werden können. Es gibt aber auch Menschen, bei denen ein Arzt bei einer Routineuntersuchung eine Krankheit diagnostiziert, obwohl sich die Person gesund und wohl fühlt, beispielsweise bei Krebs in einem frühen Stadium, bei Bluthochdruck oder häufig bei einer Abweichung von medizinischen Normwerten. Die Gesundheitswissenschaft nennt diese Konstellation »Gesundheitsparadox«. Aus medizinischer Sicht werden die betreffenden Personen als »scheingesund« bezeichnet.

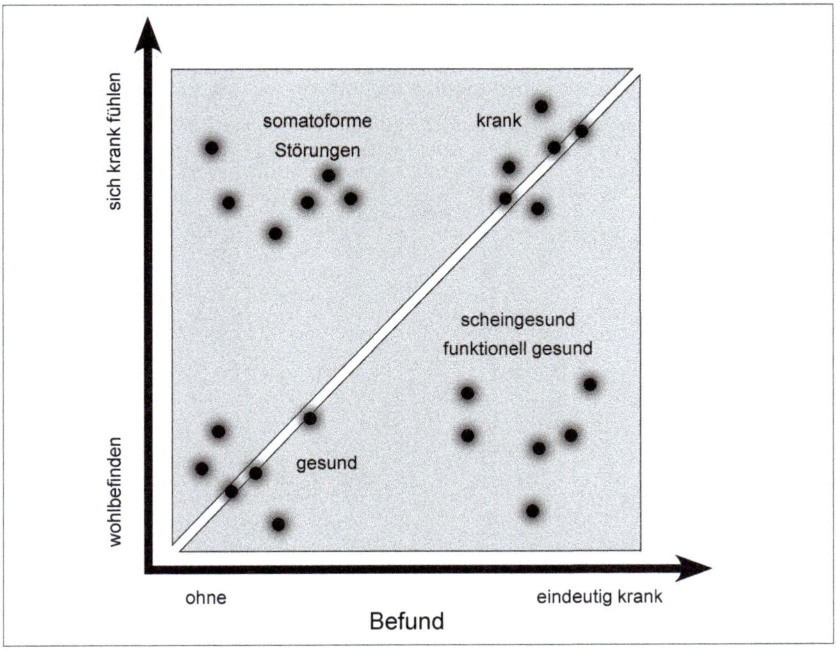

***Abb. 2:** Zweidimensionales Modell von Befund und Befinden (Franke, 2010, S. 95)*

Auch das orthogonale Modell greift bei näherer Betrachtung zu kurz. Aus soziologischer Perspektive fehlt in diesem Modell die Dimension der sozialen Funktionsfähigkeit (vgl. Abb. 3). Diese lässt sich als z-Achse ins orthogonale Konzept einfügen, wobei geringe Werte das Funktionieren im jeweils relevanten sozialen

Raum, wie beispielsweise dem Arbeitsplatz, der Familie oder der Sportspielmannschaft, repräsentieren. Hohe Werte stehen hingegen für eine unzureichende soziale Funktionsfähigkeit. Im Idealfall fühlt sich die Person gesund, es liegt kein medizinischer Befund vor und sie kann uneingeschränkt den Aufgaben nachgehen, die ihr soziales Umfeld an sie stellt. Ein kohärentes Bild ergibt sich auch, wenn sich die Person krank fühlt, eine Krankheit diagnostiziert wird und sich die Person zudem nicht in der Lage fühlt, den ihr auferlegten Aufgaben nachzugehen.

Doch häufig sind die Konstellationen komplizierter. So muss weder eine schlechte Befindlichkeit noch ein ärztlicher Krankheitsbefund zwangsläufig zu einer sozialen Funktionseinschränkung führen. Umgekehrt kann sogar beim Vorliegen guter Befindlichkeit ohne ärztlichen Krankheitsbefund eine geringe Funktionsfähigkeit vorhanden sein, wenn die betreffende Person beispielsweise einfach keine Lust hat, zu arbeiten. Gerade im Leistungssport gibt es solche komplexen Konstellationen relativ häufig, wenn z. B. ein Profisportler starke Knieschmerzen hat, der Arzt keine Ursache finden kann und der Athlet am Wettkampf teilnimmt und trotzdem Spitzenleistungen abruft und damit seine soziale Rolle erfüllt.

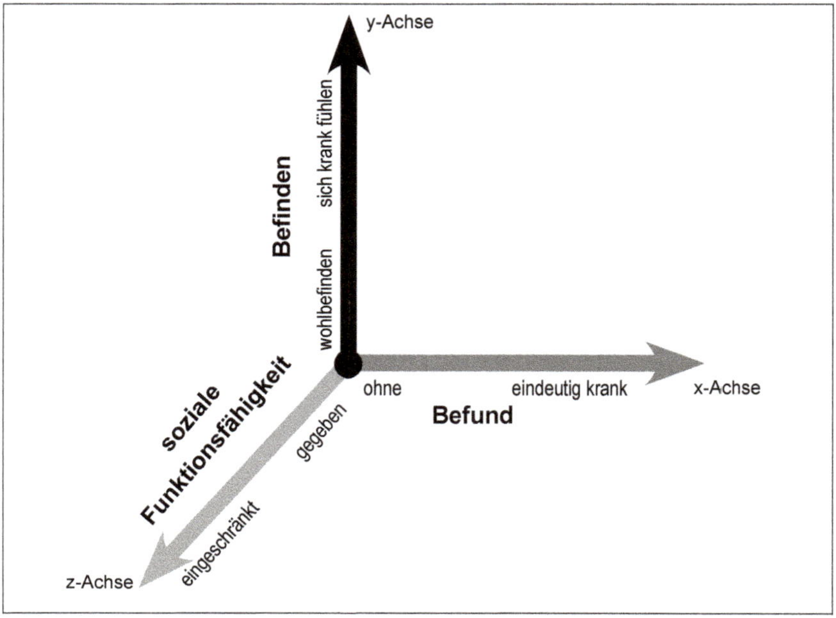

***Abb. 3:** Dreidimensionales Modell von Befund, Befinden und Funktionalität*

Wissenschaftliche Definitionen und Konzepte von Gesundheit und von Krankheit sind lediglich Setzungen, die in unterschiedlichen disziplinären Kontexten mit dem Ziel der sinnvollen Ordnung empirischer Sachverhalte jeweils unterschiedlich vorgenommen werden. Aus soziologischer Perspektive lassen sich, über die wissenschaftlichen Konzepte von Gesundheit und Krankheit hinaus, Experten- und Laienverständnisse von Gesundheit unterscheiden. Hierbei handelt es sich um komplexe Aggregate gesundheitsbezogener Konstruktionen (vgl. Faltermaier, Kühnlein & Burda-Viering, 1998b).

3.3 Experten- und Laienverständnisse von Gesundheit

Wie Gesundheit aus der Perspektive des Individuums konstruiert wird, ist Gegenstand von Arbeiten zu subjektiven Gesundheitsvorstellungen. In dieser Perspektive liegt der Schwerpunkt auf der Erklärung gesundheitsbezogener Lebensstile und motivationaler Bedingungen des Gesundheitshandelns im Alltag (Faltermaier & Kühnlein, 2000). Dabei wird versucht, »die subjektiven Vorstellungen von Laien, ihr Alltagswissen über Gesundheit und Krankheit in ihrer individuumspezifischen Komplexität zu rekonstruieren, zu systematisieren, um sie dann in ihren Konsequenzen für das gesundheitsbezogene Handeln im Alltag abzuschätzen« (Faltermaier & Kühnlein, 2000, S. 138). Medizinische Laien werden dabei als aktive Subjekte verstanden, die nicht nur in Reaktion auf oder unter Anleitung von Experten, sondern bewusst und selbstständig in ihrem sozialen Kontext handeln und sich eigenständige (und in vielen Fällen auch komplexe) Vorstellungen von Gesundheit und Krankheit machen. Es ist davon auszugehen, dass diese subjektiven Gesundheitskonstruktionen das eigenverantwortliche Gesundheitshandeln sowie die Aufgeschlossenheit für bestimmte Arten von Präventionsmaßnahmen maßgeblich steuern. In der Praxis der Gesundheitsförderung und Prävention ist es daher wichtig, diese subjektiven Gesundheitsvorstellungen zu ermitteln und die Gestaltung der vorgesehenen Maßnahmen darauf abzustimmen (vgl. Becker, 2006).

In der gesundheitswissenschaftlichen Literatur findet sich eine fast unüberschaubare Vielzahl an Bezeichnungen für solche Konstruktionsaggregate, wie beispielsweise »Alltagswissen«, »Laienvorstellungen bzw. Laientheorien«, »naive Theorien«, »subjektive Theorien«, »subjektive Konzepte«, »subjektive Vorstellungen oder »Repräsentationen von Gesundheit«. Als ordnender Oberbegriff für die Gesamtheit der individuellen Gesundheitskonstruktionen bietet sich die Bezeichnung »subjektive Gesundheitsvorstellungen« an. *Subjektive Gesundheitsvorstellungen* beinhalten alle auf die Gesundheit bezogenen Überzeugungen,

Überlegungen und Ideen einer Person oder einer Gruppe von Personen (FALTERMAIER, KÜHNLEIN & BURDA-VIERING, 1998a). Zentrale Bestandteile subjektiver Gesundheitsvorstellungen sind subjektive Gesundheitskonzepte und subjektive Gesundheitstheorien. Subjektive Gesundheitskonzepte sind dabei als individuelle Definitionen von Gesundheit und Krankheit aufzufassen, also als Vorstellungen darüber, was Gesundheit ist, welche Dimensionen Gesundheit aufweist und welche Dynamik dieser im Lebensverlauf zugeschrieben wird. Subjektive Gesundheitstheorien umfassen hingegen Vorstellungen über Kausalmechanismen der Gesundheitserhaltung und Krankheitsentstehung, also die wahrgenommenen Einflussfaktoren auf Gesundheit und Krankheit (vgl. ausführlich FALTERMAIER, 2005).

Die bisherigen empirischen Studien zeigen, dass auch in der Alltagssprache die Verwendung der Begriffe Gesundheit und Krankheit keinesfalls eindeutig ist und sich häufig vom Expertenverständnis der Wissenschaftler, der Fachleute aus der Medizin oder anderen Gesundheitsberufen unterscheidet.

Wie subjektive Gesundheitsvorstellungen konkret aussehen können, wird von FALTERMAIER und KÜHNLEIN (2000) veranschaulicht. Am Beispiel von Berufstätigen werden sowohl inhaltliche Konzepte als auch dynamische Vorstellungen rekonstruiert. Mit subjektiven Gesundheitskonzepten jugendlicher Sportler setzt sich SYGUSCH (2000) auseinander. Für den Spitzensport haben THIEL, MAYER und DIGEL (2010) subjektive Gesundheitsvorstellungen von Leichtathleten und Handballern analysiert.

Für die Gestaltung von Gesundheitssportangeboten ist es von großer Relevanz, zu wissen, wie Gesundheit und Krankheit von den Klienten, Patienten und Experten konstruiert werden. Die soziologische Betrachtung des Zusammenhangs von Gesundheit und Sport zeigt, dass es eben die inhaltliche Ausprägung dieser Verständnisse ist, die darüber entscheidet, wie Gesundheitssportangebote gestaltet und in welchem Maße solche Angebote nachgefragt werden.

4 Gesundheitssport

Die Entstehung des Gesundheitssports hängt eng mit dem Wandel des Medizinsystems zu einem Gesundheitssystem zusammen.

4.1 Etablierung des Gesundheitssports

Der entscheidende Mechanismus dieses Wandels liegt in der Veränderung des Krankheitspanoramas. So stellen heute chronisch-degenerative Erkrankungen, bei denen dem rein kurativen Zugriff eigentlich nur noch eine Feuerwehrfunktion zukommt, die wichtigste Erkrankungsform dar. Seit den 1970er-Jahren wurde dementsprechend zunehmend gefordert, diesen Krankheiten präventiv zu begegnen und sie durch Strategien der Gesundheitsförderung zu vermeiden. Dieser Paradigmenwechsel veränderte auch die Diskussion über Gesundheitserhaltung. Neben der Heilung spezifischer seelischer oder körperlicher Krankheiten wurde plötzlich die Vermeidung von Krankheiten durch eine gesunde Lebensweise ein zentraler Topos der medizinischen Diskussion. Soziologisch gesprochen, erweiterte sich die klassische systemspezifische Codierung krank/gesund des Gesundheitsbereichs zur Codierung gesundheitsförderlich/gesundheitshinderlich (vgl. Cachay & Thiel, 2000). Damit wurde über die Therapie einer Erkrankung hinaus auch die Beeinflussung von gesellschaftlichen Verhältnissen durch Beseitigung krank machender Arbeits- und Lebensbedingungen oder die Beeinflussung von gesundheitsschädigendem Verhalten in das Gesundheitssystem integriert. Dies öffnete das Gesundheitsthema für weitere Berufsgruppen über die ärztliche Profession hinaus. Darüber hinaus geriet das Gesundheitsthema nun auch in den Fokus von z. B. Krankenkassen, öffentlichem Gesundheitsdienst, Schulunterricht, Kindergartenerziehung, Betrieben und v.a. auch Sportorganisationen (vgl. von Ferber, 1989).

Strukturell ist die Aufgabe der Prävention bis heute im § 20 des SGB V verankert. In diesem Paragrafen wurde zunächst im Jahr 1989 den gesetzlichen Krankenkassen die Gesundheitsförderung als Aufgabe übertragen, die infolgedessen ab den frühen 90er-Jahren neben z. B. Ernährungsberatungen v.a. auch Sportangebote für ihre Mitglieder entwickelten. Zudem entstanden Sport- und Gesundheitszentren und es kam vermehrt zu Kooperationen von Krankenkassen mit Vereinen, mit kommerziellen Sportcentern oder mit ambulanten Rehazentren, was wiederum zur Einrichtung von Stellen für Sportwissenschaftler führte.

Die Konsequenzen dieses Strukturwandels für die Berufschancen von Sportwissenschaftlern im Gesundheitssystem wurden von CACHAY und THIEL (1999) und THIEL und CACHAY (2004) untersucht.

Bei den nun entstehenden Gesundheitsförderungs- und Präventionsangeboten ging es zunächst nicht explizit um die Heilung von Krankheit, sondern um die Vermittlung von gesunden (im Falle des Sports »sportiven«) Handlungskompetenzen. Der § 20 SGB V durchlief in der Folgezeit eine Reihe von inhaltlichen Veränderungen. 1997 wurde den Krankenkassen die Aufgabe der Gesundheitsförderung entzogen, im Wesentlichen auf dem Argument der Kostenexplosion des Gesundheitswesens basierend. In dieser Phase zeigte sich ein Mechanismus, der aus professionssoziologischer Perspektive als eine typische Strategie beschrieben wird: Die dominierenden Professionen eines Funktionssystems eignen sich die neu in ihrem Feld entstandenen Probleme an, indem sie diese in ihren eigenen Rollenhaushalt eingliedern und die neu entstandenen Berufsrollen integrieren (CACHAY & THIEL, 2000). So wurde die Bearbeitung der gesundheitsbezogenen Probleme nach dem 1.1.1997 in die Zuständigkeit des Arztes eingegliedert, indem sie an die alte Codierung krank/gesund gekoppelt wurden. Beispielsweise liefen Gesundheitssportangebote der AOK über einen Kooperationsvertrag mit den Kassenärztlichen Vereinigungen auf Grundlage des § 43 SGB V ab (SCHIERLE, 1997), in welchem es um die Gewährleistung von Sekundär- und Tertiärprävention durch Ärzte geht. Letztendlich hatte dieser Kooperationsvertrag den Effekt, dass die Feststellung, ob jemand aufgrund einer Erkrankung oder Krankheitsgefährdung einen Anspruch auf Sekundär- und Tertiärprävention hatte, von Ärzten vorgenommen wurde. Erst die ärztliche Bescheinigung ermöglichte so die von den Kassen unterstützte Inanspruchnahme z. B. eines von einem Sportwissenschaftler betreuten Rückenschulkurses (THIEL & CACHAY, 2004). Im Gegensatz zu vorher wurde ein Mensch mit z. B. Rückenbeschwerden, der ein Präventionsangebot nachfragte, als Quasikranker behandelt, indem der Arzt die Notwendigkeit eines sekundär- oder tertiärpräventiven Angebots bescheinigt. Damit änderte sich auch die Kommunikation von Gesundheit, die nun nicht mehr direkt durch einen Gesundheitsförderungsbezug, sondern durch einen Krankheitsvermeidungsbezug gekennzeichnet war. Die Problembearbeitung wurde durch die Rolle des Arztes also wie in der klassischen Medizin an die Codierung krank/gesund zurückgebunden.

Im Jahre 2000 wurde der § 20 SGB V in »Prävention und Selbsthilfe« umbenannt. Primärprävention wurde wieder als Aufgabe aufgenommen. Zur operativen Umsetzung verabschiedeten die Krankenkassen den »Leitfaden Prävention«, der seither in regelmäßigen Abständen angepasst wird (GKV-Spitzenverband, 2010). Diese Neuformulierung bedeutet im Grunde eine zumindest partielle Rückbesinnung auf die Fokussierung von Gesunden. Für Sportwissenschaftler ist hier v.a. das sogenannte Handlungsfeld »Bewegungsgewohnheiten« mit den Präventionsprinzipien »Reduzierung von Bewegungsmangel durch gesundheitssportliche Aktivität« und »Vorbeugung und Reduzierung spezieller gesundheitlicher Risiken durch geeignete verhaltens- und gesundheitsorientierte Bewegungsprogramme« relevant (GKV-Spitzenverband, 2010, S. 23ff.).

Allerdings werden damit nicht unbedingt neue Chancen für eine dominante Etablierung von Sportwissenschaftlern in diesem präventiven Berufsfeld eröffnet. So wurde im Leitfaden der Krankenkassen im Jahr 2000 zwar zunächst festgelegt, dass Anbieter von gesundheitssportlicher Aktivität eine Qualifikation auf Hochschulniveau vorzuweisen haben. Von der Bundesärztekammer und dem damaligen Deutschen Sportbund (DSB) wurde allerdings bald nach dieser Verabschiedung ein gemeinsames Qualitätssiegel (»Sport pro Gesundheit«) für den gesundheitsorientierten Sport entworfen, in welchem eigene Qualitätskriterien festgelegt wurden. Mit Unterstützung des Bundesministeriums des Innern und der Bundesvereinigung für Gesundheit hat dieses Qualitätssiegel mittlerweile Gültigkeit erlangt. Demnach können auch die vom heutigen DOSB und seinen Fachverbänden qualifizierten Übungsleiter primärpräventive Angebote unterbreiten, die von den Krankenkassen finanziell unterstützt werden. Voraussetzung hierfür ist eine Übungsleiterlizenz mit Fortbildung »Sport in der Prävention« (Lizenzstufe II) und ein Einsatz der Übungsleiter bei Vereinsangeboten, die mit dem Qualitätssiegel »Sport pro Gesundheit« ausgezeichnet wurden. Zur Durchführung primärpräventiver Maßnahmen sind darüber hinaus auch Fachkräfte mit Berufsabschlüssen zum Krankengymnasten/Physiotherapeuten und zum Sport- und Gymnastiklehrer sowie in Gesundheitssportprogramme eingewiesene Ärzte berechtigt (GKV-Spitzenverband, 2010, S. 43). Die Förderungswürdigkeit von präventionssportlichen Angeboten, die durch Übungsleiter mit Verbandslizenz durchgeführt werden, wurde von den genannten Akteuren damit begründet, dass die mit der Verbandslizenz verbundenen Fachkenntnisse angeblich vom Umfang und Inhalt her mit den in der akademischen Ausbildung erworbenen vergleichbar seien (GKV-Spitzenverband, 2001).

Für die Regulierung der Berufschancen von Sportwissenschaftlern sind diese Erkenntnisse höchst relevant. Wenn man diesen Prozess aus soziologischer Perspektive betrachtet, dann lässt sich eine Kopplung von Wachstumsbestrebungen erkennen. Zum einen wollen die Sportverbände ihre

Zuständigkeit für den Gesundheitsbereich noch weiter ausdehnen, was mit der Entwicklung des Qualitätssiegels und der Aufnahme der entsprechend qualifizierten Übungsleiter in die Anbieterliste der Krankenkassen auch gelungen ist. Zudem drängen weitere Berufsgruppen, wie Physiotherapeuten und Krankengymnasten und Sport- und Gymnastiklehrer, ins Feld der Primärprävention. Schlussendlich versucht die Ärzteschaft, sich als dominierende Profession des Gesundheitssystems auch die Zuständigkeit für den primärpräventiven Bereich zu sichern, u. a. auch durch Bestrebungen, dass bestimmte Leistungen nur nach entsprechender Bescheinigung durch einen Arzt bezahlt werden sollen (THIEL & CACHAY, 2004). Für Sportwissenschaftler ergibt sich daraus auch für den primärpräventiven Bereich eine Konkurrenzsituation: einerseits durch billigere Arbeitskräfte wie die Übungsleiter des Sportvereins oder der ausgebildeten Sport- und Gymnastiklehrer und andererseits durch die Profession des Arztes und die bereits etablierte Berufsgruppe der Physiotherapeuten.

4.2 Ziele des Gesundheitssports heute

Als Gesundheitssport werden in der Regel sportliche Aktivitäten bezeichnet, die mit dem Ziel einer Förderung, Aufrechterhaltung und Wiederherstellung von Gesundheit in all ihren Aspekten betrieben werden (BREHM & BÖS, 2006; KINDERMANN et al., 1993). Mithilfe von speziellen Gesundheitssportprogrammen sollen dabei spezifische gesundheitsrelevante Ziele erreicht werden. Die Auswahl und Zusammenstellung dieser Inhalte sollte dabei möglichst zielgruppengerecht und evidenzbasiert geschehen. In den Blick kommen dabei v. a. ausgewählte Trainingsformen aus den Bereichen Ausdauer, Kraft, Beweglichkeit und Koordination und weniger klassische Sportarten, wie beispielsweise Fußball, Handball oder die Wurf- und Sprungdisziplinen der Leichtathletik. Gefordert wird außerdem, dass der Gesundheitssport als ein Element im Schnittbereich von Sport- und Gesundheitssystem fest verankert wird (vgl. BREHM & RÜTTEN, 2004).

Die Ziele des Gesundheitssports basieren in der Regel auf einem Verständnis von Gesundheitsförderung, wie es von der Weltgesundheitsorganisation vertreten wird: Gesundheitssport zielt ganz allgemein auf möglichst umfassende Gesundheitswirkungen ab. Im Mittelpunkt hierbei stehen die folgenden, miteinander verknüpften Kernziele, die den Rahmen für strukturierte, zielgruppenbezogene Interventionsmaßnahmen bilden (BREHM & BÖS, 2006, S. 21):

- Stärkung von physischen Ressourcen, wie Ausdauer, Kraft, Dehn-, Koordinations-, Entspannungsfähigkeit,
- Minderung von körperlichen Risikofaktoren, insbesondere des metabolischen Syndroms,
- Stärkung von psychosozialen Ressourcen, wie Gesundheitswissen, Körperkonzept, Stimmung, soziale Kompetenz und Einbindung,
- Bewältigung von Beschwerden und Missbefinden,
- Aufbau von Bindung an gesundheitswirksame sportliche Aktivitäten, wobei sportliche Aktivität als eine mögliche gesundheitsförderliche Verhaltensweise neben anderen, wie z. B. dem Ernährungsverhalten, aufzufassen ist,
- Schaffung und Optimierung unterstützender Settings, also gesundheitsförderlicher Verhältnisse. Hierzu gehört z. B. die Ermöglichung des Zugangs für gesundheitlich besonders gefährdete Bevölkerungsschichten oder eine Qualifizierung von Übungsleitern für die Durchführung von Gesundheitssportprogrammen.

Das Feld eines so verstandenen Gesundheitssports lässt sich in mehrere Bereiche untergliedern, die jeweils ganz spezifische Zielsetzungen verfolgen, sich auf spezielle Zielgruppen beziehen und von unterschiedlichen (Sport-)Organisationen durchzuführen sind. Für eine Präzisierung des sowohl im alltäglichen Sprachgebrauch als auch in der wissenschaftlichen Auseinandersetzung sehr unscharfen Begriffs des Gesundheitssports ist die Unterscheidung zwischen *Gesundheitsförderung durch sportliche Aktivität*, *Präventionssport*, *Sporttherapie* sowie *Rehabilitationssport* sinnvoll.

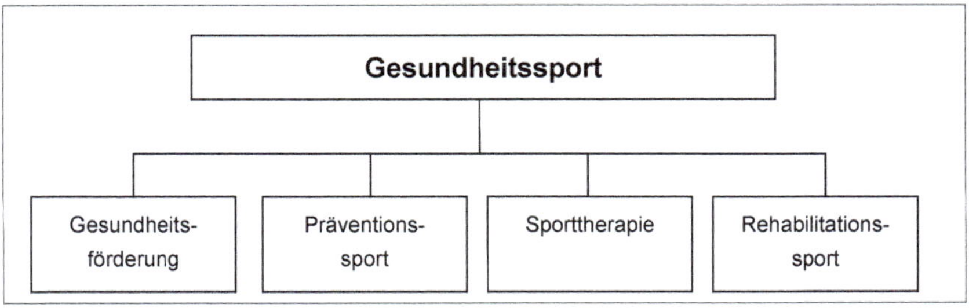

Abb. 4: *Bereiche des Gesundheitssports*

Gesundheitsförderung durch sportliche Aktivität

Programme zur *Gesundheitsförderung durch sportliche Aktivität* zielen auf Personen ab, bei denen bislang noch keine Krankheit oder das Vorhandensein eines Risikofaktors diagnostiziert wurde. Die Stärkung von allgemeinen Gesundheits- und Widerstandsressourcen steht hierbei im Mittelpunkt. Gesundheitsressourcen beziehen sich dabei auf objektiv oder auch auf subjektiv wahrgenommene Potenziale einer Person, auf Belastungen und Anforderungen mit einer hohen Widerstandsfähigkeit zu reagieren, Konflikte zu lösen sowie physisches, psychisches und soziales Wohlbefinden selbst herzustellen (Becker, 1992).

Mit Blick auf die Gesundheitsförderung durch sportliche Aktivität spielt die Ottawa-Charta der WHO von 1986 eine zentrale Rolle. In der Ottawa-Charta wird ein verändertes und erweitertes Verständnis von Prävention proklamiert. Einerseits geht es um die Reduktion von Risikofaktoren, andererseits sollen v.a. auch die Gesundheitsressourcen und -potenziale der Menschen erhalten und gefördert werden. Eine solche Gesundheitsförderung soll die Menschen aller Altersgruppen erreichen und in den Alltag eines jeden Einzelnen eingebettet werden (Kanning & Schlicht, 2006).

Dabei spielt der Begriff des »Settings der Gesundheitsförderung« eine wichtige Rolle, worunter verschiedene Lebensräume verstanden werden, in denen Menschen agieren und in denen eine gezielte Gesundheitsförderung stattfinden kann. Diese Settings oder Lebensräume, wie die Familie, die Schule, die Arbeitsstätte, der Verein oder die Gemeinde, beeinflussen durch Regeln das Handeln der Personen und durch die vorherrschenden Wertvorstellungen auch deren Einstellungen zu Gesundheit und Krankheit. Deshalb hat Gesundheitsförderung nicht nur die Förderung des Verhaltens von Einzelpersonen zum Ziel, sondern auch die Förderung gesundheitsförderlicher sozialer Verhältnisse, in denen Menschen leben und handeln (Kanning & Schlicht, 2006).

Ein Großteil der sportbezogenen Angebote im Bereich der Gesundheitsförderung wird von Sportvereinen, Fitness- und Gesundheitsstudios, Volkshochschulen, Krankenkassen, Reiseveranstaltern oder medizinischen Einrichtungen gegen eine entsprechende (Kurs-)Gebühr oder einen Mitgliedschaftsbeitrag bereitgestellt. Sportvereine und -verbände spielen bei der Gesundheitsförderung bereits seit den 1970er-Jahren (Bsp. Kampagne »Trimm Dich« von 1970) eine zentrale Rolle. Heute beschreibt sich der organisierte Sport als »wesentlicher Akteur« im Bereich der Gesunderhaltung der Bevölkerung. Belegt wird dies durch den Hinweis, dass 32 % der Sportvereine in Deutschland Programme zur Gesundheitsförderung, Prävention und Rehabilitation anbieten und dass insgesamt 11 % der Sportangebote in den Sportvereinen einen Gesundheitsbezug aufweisen. Um die Qualität von Gesundheitssportprogrammen zu sichern und die Voraussetzungen für eine Zusammenarbeit mit der Bundesärztekammer und Krankenversicherungen zu verbessern, wurde im Jahr 2000 das Qualitätssiegel »Sport pro Gesundheit« eingeführt (DOSB, 2011). Dieses Qualitätssiegel ist insbesondere für den Präventionssport relevant.

Präventionssport

Mit *Präventionssport* werden Programme bezeichnet, die systematisch auf gesundheitsförderliche Effekte bei Zielgruppen mit spezifischen gesundheitlichen Risiken oder mit bereits vorliegenden gesundheitlichen Erkrankungen ausgerichtet sind (Brehm & Bös, 2006). Für die Finanzierung des Präventionssports spielt der § 20 SGB V eine wichtige Rolle. Dieses Gesetz regelt die Leistungen der gesetzlichen Krankenkassen im Bereich von Prävention und Gesundheitsförderung. Insbesondere die Primärprävention und die betriebliche Gesundheitsförderung stehen hierbei im Fokus. Für den Bereich der Primärprävention werden die Handlungsfelder Bewegungsgewohnheiten, Ernährung, Stressreduktion/Entspannung und Genuss- und Suchtmittelkonsum ausgewiesen. Die Reduzierung von Bewegungsmangel durch gesundheitssportliche Aktivität wird dabei als besonders wichtige Aufgabe im Handlungsfeld der Bewegungsgewohnheiten verortet.

Als Zielgruppen gelten hier zum einen gesunde Versicherte mit Bewegungsmangel, Bewegungseinsteiger und -wiedereinsteiger. Zum anderen handelt es sich um die Zielgruppe der Versicherten, bei denen spezielle Risiken im Bereich des Muskel-Skelett-Systems, des Herz-Kreislauf-Systems sowie im metabolischen und psychosomatischen Bereich vorliegen. Bei beiden Zielgruppen dürfen aber noch keine behandlungsbedürftigen Krankheiten vorliegen (Tiemann & Wanek, 2006; GKV-Spitzenverband, 2010). Vor diesem Hintergrund können Angebote des Präventionssports bei einer entsprechenden Kooperation mit einer Krankenkasse bezuschusst und gefördert werden. Allerdings variiert die Höhe der Förderung von Krankenkasse zu Krankenkasse (Baumann & Stiller, 2010). Zudem werden von gesundheitssportlichen Angeboten bestimmte Qualitätskriterien eingefordert, wenn diese von den Kassen anerkannt werden sollen. Die Arbeitsgemeinschaft der Spitzenverbände (GKV-Spitzenverband, 2010, S. 42-43) der Krankenkassen formuliert klare Ein- und Ausschlusskriterien für eine Förderfähigkeit von Präventionssport. Ausgeschlossen werden Angebote, die sich nicht explizit und inhaltlich erkennbar auf die sechs Kernziele des Gesundheitssports beziehen. Dies umfasst z. B. Angebote des allgemeinen Freizeit- und Breitensports, Maßnahmen, die vorwiegend dem Erlernen einer Sportart dienen oder die einseitige körperliche Belastungen implizieren.

Ein weiteres Qualitätskriterium ist die Qualifikation der Betreuer. Als qualitativ hochwertige Betreuer werden Fachkräfte mit einem staatlich anerkannten Berufs- oder Studienabschluss im Bereich Bewegung akzeptiert, worunter insbesondere Sportwissenschaftler (mit den Abschlüssen Diplom, Staatsexamen, Magister, Master, Bachelor), Krankengymnasten und Physiotherapeuten, Sport- und Gymnastiklehrer oder Ärzte mit entsprechender Zusatzqualifikation fallen. Darüber hinaus können in Präventionssportangeboten auch lizenzierte Übungsleiter der Turn- und Sportverbände mit einer Fortbildung »Sport in der Prävention« (Lizenzstufe II) eingesetzt werden, allerdings nur nach vorheriger Einweisung bei Vereinsangeboten mit dem Qualitätssiegel »Sport pro Gesundheit«. Das bereits angesprochene Qualitätssiegel des organisierten Sports, »Sport pro Gesundheit«, das vonseiten des DOSB nur an solche Sportvereine verliehen wird, die bei ihren Gesundheitssportangeboten die vorgegebenen Qualitätskriterien einhalten, ermöglicht somit eine einfachere Bezuschussung durch die Krankenkassen und verortet den Sportverein auch gesetzlich als einen Anbieter von gesundheitssportlichen Angeboten im Sinne eines Präventionssports. Vom Präventionssport abzugrenzen ist die Sporttherapie.

Sporttherapie

Die *Sporttherapie* ist ein Teilbereich der Bewegungstherapie, dem auch die Physiotherapie zugeordnet wird (Schüle & Huber, 2000, S. 26). Ganz allgemein geht es bei der Bewegungstherapie um ärztlich indizierte und ärztlich verordnete Bewegung. Die Perspektive ist also eine kurative. Bei der Sporttherapie sollen mit geeigneten Mitteln des Sports bestehende körperliche, psychische und soziale Funktionsstörungen kompensiert und regeneriert werden. Zudem soll Sekundärschäden vorgebeugt und ein gesundheitlich orientiertes Verhalten gefördert werden (Rieder, Huber & Werle, 1996, S. 72).

Sporttherapie ist damit mehrdimensional ausgerichtet und deckt eine pädagogische, funktionelle und psychosoziale Dimension ab, wobei sich diese Dimensionen in der Therapie sinnvoll ergänzen sollen. Zu unterscheiden sind eine allgemeine und eine spezielle Sporttherapie. Die spezielle Sporttherapie zielt auf eine Kompensation von Defiziten und Funktionseinschränkungen mithilfe körperlicher Aktivität ab. Bei der allgemeinen Sporttherapie stehen hingegen stärker psychosoziale Aspekte im Vordergrund, indem das Wohlbefinden, die

Lebensqualität und die soziale Integration verbessert werden sollen oder auf die Wiedereingliederung in den Beruf abgezielt wird.

SCHÜLE und HUBER (2000, S. 26) bezeichnen die Sporttherapie als »Drehtür« zwischen Physiotherapie und Rehabilitationssport. Physiotherapie ist dabei stärker funktional ausgerichtet, beim Rehabilitationssport steht eine stärker ganzheitliche Wiedereingliederung im Mittelpunkt. Durch die Sporttherapie wird der Patient auf den Rehabilitationssport am Wohnort vorbereitet, womit ein reibungsloser Übergang von der einen in die andere Rehabilitationsmaßnahme geschaffen werden soll.

Sporttherapeutische Maßnahmen werden von Therapeuten geplant und dosiert und mit Patienten allein oder in einer Gruppe durchgeführt. Die Erfolgskontrolle sollte gemeinsam mit dem Arzt erfolgen. Die Sporttherapie als ein Teil der Rehabilitationskette findet häufig in Rehabilitationskliniken statt, aber auch in anderen Einrichtungen wie Akutkliniken, Kurkliniken, Fachkliniken, ambulanten Praxen oder in mobiler Form wohnortsnah (RIEDER, HUBER & WERLE, 1996).

Rehabilitationssport

Rehabilitationssport ist im Gegensatz zur Sporttherapie für Menschen vorgesehen, die infolge einer Erkrankung eine Behinderung erlitten haben oder von einer Behinderung bedroht sind. Im Rahmen von Rehabilitationssportgruppen wird versucht, die Patienten mit Mitteln des Sports wieder dauerhaft in die Gesellschaft und in das Arbeitsleben zu integrieren (vgl. BAR, 2011; BAUMANN & STILLER, 2010). Im Rehabilitationssport geht es dementsprechend insbesondere um die Behebung einer durch eine (häufig chronische) Erkrankung bedingten Immobilität bzw. eines Verlusts der Leistungsfähigkeit und einer Vorbeugung einer erneuten stationären Behandlung (BAUMANN & SCHÜLE, 2008, S. 23). Der letztgenannte Zusammenhang zeigt die inhaltliche Überschneidung mit tertiärer Prävention. Der Rehabilitationssport enthält insbesondere sportliche Bewegungen des Laufens und Schwimmens, Bewegungsspiele in Gruppen, gymnastische Übungen, Entspannungsübungen oder rehabilitationsadäquate Elemente aus anderen Sportarten sowie Elemente aus der allgemeinen Sporttherapie (BAR, 2011).

Der Rehabilitationssport hat in Deutschland eine lange Tradition. Herzsportgruppen gibt es z. B. schon seit den 1970er-Jahren. Allerdings ist der Rehabilitationssport erst seit 2001 als eine obligatorische Leistung zur Ergänzung der medizinischen Rehabilitation im Sozialgesetzbuch (SGB),

Neuntes Buch (IX), § 44, Absatz 3 verankert. Rehabilitationssport wird von einem Arzt auf der Grundlage einer medizinischen Diagnose verordnet. Die gesetzliche Krankenkasse, die Unfallversicherung und die gesetzliche Rentenversicherung übernehmen als Versicherungsträger die Finanzierung für einen bestimmten Zeitraum und Umfang (vgl. BAR, 2011; Kuhlbach, 2008). Bei gesetzlichen Krankenkassen sind dies z. B. 50 Übungseinheiten à 45 min.

Für die Durchführung der Rehabilitationssportangebote sind örtliche Rehabilitationssportgruppen zuständig, die in einen klassischen Sportverein oder in einen eigens gegründeten Rehabilitationssportverein eingebunden sind. Oftmals werden mehrere Gruppen für verschiedene Erkrankungen angeboten. Um Rehabilitationssport anbieten und abrechnen zu können, müssen die (Rehabilitations-)Sportvereine eine Mitgliedschaft im Landes-Behindertensportverband vorweisen. Die Landes-Behindertensportverbände sind wiederum im Deutschen Behindertensportverband (DBS) zusammengeschlossen, der als Spitzenfachverband ebenfalls Mitglied im DOSB ist. Die Behindertensportverbände sind für die Koordination und die Anerkennung der in den Mitgliedsvereinen eingerichteten Sportgruppen zuständig, um Abrechnungsmöglichkeiten mit den Versicherungsträgern zu gewährleisten. Zudem dürfen auch ausgewählte Sportorganisationen Rehabilitationssport durchführen, wie z. B. die Mitglieder der Deutschen Gesellschaft für Prävention und Rehabilitation von Herz-Kreislauf-Erkrankungen e. V. oder der Deutschen Rheuma-Liga e. V. (vgl. BAR, 2011; Kuhlbach, 2008). Mittlerweile gibt es immer mehr spezielle Rehabilitationssportvereine, die im Gegensatz zu klassischen Sportvereinen keine traditionellen Sportarten anbieten, sondern sich auf Rehabilitationssportangebote konzentrieren.

In der Rahmenvereinbarung über den Rehabilitationssport und das Funktionstraining der Bundesarbeitsgemeinschaft für Rehabilitation (BAR, 2011), die auf der Grundlage des SGB XI festgeschrieben wurde, lassen sich die Ziele, Inhalte und Leistungsumfänge des Rehabilitationssports nachlesen. Einen kurzen Überblick über die organisatorischen Grundlagen des Rehabilitationssports vermittelt das »Pocketbuch« von Winfried Möck (2011) zum Rehasport.

Die Darstellung der unterschiedlichen Bereiche des Gesundheitssports zeigt, wie eng Sport und Gesundheit miteinander verwoben sind und wie stark sportliche Aktivität als ein Medium der Gesundheitsförderung und Krankheitsvermeidung strukturell verankert ist. Dennoch gibt es immer wieder auch Diskussionen, die das Verhältnis von Sport und Gesundheit kritisch beleuchten.

5 Widersprüchlichkeiten im Verhältnis von Sport und Gesundheit

Insbesondere in den letzten Jahren wird auch im deutschsprachigen Raum der Sportbegriff in der gesundheitsbezogenen Diskussion zunehmend durch Begriffe wie »körperliche Aktivität« oder »Bewegung« verdrängt. Dahinter steckt der Sachverhalt, dass sich der gesundheitliche Nutzen von sportlicher Aktivität im Sinne einer gesundheitsförderlichen Intervention nicht so eindeutig darstellt, wie es sich der »engagierte Gesundheitssportpraktiker« wünschen würde (Woll & Bös, 2004, S. 8). Die Diskussion ist, insgesamt gesehen, recht widersprüchlich (vgl. Schlicht & Brand, 2007). So wird im weit verbreiteten »Health Enhancing Physical Activity (HEPA)-Konzept« des »Centers for Disease Control and Prevention« und des »American College of Sports Medicine« für die Gesamtmortalität bei Männern und Frauen von einer kurvenlinear-inversen Dosis-Wirkungs-Beziehung zwischen körperlicher Aktivität und Gesundheit ausgegangen. Die umgekehrt U-förmige Kurve gibt an, dass eine Risikoreduktion insbesondere bei niedrigen bis moderaten Aktivitäten zu erwarten ist, wohingegen mit steigendem Aktivitätsvolumen das Mortalitätsrisiko wieder steigt.

Diskutiert wird auch, dass ab einem bestimmten Punkt mit zunehmendem Umfang und Intensität der körperlich-sportlichen Aktivität kein proportional besserer Schutz vor Erkrankungen zu erwarten ist (vgl. Knoll, Banzer & Bös, 2006). Dabei werden positive Gesundheitswirkungen im Sinne einer Reduktion von Krankheitsrisiken bereits für moderate, körperliche Aktivitäten des täglichen Lebens (Gehen, Gartenarbeit, Wandern, Treppensteigen, Hausarbeit etc.) erwartet, allerdings scheint sich durch ausgewählte sportliche Aktivitäten, wie Jogging, Schwimmen oder Radfahren, die Effizienz zu erhöhen. In jüngerer Zeit wird die pauschale Ablehnung hochintensiver körperlich-sportlicher Aktivitäten im Gesundheitssport stark kritisiert und eine differenzierte Diskussion eingefordert. So werden unter dem Schlagwort »High-Intensity Interval Training« (HIIT-Training) hochintensive Phasen gerade auch für den Gesundheitssport in all seinen Facetten empfohlen (und z. T. auch als dem moderaten Training überlegen dargestellt), allerdings nur als hochintensive Phasen eines Intervalltrainings in Abwechslung mit niedrig-intensiven Belastungsphasen (vgl. exemplarisch Warburton et al., 2005).

Insgesamt gesehen, sind insbesondere die Ober- und Untergrenzen und Schwellenwerte gesundheitsförderlicher körperlicher Aktivität bislang nur unzureichend geklärt. So gibt es mittlerweile zahlreiche und mitunter widersprüchliche Empfehlungen zu Häufigkeit, Dauer, Intensität und Art der körperlich-sportlichen Aktivität, mit der gesundheitsbezogene Ziele erreicht werden können (vgl. SCHLICHT & BRAND, 2007; WOLL & BÖS, 2004). Dementsprechend wird gefordert, Dosis-Wirkungs-Zusammenhänge sowohl im Hinblick auf einzelne gesundheitliche Parameter, verschiedene Zielgruppen als auch in Bezug auf die konkreten Bewegungs- oder Trainingsinhalte genauer zu untersuchen, wobei insbesondere evidenzbasierte Interventionsstudien zum Einsatz kommen sollten (vgl. KNOLL, BANZER & BÖS, 2006; WOLL & BÖS, 2004).

Der Zusammenhang zwischen Sport und Gesundheit ist also sowohl aus Experten- als auch aus Laiensicht heute ein recht unklares Konstrukt. Die Widersprüchlichkeiten werden verstärkt, wenn die aktuelle Diskussion über die Zielgruppenabhängigkeit des Gesundheitsbegriffs mit berücksichtigt wird. Der Gesundheitsbegriff ist – wie oben diskutiert – äußerst komplex und vielschichtig. Eine Beurteilung der Wirkungsbeziehung zwischen Sport und Gesundheit hängt also direkt davon ab, welches Gesundheitsverständnis man zugrunde legt. Am Beispiel des Leistungssports: Athleten werden im Spitzensport systematisch hohen gesundheitlichen Risiken in Training und Wettkampf ausgesetzt (vgl. WADDINGTON, 2000a; 2000b). Dies gilt sowohl für sportartimmanente gesundheitliche Risiken (hohe Geschwindigkeiten, Gegnerkontakt, einseitige Bewegungsanforderungen etc.) als auch für die physischen und psychischen Grenzbelastungen durch intensives Training. Schmerzen und Verletzungen sind geradezu ein Alltagsphänomen, sportbedingte Spät- oder Folgeschäden bis hin zu bleibenden Behinderungen kommen ebenso immer wieder vor wie Unfälle mit Todesfolge. Aus der Perspektive eines biomedizinischen Gesundheitsverständnisses wäre der Leistungssport angesichts hoher Verletzungsraten als negativ für die Gesundheit zu beurteilen. Wie eine Studie zeigt, ist dies anders, wenn Gesundheit als Wohlbefinden operationalisiert wird. So fühlt sich die überwiegende Mehrheit der von THIEL, MAYER und DIGEL (2010) untersuchten Spitzensportler aus den Sportarten Handball und Leichtathletik wohl bis sehr wohl, und dies trotz vorliegender körperlicher Schmerzen oder Verletzungen. Darüber hinaus haben Athleten des Spitzensports höhere Kohärenzwerte als der Durchschnitt einer altersentsprechenden Normstichprobe, und dies trotz einer hohen Prävalenz von burn-out-ähnlichen Beschwerden.

Die Proklamation eines gesundheitlichen Nutzens sportlicher Aktivität durch Sportverbände wird – zumindest aus der Perspektive des Zuschauers von leistungssportlichen Wettkämpfen – durch deren Sponsoringpartnerschaften mit Unternehmen aus Branchen, deren Produkte als Ursache zahlreicher Krankheiten gelten und für einen ungesunden Lebensstil stehen, konterkariert (WADDINGTON, 2000b). So sind Tabakkonzerne, Brauereien und Destillerien im Bereich des Sportsponsorings traditionelle Sponsoren von Sportligen, Spitzensportteams oder Sportgroßveranstaltungen, aber auch mit Arzneimittelfirmen, Nahrungsergänzungsmittel- und Süßwarenherstellern oder namhaften Produzenten von zuckerhaltigen Softdrinks werden Sponsoringpartnerschaften eingegangen.

Während ein gesundheitlicher Nutzen sportlicher Aktivität aus Sicht der Medizin, der Volkswirtschaft und auch der Gesundheitswissenschaften grundsätzlich positiv bewertet wird, gibt es insbesondere vonseiten der Sportpädagogik schon seit Langem kritische Aussagen zu einer »Vereinnahmung des Sports zur Erfüllung eines umfassenden Gesundheitsauftrags« (OPPER, 1998, S. 65). So sieht beispielsweise DIGEL (1994, S. 128) eine Vernachlässigung sozialer und ökologischer Lebensbedingungen der Gesellschaft zugunsten einer einseitigen Ausrichtung am individuellen Lebensstil, worunter auch die sportliche Aktivität als ein spezifisches Gesundheitsverhalten fällt.

Die Verlagerung des Verantwortungsbereichs für die Gesundheit auf das Individuum wird auch als *Healthismus* bezeichnet. Konkret ist damit die Verlagerung der moralischen Verantwortung für Gesundheit von den gesellschaftlichen Bedingungen hin zum Verhalten des Individuums gemeint. Healthismus basiert auf der Annahme, dass die eigene Gesundheit vorrangig durch den individuellen Lebensstil kontrolliert werden kann und dass Krankheit dementsprechend v.a. auf individuelles Fehlverhalten zurückzuführen ist. Dem Individuum wird damit die Verantwortung zugeschrieben, sich ausreichend zu bewegen, nicht zu rauchen, mäßig Alkohol zu trinken, sich fett-, zucker- und salzarm zu ernähren, das Gewicht zu reduzieren, Strategien zur Stressbewältigung zu erlernen und regelmäßig zu Vorsorgeuntersuchungen zu gehen, da dies auf Basis epidemiologischer Studien ein gesundheitsförderliches Verhalten sei. Im Umkehrschluss ist derjenige, der krank wird, dem subtilen Vorwurf ausgesetzt, durch sein moralisch verwerfliches Gesundheitshandeln selbst schuld an seiner Krankheit zu sein. Der Einfluss auf den Gesundheitszustand von Einkommen, Bildungsgrad, Arbeitslosigkeit oder Zugang zum Gesundheitssystem wird dagegen weitgehend ausgeblendet (KÜHN, 1999).

6 Fazit

Gesundheit ist eine soziale Konstruktion. Will man den Zusammenhang von Sport und Gesundheit aus soziologischer Perspektive erörtern, dann ist das kontextuale Verständnis von Gesundheit immer mitzudenken. Dementsprechend sind auch die Wirkungen körperlich-sportlicher Aktivität unterschiedlich zu bewerten, je nachdem, ob sie aus biomedizinischer, biopsychosozialer oder salutogenetischer Perspektive betrachtet werden. Positive Wirkungen des Sports auf die Gesundheit, gleich welchen Verständnisses, sind unbestritten. Allerdings ist Sport keine Wunderwaffe gegen Zivilisationskrankheiten oder ein Garant für ein gesundes und glückliches Leben. Solche Proklamationen ignorieren die Relevanz von sozialen Verhältnissen für die Entstehung von Krankheit und die Erhaltung von Gesundheit. Und sie befördern die primäre Verlagerung von gesundheitlicher Verantwortung auf das Individuum im Sinne eines gesellschaftlichen Healthismus. Vor diesem Hintergrund sind nüchterne und undogmatische Analysen wichtig, die sowohl positive Wirkmechanismen wissenschaftlich sauber untersuchen als auch mögliche biopsychosoziale Nebenwirkungen des Sports reflektieren.

Lernkontrollfragen

- Wie sieht die Entwicklung des Verhältnisses von Gesundheit und Krankheit aus historischer Perspektive im Überblick aus?
- Warum sind Gesundheit und Krankheit soziale Konstruktionen?
- Welche Gesundheitsdefinitionen lassen sich unterscheiden?
- Wie lässt sich das Verhältnis von Gesundheit und Krankheit beschreiben?
- In welchem Verhältnis stehen Experten- und Laienvorstellungen von Gesundheit?
- Wie stellt sich der Prozess der Etablierung des Gesundheitssports dar?
- Welche grundlegenden Ziele werden heute mit Gesundheitssport verfolgt?
- Welche unterschiedlichen Gesundheitssportbereiche lassen sich unterscheiden?
- Diskutieren Sie die Widersprüchlichkeiten im Verhältnis von Sport und Gesundheit?
- Was bedeutet »Healthismus« und welche Rolle spielt in diesem Zusammenhang der Gesundheitssport?

Literatur

ANTONOVSKY, A. (1979). *Health, stress and coping*. San Francisco: Jossey-Bass.

ANTONOVSKY, A. (1993). Gesundheitsforschung versus Krankheitsforschung. In A. FRANKE & M. BRODA (Hrsg.), *Psychosomatische Gesundheit. Versuch einer Abkehr vom Pathogenese-Konzept.* (S. 3-14). Tübingen: dgvt-Verlag.

BAR (2011). *Rahmenvereinbarung über den Rehabilitationssport und das Funktionstraining vom 1. Januar 2011.* Zugriff am 12. Dezember 2011 unter http://www.dgpr.de/fileadmin/user_upload/DGPR/Leitlinien/BAR_Rahmenvereinbarung_01-01-2011.pdf.

BAUCH, J. (2004). *Krankheit und Gesundheit als gesellschaftliche Konstruktion.* Konstanz: Hartung-Gorre.

BAUMANN, F. T. & SCHÜLE, K. (2008). *Bewegungstherapie und Sport bei Krebs.* Köln: Deutscher Ärzte-Verlag.

BAUMANN, K. & STILLER, N. (2010). *Bewegungstherapie bei internistischen Erkrankungen*. Berlin, Heidelberg: Springer.

BECKER, P. (1982). *Psychologie der seelischen Gesundheit: Theorien, Modelle, Diagnostik*. Göttingen: Hogrefe.

BECKER, P. (1992). Die Bedeutung integrativer Modelle von Gesundheit und Krankheit für die Prävention und Gesundheitsförderung. In P. PAULUS (Hrsg.), *Prävention und Gesundheitsförderung* (S. 91-108). Köln: Maternus.

BECKER, P. (2006). Gesundheit und Gesundheitsmodelle. In K. BÖS & W. BREHM (Hrsg.), *Handbuch Gesundheitssport* (S. 31-41). Schorndorf: Hofmann.

BENGEL, J. & BELZ-MERK, M. (1997). Subjektive Gesundheitsvorstellungen. In R. SCHWARZER (Hrsg.), *Gesundheitspsychologie. Ein Lehrbuch* (Band 2, S. 23-42). Göttingen: Hogrefe.

BENGEL, J., STRITTMATTER, R. & WILLMANN, H. (2001). *Was erhält Menschen gesund? ANTONOVSKYS Modell der Salutogenese – Diskussionsstand und Stellenwert; eine Expertise*. Köln: BZgA.

BREHM, W. & BÖS, K. (2006). Gesundheitssport: Ein zentrales Element der Prävention in der Gesundheitsförderung. In K. BÖS & W. BREHM (Hrsg.), *Handbuch Gesundheitssport* (S. 7-28). Schorndorf: Hofmann.

BREHM, W. & RÜTTEN, A. (2004). Chancen, Wirksamkeit und Qualität im Gesundheitssport – Wo steht die Wissenschaft? *Bewegungstherapie und Gesundheitssport, 20*, 1-7.

CACHAY, K. & THIEL, A. (1999). *Ausbildung ins Ungewisse? Beschäftigungschancen für Sportwissenschaftlerinnen und Sportwissenschaftler im Gesundheitssystem*. Aachen: Meyer & Meyer.

CACHAY, K. & THIEL, A. (2000). *Soziologie des Sports. Zur Ausdifferenzierung und Entwicklungsdynamik des Sports der modernen Gesellschaft.* Weinheim: Juventa.

DIGEL, H. (1994). Contra Gesundheitssport. Sport – hoffentlich nicht nur der Gesundheit wegen. In H. HARTMANN (Hrsg.), *Gesundheitssport unter der Lupe. Bericht zum 8. Darmstädter Sportforum* (S. 127-149). Darmstadt: Schriftreihe des Instituts für Sportwissenschaft der technischen Hochschule Darmstadt.

DOSB. (2011). *Sport und Gesundheit: Ein Strategiekonzept für den DOSB und seine Mitgliedsorganisationen.* Zugriff am 16. Januar 2012 unter http://www.dosb.de/fileadmin/fm-dosb/arbeitsfelder/Breitensport/demographischer_wandel/Bilder/SPORT_PRO_GESUNDHEIT/DOSB_Strategiekonzept_A4__2_Auflage-Internet.pdf.

FALTERMAIER, T. (2005). *Gesundheitspsychologie.* Stuttgart: Kohlhammer.

FALTERMAIER, T., KÜHNLEIN, I. & BURDA-VIERING, M. (1998a). *Gesundheit im Alltag. Laienkompetenz in Gesundheitshandeln und Gesundheitsförderung.* Weinheim: Juventa.

FALTERMAIER, T., KÜHNLEIN, I. & BURDA-VIERING, M. (1998b). Subjektive Gesundheitstheorien: Inhalt, Dynamik und ihre Bedeutung für das Gesundheitshandeln im Alltag. *Zeitschrift für Gesundheitswissenschaften, 6* (4), 309-326.

FALTERMAIER, T. & KÜHNLEIN, I. (2000). Subjektive Gesundheitskonzepte im Kontext: Dynamische Konstruktion von Gesundheit in einer qualitativen Untersuchung von Berufstätigen. *Zeitschrift für Gesundheitspsychologie, 8* (4), 137-154.

FERBER, C. v. (1989). Strukturreform des gegliederten Sozialleitungssystems als Antwort auf die demographische Entwicklung. In C. v. FERBER, H. RADEBOLD & J.-M. SCHULENBERG (Hrsg.), *Die demographische Herausforderung. Das Gesundheitssystem angesichts einer veränderten Bevölkerungsstruktur* (S. 151-188). Gerlingen: Bleicher.

FRANKE, A. (2010). *Modelle von Gesundheit und Krankheit* (2. Aufl.). Bern: Huber.

GKV-SPITZENVERBAND (2001). *Gemeinsame und einheitliche Handlungsfelder und Kriterien der Spitzenverbände der Krankenkassen zur Umsetzung von § 20 Abs. 1 und 2 SGB V vom 21. 6. 2000 in der Fassung vom 27. Juni 2001.* Berlin: GKV-Spitzenverband.

GKV-SPITZENVERBAND (2010). *Leitfaden Prävention: Handlungsfelder und Kriterien des GKV-Spitzenverbandes zur Umsetzung von §§ 20 und 20a SGB V vom 21. Juni 2000 in der Fassung vom 27. August 2010.* Zugriff am 16. Januar 2012 unter http://www.gkv-spitzenverband.de/upload/GKV_Leitfaden_Prävention_RZ_web4_2011_15702.pdf.

GÖCKENJAHN, G. (1991). Stichwort: Gesundheit. In H.-U. DEPPE (Hrsg.), *Öffentliche Gesundheit – Public Health* (S. 15-24). Frankfurt/M.: Campus.

KANNING, M. & SCHLICHT, W. (2006). Präventive Interventionen in verschiedenen Settings. In K. BÖS & W. BREHM (Hrsg.), *Handbuch Gesundheitssport* (S. 167-180). Schorndorf: Hofmann.

KINDERMANN, W., JÜNGST, B.-K., PHILIPP, H., ROSEMEYER, B., ROST, R., SCHWENKMEZGER, P. & ZIMMERMANN, E. (1993). Ein Vorschlag zur Definition des Begriffs Gesundheitssport. *Sportwissenschaft, 23*, 197-199.

KNOLL, M., BANZER, W. & BÖS, K. (2006). Aktivität und physische Gesundheit In K. BÖS & W. BREHM (Hrsg.), *Handbuch Gesundheitssport* (S. 82-102). Schorndorf: Hofmann.

KRÜGER, M. (2006). Entstehung und Entwicklung von Gesundheitskonzepten im Sport. In K. BÖS & W. BREHM (Hrsg.), *Handbuch Gesundheitssport* (S. 42-57). Schorndorf: Hofmann.

KUHLBACH, K. (2008). Rehabilitationssport in Deutschland, der Schweiz und Österreich. In F. T. BAUMANN & K. SCHÜLE (Hrsg.), *Bewegungstherapie und Sport bei Krebs* (S. 227-244). Köln: Deutscher Ärzte-Verlag.

KÜHN, H. (1999). Eine neue Gesundheitsmoral? Anmerkungen zur lebensstilbezogenen Prävention und Gesundheitsförderung. In W. SCHLICHT & H. H. DICKHUTH (Hrsg.), *Gesundheit für alle? Fiktion oder Realität?* (S. 205-224). Schorndorf: Hofmann.

LANGENFELD, H. (2003). Gymnastik, antike. In P. RÖTHIG (Hrsg.), *Sportwissenschaftliches Lexikon* (7. Aufl., S. 238-241). Schorndorf: Hofmann.

MÖCK, W. (2011). *Rehasport. Verstehen, Umsetzen, erfolgreich sein*. Schwentinental: Buchner.

MYRTEK, M. (1998). *Gesunde Kranke – kranke Gesunde*. Bern: Huber.

OPPER, E. (1998). *Sport – Ein Instrument zur Gesundheitsförderung für alle? Eine empirische Untersuchung zum Zusammenhang von sportlicher Aktivität, sozialer Lage und Gesundheit.* Aachen: Meyer & Meyer.

PARSONS, T. (1967). Definition von Gesundheit und Krankheit im Lichte der Wertbegriffe und der sozialen Struktur Amerikas. In A. MITSCHERLICH, T. BROCHER, O. VON MERING & K. HORN (Hrsg.), *Der Kranke in der modernen Gesellschaft* (S. 57-87). Köln: Kiepenheuer & Witsch.

RIEDER, H., HUBER, G. & WERLE, J. (1996). *Sport mit Sondergruppen: Ein Handbuch.* Schorndorf: Hofmann.

SCHIERLE, O. (1997). *Wie sieht die Zukunft des Gesundheitssports aus?* (Unveröff. Vortrag, STB-Zukunftskongress). Stuttgart.

SCHLICHT, W. & BRAND, R. (2007). *Körperliche Aktivität, Sport und Gesundheit. Eine interdisziplinäre Einführung*. Weinheim: Juventa.

SCHÜLE, K. & HUBER, G. (2000). *Grundlagen der Sporttherapie: Prävention, ambulante und stationäre Rehabilitation*. München: Urban & Fischer.

SCHUMACHER, J. & BRÄHLER, E. (2004). Bezugssysteme von Gesundheit und Krankheit. In B. STRAUSS (Hrsg.), *Lehrbuch medizinische Psychologie und medizinische Soziologie* (S. 15-40). Göttingen: Hogrefe.

SYGUSCH, R. (2000). *Sportliche Aktivität und subjektive Gesundheitskonzepte. Eine Studie zum Erleben von Körper und Gesundheit bei jugendlichen Sportlern*. Schorndorf: Hofmann.

THIEL, A. & CACHAY, K. (2004). *Vom Sportstudium zum Beruf.* Hohengehren: Schneider.

THIEL, A. & ZIPFEL, S. (2007). Gesundheitskonzepte und der Umgang mit Krankheit und Beschwerden – Health concepts and coping with disease and symptoms. *Psychother. Psych. Med., 57*, 193-194.

THIEL, A., MAYER, J. & DIGEL, H. (2010). *Gesundheit im Spitzensport.* Schorndorf: Hofmann.

TIEMANN, M. & WANEK, V. (2006). Rechtliche Grundlagen für Gesundheitssport in der Gesetzlichen Krankenversicherung. In W. BREHM & K. BÖS (Hrsg.), *Handbuch Gesundheitssport* (S. 145-153). Schorndorf: Hofmann.

WADDINGTON, I. (2000a). *Sport, health and drugs. A critical sociological perspective.* London, New York: E & FN Spon.

WADDINGTON, I. (2000b). Sport and health: A sociological perspective. In J. COAKLEY & E. DUNNING (Eds.), *Handbook of sports studies* (pp. 408-422). London: Sage.

WALLER, H. (1995). *Gesundheitswissenschaft: Eine Einführung in Grundlagen und Praxis*. Stuttgart: Kohlhammer.

WALLER, H. (2006). *Gesundheitswissenschaft. Eine Einführung in Grundlagen und Praxis* (4. Aufl.). Stuttgart: Kohlhammer.

WARBURTON, D. E. R., MCKENZIE, D. C., HAYKOWSKY, M. J., TAYLOR, A., SHOEMAKER, P., IGNASZEWSKI, A. P. & CHAN, S. Y. (2005). Effectiveness of high-intensity interval training for the rehabilitation of patients with coronary artery disease. *The American Journal of Cardiology, 95* (9), 1080-1084.

WOLL, A. & BÖS, K. (2004). Wirkungen von Gesundheitssport. *Bewegungstherapie und Gesundheitssport, 20*, 1-10.

Lektion 5

Spitzensport

1 Einleitung

Der Spitzensport stellt einen gesellschaftlichen Teilbereich dar, der in den letzten Jahren eine enorme Entwicklungsdynamik aufzuweisen hat – und zwar nicht nur im Hinblick auf die sportlichen Leistungen der Athleten oder Mannschaften, sondern auch mit Blick auf Prozesse der Kommerzialisierung, Globalisierung und Technologisierung. Im Zuge der Sportberichterstattung über Wettkämpfe, Spiele, Rennen und Turniere gerät in regelmäßigen Abständen auch immer wieder die Dopingproblematik in den Fokus der Öffentlichkeit. Dopingskandale wie der Fall des Sprinters Ben Johnson bei den Olympischen Spielen 1988, die Aufdeckung von flächendeckendem Doping bei der Tour de France 1999 oder die identifizierten Dopingnetzwerke um den spanischen Arzt Fuentes oder die kalifornische Firma Balco stehen exemplarisch für dieses Phänomen. Zudem gibt es zahlreiche Hinweise auf einen riskanten Umgang mit der Gesundheit der Athleten, der sich in hohen Verletzungsraten, physischen und psychischen Überlastungen oder chronischen Beschwerdebildern äußert. Um das Handeln von Athleten, Trainern, Managern, Funktionären und Betreuern zu verstehen und um die Bedeutung des Spitzensports für andere gesellschaftliche Teilbereiche wie der Wirtschaft oder der Medien nachvollziehen zu können, ist zunächst nach den grundlegenden Merkmalen des Spitzensports zu fragen. Darauf aufbauend, stellt sich die Frage nach Struktureffekten, die zur Verbreitung des Dopings beitragen und für einen riskanten Umgang mit der Gesundheit im Spitzensport verantwortlich sind.

Folgende Aspekte werden im Verlauf der Lektion behandelt:

- Siegescode und Handlungslogik des Spitzensports
- Sportartspezifische und sportartübergreifende Regeln
- Mitgliedschaftserwartungen in Spitzensportorganisationen
- Erwartungen relevanter Bezugssysteme
- Doping als deviantes Verhalten
- Strukturelle Bedingungen des Dopings
- Umgang mit Gesundheit und die Kultur des Risikos
- Rolle des medizinischen Personals im Spitzensport

2 Merkmale des Spitzensports

Bei einer Bestimmung der grundlegenden Merkmale des Spitzensports ist zunächst auf die zentrale Handlungslogik einzugehen, die sich in hohem Maße auf das systemspezifische Handeln der zentralen Akteure wie Athleten, Trainer, Manager, Funktionäre oder Betreuer auswirkt (vgl. ausführlich CACHAY & THIEL, 2000).

2.1 Siegescode und Handlungslogik des Spitzensports

Im Spitzensport wird das Handeln der Akteure maßgeblich durch das Streben nach sportlichem Erfolg bestimmt, der durch die Erbringung von körperlichen Leistungen im Wettkampf erzielt werden kann (STICHWEH, 1990). Der Sieg in einem sportlichen Wettkampf stellt hierbei das höchste Ziel dar. Aus systemtheoretischer Perspektive lässt sich der Spitzensport daher als ein gesellschaftlicher Teilbereich auffassen, der durch die binäre Codierung Sieg/Niederlage gekennzeichnet ist (SCHIMANK, 1988). Durch diese Codierung grenzt sich der Spitzensport von anderen gesellschaftlichen Teilsystemen, wie beispielsweise dem Wirtschafts-, Medizin- oder Bildungssystem, ab. Über Sieg oder Niederlage entscheidet im Spitzensport nur die sportliche Handlung im Wettkampf, entsprechend sind während des Leistungsvergleichs außersportliche Aspekte, wie beispielsweise Nationalität, soziale Stellung oder die Anzahl der Sponsoren, irrelevant. Siege und Niederlagen stellen laut BETTE und SCHIMANK (1995, S. 28) die »evaluativen Fixpunkte« des Handelns dar. Alles, inklusive der Trainings- und Regenerationsmaßnahmen, dreht sich um die Steigerung oder Erhaltung der sportlichen Leistungsfähigkeit von Athleten oder Mannschaften. Athleten müssen ihre Leistungsfähigkeit stets aufs Neue unter Beweis stellen und bereits erzielte Resultate immer wieder bestätigen. Gleichzeitig erhalten sie so aber auch immer wieder die Chance, beim nächsten Leistungsvergleich besser abzuschneiden (Cachay & Thiel, 2000). Trainer, Betreuer, Ärzte und Funktionäre sind wiederum in höchstem Maße vom sportlichen Erfolg der Athleten abhängig, da auch sie an der Handlungslogik des Spitzensports gemessen werden (Borggrefe, Thiel & Cachay, 2006).

Mit den Besonderheiten des Spitzensportsystems haben sich u. a. die Sportsoziologen Helmut Digel, Karl-Heinrich Bette, Klaus Cachay und Ansgar Thiel, aber auch die allgemeinen Soziologen Uwe Schimank und Rudolf Stichweh auseinandergesetzt. Bei Bette (1999), Cachay und Thiel (2000), Schimank (1988) oder bei Stichweh (1990) werden, ausgehend von der soziologischen Systemtheorie Niklas Luhmanns, Strukturen und Prozesse des sozialen Systems Spitzensport ausführlich diskutiert. Eine Konkretisierung dieses Zugangs unter Fokussierung von Konflikten in Sportspielmannschaften des Spitzensports nimmt Thiel (2002) vor. Die spitzensportliche Handlungslogik und deren Auswirkungen auf das Trainerhandeln werden ausführlich in den Analysen zur Sozialkompetenz von Trainern im Spitzensport von Borggrefe, Thiel und Cachay (2006) sowie Borggrefe (2008) thematisiert. Zum Berufsfeld von Trainern im Spitzensport siehe die Arbeit von Digel, Thiel, Schreiner und Waigel (2010).

Betrachtet man die konkrete Organisation des Wettkampfs, dann sind erstens sportartspezifische und sportartübergreifende Regeln, zweitens Mitgliedschaftserwartungen der Spitzensportorganisationen und drittens Erwartungen der Umweltsysteme, wie Wirtschaft, Medien und Politik, von Relevanz (Cachay & Thiel, 2000).

2.2 Regeln des Spitzensports

Für den Sportsoziologen Helmut Digel (1982) sind es insbesondere die Regeln, die den Sport konstituieren und ihn von anderen Handlungssystemen abgrenzen. Denn durch Regeln wird das Handeln im Spitzensport eingeschränkt und in gewünschte Bahnen gelenkt, sodass dieses von einem Beobachter als spitzensportliches Handeln identifizierbar wird. Sportartspezifische und sportartübergreifende Regeln erfüllen grundsätzlich drei wichtige Funktionen (Bette & Schimank, 1995, S. 34): Erstens machen sie das Wettkampfgeschehen transparent, zweitens sichern sie formale Chancengleichheit aller Athleten und drittens garantieren sie die prinzipielle Offenheit des Ausgangs sportlicher Wettkämpfe.

Wenn Frauen in der Leichtathletik gegen Männer antreten müssten oder wenn nur noch gedopte Athleten eine Goldmedaille gewinnen könnten, dann wäre dies nicht nur ungerecht, sondern es würde auch gegen das sportliche Ethos der Chancengleichheit verstoßen und das Spannungsmoment des sportlichen Wettkampfs zerstören (Borggrefe, Thiel & Cachay, 2006).

Sportartspezifische Regeln des Spitzensports

Die Funktion sportartspezifischer Regeln liegt in der Festlegung, unter welchen zeitlichen, räumlichen und sachlichen Bedingungen der sportliche Leistungsvergleich in einer Sportart stattfindet. Dieses Regelwerk wird von den internationalen und nationalen Spitzenfachverbänden verwaltet, weiterentwickelt und durchgesetzt. Sportartspezifische Regeln sind prinzipiell »reversibel« (Stichweh, 1990, S. 386). Durch Regeländerungen lässt sich die Art und Weise der Leistungsbewertung verändern, beispielsweise indem eine neue Gewichtsklasse oder ein neues Bewertungssystem für Kampfrichter eingeführt wird.

Als »evaluative Spezifizierungen des Siegescodes« (Cachay & Thiel, 2000, S. 137) geben Regeln vor, unter welchen Bedingungen ein Athlet oder eine Mannschaft zum Sieger erklärt und wie die weitere Rangliste erstellt wird. In Abhängigkeit von der Sportart kann dies ganz unterschiedlich geschehen, entweder durch die Messung von Zeiten, Weiten oder des Gewichts unter Rückgriff auf das cgs-System (Zentimeter, Gramm, Sekunde), durch die Messung der von einer Mannschaft erzielten Tore oder durch die Vergabe von Punkten für bestimmte sportliche Leistungen, wie beispielsweise beim Gerätturnen. Dabei muss die Siegesdimension nicht nur auf einen einzelnen Wettkampf begrenzt bleiben. Damit der Code Sieg/Niederlage praktisch nicht nur auf einen Gewinner und einen Verlierer begrenzt bleibt, werden Feinabstufungen und Differenzierungen von Leistungsbewertungen vorgenommen (Schimank, 1988). Eine solche Gradualisierung der spitzensportlichen Handlungslogik erfolgt zunächst durch die Ausweisung von verschiedenen Leistungsniveaus, wie Olympische Spiele, Weltmeisterschaften, Europameisterschaften, nationale Meisterschaften und regionale Meisterschaften, aber auch durch die Einführung von Turnieren, Sportligen oder Weltmeisterschaftsserien, bei denen auf Basis mehrerer Wettkämpfe oder Spiele am Ende ein Gesamtsieger ermittelt wird (Cachay & Thiel, 2000). Durch die Einführung von Sonderwertungen in manchen Sportarten, wie beispielsweise durch Spezialwertungen, wie dem besten Sprinter, Bergfahrer oder Jungprofi bei der Tour de France, dem besten Spieler eines Turniers oder dem Torschützenkönig der Saison, lassen sich zudem weitere Feinabstimmungen des Siegescodes erzielen. Schließlich lassen sich auch erzielte Rekorde oder das

Erreichen von Qualifikationsnormen für höherrangige Wettbewerbe als Siege verbuchen.

Sportartspezifische Regeln sollen über die Vorgabe, wie Sieger und Verlierer ermittelt werden, hinaus v. a. sicherstellen, dass die sportlichen Leistungsvergleiche nach vergleichbaren Bedingungen ablaufen (Cachay, 1978). Sportartspezifische Regeln sind für alle Beteiligten verbindlich und ermöglichen so prinzipiell gleiche Ausgangsbedingungen im Wettkampf. Unter Wettkampfbedingungen dürfen beispielsweise beim Hallenhandball nur maximal sechs Feldspieler und ein Torwart auf dem Platz stehen, gleichgültig, wie reich, berühmt oder beliebt die Spieler einer Mannschaft sind. Und die Mannschaft, die am Ende mehr Tore erzielt, ist der Sieger, unabhängig davon, ob es sich dabei um den bereits mehrmaligen Weltmeister, den finanzstärksten Verein oder um einen Außenseiter handelt.

Die sportartspezifischen Regeln sollen auch garantieren, dass Leistungsvergleiche an verschiedenen Orten zu verschiedenen Zeiten von verschiedenen Personen zu annähernd vergleichbaren Bedingungen wiederholt werden können. So muss ein 100-m-Lauf entsprechend exakt 100 m lang sein, die Zeit muss elektronisch gemessen werden und der Startvorgang muss stets nach derselben Routine ablaufen, unabhängig davon, wo und wann der Wettkampf stattfindet. Zudem legen die im Regelwerk angelegten kategorischen Unterscheidungen von Wettkämpfen in Abhängigkeit von Leistung, Geschlecht oder Alter fest, wer gegen wen in welchem Wettkampf antritt.

Indem Regeln deutlich machen, welche Handlungen im sportlichen Wettkampf erlaubt und verboten sind, werden Leistungsvergleiche erst nachvollziehbar. Für die beteiligten Akteure, also für die Athleten, Trainer und Zuschauer, reduzieren sportartspezifische Regeln somit Komplexität. Sportartspezifische Regeln haben also eine »handlungsselektierende« und »handlungsdifferenzierende« Funktion (Cachay, 1978, S. 133). In ihrer handlungsselektierenden Funktion legen sie detailbezogen fest, welche Handlungen im Wettstreit um Sieg oder Niederlage erlaubt sind. Durch die handlungsdifferenzierende Funktion von Regeln werden hingegen innerhalb des vorgegebenen Handlungsspielraums differenzierte Formen des sportlichen Handelns ermöglicht. Zum Beispiel ist der grundlegende Ablauf bei einem Freistoß ganz klar geregelt. Mit welcher Technik der Schütze den Ball spielt und welches Ziel dieser anvisiert, wird jedoch offengelassen. In ihrer handlungsdifferenzierenden Funktion ermöglichen Regeln somit ein gewisses »Raffinement des Handelns« (Cachay, 1978, S. 130) der Beteiligten bei gleichzeitiger Sicherung der Wiederholbarkeit der sportlichen Handlung.

Sportartspezifische Regeln setzen also den Rahmen für Leistungsvergleiche im Wettkampf und kennzeichnen eine Sportart über die Definition der zulässigen und nicht zulässigen Handlungen. In den Regelwerken sind zur Sicherung von Verhaltenskonformität, also zur Sicherstellung einer Einhaltung sportlicher Regeln, wiederum ganz spezifische Regelungen eingebaut, die darüber Auskunft geben, mit welchen Sanktionen bei einem definierten Fehlverhalten gerechnet werden muss (Cachay & Thiel, 2000). Grundsätzlich werden Regelverstöße nach dem Gleichheitsprinzip geahndet, d.h., alle Beteiligten haben beim gleichen Regelverstoß mit vorab definierten Sanktionen zu rechnen (Borggrefe, Thiel & Cachay, 2006). Während in den Regelwerken der jeweiligen Sportarten prinzipiell gleiche Ausgangsbedingungen und gleiche Siegchancen für jeden teilnehmenden Akteur eingeschrieben sind, gibt es darüber hinaus sportartübergreifende Regeln, die festlegen, welche allgemeinen Mittel zur Erbringung sportlicher Leistungen eingesetzt werden dürfen.

Sportartübergreifende Regeln und allgemeine Werte und Normen des Spitzensports

Mit der Ausweisung von Regelsystemen gehen immer auch bestimmte Grauzonen einher, also solche Handlungsbereiche, die nicht eindeutig geregelt sind oder die sich gar nicht eindeutig regeln oder sanktionieren lassen. Um die Grauzonen sportartspezifischer Regeln steuernd zu beeinflussen, gibt es die sogenannte »Binnenmoral des Sports« (Schimank, 1988, S. 189), die den Siegescode normativ dahingehend begrenzen soll, dass Siege ausschließlich mit fairen Mitteln errungen werden. Auf einer ethisch-moralischen Ebene ist hier insbesondere das Fair-Play-Prinzip bedeutsam, das als »normative Spezifizierung des Siegescodes« (Cachay & Thiel, 2000, S. 139) immer dann zur Anwendung kommen soll, wenn die formale Regel nicht ausreicht, um Gleichbehandlung zu sichern oder wenn die Regelauslegung als falsch erkannt wird. Die Umsetzung dieses Prinzips ist allerdings deutlich schwieriger als eine regelbasierte Sanktionierung. Um faires Miteinander der Konkurrenten zu fördern, wird beispielsweise auf die Unterzeichnung von Ehrenkodexerklärungen, die Vergabe von Fair-Play-Preisen oder Werbekampagnen zur Fairness im Sport zurückgegriffen (Borggrefe, Thiel & Cachay, 2006, S. 36). Ein wichtiges übergeordnetes Regelwerk stellt in diesem Zusammenhang die Olympische Charta dar, in welcher die grundlegenden Werte und Normen wie Gerechtigkeit, Chancengleichheit oder Fairness des olympischen Spitzensports verschriftlicht sind. Ergänzt wird dies durch die explizite Nennung der allgemeinen Werte und Normen des Sports in den Regelwerken der jeweiligen Sportarten.

Eine spezifische Form sportartübergreifender Regeln stellen die Anti-Doping-Bestimmungen der Welt Anti-Doping Agentur (WADA) dar. Mithilfe dieser Bestimmungen wird versucht, einen möglichen Wildwuchs des im Siegescode strukturell angelegten Strebens nach grenzenloser Leistungsmaximierung einzudämmen. Denn nicht alle Maßnahmen, die zur Erhöhung der sportlichen Leistungsfähigkeit und der Siegchancen im Wettkampf prinzipiell möglich oder nützlich sind, lassen sich mit dem Prinzip der Chancengleichheit vereinbaren. Um diese Regelungen durchzusetzen, versuchen Spitzensportorganisationen mehr oder weniger erfolgreich, im Falle der aufgedeckten Regelverletzung Sanktionen, wie Suspendierungen oder Wettkampfsperren, durchzusetzen.

Zu den sportartübergreifenden Regeln sind auch spitzensportspezifische Werte zu rechnen, die den Athleten vom sportlichen und außersportlichen Umfeld im Rahmen von Sozialisationsprozessen vermittelt werden. So werden Athleten beispielsweise ständig mit Erwartungen der sogenannten »Sports Ethic« (Hughes & Coakley, 1991, S. 308) konfrontiert, über die definiert wird, was es bedeutet, ein »real athlete« zu sein. Die meisten Menschen, die mit Spitzensport zu tun haben, wie Journalisten, Fans, Funktionäre, Sponsoren, Kommentatoren, Trainer und Athleten, gehen stillschweigend davon aus, dass man sich als Spitzenathlet Ziele setzen muss und durchzuhalten hat, bis die Ziele erreicht sind. Darüber hinaus muss man dazu bereit sein, für den sportlichen Erfolg Opfer zu bringen und auf viele Dinge zu verzichten. Die Vermittlung dieser Wertvorstellungen wirkt oft so nachhaltig, dass es zu einem sogenannten positiv devianten Verhalten, also z. B. zur Teilnahme an Wettkämpfen trotz einer Verletzung bei Inkaufnahme langfristiger Gesundheitsschäden oder zur Vernachlässigung der Berufsausbildung zugunsten des Spitzensports, kommt.

Über Regeln hinaus wird das Handeln der am Spitzensport beteiligten Akteure durch Erwartungen geprägt, die sich aus der Mitgliedschaft in Organisationen des Spitzensports ergeben.

2.3 Mitgliedschaftserwartungen in Spitzensportorganisationen

In typischen Organisationsformen des Spitzensports, wie beispielsweise Sportspielmannschaften, nationalen Auswahlteams, Vereinsmannschaften, Profiteams oder formalisierten Trainingsgruppen, wird das konkrete Handeln der Mitglieder durch typische Verhaltenserwartungen vorstrukturiert (vgl. Thiel, 2002). Neben der Erwartung, sportliche Leistung zu erbringen, sind hier zum einen die an Stellen- und Rolleninhaber geknüpften formalen und informalen Erwartungen sowie Erwartungen, die aus der jeweiligen Organisationskultur resultieren, zu nennen.

Erwartungen an Stellen- und Rolleninhaber

Von Athleten wird vonseiten der Spitzensportorganisation erwartet, dass sie alles tun, um ihre sportliche Leistungsfähigkeit zu steigern, zu erhalten oder wiederherzustellen sowie sie in Wettkämpfen unter Beweis zu stellen. Hierzu gehört auch, dass die Athleten sich in den Dienst der Mannschaft stellen. Mit der Mitgliedschaft in einer Mannschaft und/oder in einem Verein geht für Athleten nicht nur die Erwartung einher, im Wettkampf die bestmögliche Leistung zu bringen und an Trainingseinheiten oder -lehrgängen teilzunehmen, sondern z. B. auch vereinsinterne Hierarchien zu beachten, vertragliche Regularien zu berücksichtigen, vorgeschriebene Untersuchungen durchführen zu lassen oder sich für Autogrammstunden zur Verfügung zu stellen.

Trainer haben wiederum die Trainingseinheiten zu gestalten, Regenerationsprozesse zu gewährleisten, den Athleten oder die Mannschaft auf einen Wettkampf einzustimmen und die Leistungsentwicklung zu evaluieren. Betrachtet man das Hierarchiegefüge einer Sportspielmannschaft oder einer nationalen Auswahlmannschaft, dann sind Trainer den Athleten formal übergeordnet. Trainer nominieren Athleten für Wettkämpfe, stellen Mannschaften auf und bestimmen die taktische Ausrichtung im Wettkampf. Neben dem Trainerstab gibt es das erweiterte Unterstützungsumfeld aus medizinischem, psychologischem und sportwissenschaftlichem Personal, das sich um Erhalt, Wiederherstellung und ggf. Steigerung der Leistungsvoraussetzungen der Athleten kümmern soll. Darüber hinaus gibt es Vereins- und Verbandsfunktionäre oder Manager, von denen erwartet wird, dass diese sich um die organisatorischen Rahmenbedingungen kümmern und dass sie die Steuerung der finanziellen Ressourcen übernehmen (vgl. Cachay & Thiel, 1998). Nicht alle diese Stellen gibt es auch in jeder Spitzensportorganisation. Vielmehr hängen Art und Ausprägung der Stellenstruktur von der jeweiligen Sportart, ihrem Professionalisierungsgrad und der jeweiligen Trägerorganisation ab, d. h., ob es sich um vereinsgebundene, verbandsgebundene oder vereins-/verbandsunabhängige Spitzensportorganisationen handelt (Borggrefe, Thiel & Cachay, 2006).

Die Leitorientierungen für die Tätigkeit der einzelnen Stelleninhaber können sich durchaus unterscheiden, auch wenn die Logik der Gesamtorganisation eindeutig auf den sportlichen Sieg ausgerichtet ist. Zum Beispiel hat der Manager eines Profisportclubs stets auch den ökonomischen Erfolg im Auge zu behalten und die betreuenden Teamärzte dürfen die Handlungslogik des Medizinsystems, bei der das Heilen im Vordergrund steht, nicht außer Acht lassen. Da diese Leitorientierungen nicht immer mit dem Siegescode vereinbar sein müssen, sind soziale Konflikte vorprogrammiert, z. B. wenn der Trainer finanzielle Ressourcen für eine Ausweitung der Regenerationsmaßnahmen beansprucht, der Manager diese aus wirtschaftlicher Sicht aber nicht gewähren kann (THIEL, 2002).

Verhaltenserwartungen ergeben sich in Organisationseinheiten des Spitzensports auch aus internen Rollendifferenzierungen, die der Aufgabenverteilung unter den Athleten oder Trainern dienen. Dies ist v.a. in den Mannschaftssportarten zu beobachten. Bei den Spielern lassen sich beispielsweise drei auf taktischen Konzeptionen basierende Funktionsrollen unterscheiden (THIEL, 2002). Unter die Rolle mit strategischer Leitungsfunktion fallen klassische Spielmacherpositionen, wie z. B. die Rückraum-Mitte-Position im Handball oder der Aufbauspieler im Basketball. Bei Rollen mit taktischer Funktion steht die Umsetzung der jeweiligen Taktik in Offensive und Defensive im Mittelpunkt. Von einem Kreisläufer im Handball wird z. B. erwartet, dass er Sperren für die Rückraumspieler stellt. Rollen mit operativer Funktion sind v.a. mit Aufgaben in der Offensive betraut. Von diesen Positionen, wie zum Beispiel dem Stürmer im Fußball, wird das Erzielen möglichst vieler Tore erwartet.

Eine solche durch taktische Überlegungen determinierte Rollendifferenzierung lässt sich in abgeschwächter Form auch in koagierenden Wettkampfgruppen finden. Zum Beispiel sind in Rudermannschaften Positionen wie die des Steuermanns und des Schlagmanns ausdifferenziert, zudem wird die Anordnung der Ruderer auf den Bootspositionen so gestaltet, dass die Mannschaft am besten harmoniert. Mit einer solchen Rollendifferenzierung geht eine unterschiedliche Verteilung der Sanktionsmedien Herrschaft, Macht, Verantwortung und Prestige einher (CACHAY, 1978). So haben Rollen mit strategischer Leitungsfunktion ein gewisses Herrschaftspotenzial durch die Weisungsbefugnis gegenüber anderen Positionen, was insbesondere beim Einleiten von Spielzügen deutlich wird. Damit verbunden ist auch die Möglichkeit einer Bewertung und Kontrolle der Tätigkeit anderer Spieler, indem Abspiele verweigert werden oder Spieler taktisch zurechtgewiesen werden.

Darüber hinaus gibt es weitere Verhaltenserwartungen, die aus Rollendifferenzierungen, wie z. B. in Stammspieler und Ersatzspieler, resultieren oder die sich in Individualsportarten aus vorgesehenen Ersatzleuten ergeben. Im Gegensatz zu den relativ fest vorgegebenen taktischen Rollen erfolgen diese Rollenzuweisungen in Abhängigkeit des aktuellen Leistungsniveaus jedoch sehr flexibel.

Organisationskultur als informelles Erwartungsbündel
Neben den offiziellen Regeln des Sports und der Sportarten, den Leitorientierungen der Spitzensportorganisation sowie den Stellen- und Rollenerwartungen gibt es noch eine ganze Reihe weiterer Verhaltenserwartungen, die auf einer informellen Ebene anzusiedeln sind und sich aus der sogenannten *Organisationskultur* ergeben. Gemeint sind damit »Wert- und Denkmuster, einschließlich der sie vermittelnden Symbolsysteme, wie sie im Zuge menschlicher Interaktion entstanden sind« (Schreyögg, 2003, S. 449). Organisationskulturen werden im jeweiligen System somit »als Selbstverständlichkeiten angesehen, die jeder versteht und akzeptiert, der mit dem System erfahren und vertraut ist« (Luhmann, 2000, S. 145).

Im Grunde geht es dabei um sozial geteilte Erwartungen, die vonseiten der Organisation nicht explizit reguliert werden und die sich eher zufällig und unreflektiert aus der Interaktions- und Organisationsgeschichte ergeben haben. Wenn in einer Handballmannschaft stillschweigend erwartet wird, dass über leichte Schmerzen nicht geredet wird oder bei Bagatellverletzungen unter dem Einsatz von Schmerzmitteln trotzdem gespielt wird, dann verweist dies auf eine ganz spezifische Kultur des Umgangs mit körperlichen Beschwerden in dieser Organisation (Mayer, 2010).

2.4 Erwartungen relevanter Bezugssysteme

Für spitzensportliches Handeln sind über die genannten Verhaltenserwartungen hinaus die Erwartungen relevanter Bezugssysteme von besonderer Bedeutung. Zu den Erwartungen relevanter Bezugssysteme zählen persönliche Erwartungen von Stellen- und Rolleninhabern, die über die eigentlichen Rollenerwartungen hinausgehen, aber auch die Leistungserwartungen der relevanten gesellschaftlichen Bezugssysteme Wirtschaft, Medien und Politik sind genauer zu betrachten.

Persönliche Erwartungen von Stellen- und Rolleninhabern am Beispiel der Athleten
Dass persönliche Erwartungen von Organisationsmitgliedern als Erwartungen relevanter Bezugssysteme angesehen werden, liegt daran, dass Personen, die an Kommunikationszusammenhängen sozialer Systeme teilhaben, immer mehr sind, als die organisationalen Rollen, die sie einnehmen. So ist ein Spitzensport-

ler nicht nur Athlet, sondern in anderen sozialen Kontexten gleichzeitig auch beispielsweise Freund, Ehepartner, Kind, Kunde, Patient oder Student. Die sich aus diesen nicht-sportlichen Rollen ergebenden persönlichen Erwartungen (wie z. B. monetäre Erwartungen, die Erwartung medialer Bekanntheit, Prestige, sozialer Anerkennung, beruflicher Absicherung nach der spitzensportlichen Karriere oder der langfristige Erhalt der eigenen Gesundheit) sind nicht zwangsläufig mit den systemspezifischen Erwartungen der Spitzensportorganisation vereinbar und können sich gegebenenfalls förderlich, aber auch hinderlich auf die sportliche Leistung auswirken (Thiel, 2002).

Erwartungen von gesellschaftlichen Bezugssystemen
Obwohl der Spitzensport ein eigenständiges gesellschaftliches Teilsystem darstellt, ist dieser auf die Zuführung von Ressourcen angewiesen. So kostet die Produktion von sportlichen Höchstleistungen sehr viel Geld, und dieses Geld erhalten Spitzensportorganisationen v. a. von der Politik, der Wirtschaft und den Massenmedien. Diese Zuwendungen erfolgen meist auf der Grundlage von Gegenleistungserwartungen an die Spitzensportorganisationen bzw. die Athleten selbst (Heinemann, 1995).

Für die Massenmedien, die Wirtschaft und die Politik ist der Spitzensport deshalb so interessant, weil er (aufgrund der Schaffung von Spannung, Emotionen und Identifikationsmöglichkeiten) ein enorm großes Publikumsinteresse auslöst (Bette & Schimank, 1995). Die Möglichkeit, mit Spitzensport viele Menschen zu erreichen, wird vonseiten der Massenmedien, Wirtschaft und Politik dabei in systemspezifischer Art und Weise genutzt. Für die Massenmedien stellt die Spitzensportberichterstattung mittlerweile ein zentrales Marktsegment dar. Die Massenmedien erwarten vom Spitzensport möglichst attraktive und spannende sportliche Wettkämpfe sowie eine darüber hinausgehende Darstellung nicht-sportbezogener, persönlicher Aspekte der Protagonisten. So haben sich insbesondere Athleten und Trainer als zentrale Akteure des Spitzensports zusätzlich für Interviews und Reportagen zur Verfügung zu stellen und müssen stets damit rechnen, dass nach Geschichten mit einer hohen medialen Aufmerksamkeit gefahndet wird (Thiel, 2002). Zudem werden an die Sportorganisationen Erwartungen hinsichtlich einer medientauglichen Aufbereitung von Sportereignissen gestellt, was mit Regeländerungen einhergehen kann und so mitunter zu Veränderungen der Sportart führen kann.

Für die Wirtschaft stellen erfolgreiche Spitzenathleten und Spitzenmannschaften ideale Werbepartner dar, weil sie gesellschaftlich positiv belegte Werte, wie z.

B. körperliche Leistungsfähigkeit, vermitteln und sich für die Erreichung großer Zielgruppen eignen. Spitzensportliche Ereignisse, die im Fernsehen präsentiert werden, zeichnen sich zudem durch eine gute Sichtbarkeit und hohe Einschaltquoten aus. Im Gegenzug für finanzielle oder materielle Unterstützung erwarten die Sponsoren z. B. eine vertraglich festgelegte Präsentation des Unternehmens auf dem Trikot oder auf einer Bande, das Recht, mit einer Mannschaft oder einem Athleten die eigenen Produkte zu bewerben oder als Titelsponsor einer Sportveranstaltung aufzutreten (Bette & Schimank, 1995; Cachay & Thiel, 2000). Erwartet (und oftmals auch vertraglich festgelegt) wird ein mit dem Selbstverständnis und der Außendarstellung des Unternehmens konformes Verhalten der Athleten und Trainer. Ein rufschädigendes Verhalten kann zur Beendigung der Sponsoringpartnerschaft führen.

Auch zwischen dem Spitzensport und dem Staat als Vertreter des politischen Systems bestehen intensive Austauschbeziehungen (Digel, 1997). So ist der Spitzensport in erheblichem Maße abhängig von den Leistungen, die der Staat nach dem Subsidiaritätsprinzip in Form von Geld, Sportstätten, der Unterhaltung von Fördereinrichtungen und Personal zur Verfügung stellt. Die Spitzensportförderung des Bundesinnenministeriums belief sich z. B. im Haushaltsjahr 2009 auf eine Summe von 148,767 Millionen Euro (Deutscher Bundestag, 2010). Wie hoch die staatlichen Zuwendungen jeweils sind, hängt dabei vom politischen Stellenwert ab, den die Gesellschaft dem Spitzensport aktuell beimisst (vgl. Bette & Neidhardt, 1985), also davon, wie sehr Staat und Politik von gesellschaftlichen Leistungen des Spitzensports profitieren können. Vom Spitzensport wird erwartet, dass er das Bedürfnis breiter Bevölkerungsschichten nach Unterhaltung und Identifikation befriedigt, dass er gesellschaftlich positiv belegte Werte und Normen, wie z. B. das Fair Play, vermittelt, dass er Menschen trotz unterschiedlicher Religionen und Kulturen vereint oder dass er den Athleten die Möglichkeit zur intensiven Selbsterfahrung und zur Entfaltung ihrer spezifischen Begabung gibt. Insbesondere aber wird die positive Außendarstellung des Landes einerseits und eine nationale Identitätsstiftung andererseits erwartet. Die Athleten sollen also im internationalen Vergleich erfolgreich sein und dabei das Land sowohl nach innen als auch nach außen angemessen repräsentieren (Bette & Schimank, 1995).

3 Struktureffekte des Spitzensports

Die Strukturen des Spitzensports erzeugen Folgewirkungen, die sowohl für seine gesellschaftliche Stellung als auch für das Wohl der Beteiligten bedrohlich sein können. Insbesondere die Phänomene *Doping* und *Umgang mit Gesundheit* eignen sich in besonderer Weise, um solche Struktureffekte des Spitzensports zu veranschaulichen.

3.1 Doping

Doping, als Versuch, die sportliche Leistung von Athleten durch verschiedenste Maßnahmen zu verbessern, ist keine neue Erscheinung, sondern war bereits in der griechischen Antike beobachtbar (vgl. Donike, 1986). Das alltagssprachliche Verständnis von Doping als eine Leistungssteigerung durch die Einnahme von Medikamenten oder anderer Substanzen (wie z. B. das »Gehirndoping« bei Wissenschaftlern, Managern, Studenten oder Schülern) ist allerdings etwas anderes als das, was im Sport unter Doping verstanden wird.

Doping als deviantes Verhalten

Mit *Doping* im Sport wird ein spezifisches deviantes Verhalten bezeichnet, also ein von einer Norm abweichendes Verhalten im Sinne einer Missachtung aktuell bestehender sportlicher Regeln oder übergeordneter Wertvorstellungen (Bette, Kühnle & Thiel, 2012). Grundsätzlich lassen sich zwei verschiedene Arten von Dopingdefinitionen unterscheiden. Dabei handelt es sich zum einen um Wesensdefinitionen, zum anderen um enumerative Definitionen. In *Wesensdefinitionen* wird Doping z. B. als unerlaubte Leistungsmanipulation bezeichnet, die gegen Grundwerte des Sports, wie Fairness und Chancengleichheit, verstößt oder die Gesundheit von Athleten gefährdet. So definierte beispielsweise der DSB im Jahre 1952 den Dopingbegriff als Medikamenteneinnahme mit dem Ziel einer Leistungssteigerung im Wettkampf, was vom Europarat dahingehend ergänzt wurde, dass Doping als Verabreichung und Gebrauch körperferner Substanzen bestimmt wurde mit dem einzigen Ziel der künstlichen und unfairen Steigerung der Leistung im Wettkampf (vgl. Haug, 2009).

Unter dem Gesichtspunkt der Sanktionierung sind *enumerative Dopingdefinitionen*, wie sie mittlerweile von den Sportorganisationen vertreten und von der »World Anti-Doping Agency« (WADA) und der »Nationalen Anti Doping Agentur« (NADA) aktuell umgesetzt werden, praktikabler als Wesensdefinitionen. Eine der ersten enumerativen Dopingdefinitionen entstammt dem Medical Code des IOC aus dem Jahre 1967. Doping wird hierbei als die Verwendung von Substanzen aus den verbotenen pharmakologischen Wirkstoffgruppen und/oder der Anwendung verbotener Methoden bezeichnet. In dieser Definition wurden explizit auch verbotene Methoden, die über den Einsatz von Medikamenten oder medikamentenähnlichen Wirkstoffen hinausgehen, als Dopingtatbestand bestimmt.

Heute wird Doping von den Sportorganisationen als ein Verstoß gegen die Anti-Doping-Bestimmungen aufgefasst, welche von der NADA in Anlehnung an die Vorgaben der WADA aufgestellt werden. Aktuell handelt es sich hierbei um die folgenden acht Anti-Doping-Bestimmungen (Nationale Anti Doping Agentur, 2009, S. 6ff.):

1. Als ein Dopingvergehen wird das Vorhandensein einer verbotenen Substanz, ihrer Metaboliten oder Marker in der Probe eines Athleten gewertet. Um welche Substanzen es sich hierbei handelt, wird über eine Verbotsliste geregelt. Entscheidend ist dabei, dass der Athlet selbst dafür verantwortlich ist, dass keine verbotene Substanz in seinen Körper gelangt. Denn bereits das Vorhandensein einer verbotenen Substanz ist als ein Regelverstoß aufzufassen und zwar unabhängig davon, ob die Substanz vorsätzlich oder fahrlässig in den Körper des Athleten gelangt ist.
2. Verboten sind weiterhin der Gebrauch sowie der Versuch des Gebrauchs einer verbotenen Substanz oder einer verbotenen Methode durch den Athleten. Eine verbotene Methode ist z. B. Blutdoping, also die Injektion von mit roten Blutkörperchen angereicherten Blutkonserven. Neben diesen zwei grundlegenden Regeln zur Bestimmung eines Dopingvergehens gibt es weitere Regeln, die sich v.a. auf das Dopingkontrollverfahren und auf das Umfeld der Athleten beziehen.
3. So ist die Weigerung oder das Unterlassen der Abgabe einer Dopingprobe ebenfalls als positiver Dopingbefund anzusehen.
4. Gleiches gilt für einen Verstoß gegen die Vorschriften zur Verfügbarkeit des Athleten für Trainingskontrollen und die damit zusammenhängenden detaillierten Regelungen zu Meldepflichten und zum Umgang mit versäumten Kontrollen.
5. Die unzulässige Einflussnahme oder bereits der Versuch der unzulässigen Einflussnahme auf irgendeinen Teil des Dopingkontrollverfahrens gilt ebenfalls als Dopingvergehen.
6. Dies gilt auch für den Besitz verbotener Substanzen oder verbotener Methoden durch Athleten oder deren Betreuer, sofern keine medizinische Ausnahmegenehmigung vorgewiesen werden kann.

7. Dem Umfeld des Athleten ist es zudem nicht erlaubt, verbotene Substanzen und Methoden in Verkehr zu bringen, wobei bereits der Versuch eines solchen Verhaltens sanktionierbar ist.
8. Ebenso ist es verboten, den Athleten inner- oder außerhalb von Wettkämpfen verbotene Substanzen zu verabreichen oder verbotene Methoden anzuwenden sowie einen potenziellen Regelverstoß zu decken, zu verschleiern oder aktiv daran mitzuwirken.

Zu beachten ist, dass diese Regeln grundsätzlich nur für bestimmte Gruppen Sporttreibender und in den Sport Involvierter gelten. So richtet sich der Nationale Anti-Doping-Code an alle nationalen Sportfachverbände, Landessportbünde und andere Anti-Doping-Organisationen, die diesen durch eine vertragliche Vereinbarung mit der NADA anerkannt haben (Nationale Anti Doping Agentur, 2009). Weiterhin ist er verbindlich für alle Athleten, die Mitglied eines nationalen Sportverbands sind oder als Mitglied eines Teams mit deutscher Lizenz am Sportbetrieb in Deutschland teilnehmen sowie für alle Athleten, die an Wettkämpfen der Verbände teilnehmen. Der Nationale Anti-Doping-Code bezieht außerdem die Athletenbetreuer und andere Personen, die mit Athleten zusammenarbeiten oder diese im weitesten Sinne unterstützen, mit ein, wie beispielsweise Trainer, Ärzte und Physiotherapeuten. Auf alle anderen Personengruppen, die sportlich aktiv sind, aber nicht an Wettkämpfen des organisierten Sports teilnehmen oder kein Verbandsmitglied sind, wie beispielsweise Bodybuilder oder Freizeitsportler, können diese Bestimmungen nicht angewendet werden. In solchen Kontexten ist daher nicht von Doping, sondern von Medikamentenmissbrauch zu sprechen. Gleiches gilt für den Einsatz leistungssteigernder Präparate in wirtschaftlichen, wissenschaftlichen oder schulischen Kontexten. Auch hierbei handelt es sich nicht um Doping, sondern um Medikamentenmissbrauch.

Anti-Doping-Bestimmungen	
1	Vorhandensein einer verbotenen Substanz im Athletenkörper
2	Anwendung einer verbotenen Methode
3	Verweigerung der Dopingprobe
4	Verstoß gegen Vorschriften zur Verfügbarkeit für Dopingprobe
5	Unzulässige Einflussnahme auf Dopingkontrolle
6	Besitz verbotener Substanzen
7	Verbreitung von verbotenen Substanzen/Methoden
8	Verschleierung, Deckung oder aktive Teilnahme an Doping

Abb. 1: *Anti-Doping-Bestimmungen der Nationalen Anti Doping Agentur (NADA)*

Doping als Struktureffekt

Doping wird insbesondere in der öffentlichen Diskussion v.a. auf individuelles Fehlverhalten zurückgeführt. Als Motive werden dabei übersteigerte Erfolgsorientierung, Geldgier, Machtbestreben, Ruhmsucht oder moralische Defizite der Dopenden genannt (Bette & Schimank, 2006). Auch die psychologische Auseinandersetzung mit Dopingverhalten konzentriert sich auf individuelle Aspekte, wie die Motive einer Einnahme von Dopingpräparaten, das Wissen von Athleten oder Ärzten über leistungssteigernde Substanzen, die Einstellungen zu Dopingpräparaten oder die Wahrnehmung des eigenen Verhaltens (vgl. Backhouse & McKenna, 2011; Kleinert & Jüngling, 2009).

Bei der soziologischen Auseinandersetzung mit den Ursachen des Dopingverhaltens wird das Fehlverhalten einzelner Personen in einen größeren Zusammenhang gestellt und die Verstrickung des Einzelnen in soziale Handlungszwänge betont. Die Soziologen Bette und Schimank, (2006) gehen davon aus, dass das Dopingproblem strukturell erzeugt wird, d.h., dass die sozialen Bedingungen des Spitzensports deviantes Verhalten bedingen. Dabei spielt die prinzipielle Auslegbarkeit von Regeln und die damit einhergehende Möglichkeit einer Umdeutung devianten Verhaltens für die Selbstrechtfertigung eines Athleten eine wichtige

Rolle. Durch die mit einer enumerativen Dopingdefinition einhergehende interpretierbare Grauzone werden »illegitime Innovationen« (Bette & Schimank, 2006, S. 121) geradezu gefordert und die traditionell vom Sport ausgebildeten ethisch-normativen Kontrollmechanismen in Form von Fair-Play-Regeln unterlaufen.

Die beiden Soziologen Bette und Schimank (1995; 2006) beschreiben Doping als einen Struktureffekt, der aus dem Zusammenspiel eines schrankenlosen Siegescodes, der Nutzenverschränkungen zwischen den gesellschaftlichen Teilsystemen Spitzensport, Massenmedien, Wirtschaft und Politik und der biografischen Fixierung von Sportlerkarrieren resultiert. Einen guten Überblick über die unterschiedlichen disziplinären Perspektiven auf das Dopingproblem geben Digel und Dickhuth (2002) in ihrem Sammelband, in welchem neben sportsoziologischen auch ethische, kriminologische, sportmedizinische, sportpolitische, rechtswissenschaftliche und pharmakologische Fragen diskutiert werden.

Doping als Strategie zur Bewältigung des Erfolgsdrucks

Als eine zentrale Ursache für die Dopingproblematik wird der zunehmende Erwartungsdruck angesehen, der in Zusammenhang mit einer Entfesselung des Siegescodes steht (Bette & Schimank, 1995). Darunter versteht man die extreme Bedeutungszunahme des sportlichen Erfolgs, der insbesondere durch das Zusammenwirken der Interessen aus Leistungssport, Wirtschaft, Politik, Medien und Sportpublikum forciert wird. So wird z. B. die Aufmerksamkeit der Sportzuschauer selektiv auf die erfolgreichen Athleten verteilt, indem diese ganz besonders verehrt werden. Sponsoren investieren v. a. in erfolgreiche Spitzensportler und Spitzensportorganisationen, um durch die erhoffte Aufmerksamkeit ihre Produkte besser verkaufen zu können.

Vonseiten der Politik sind schließlich die finanziellen und infrastrukturellen Unterstützungsleistungen durch sportliche Spitzenleistungen zu rechtfertigen. Es fließen also zwar große Summen in den Spitzensport, von denen Fördereinrichtungen, Sportstätten und hauptamtliche Trainer bezahlt werden und die es Athleten mitunter erlauben, zu Vollzeitbeschäftigten im Spitzensport zu werden und mit dem Sport zumindest temporär ihren Lebensunterhalt zu bestreiten (Bette & Schimank, 2006). Durch die Bindung von Ressourcenvergabe an Erfolg wird der Erfolgsdruck auf die Athleten aber wiederum verschärft.

Aus dieser Perspektive ist Doping als eine Strategie zur Bewältigung dieses von vielen Seiten erzeugten Erfolgsdrucks aufzufassen, damit die in sportlichen Wettkämpfen eingeschriebene Möglichkeit des Misserfolgs zumindest unwahrscheinlicher wird. Davon ist in der Regel das gesamte Umfeld der Athleten betroffen. Denn das Umfeld hat in der Regel ein großes Interesse daran, dass die Athleten ihre sportlichen Höchstleistungen bei Wettkämpfen erbringen. Die Einbeziehung des Umfelds der Athleten in den Sog der Spitzensportlogik kann mitunter dazu führen, dass die Athleten dazu angehalten werden, Dopingpräparate einzusetzen oder den Athleten Dopingpräparate (bewusst oder unbewusst) verabreicht werden (Bette & Schimank, 1995). Insbesondere die Dopingfälle im Bereich des Radsports deuten darauf hin, dass Athleten zuweilen in regelrechte Dopingnetzwerke eingebunden sind, in die auch Trainer, (medizinische) Betreuer und Funktionäre verstrickt sind (Digel, 2008).

Doping als Coping biografischer Risiken

Mit der Verstärkung des Leistungsdrucks geht eine Totalisierung der Sportlerrolle einher. Um sportlich auf höchstem Niveau erfolgreich sein zu können, müssen Athleten alle Lebensbereiche auf den Sport ausrichten. Spitzenleistungen können nur dann erbracht werden, wenn die körperliche Verfassung mindestens genauso gut oder besser ist als die der Konkurrenten. Es gilt also, den Körper leistungsbezogen zu perfektionieren. Die Perfektionierung des eigenen Körpers prägt die gesamte Karriere. Athleten, die im Jugendalter die Chance haben, in den absoluten sportlichen Spitzenbereich vorzustoßen, müssen bereits zu einem biografisch sehr frühen Zeitpunkt ihr gesamtes Leben auf den Spitzensport ausrichten (Bette & Schimank, 1995).

Mit der Vergrößerung von Trainingsumfängen geht häufig auch die Notwendigkeit einher, die Lebensmittelpunkte zu verändern, um z. B. dort zu leben, wo die bestmöglichen Trainingsbedingungen gegeben sind. Dies führt wiederum nicht selten dazu, dass Athleten von ihren Familien entfremdet werden und auf Freunde außerhalb des Sports verzichten müssen. Die Fokussierung auf die Spitzensportkarriere bringt die Athleten in eine sogenannte Hochkostensituation. Da die spitzensportliche Aktivität zunehmend Raum im Leben der Athleten einnimmt und sich diese mitunter auf alle Tage der Woche ausdehnt, spricht man in solchen Fällen auch von einer *Hyperinklusion* ins Spitzensportsystem.

Die Soziologie versteht unter *Hyperinklusion*, dass Menschen nicht mehr nur zeitweise an bestimmte Sozialsysteme gekoppelt sind, wie der Bankangestellte, der von 9 bis 17 Uhr Bankangestellter ist und danach Familienvater, Tennisspieler oder Vorsitzender eines Vereins, sondern dass sich alle Lebensbezüge nur um dieses System drehen (vgl. allgemein GÖBEL & SCHMIDT, 1998). Hat es ein Athlet erst einmal bis in den Spitzensportbereich geschafft, dann ist er im Grunde 24 Stunden am Tag Spitzensportler, denn er muss sein gesamtes Leben auf den Sport ausrichten. Mit der zunehmenden Vereinnahmung durch den Sport gerät der Athlet jedoch in eine regelrechte »biografische Falle« (BETTE & SCHIMANK, 1995, S. 107), aus der es immer weniger Möglichkeiten des Entrinnens gibt. Befindet sich ein Athlet also erst einmal auf Spitzenniveau, dann kann er mit dem Sport nicht mehr so einfach aufhören, da die hiermit verbundenen Verluste (wie z. B. das Interesse der Öffentlichkeit, Sozialbeziehungen, Sinngebung) extrem groß wären.

Dazu kommt, dass Athleten häufig keine Alternativexistenzen zur Spitzensportkarriere aufgebaut haben. Es gibt zwar mittlerweile eine ganze Reihe sogenannter Eliteschulen des Sports, die versuchen, neben dem Spitzensport eine Schulausbildung auf hohem Niveau zu sichern (vgl. THIEL, TEUBERT & CACHAY, 2006). Doch davon können nicht alle Athleten profitieren. Dazu kommt, dass viele Nachwuchsathleten trotz solcher Schulen ihr berufsbezogenes Denken voll auf den Spitzensport ausrichten und hoffen, dass sie am Ende der Karriere genug Geld verdient haben, um finanziell unabhängig zu sein oder in irgendeiner Funktion im Spitzensport unterzukommen.

Vor dem Hintergrund der Hochrisikosituation, in der sich Athleten befinden, lässt sich ein bewusst vollzogenes Doping als eine Art »Mehrzweckwaffe« einsetzen, »um ein Scheitern während der Karriere zu verhindern und die Zukunftsunsicherheit nach der Karriere zu minimieren« (BETTE, 2002, S. 147). Doping wird also zu einer Art Copingstrategie, um die Nebenwirkungen einer biografischen Fixierung auf die Sportlerrolle abzumildern.

In diesem Zusammenhang ist auch der Einsatz von Dopingpräparaten zur Vermeidung oder Abschwächung von verletzungs- oder krankheitsbedingten Leistungseinbußen oder zur Reduzierung ökonomischer Risiken zu sehen (BETTE & SCHIMANK, 1995). Vor dem Hintergrund der zahlreichen individuellen Motivlagen, die sich aus der biografischen Falle ergeben können, stellt sich Doping als ein »überdeterminiertes Phänomen« dar. Denn bereits eines der genannten Motive reicht zur Begründung für eine Dopinghandlung aus, was wiederum eine zielgerichtete Bekämpfung des Dopingproblems erschwert (BETTE, 2002). Dies gilt insbesondere dann, wenn Doping individuell als Vermeidung von nicht selbst verschuldeten Nachteilen gerechtfertigt wird.

Doping als Nachteilsvermeidung durch Unterstellung des Dopings bei anderen
Dopinghandlungen sind durchaus nicht nur darauf ausgelegt, sich ungerechtfertigt Vorteile zu verschaffen. Von mindestens gleich starker Bedeutung ist das Motiv der Nachteilsvermeidung. So lässt sich die Situation, in der sich Spitzenathleten befinden, als Konkurrenzspiel modellieren, das in seiner Struktur dem spieltheoretischen Gefangenendilemma entspricht.

Die Spieltheorie beschäftigt sich mit der Modellierung von Entscheidungssituationen, die dadurch charakterisiert sind, dass sich das Verhalten von mehreren Beteiligten gegenseitig beeinflusst. Meist geht es darum, das rationale Entscheidungsverhalten in sozialen Situationen mit wechselseitigen Abhängigkeiten abzuleiten. Entsprechend sind mindestens zwei Akteure für die Modellierung einer solchen sozialen Interdependenz notwendig, wobei jeder dieser Akteure über mindestens zwei Handlungsalternativen verfügen muss (vgl. allgemein ORTMANNS, 2008). Am bekanntesten ist das sogenannte Prisoner's Dilemma, das vom Mathematiker Albert W. Tucker unter diesem Namen formuliert wurde.

Eine allgemeine Darstellung des Gefangenendilemmas findet sich u. a. bei JUNGERMANN, PFISTER und FISCHER (2010, S. 336). Das »Prisoner's Dilemma« wurde vom norwegischen Sportwissenschaftler Gunnar BREIVIK (1992) erstmals auf das Dopingphänomen angewendet und von BETTE und SCHIMANK (1995) spezifiziert.

Im Konkurrenzspiel geht es um eine Konkurrenzsituation zweier international erfolgreicher Athleten A und B, die gegeneinander im Wettkampf antreten müssen, beide ungefähr gleich gut sind und vor der Frage stehen, ob sie dopen sollen oder nicht. Das Konkurrenzspiel wird gemäß der Auszahlungsmatrix des Gefangenendilemmas folgendermaßen modelliert (vgl. Abb. 2):

Athlet A \ Athlet B	sich dopen	sich nicht dopen
sich dopen	2	1
	2	4
sich nicht dopen	4	3
	1	3

Abb. 2: *Gefangenendilemma am Beispiel Doping (Bette & Schimank, 1995, S. 242).*

In den Zeilen der Vier-Felder-Matrix werden die Optionen für Athlet A und in den Spalten die Optionen für Athlet B festgehalten. Die Darstellung erlaubt es, die Optionen der beiden Beteiligten jeweils aufeinander zu beziehen. Die in der Matrix enthaltenen Ziffern sind Indizes, die den Nutzen der jeweiligen Entscheidung (sich dopen/sich nicht dopen) für den einzelnen Athleten in Orientierung an der entsprechenden Handlung des Gegners beschreiben. Die jeweils linke Zahl in den Kästchen benennt den Nutzen der Handlung für Athlet A, die jeweils rechte Zahl repräsentiert den Nutzen der Handlung für Athlet B. Die Ziffer 1 beschreibt dabei den geringsten, die Ziffer 4 den höchsten Nutzen für den jeweiligen Athleten.

Die Handlungsoptionen stellen sich folgendermaßen dar: Wenn sich Athlet A dopt und Athlet B dagegen nicht, wird der saubere Athlet B mit großer Wahrscheinlichkeit verlieren. Der nicht dopende Athlet hat also – wenn sich sein Gegner dopt – den geringsten Nutzen, dagegen hat der dopende Athlet – wenn der andere sauber bleibt – den größtmöglichen Nutzen, weil sich seine Chancen auf den Sieg erhöhen. Ein Verzicht beider Athleten auf Doping wäre zwar die aus gesundheitlicher und ethischer Sicht beste Lösung. Das Gefangenendilemma, in dem sich die Athleten in der konkreten, aufeinander bezogenen Entscheidungssituation befinden, führt aber dazu, dass die Wahrscheinlichkeit, dass die für beide Athleten eigentlich gemeinsam beste Entscheidung getroffen wird, eher gering ist. Dies liegt daran, dass Athleten bei der Wahl ihrer Handlung immer auch die potenziellen Handlungen der anderen Athleten bedenken müssen.

Da Doping verdeckt praktiziert wird und die Tatsache, dass jemand nicht des Dopings überführt wurde, nicht zwangsläufig bedeutet, dass er sauber ist, kann

Athlet A seinem Gegner nicht hundertprozentig vertrauen. Ein Athlet muss also immer mit der Möglichkeit rechnen, dass sein Gegner dopt, auch wenn er selbst sauber bleibt. Ist dieser Fall gegeben, dann hat der saubere Athlet automatisch den geringsten Nutzen (nämlich zu verlieren mit allen Folgen und Folgesfolgen), während sein dopender Gegner den höchsten Nutzen hat.

Entscheiden sich beide Athleten für Doping, dann ist aus der Perspektive eines jeden Athleten wenigstens der durch das Dopen des jeweils anderen bedingte Nachteil ausgeglichen. Aus der Perspektive dieses Erklärungsansatzes erscheint es nahe liegend, dass sich ein Athlet sogar für Doping entscheidet, wenn er im Grunde eigentlich dagegen wäre und zwar nicht nur mit dem Motiv einer Vorteilsnahme, sondern defensiv motiviert durch die Vermeidung eines potenziellen Nachteils. Und für dieses defensive Verhalten reicht bereits die Vermutung, dass sich die Konkurrenz dopt. In der Sprache der Spieltheorie ist die Entscheidung zu dopen dementsprechend die sogenannte dominante Strategie, da der Nutzen der Entscheidung mindestens so gut oder aber besser ist als der Nutzen für den Gegner, unabhängig davon, welche Entscheidung er trifft.

Da sich nicht nur die Athleten selbst, sondern auch die relevanten Umfeldakteure in einem Gefangenendilemma befinden (Bette & Schimank, 1995) und eine vollständige Transparenz kaum denkbar ist, wird Dopingprävention zu einem extrem schwierigen Vorhaben.

Der organisierte Sport hat bislang zahlreiche Versuche unternommen, Doping nicht nur mit Kontrollen, sondern auch durch Prävention zu bekämpfen. In der sportsoziologischen Studie von Bette, Kühnle und Thiel (2012) werden die Möglichkeiten und Grenzen präventiver Maßnahmen im Spitzensport kritisch ausgelotet.

3.2 Gesundheit

Gesundheit stellt eine wesentliche Bedingung für den spitzensportlichen Erfolg dar. Doch wenn Spitzenleistungen erbracht werden sollen, dann sind gleichzeitig in Training und Wettkampf ganz bewusst gesundheitliche Risiken einzugehen, um die letzten physischen und psychischen Reserven für den entscheidenden Vorteil zu mobilisieren (vgl. Mayer & Thiel, 2011). Nebeneffekte dieser Gratwanderung, wie sie öffentlich bekannt werden, sind nicht nur gerissene Bänder,

Sehnen und Muskeln, Frakturen oder Platzwunden. Fallberichte von Trainern und Athleten über extreme Ernährungsformen und Diäten, über die Missachtung von Regenerations- und Genesungszeiten, über Medikamentenmissbrauch oder die Anwendung von Dopingpraktiken zeigen, dass der Umgang mit der Gesundheit der Athleten im Spitzensport oft nur suboptimal gelingt. Endpunkte der durch gesundheitsbezogenes Fehlverhalten geprägten Karrieren sind nicht selten Erkrankungen, wie z. B. die Female Athletes Triad, bestehend aus Essstörung, Amenorrhöe und Osteoporose (Beals & Hill, 2006), Burn-out (Ziemainz, Abu-Omar, Raedeke & Krause, 2004), das Übertrainingssyndrom (Kellmann, 2002), chronifizierte Verletzungszustände (Fröhner & Tronick, 2007) bis hin zu Depressionen. Die Beendigung sportlicher Karrieren aufgrund solcher Folgen des Strebens nach Leistungsoptimierung ist keine Seltenheit.

Gesundheit im Leistungssport ist – wenn man die Genese der genannten Folgen betrachtet – durchaus nicht nur ein medizinisches Problem, sondern wesentlich komplexer angelegt.

Gesundheit und gesundheitsbezogenes Verhalten im Spitzensport
Das, was unter Gesundheit verstanden wird, hängt ab vom jeweiligen sozialen Kontext (vgl. Jacob, Eirmbter & Hahn, 1999). Gesundheit erfährt im Spitzensport eine spezifische Deutung: Gesund ist man im Spitzensport so lange, wie man ohne gravierende körperliche Beeinträchtigungen trainieren und Wettkämpfe bestreiten kann. Im Spitzensport bedeutet Gesundheit v. a. sportliche Funktionsfähigkeit bzw. die Abwesenheit von krankheits- oder verletzungsbedingten Beeinträchtigungen. Gesundheit ist damit unmittelbar an die Fähigkeit gekoppelt, sportliche Höchstleistungen erbringen zu können (Thiel, Mayer & Digel, 2010).

> Das im Spitzensport dominierende Verständnis von Gesundheit entspricht im Grunde der Gesundheitsdefinition des Soziologen Talcott Parsons. Er definiert Gesundheit als die Fähigkeit des Individuums, soziale Rollen und Rollenerwartungen zu erfüllen (Parsons, 1967).

Der Großteil der in einer Studie mit Spitzensportlern befragten Athleten schätzt sich trotz aller Belastungen und gesundheitlicher Risiken als sehr gesund ein (Thiel, Mayer & Digel, 2010). Die Athleten ernähren sich im Mittel ausgewogen, rauchen kaum und trinken wenig Alkohol und führen die von den Verbänden vorgesehenen, regelmäßigen, medizinischen Vorsorgeuntersuchungen überwiegend durch. Auch die Lebenszufriedenheit, das subjektive Wohlbefinden und der Kohärenzsinn – also das Gefühl, das Leben sei verstehbar, sinnhaft und handhabbar – sind im Vergleich zu Normalpopulationen relativ hoch. Erst wenn Athleten durch körperliche Probleme so weit eingeschränkt sind, dass sie eine längere Trainings- und Wettkampfpause einlegen müssen, ändert sich deren subjektive Einschätzung des eigenen Gesundheitszustands drastisch.

So gesehen, erscheint der Umgang mit der eigenen Gesundheit von Athleten als sehr verantwortungsvoll. Der genauere Blick zeigt allerdings, dass die positive Einschätzung der eigenen Gesundheit und des Gesundheitsverhaltens zu einem nicht unbeträchtlichen Teil darauf zurückzuführen ist, dass Beschwerden bagatellisiert und ignoriert werden. So werden Schmerzen, Beschwerden und Verletzungen trotz sensibler Körperwahrnehmung nicht beachtet, es wird oftmals viel zu spät (oder gar überhaupt keine) ärztliche Hilfe in Anspruch genommen und um Wettkämpfe bestreiten zu können, erfolgt ein teilweise massiver Einsatz von Schmerzmitteln. Nach Verletzungspausen wird zudem oftmals viel zu früh wieder ins Trainings- und Wettkampfgeschehen eingegriffen, was nicht selten zu regelrechten Verletzungsserien führt (Mayer, 2010). Erste Untersuchungen mit Nachwuchsspitzensportlern aus allen olympischen Sportarten zeigen, dass sich diese Verhaltensweisen bereits im Jugendalter finden. Hierbei spielt die Kultur des Risikos im Spitzensport eine wichtige Rolle (Thiel et al., 2011).

Kultur des Risikos

Der Einfluss kultureller Normen und Werte auf den Umgang mit gesundheitlichen Risiken ist insbesondere ein zentrales Thema der sportsoziologischen Verletzungsforschung (vgl. im Überblick Mayer & Thiel, 2011). Den Athleten und ihrem Umfeld sind die hohen Verletzungszahlen und -risiken im Leistungssport zwar allgemein bekannt. In der Regel werden sie aber verharmlost und als notwendige Begleiterscheinung toleriert. Das Erdulden von Schmerzen und Verletzungen wird zudem erwartet und z. T. sogar regelrecht glorifiziert (vgl. Nixon, 1994).

Diese sozial geteilte und grundlegende Bereitschaft, gesundheitliche Beschwerden als ein normales Nebenprodukt des Leistungssports zu akzeptieren und sowohl hohe Verletzungsrisiken als auch Schmerzen in Kauf zu nehmen, wird als »Culture of Risk« (Nixon, 1992, S. 129) bezeichnet. Diese ist eng mit den Grundwerten des Leistungssports verknüpft und wird über sportspezifische Sozialisationsprozesse in sozialen Netzwerken vermittelt.

Wie eine Einzelfallstudie von Curry (1993) zum Karriereverlauf eines amerikanischen Collegeringers exemplarisch verdeutlicht, lernen Athleten von deren Trainern und erfolgreichen Athleten, die enormen Verletzungsrisiken bewusst zu verdrängen und Verletzungen und Schmerzen als normalen Bestandteil des sportlichen Alltags anzusehen. Gleichzeitig erwarten das Sportpublikum und die Sportberichterstattung von den Athleten mehr oder weniger direkt, eine Verletzungspause so lange wie möglich hinauszuzögern und nach einer schweren Verletzung möglichst schnell wieder zurückzukehren. Die Athleten werden schließlich durch die Berichte der Massenmedien selbst in der Auffassung bestärkt, dass Verletzungsrisiken und das Auftreten von Schmerz und Verletzung als Normalität zu behandeln seien (Nixon, 1993). Die damit einhergehende Inkaufnahme gesundheitlicher Folgeschäden zugunsten des Sports lässt sich sogar in niedrigeren Leistungsklassen beobachten, wird aber insbesondere auf hohem Leistungsniveau als normale Begleiterscheinung des Sports akzeptiert (Malcolm & Sheard, 2002; Theberge, 2008). Dies gilt auch für psychosoziale Probleme, die unter starker Fokussierung auf körperliche Aspekte von Gesundheit von den Athleten und den weiteren Beteiligten ausgeblendet und tabuisiert werden (Thiel, Mayer & Digel, 2010).

Spitzensportler und deren Umfeld aus Trainern und Betreuern leben somit in einer Kultur des Risikos, die sich am offensichtlichsten im sogenannten *Playing Hurt*, der Teilnahme an Wettkämpfen trotz vorliegender Schmerzen, Verletzungen und/oder Krankheiten, zeigt (Roderick, Waddington & Parker, 2000). Die Bedingungen der Entscheidung für ein *Playing Hurt* sind dabei äußerst vielfältig. Junge Spieler lernen z. B. – wie eine Studie im englischen Profifußball zeigt – schnell, dass es Trainern und Managern auf die »richtige Einstellung« zu Schmerzen und Verletzungen ankommt, d.h. trotz Schmerzen die Zähne zusammenzubeißen und trotz Verletzung stets alles fürs Team zu geben (Roderick, Waddington & Parker, 2000). Spieler, die bei gesundheitlichen Beschwerden nicht spielen wollen, laufen Gefahr, als nutzlos für den Club betrachtet und von Trainern und Managern ignoriert zu werden. Offene und verdeckte Formen von sozialem Druck, die sportliche Aktivität nach einer Verletzungspause möglichst schnell wieder aufzunehmen, zeigen sich auch in anderen Leistungssportbereichen (Howe, 2001). Die Athleten setzen sich aber auch selbst häufig sehr stark unter Druck. So besitzt der Wunsch nach einer Teilnahme am Spiel- oder Wettkampfbetrieb für viele Athleten allerhöchste Priorität – auch bei Kenntnis möglicher Folgen für die eigene Gesundheit (Mayer, 2010).

Die vorliegenden soziologischen Studien deuten darauf hin, dass die Kultur des Risikos mit einer spezifischen »leistungssportspezifischen Wertigkeitsstruktur der Befindlichkeit« (MAYER & THIEL, 2011, S. 129) und, damit verbunden, einer besonderen Schmerzwahrnehmung zusammenhängt. Einerseits räumen Athleten dem Aushalten von Schmerzen eine höhere Wertigkeit ein als dem Wohlbefinden. Andererseits wird Schmerz entpersonalisiert und objektiviert, indem die Athleten untereinander so über verletzte Körperteile sprechen, als wären sie gar nicht mehr Teil des eigenen Körpers (YOUNG, MCTEER & WHITE, 1994). Dieser Wertigkeitsstruktur entsprechend wird das Eingestehen einer Verletzung (mit Ausnahme schwerer traumatischer Ereignisse) negativ sanktioniert und als Zeichen interpretiert, man unterliege zu stark seinen Gefühlen, würde den Schmerz nicht ausreichend verdrängen und sei damit nicht genug bereit, seinen Körper für das Team zu opfern. Als akzeptierte Strategie für den Umgang mit Schmerzen wird entsprechend das Ausblenden, Verschweigen und Leugnen angesehen (RODERICK, WADDINGTON & PARKER, 2000).

Der amerikanische Soziologe Howard L. Nixon beobachtete bereits in den 1990er-Jahren, dass diese Kultur des Risikos nicht nur das Handeln der Athleten, sondern auch der Trainer prägt. Auch die Trainer stehen vor einem grundlegenden Dilemma, das sich in einem »Risk-Pain-Injury-Paradox« zeigt (NIXON, 1994, S. 79). Auf der einen Seite zwingt der Sport die Trainer, mit ihren Athleten stets bis ans körperliche Limit zu gehen. Auf der anderen Seite darf hierbei aber kein allzu großes Verletzungsrisiko eingegangen werden, da nur mit einem voll funktionsfähigen Körper sportliche Höchstleistungen möglich sind. Somit muss auch der Trainer also einerseits die Gesundheit seiner Athleten aufs Spiel setzen, um konkurrenzfähig zu sein, andererseits ist Gesundheit wiederum die notwendige Voraussetzung für eine möglichst hohe sportliche Leistungsfähigkeit. Dieses grundlegende Dilemma lässt sich auch auf die sportmedizinischen Betreuer ausweiten, die mit Spitzensportlern zu tun haben.

Die Rolle des sportmedizinischen Personals

Betrachtet man die Studien zur medizinischen Praxis in leistungssportlichen Kontexten im Überblick (vgl. MAYER & THIEL, 2011), dann gibt es zahlreiche Hinweise auf inadäquate, nachlässige oder inkompetente medizinische Behandlungen vor und bei Wettkämpfen, welche wiederum zur Verschlechterung von Verletzungszuständen oder sogar Sportinvalidität beitragen können. Das medizinische Personal scheint sich auf der einen Seite zwar um die Gesundheit der Athleten zu kümmern, auf der anderen Seite aber auch zur Stabilisierung und Reproduktion von Kommunikationsmustern beizutragen, die Schmerz und Verletzung bagatellisieren und eine Wettkampfteilnahme trotz Schmerzen und Verletzungen legitimieren und normalisieren.

Die Rolle des medizinischen Personals im Spitzensport ist eine äußerst schwierige. Den Ärzten kommt dabei eine situative Vermittlerfunktion zwischen der »Culture of Risk« des Spitzensports und einer »Culture of Precaution« des Medizinsystems zu (Safai, 2003, S. 142). Auf das Handeln der Ärzte und Physiotherapeuten wirken damit sowohl die sozialen Kontextbedingungen des Medizin- als auch des Spitzensportsystems ein. Die Arzt-Athleten-Patienten-Beziehung ist durch Verhandlungs-, Austausch- und Vertrauensbildungsprozesse charakterisiert, die sich in ihrem Ausmaß von einer normalen Arzt-Patienten-Beziehung unterscheidet. So treten bei der verletzungsbezogenen Interaktion zwischen Arzt und Athlet/Patient nicht selten ethische Dilemmata, Machtkämpfe und Konflikte zutage, wenn z. B. Athleten ärztliche Anweisungen in Frage stellen, missachten oder gar nicht in Anspruch nehmen (Malcolm, 2006; 2009). Insbesondere über die Dauer von Verletzungspausen wird regelrecht verhandelt. Gegenüber den Interessen der Akteure des Spitzensports ist der Arzt dabei relativ machtlos. Wenn er sich nicht darauf einlässt, den Athleten trotz vorhandener Risiken möglichst schnell wieder fit zu bekommen, kann er sich keine Reputation im Feld des Spitzensports aufbauen und wird auf lange Sicht auch nicht nachgefragt. Diese Machtlosigkeit des Arztes führt nicht selten auch zur Übertragung der ärztlichen Verantwortung für Behandlungsentscheidungen auf die Athleten. Die Ärzte klären die Athleten über die Risiken des *Playing Hurt* oder über etwaige Nebenwirkungen von Schmerzmittelinjektionen zwar auf, überlassen ihnen dann aber die Wahl des weiteren Vorgehens (Waddington, 2006).

Die Verschmelzung von medizinischen und sportlichen Richtlinien bei der medizinischen Behandlung erzeugt für das im Spitzensport tätige medizinische Personal nicht selten ethische Probleme. Dies gilt insbesondere für den Umgang mit der ärztlichen Schweigepflicht. Am Beispiel der englischen Fußballprofiliga verdeutlichen Waddington und Roderick (2002), dass medizinische Vertraulichkeit nicht den gleichen Wert wie in anderen medizinischen Kontexten besitzt. Dies gilt insbesondere für Clubphysiotherapeuten, die bei eigentlich vertraulichen medizinischen Angelegenheiten gegenüber den Managern offenbar noch auskunftsfreudiger sind als die Ärzte. In dem Maße, in dem die Spieler von dieser fehlenden Kultur der Vertraulichkeit erfahren, sinkt jedoch deren Bereitschaft zur Weitergabe vertraulicher Informationen an das medizinische Personal.

Die Rolle der Ärzte und Physiotherapeuten ist im Alltagsbetrieb des Spitzensports v.a. auf das schnellstmögliche »Reparieren« von körperlichen Beeinträchtigungen fokussiert (THIEL, MAYER & DIGEL, 2010). Das therapeutische Handeln bewegt sich dabei nicht selten an der Grenze des beruflichen Ethos, insbesondere dann, wenn es von der sportlichen Erfolgsorientierung dominiert wird. Sportler und Trainer messen den Erfolg der medizinischen Behandlung weniger daran, ob ein Athlet tatsächlich dauerhaft von einer Verletzung oder Krankheit geheilt wird. Die Arbeit des Arztes oder Physiotherapeuten wird daher – insbesondere vor sportlichen Großereignissen und in wichtigen Saisonphasen – dann als gut bezeichnet, wenn es gelingt, angeschlagene Spitzenathleten möglichst schnell wieder einsatzfähig zu machen. Athleten erweisen sich hier oft als sehr ungeduldig. Wird das Fitmachen verweigert, dann suchen sie – insbesondere in Einzelsportarten – durchaus auch mehrere andere Ärzte auf. Ein solches »Ärzte-Hopping« geschieht oft ohne Wissen der Trainer und betreuenden Sportmediziner (MAYER, 2010).

Die Grenzen medizinischer Entscheidungsautonomie werden insbesondere bei angestellten Mannschaftsärzten oder Mannschaftsphysiotherapeuten sichtbar. Auf das medizinische Personal wird sowohl bei sogenannten *Playing-Hurt-Decisions* als auch bei *Return-to-Play-Decisions* Druck von Spielern, Trainern und Managern ausgeübt. Weiterhin werden ärztliche Ratschläge bei der Spielaufstellung missachtet oder Spieler werden zur Anwesenheit im Training gezwungen (WADDINGTON, 2006). Schließlich müssen Ärzte und Therapeuten, die bei der Behandlungsplanung nicht auf die zeitlichen Zwänge im Profisport Rücksicht nehmen, mit Vertrauensverlusten rechnen (MAYER, 2010). Die zeitlichen Zwänge des Spitzensports wirken sich beim medizinischen Behandlungspersonal auch auf die Behandlungsplanung und das Einlegen von Rehabilitationsphasen aus. So werden beispielsweise dringende Operationstermine auf den Zeitraum nach der Saison verschoben (RODERICK, 2004) oder Athleten im Prozess der Behandlung einer Verletzung gar nicht erst aus dem Training genommen werden.

Der Status des Arztes im Spitzensport kann zudem durch eine starke Stellung der Physiotherapeuten im Mannschaftsgefüge zusätzlich geschwächt werden. Physiotherapeuten behandeln Bagatellverletzungen oft ohne Absprache mit Ärzten mit eigenen Methoden, verbringen im Vergleich zu Ärzten deutlich mehr Zeit mit den Athleten und sind in diesen Fällen auch besser über den aktuellen Gesundheitsstatus der Spieler informiert als die Ärzte (Malcolm, 2006).

4 Fazit

Der Spitzensport bietet eine Vielzahl von Problemstellungen für die sportsoziologische Forschung. Groß angelegte empirische Analysen sind allerdings eher eine Seltenheit, was nicht zuletzt am schwierigen Zugang zum Feld liegt. Doch auch sportsoziologische Fallanalysen oder theoretische Arbeiten haben einen großen Nutzen für die Sportberatung. Dieser liegt v.a. darin, dass auf »blinde Flecken« hingewiesen wird, die in der Alltagspraxis des Spitzensports nicht gesehen werden, wie z. B. die Bedeutung von Strukturen bei der Entstehung der in der Regel individuell zugeschriebenen Dopingbereitschaft.

Lernkontrollfragen

- Wie lässt sich die zentrale Handlungslogik des Spitzensports beschreiben?
- Was sind sportartspezifische und sportartübergreifende Regeln? Welche Funktionen übernehmen diese und welche Rolle spielen in diesem Kontext allgemeine Werte und Normen des Spitzensports?
- Welche Mitgliedschaftserwartungen gibt es in Spitzensportorganisationen und welche Rolle spielen diese für das Handeln der Athleten?
- Welche typischen Erwartungen relevanter Bezugssysteme des Spitzensports lassen sich beobachten?
- Wie lässt sich Doping definieren?
- Welche Rolle spielen strukturelle Ursachen beim Doping im Spitzensport?
- Was versteht man unter der biografischen Falle und welche Rolle spielt diese im Zusammenhang mit Doping?
- Welche Rolle spielt die Kultur des Risikos beim Umgang mit Gesundheit?
- Warum ist die Rolle des medizinischen Personals im Spitzensport so konfliktträchtig?

Literatur

BACKHOUSE, S. & MCKENNA, J. (2011). Doping in sport: A review of medical practitioners' knowledge, attitudes and beliefs. *International Journal of Drug Policy, 22* (3), 198-202.

BEALS, K. A. & HILL, A. K. (2006). The prevalence of disordered eating, menstrual dysfunction, and low bone mineral density among US collegiate athletes. *International Journal of Sport Nutrition and Exercise Metabolism, 16* (1), 1-23.

BETTE, K.-H. (1999). *Systemtheorie und Sport*. Frankfurt/M.: Suhrkamp.

BETTE, K.-H. (2002). Biographische Risiken und Doping. In H. DIGEL & H.-H. DICKHUTH (Hrsg.), *Doping im Sport* (S. 140-152). Tübingen: Attempto Verlag.

BETTE, K.-H. & SCHIMANK, U. (1995). *Doping im Hochleistungssport*. Frankfurt/M.: Suhrkamp.

BETTE, K.-H. & SCHIMANK, U. (2006). *Die Dopingfalle. Soziologische Betrachtungen*. Bielefeld: Transcript.

BETTE, K. H., KÜHNLE, F. & THIEL, A. (2012). *Dopingprävention: Eine soziologische Expertise*. Bielefeld: Transcript.

BETTE, K. H. & NEIDHARDT, F. (1985). *Förderungseinrichtungen im Hochleistungssport. Strukturen und Probleme.* Schorndorf: Hofmann.

BORGGREFE, C. (2008). »Jetzt muss er das nur noch in die Köpfe der Spieler reinbringen!« – Kommunikative Erfolgsstrategien von Trainern im Spitzensport. *Sport und Gesellschaft, 5* (3), 276-298.

BORGGREFE, C., THIEL, A. & CACHAY, K. (2006). *Sozialkompetenz von Trainerinnen und Trainern im Spitzensport*. Köln: Sport und Buch Strauß.

BREIVIK, G. (1992). Doping games. A game theoretical exploration of doping. *International Review for the Sociology of Sport, 27* (3), 235-253.

CACHAY, K. (1978). *Sportspiel und Sozialisation. System- und rollentheoretische Analysen am Beispiel des Hallenhandballspiels*. Schorndorf: Hofmann.

CACHAY, K. & THIEL, A. (1998). Sozialkompetenz für Trainerinnen und Trainer im Hochleistungssport. Zu Begriff und Bedeutung«. In G. A. W. HARTMANN (Hrsg.), *Sozialkompetenz von Trainerinnen und Trainern* (S. 11-29). Köln: Sport & Buch Strauß.

CACHAY, K. & THIEL, A. (2000). *Soziologie des Sports. Zur Ausdifferenzierung und Entwicklungsdynamik des Sports der modernen Gesellschaft.* Weinheim: Juventa.

CURRY, T. J. (1993). »A little pain never hurt anyone«: Athletic career socialization and the normalization of sports injury. *Symbolic Interaction, 16*, 237-290.

Deutscher Bundestag. (2010). *12. Sportbericht der Bundesregierung.* Zugriff am 23. Januar 2012 unter http://dipbt.bundestag.de/dip21/btd/17/028/1702880.pdf

Digel, H. (1982). *Sport verstehen und gestalten. Ein Arbeits- und Projektbuch.* Reinbek: Rowohlt.

Digel, H. (1997). Citius, altius, fortius. Wohin treibt der olympische Spitzensport? In O. Grupe (Hrsg.), *Olympischer Sport, Rückblick und Perspektiven* (S. 85-98). Schorndorf: Hofmann.

Digel, H. (2008). Doping – Geißel des modernen Hochleistungssports. In H. Digel (Hrsg.), *Quergedacht. Essays zum Sport* (S. 91-145). Schorndorf: Hofmann.

Digel, H. & Dickhuth, H.-H. (Hrsg.). (2002). *Doping im Sport* (Band 2). Tübingen: Attempto Verlag.

Digel, H., Thiel, A., Schreiner, R. & Waigel, S. (2010). *Berufsfeld Trainer im olympischen Spitzensport.* Schorndorf: Hofmann.

Donike, M. (1986). *Doping: Informationsbroschüre für Athleten und Betreuer.* Köln: Bundesinstitut für Sportwissenschaft.

Fröhner, G. & Tronick, W. (2007). Prophylaxe von Verletzungen und Fehlbelastungsfolgen durch Belastbarkeitssicherung im Nachwuchsleistungssport. *Leistungssport, 37* (1), 11-17.

Göbel, M. & Schmidt, J. F. K. (1998). Inklusion/Exklusion: Karriere, Probleme und Differenzierung eines systemtheoretischen Begriffspaars. *Soziale Systeme, 4* (1), 87-118.

Haug, T. (2009). Die Geschichte des Dopinggeschehens und der Dopingdefinition. In R. Nickel & T. Rous (Hrsg.), *Das Anti-Doping-Handbuch* (2. Aufl., S. 34-49). Aachen: Meyer & Meyer.

Heinemann, K. (1995). *Einführung in die Ökonomie des Sports: Ein Handbuch.* Schorndorf: Hofmann.

Howe, P. D. (2001). An ethnography of pain and injury in professional Rugby Union. *International Review for the Sociology of Sport, 36* (3), 289-303.

Hughes, R. & Coakley, J. (1991). Positive deviance among athletes – The implications of overconformity to the sport ethic. *Sociology of Sport Journal, 8* (4), 307-325.

Jacob, R., Eirmbter, W.-H. & Hahn, A. (1999). Laienvorstellungen von Krankheit und Therapie. Ergebnisse einer bundesweiten Repräsentativbefragung. *Zeitschrift für Gesundheitspsychologie, 7* (3), 105-119.

Jungermann, H., Pfister, H.-R. & Fischer, K. (2010). *Die Psychologie der Entscheidung* (3. Aufl.). Heidelberg: Spektrum Akademischer Verlag.

KELLMANN, M. (2002). Underrecovery and overtraining: Different concepts – similar impact? In M. KELLMANN (Ed.), *Enhancing recovery* (pp. 3-24). Champaign: Human Kinetics.

KLEINERT, J. & JÜNGLING, S. (2009). Psychologische Gesichtspunkte des Dopingverhaltens. In R. NICKEL & T. ROUS (Hrsg.), *Das Anti-Doping-Handbuch* (2. Aufl., S. 228-242). Aachen: Meyer & Meyer.

LUHMANN, N. (2000). *Organisation und Entscheidung*. Opladen: Westdeutscher Verlag.

MALCOLM, D. (2006). Unprofessional practice? The status and power of sport physicians. *Sociology of Sport Journal, 23*, 376-395.

MALCOLM, D. (2009). Medical uncertainty and clinician-athlete relations: The management of concussion injuries in Rugby Union. *Sociology of Sport Journal, 26* (2), 191-210.

MALCOLM, D. & SHEARD, K. (2002). »Pain in the assets«: The effects of commercialization and professionalization on the management of injury in English Rugby Union. *Sociology of Sport Journal, 19* (2), 149-169.

MAYER, J. (2010). *Verletzungsmanagement im Spitzensport*. Hamburg: Czwalina.

MAYER, J. & THIEL, A. (2011). Verletzungen im Leistungssport aus soziologischer Perspektive. Ein Überblick. *Sportwissenschaft, 41* (2), 124-136.

NATIONALE ANTI DOPING AGENTUR. (2009). *Nationaler Anti-Doping-Code*. Zugriff am 23. November 2011 unter http://www.nada-bonn.de/fileadmin/user_upload/nada/Recht/Codes_Vorlagen/080930_NADA_Code_2009_final.pdf

NIXON, H. L. (1992). A social network analysis of influences on athletes to play with pain and injury. *Journal of Sport & Social Issues, 16*, 127-135.

NIXON, H. L. (1993). Accepting the risks of pain and injury in sport: Mediated cultural influences on playing hurt. *Sociology of Sport Journal, 10*, 183-196.

NIXON, H. L. (1994). Coaches' views of risk, pain, and injury in sport, with special reference to gender differences. *Sociology of Sport Journal, 11*, 79-87.

ORTMANNS, W. (2008). *Entscheidungs- und Spieltheorie: eine anwendungsbezogene Einführung*. Sternenfels: Verlag Wissenschaft & Praxis.

PARSONS, T. (1967). Definition von Gesundheit und Krankheit im Lichte der Wertbegriffe und der sozialen Struktur Amerikas. In A. MITSCHERLICH, T. BROCHER, O. VON MERING & K. HORN (Hrsg.), *Der Kranke in der modernen Gesellschaft* (S. 57-87). Köln: Kiepenheuer & Witsch.

PILL, R. (1988). Health beliefs and behaviour in the home. In R. ANDERSON, J. K. DAVIES & I. KICKBUSCH (Eds.), *Health, behaviour research an health promotion* (pp. 140-153). Oxford: Oxford University Press.

RODERICK, M. (2004). English Professional Soccer Players and the uncertainties of injury. In K. YOUNG (Eds.), *Sporting bodies, damaged selves: Sociological studies of sports-related injury* (pp. 137-151). Oxford: Elsevier.

RODERICK, M., WADDINGTON, I. & PARKER, G. (2000). »Playing hurt«: Managing injuries in English Professional Football. *International Review for the Sociology of Sport, 35* (2), 165-180.

SAFAI, P. (2003). Healing the body in the »culture of risk«: Examing the negotiation of treatment between sport medicine clinicians and injured athletes in Canadian Intercollegiate Sport. *Sociology of Sport Journal, 20*, 127-146.

SCHIMANK, U. (1988). Die Entwicklung des Sports zum gesellschaftlichen Teilsystem. In R. MAYNTZ, B. ROSEWITZ, U. SCHIMANK & R. STICHWEH (Hrsg.), *Differenzierung und Verselbständigung. Zur Entwicklung gesellschaftlicher Teilsysteme* (S. 181-232). Frankfurt/New York: Campus.

SCHREYÖGG, G. (2003). *Organisation: Grundlagen moderner Organisationsgestaltung* (4. Aufl.). Wiesbaden: Gabler.

STICHWEH, R. (1990). Sport – Ausdifferenzierung, Funktion, Code. *Sportwissenschaft, 20*, 373-389.

STICHWEH, R. (1992). Professionalisierung, Ausdifferenzierung von Funktionssystemen, Inklusion. Betrachtungen aus systemtheoretischer Sicht. In B. DEWE, W. FERCHHOFF & F.-O. RADKE (Hrsg.), *Erziehen als Profession: Zur Logik professionellen Handelns in pädagogischen Feldern* (S. 36-48). Opladen: Leske + Budrich.

THEBERGE, N. (2008). »Just a normal bad part of what I do«: Elite athletes' accounts of the relationship between health and sport. *Sociology of Sport Journal, 25*, 206-222.

THIEL, A. (2002). *Konflikte in Sportspielmannschaften des Spitzensports: Entstehung und Management*. Schorndorf: Hofmann.

THIEL, A., DIEHL, K., GIEL, K., SCHNELL, A., SCHUBRING, A., MAYER, J., ZIPFEL, S. & SCHNEIDER, S. (2011). The German young olympic athletes' lifestyle and health management study (GOAL Study): Design of a mixed-method study. *BMC Public Health, 11* (1), 410.

THIEL, A., MAYER, J. & DIGEL, H. (2010). *Gesundheit im Spitzensport*. Schorndorf: Hofmann.

THIEL, A., TEUBERT, H. & CACHAY, K. (2006). Verbundsysteme in der Nachwuchsförderung – Effiziente Kopplung von Spitzensport und Schule als Abstimmungs- und Akzeptanzproblem. In M. KRÜGER & B. SCHULZE (Hrsg.), *Fußball in Geschichte und Gesellschaft* (S. 209-224). Hamburg: Czwalina.

WADDINGTON, I. (2006). Ethical problems in the medical management of sports injuries: A case study of English Professional Football. In S. LOLAND, B.

SKIRSTAD & I. WADDINGTON (Eds.), *Pain and injury in sport. Social and ethical analysis* (pp. 182-199). London, New York: Routledge.

WADDINGTON, I. & RODERICK, M. (2002). The management of medical confidentility in English Professional Football Clubs: Some ethical problems and issues. *British Journal of Sports Medicine, 36* (2), 118-123.

YOUNG, K., MCTEER, W. & WHITE, P. (1994). Body talk: Male athletes reflect on sport, injury and pain. *Sociology of Sport Journal, 11*, 175-194.

ZIEMAINZ, H., ABU-OMAR, K., RAEDEKE, T. & KRAUSE, K. (2004). Burnout im Sport. Zur Prävalenz von Burnout aus bedingungsbezogener Perspektive. *Leistungssport, 34* (6), 12-17.

Lektion 6

Trends im Sport

1 Einleitung

Sport wird nicht mehr nur in Sportvereinen, sondern zunehmend auch in Szenen und informellen Sportkulturen getrieben. In den vergangenen 40 Jahren sind zahlreiche neue Sportpraxen entstanden, die im deutschsprachigen Raum als Trendsportarten bezeichnet werden. Neben mittlerweile etablierten Sportarten wie Mountainbiken, Skateboarden, Snowboarden, Windsurfen, Wellenreiten oder Beachvolleyball werden aktuell beispielsweise Parkour, Slacklining, Bouldern, Pilates, Stand-up-Paddleboarding, Freeriding, Slopestyle oder Mountainboarding mit dem Begriff Trendsport belegt. Diesen vielfältigen Erscheinungsformen entsprechend unscharf ist der Trendsportbegriff. Wir werden im Folgenden zunächst auf die Bestimmung dieses Begriffs eingehen. Anschließend fragen wir danach, wie sich Trends im Sport zeigen, um daran anschließend die oft mit Trendsport in Verbindung gebrachte Tendenz einer Extremisierung sportiver Praktiken zu diskutieren. Welche Mechanismen sich für die Entwicklung von Trendsportarten verantwortlich zeigen, bildet den Abschluss der Lektion.

Folgende Aspekte werden im Verlauf der Lektion behandelt:

- Trendsport und die Problematik des Trendsportbegriffs
- Charakteristika von Trends im Sport
- Soziale Bedingungen eines zunehmenden Interesses an Extremsportarten
- Entwicklungsdynamik neuer Sportarten

2 Trendsport und die Problematik des Trendsportbegriffs

Um neuartige sportliche Bewegungspraxen einzuordnen und deren Besonderheiten herauszuarbeiten, hat sich in der deutschsprachigen Sportwissenschaft der Trendsportbegriff etabliert. Bei der Bestimmung dieses Begriffs lassen sich in der einschlägigen Literatur zwei unterschiedliche Perspektiven unterscheiden.

2.1 Trendsport als Alternativsport

Trendsport wird oftmals als eine Art Sammelbegriff verwendet, der zur Abgrenzung neuartiger oder unkonventioneller sportiver Bewegungspraxen von bereits etablierten Sportarten bzw. vom klassischen Wettkampfsportmodell dient. Mit Trendsport werden dabei jene Sportpraxen bezeichnet, »die das konventionelle Sportverständnis überschreiten, neuartige oder zuvor vernachlässigte Formen des Sich-Bewegens in den Mittelpunkt stellen und zum Teil eine alternative Sportästhetik hervorbringen« (Schwier, 2008, S. 349).

> Im englischsprachigen Raum wird für diese neuen Sportpraxen auch der Begriff »alternative sports« verwendet, um diese vom klassischen Wettkampfsportmodell abzugrenzen (vgl. Rinehart, 2000).

Trendsportarten verweisen nach Schwier (2003, S. 18) demnach auf Prozesse der Innovation im Feld des Sports, die sich zunächst außerhalb des traditionellen, vereinsorganisierten Sports abspielen. Der Umgang mit Bewegungsformen und -räumen ist zunächst spielerisch und unreglementiert und findet in Szenen statt, die mitunter einen subkulturellen Charakter aufweisen. Die zunächst vorrangig lokale oder regionale Ausbreitung des neuartigen Bewegungsmusters einer Trendsportart in Szenen mit eigenständigen Umgangs- und Selbstdarstellungsformen bedeutet allerdings nicht, dass sich der Stil einer Trendsportart nicht auch global verbreiten könnte.

Von einem sportiven Trend wird in der Literatur dann gesprochen, wenn sich eine innovative Bewegungspraxis über mehrere Jahre hinweg im Bewusstsein der Sporttreibenden verankert und etabliert hat. So differenziert beispielsweise Schwier (2003, S. 21) fitnessorientierte Praktiken, wie z. B. Aerobic, Spinning oder Tae Bo, Risikosportarten, wie z. B. Basejumping, Freeclimbing oder Wakeboarding sowie »jugendkulturell imprägnierte Bewegungspraktiken«, die auch mit dem Etikett »Funsportart« versehen werden, wie Snowboarding, Mountainbiking, Skateboarding, Streetball oder Beachvolleyball. Eine andere Bestimmung des Trendsportbegriffs basiert auf allgemeinen Trendmodellen.

2.2 Trendsport als temporäre gesellschaftliche Entwicklungstendenz

Ein *Trend* stellt im Grunde eine Zeitreihe dar, die eine Entwicklungstendenz anzeigt (vgl. Horx, 1991; 1993). Bei gesellschaftlichen Trends handelt es sich um temporäre Entwicklungen, die in ihrem Verlauf unterschiedliche Richtungen einnehmen können. Diese gesellschaftlichen Entwicklungstendenzen sind als eine Art kulturelle Anpassungsübung an veränderte Gegebenheiten, wie beispielsweise technologische Modernisierungen, politische Rahmenbedingungen oder moderne Arbeitsorganisationsformen, aufzufassen. Beobachtbar wird ein Trend erst dann, wenn es zu einer massiven Verdichtung bestimmter Themen kommt und sich eine neue Entwicklungslinie abzeichnet (vgl. Schildmacher, 1998). Bei gesellschaftlichen Trends handelt es sich somit um relativ komplexe, mehrdimensionale und zeitlich beschränkte Entwicklungsphänomene, die mitunter eine mehrjährige Wirkungsdauer aufweisen können. Trends sind durch eine zunehmende Wirkungsbreite gekennzeichnet. Sie spiegeln sich in veränderten Handlungsmustern, (Kauf-)Entscheidungen oder Werten eines im Zeitverlauf größer werdenden Anteils der Bevölkerung wider und können so das Handeln in Wirtschaft, Medien und Politik nachhaltig beeinflussen (vgl. Wopp, 2003).

Die zeitliche Dauer gesellschaftlicher Trends wird kontrovers diskutiert. Allerdings lassen sich Trends von den sehr kurzlebigen *Moden* oder *Hypes* unterscheiden (Schildmacher, 1998). Im Vergleich zu Moden sind *Trends* durch eine längere zeitliche Dauer sowie durch eine höhere Wirkungsbreite, d.h. durch eine massenhaftere Verbreitung, gekennzeichnet. *Moden* sind hingegen eher oberflächliche Entwicklungserscheinungen, die gegebenenfalls als erste Indikatoren eines Trends herangezogen werden können. *Hypes* sind wie Moden ebenfalls Erscheinungen mit einer kurzen Wirkungsdauer, weisen jedoch innerhalb sehr kurzer Zeit eine recht hohe Wirkungsbreite auf (vgl. Schildmacher, 1998; Wopp, 2006). Trends lassen sich in Abhängigkeit von der Wirkungsdauer und Wirkungsbreite wiederum in sogenannte *Metatrends* und in *Nischentrends* differenzieren. *Metatrends* haben mit einer ungefähren Dauer von 25 Jahren sowohl eine hohe Wirkungsdauer als auch eine hohe Wirkungsbreite. *Nischentrends* hingegen sind zwar durch eine lange Wirkungsdauer gekennzeichnet, gehen aber mit einer relativ geringen Wirkungsbreite einher (vgl. Wopp, 2006).

Trendsportarten lassen sich, ausgehend von diesen Festlegungen, v.a. über die quantitative Analyse von Wirkungsbreite und Wirkungsdauer neuartiger Bewegungspraxen identifizieren. Entsprechend unterscheiden z. B. BREUER und SANDER (2003) vier verschiedene Trendsportartengruppen. Zur ersten Gruppe zählen Bewegungs- und Sportaktivitäten, die auf neue Ideen im Bereich der Sportgeräte (z. B. Mountainboard) und/oder auf Abwandlung bereits bestehender Sportarten (z. B. Beachminton) zurückzuführen sind und noch keine allzu große Verbreitung aufweisen. Die zweite Gruppe bilden Trendsportarten, die bereits seit längerer Zeit betrieben werden und somit auch bereits über ein entsprechendes Verbreitungspotenzial verfügen. Hierunter fallen auch Sportarten aus anderen Ländern, die in Deutschland zunehmende Verbreitung finden (z. B. Pelota, Lacrosse, American Football). Der dritten Gruppe gehören Trendsportarten an, die sich bereits durch eine große Anzahl Aktiver (z. B. beim Inlineskating, Mountainbiking) und/oder durch Bildung von Verbands- und Wettkampfstrukturen (z. B. beim Beachvolleyball, Snowboarding, Freeclimbing) etabliert haben. Die vierte Gruppe besteht aus ehemaligen Trendsportarten, wie beispielsweise Aerobic, Jogging oder Windsurfing.

Mithilfe der Trendforschung lassen sich Informationen über das Entwicklungspotenzial neuartiger Bewegungspraktiken generieren. Die Trendforschung ist daher insbesondere für Fragen der Sportentwicklung von großem Interesse – z. B. wenn es um die Planung neuer Sportstätten oder um die Gestaltung öffentlicher Räume geht. BREUER und SANDER (2003) verdeutlichen die Bereiche der Trendforschung, indem sie neben den klassischen quantitativen und qualitativen Methoden der empirischen Sozialforschung auch auf spezifische Trendforschungsmethoden wie Scanning oder Monitoring eingehen.

Es lässt sich festhalten, dass der Begriff des Trendsports als Sammelbezeichnung für neuartige sportliche Tätigkeiten und Bewegungsformen verwendet wird, denen aktuell hohe Aufmerksamkeit zukommt oder die in einem kurz- oder mittelfristig zurückliegenden Zeitraum mit einer deutlichen Nachfragesteigerung verbunden waren (vgl. SCHWIER, 2008). Da es sich bei Trendsportarten um ein dynamisches Phänomen handelt, kann deren Bestimmung immer nur eine Momentaufnahme sein. Daher macht es auch nur wenig Sinn, Sportarten oder Bewegungspraxen dauerhaft mit dem Label einer Trendsportart zu versehen. Welche sportiven Bewegungspraxen als Trendsport bezeichnet werden und wie sich diese trotz großer Vielfalt und Heterogenität klassifizieren lassen, hängt also maßgeblich vom Zeitpunkt der Analyse ab. Was heute Trendsportart ist, kann in kurzer Zeit schon gesellschaftlich etabliert oder bereits schon wieder in Vergessenheit geraten sein. Dazu kommt, dass der Trendsportbegriff immer auch eine »alltagskulturelle Konnotation« (Breuer & Michels, 2003, S. 14) aufweist und Trendsportarten von Massenmedien und Wirtschaft befördert werden. Dies kann zu regional vollkommen differenten Betrachtungen der gleichen Bewegungspraxis führen.

Der Tatsache entsprechend, dass sich Trendsport von seinem Erscheinungsbild her gesehen ständig wandelt, geht es im Folgenden um eine Darstellung allgemeiner, sportartübergreifender Trends, die im Verlauf der letzten vier Jahrzehnte zu beobachten waren.

3 Trends im Sport

Im Feld des Sports lassen sich mit Blick auf die letzten 40 Jahre zahlreiche Entwicklungstendenzen identifizieren (Bette, 2004; Schildmacher, 1998; Schwier, 2006). Dabei sind folgende Trends besonders bedeutsam: (1) Sampling, Stilisierung und Szenebildung, (2) Kommerzialisierung und (Selbst-)Medialisierung (3) Extremisierung.

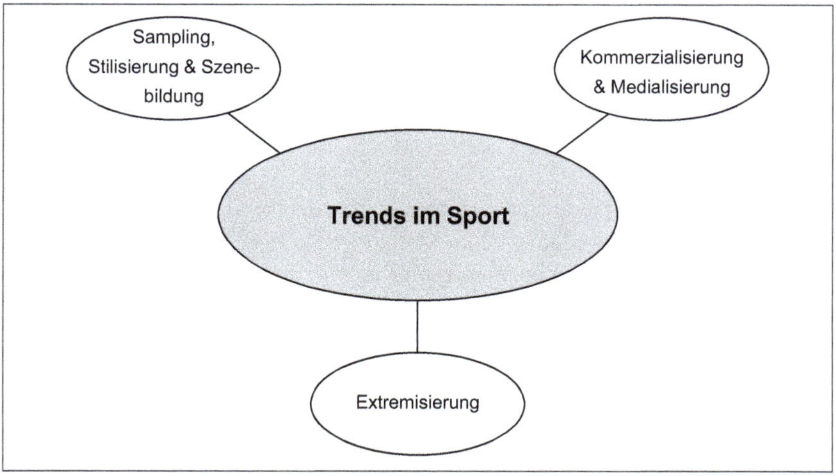

Abb. 1: *Trends im Sport*

3.1 Sampling, Stilisierung und Szenebildung

Betrachtet man neuartige Bewegungsaufgaben in ihrer Gesamtheit, dann lässt sich ein allgemeiner Trend zum Sampling und zu einer damit verbundenen Erschließung neuer Bewegungsräume identifizieren. Beim *Sampling* werden bestehende Sportdisziplinen oder Bewegungspraktiken entweder aus ihrem bekannten Kontext herausgelöst, miteinander vermischt oder im Sinne eines Remixes durch Neues ergänzt. Das Resultat ist eine neuartige Bewegungspraxis mit eigener Symbolik und eigenständigem Raumanspruch, wie dies beispielsweise beim Windsurfen, Snowboarden oder Kitesurfen der Fall ist (SCHWIER, 2006, S. 322). Sampling geht meist mit einer Beschleunigung des Sporttreibens durch eine Erhöhung der Spielgeschwindigkeit bei etablierten Sportarten einher, beispielsweise durch Reduzierung von Spielerzahlen, Verkleinerung des Spielfeldes und/oder Vereinfachung von Regeln (SCHWIER, 2003, S. 24-25). Ein Charakteristikum ist weiterhin die räumliche Verlagerung der Sportausübung mit einer klaren Tendenz vom Indoorsport zur Outdoorvariante, die meist durch eine Modifikation traditioneller Sportarten zustande kommt (vgl. SCHILDMACHER, 1998). Gleiches gilt für eine Einnahme bislang nur wenig oder gar nicht genutzter Naturräume für sportliche Zwecke, wie beispielsweise die Ozeane, der Luftraum oder urbane Räume in Großstädten. Gebäude und öffentliche Plätze erfahren z. B. durch Parkour oder die verschiedenen Formen des Skatens eine neuartige Nutzung.

Eine zentrale Rolle in vielen neuen Bewegungsfeldern spielen die *Stilisierung* und *Szenebildung*. Die sportive Körperpraxis wird als kulturelle Ausdrucksform benutzt und ist wesentlicher Bestandteil individueller Lebensstile. Die Entstehung solcher Sportarten ist an die Ausbildung szenetypischer Bewegungs-, Ausdrucks- und Kleidungscodes gekoppelt, die oftmals mit der Ablehnung popularisierter Konsumstile einhergehen (SCHWIER, 2003, S. 22-23). Da der individuelle Stil betont, die Sportart in wenig festgelegten Umgebungsbedingungen ausgeübt und die Regelgeleitetheit reduziert wird, findet sich in Trendsportarten in der Regel eine Tendenz vom normierten zum unnormierten Sport sowie vom großen Mannschaftssport hin zum kleinen, informellen und unverbindlichen Gruppensport (SCHILDMACHER, 1998). Erst dieses soziale Arrangement befriedigt den Wunsch nach freier Gestaltung der Trainingszeiten und nach Unverbindlichkeit. Der informelle Sport in Szenen, als eine informelle Form des Zusammenschlusses, ergänzt also zunehmend den klassischen vereinsorganisierten Sport.

Sportive Szenen sind als informelle Netzwerke aufzufassen, an denen Personen mit Interesse an einer Bewegungspraxis und einem damit verbundenen Lebensstil partizipieren (Hitzler, Bucher & Niederbacher, 2005). Zusammengehalten werden die Szenen durch ungeschriebene Codes, die sich in einem spezifischen nonverbalen Verhalten, im Kleidungsstil, in der Sprechweise oder in der Ausrüstung manifestieren.

Die Akzentuierung von Virtuosität ist für szenentypische Bewegungspraktiken charakteristisch. Im Mittelpunkt steht dabei die kreative Auseinandersetzung mit der jeweiligen Bewegungsaufgabe, eine leidenschaftliche Perfektionierung des eigenen virtuosen Könnens und das Erleben von Flow-Erfahrungen bei gelingenden Tricks oder Manövern – und weniger das Streben nach wettkampfsportlichem Erfolg. Eine solche kreative Virtuosität zeigt sich besonders auffällig in den jugendkulturell geprägten Szenen der Skater, Streetballer, Surfer, Snowboarder, Mountainbiker oder BMXer (Schwier, 2003).

3.2 Kommerzialisierung und (Selbst-)Medialisierung sportiver Praxen

Eine wichtige Rolle bei der Etablierung alternativer Sportarten spielt das sogenannte »magische Dreieck« (Preuss, 2009, S. 290) aus Sport, Wirtschaft und Medien. Wirtschaftsunternehmen nutzen bei ihrer Werbung zunehmend neue Sportarten, um ihre Produkte mit einem besonderen Image zu versehen. Massenmedien befriedigen durch die Berichterstattung über neuartige sportive Praxen den Wunsch des Publikums nach außergewöhnlichen Ereignissen. Athleten und Sportorganisationen profitieren von diesen Beziehungen v. a. in finanzieller Hinsicht und haben dadurch größeren Spielraum für professionelles Sporttreiben. Das Verhältnis des Sports zur Wirtschaft und den Medien lässt sich daher am besten mit dem Begriff der Symbiose beschreiben (vgl. Bette, 2004). Eine enge Verflechtung von Medien, Wirtschaft und Sportpraxis ist insbesondere bei solchen alternativen Sportpraxen zu beobachten, die durch ein extremes Risiko, extreme Ausdauerleistungen oder einen extrem hohen technischen Anspruch auffallen.

Dies zeigt sich nicht zuletzt in neuartigen Wettkampfmodellen im Bereich des Extremsports. Zunehmend organisieren Wirtschaftsunternehmen gemeinsam mit Eventagenturen, Fernsehsendern oder Zeitungen neuartige Leistungsvergleiche mit hohem Eventcharakter. So werden eigens inszenierte Contest-Events ins Leben gerufen, wie z. B. Big Air Contests beim Snowboarden (z. B. Nike 6.0 Air & Style), Freeride-Events beim Skifahren (z. B. Nissan Free Ski) oder Formate des

Big Wave Surfens (z. B. Quiksilver in Memory of Eddie Aikau), bei denen sich die Extremsportler präsentieren und dabei gleichzeitig die Marken der Sponsoren in Szene setzen. Eine spezifische Form der *Kommerzialisierung* und *Medialisierung* alternativer Sportpraxen findet zudem über speziell für das Bezahlfernsehen entwickelte TV-Formate statt. So gelten die vom amerikanischen Sender ESPN produzierten Winter- und Sommer-X-Games mittlerweile als Kontrastprogramm zu den Olympischen Spielen. Die X-Games stehen geradezu idealtypisch für eine fernsehgerechte Aufarbeitung und Vereinnahmung von neuartigen und besonders action- oder risikoreichen Sportarten durch Medien und kooperierende Sponsoren (vgl. Schwier, 2006; Rinehart, 2000; 2004).

Diese Tendenz zur *Eventisierung* innovativer Bewegungsformen wird maßgeblich von Wirtschaftsunternehmen befördert, welche diese Sportarten als Medium des Eventmarketings nutzen. Die enge Vernetzung von z. B. Sportartikelherstellern mit der Sub- und Konsumkultur führt sogar dazu, dass sich nicht mehr deutlich unterscheiden lässt, woher das Image einer neuartigen Bewegungspraxis überhaupt stammt. Oftmals lässt sich nur schwer feststellen, ob das Image tatsächlich auf eine subkulturelle Szenenbildung zurückgeht oder nicht vielmehr von Marketingstrategen entwickelt und über Werbekampagnen verbreitet wurde (Schwier, 2006). Die Athleten profitieren aber durch die erzeugte Aufmerksamkeit in verschiedener Art und Weise. Vor allem kommen sie mithilfe von Sponsoring- und Ausrüsterverträgen, den Einnahmen aus Filmprojekten, Vorträgen, Seminaren oder der Vermarktung eigener Produktlinien in die Lage, ein Leben als Profisportler zu führen. Gerade Extremsportler greifen dabei zur Übermittlung ihrer Aktionen überwiegend auf moderne Kommunikationstechniken zurück und dokumentieren auf ihren Webseiten oder auf Videoplattformen im Internet die erlebten Situationen und erbrachten Leistungen.

Diese digitale Medialisierung und Selbstmedialisierung erfolgt auch im Feld der jugendlich geprägten Gleit- und Rollsportszenen weniger über das klassische Fernsehen oder den Hörfunk als vielmehr über Internetplattformen, DVDs oder Videospiele. Insbesondere durch Videoportale wird den Nutzern neben Konsummöglichkeiten auch der Upload eigener Filmbeiträge ermöglicht, wodurch die klassischen Grenzen zwischen Produzent und Zuschauer verschwimmen. Als Nebeneffekt lässt sich hierdurch auch eine Abgrenzung zum massenmedialen Mainstream der Sportberichterstattung erzielen. Mittlerweile gibt es beispielsweise Webseiten, die einen zeitlich unabhängigen »Online Contest« der besten auf Film festgehaltenen Tricks ermöglichen. Das Sehen und Gesehenwerden wird dabei zur globalen Angelegenheit und ist nicht mehr nur auf lokale Szenen beschränkt. Zusätzlich lassen sich über Foren, Blogs oder sportartspezifische Portale Botschaften verbreiten, Neuigkeiten, Wissen und Erfahrungen austauschen, eine Vernetzung über räumliche Grenzen hinweg erreichen, neue Bewegungsstile darstellen und gemeinsame subkulturelle Orientierungen bestätigen. Das Internet bietet damit sowohl den bereits Eingeweihten als auch anderen Interessenten »szenetypische Wissensbestände« an, die wiederum als Zugehörigkeitsnachweis zur Gemeinschaft der Surfer, Skater oder Freikletterer notwendig sind und zur »Erweiterung des subkulturellen Kapitals« beitragen (Schwier, 2006).

Die Vermarktung neuartiger Sportpraxen erfolgt mittlerweile immer früher. Lamprecht und Stamm (1998, S. 385) sprechen hier sogar von der Erzeugung »kommerzialisierter Scheintrends«. Diese stellen, wie beispielsweise Carvingski, Nordic Walking oder Speedminton, nur leichte Abwandlungen bekannter Bewegungsformen dar und wurden maßgeblich in den Entwicklungsabteilungen der Sportartikelindustrie entworfen. Bei der Vermarktung solcher Innovationen wirken Sportorganisationen, Sportartikelhersteller oder andere sportnahe Wirtschaftsunternehmen von Beginn an als Trendsetter und Trendpromoter mit. Bislang weiß man allerdings nur wenig darüber, in welchem Maße das Sportmarketing und die massenmediale Präsentation einen Einfluss auf die Entwicklung von Trendsportarten haben.

3.3 Extremisierung

Für die letzten Jahrzehnte lässt sich der Trend zur Extremisierung sportiver Praxen feststellen, der über die klassische Überbietungslogik in sportlichen Wettkämpfen hinausgeht. Schildmacher (1998) spricht von einem allgemeinen Trend hin zu einem extremen, unvorhersehbaren und risikoreichen Sport, der sich von einem durch normierte Sportstätten und durch klare Regelfestlegungen relativ geschützten Sport abgrenzen lässt. Strategien der Extremisierung sind z. B., dass man auf übliche technische Hilfsmittel verzichtet (Freeclimbing), besonders riskante Fertigkeiten hervorbringt (»Double Cork« beim Snowboarden), sich gefährlichen Naturgewalten ausliefert (Big Wave Surfing oder Extremkajak), die Ausübung der Aktivität in ungünstigste Klimazonen verlegt (Marathon in der Sahara) oder die Belastungsdauer und -intensität vervielfacht (z. B. Ultratriathlon) (Schwier, 2003, S. 27).

Eine Extremisierung sportiver Praxen erfolgt dabei sowohl im Hinblick auf die eingegangenen gesundheitlichen Risiken als auch im Hinblick auf das Ausweiten der Grenzen des menschlich Leistbaren. Die Gruppe der Extremsportler steht dabei für ein wildes und intensives Leben, das jenseits von Alltagsroutinen und -zwängen stattfindet. Die hohen Verletzungs- und Todesraten deuten jedoch auf den hohen Preis hin, der beim freiwilligen Ausleben von solch extremen Abenteuer- und Risikobedürfnissen zu zahlen ist.

Die Suche nach Risiko und Abenteuer hat in der Zwischenzeit auch Freizeit- und Breitensportler erreicht. Zahlreiche Snowboarder und Skifahrer sind als Freerider abseits der Pisten unterwegs, Amateurbergsteiger werden in kommerziellen Expeditionen auf die höchsten Berge der Erde geführt und Freizeitsportler bereiten sich mitunter sehr zeitintensiv auf extreme Ausdauerevents, wie z. B. Ironmantriathlons, vor. Die zunehmende gesellschaftliche Relevanz des Extremsports zeigt sich in dessen massenmedialer Vermarktung. Tourismusindustrie und sportferne Wirtschaftsunternehmen greifen verstärkt Elemente des Extremsports auf. Dies zeigt sich beispielsweise an Reiseangeboten zu den einschlägig bekannten »Extremsportmekkas« oder im Angebot von Teambuildingmaßnahmen für Führungskräfte.

Eine Erklärung für den Trend hin zu extremsportlichen Betätigungen ist das motivationstheoretische Konstrukt des »Sensation Seeking« (Zuckerman, 2007), bei dem davon ausgegangen wird, dass die Erregungssuche für das Ausüben einer risikosportlichen Aktivität verantwortlich ist. Andere Autoren führen das Aufsuchen riskanter sportlicher Situationen auf eine Suche nach persönlichen Grenzen und den damit verbundenen, intensiven individuellen (Flow-)Erlebnissen zurück (vgl. Allmer, 1998; Csikszentmihalyi & Jackson, 2000) oder sehen das Erleben von Angst und deren Überwindung als ein wesentliches Motiv des Risikosports an (vgl. Semler, 1994). Neuere Studien geben Hinweise darauf, dass ein Aufsuchen von Risiken vom Persönlichkeitstypus abhängt und dass die Art und Weise der Affektregulation eine erhöhte Risikobereitschaft zu erklären vermag (Castanier, Le Scanff, Woodman, 2010a; b). Neben solch kognitiv-handlungstheoretischen Ansätzen gibt es auch stärker psychoanalytisch ausgerichtete Erklärungsansätze. Am Beispiel des extremen Bergsteigens deutet beispielsweise Aufmuth (1983) an, dass die Bewältigung akuter Identitätsprobleme eine zentrale Rolle in den Motivstrukturen der Extrembergsteiger spielt. Dabei fungiert die extreme Aufgabe im Leben der Extremsportler als eine zentrale Sinnquelle, wobei gerade die Nähe zum Tod durch die damit einhergehende Fokussierung auf das nackte Überleben einen zusätzlichen Lebenssinn stiftet.

Um die zunehmende Hinwendung zu extremsportlichen Praxen besser zu verstehen, sind neben individuellen Motiven und emotionalen Prozessen insbesondere auch die sozialen Bedingungen des Extremsports genauer zu beleuchten. Gesellschaftsbeschreibungen wie von Gerhard SCHULZE (1992) zur »Erlebnisgesellschaft« deuten auf allgemeine Veränderungsprozesse hin, die sich auch im Feld des Sports widerspiegeln. Insbesondere die soziologische Erforschung von Extremsportarten beschäftigt sich mit Mechanismen, die BETTE (2004; 2007) als eine Folge gesellschaftlicher Veränderungsprozesse kennzeichnet. Denn Motive, Gefühle und menschliche Bedürfnisse werden insbesondere auch durch die gesellschaftlich-sozialen Kontexte, in denen sich ein Individuum befindet, beeinflusst. So führen ganz bestimmte gesellschaftliche Konstellationen bei Personen zu konkreten Affekten, Bedürfnissen und Motiven, die sich dann wiederum in spezifischen Handlungsentscheidungen ausdrücken (vgl. BETTE, 2008).

Aus sportsoziologischer Perspektive beschäftigt sich insbesondere Karl-Heinrich BETTE (2004; 2007) mit dem Extremsport. Unter Einnahme eines gesellschaftstheoretischen Blickwinkels wird die Rolle gesellschaftlicher Modernisierungsprozesse bei der zunehmenden Ausbreitung und Weiterentwicklung des Extremsports verdeutlicht und auf das geradezu paradoxe Verhältnis des Extremsports zur modernen Gesellschaft verwiesen. Ganz grundlegend steht die Extremisierung von Sportpraxen in einem paradoxen Verhältnis zum Prozess der gesellschaftlichen Modernisierung. Denn einerseits ist Extremsport als Gegenentwurf zur modernen Gesellschaft aufzufassen, andererseits ist er in seiner heutigen Ausprägung ohne die moderne Gesellschaft undenkbar. Bei genauerer Betrachtung stellt sich der Extremsport laut BETTE (2007, S. 233) gar als ein »Parasit des gesellschaftlichen Modernisierungsprozesses« dar, da er erst durch den Vergleich mit dem relativ sicheren und erlebnisarmen Alltag der Masse an Nichtabenteurern seine Sinnhaftigkeit gewinnt. So benötigen Extremsportler geradezu den im Routinehandeln verstrickten und durch Arbeitsorganisation getakteten und fremdgesteuerten Alltagsmenschen, um sich hiervon als Spezialisten des Außergewöhnlichen abzugrenzen, sich selbst als handlungskräftiges Subjekt zu fühlen oder um die eigene Freiheit inszenieren und genießen zu können. Da der Extremsport in seiner heutigen Ausprägung nicht ohne die modernen Massenmedien, die verfügbare Freizeit oder die notwendigen monetären und materialtechnischen Voraussetzungen möglich wäre, ist er demnach zugleich Negation und Bejahung von Modernität.

Karl-Heinrich Bette findet in seinen Analysen zum Extremsport eine Reihe an Erklärungsmustern für den Trend zur Extremisierung von Sportarten, die sich aber auch auf viele innovative Sportpraxen im Breitensport übertragen lassen. Eine zentrale These ist dabei, dass der moderne Extremsport eine Art Kompensationsmöglichkeit für eine gesellschaftlich erzeugte Langeweile und Leere ist (Bette, 2008). So erzeugt die moderne Gesellschaft einen Bedeutungsverlust des Individuums und, damit einhergehend, Erfahrungen der Machtlosigkeit und Nichtigkeit. Vor allem in großen und formal strukturierten Organisationen fühlen sich viele Personen als unbedeutende Rädchen in einem großen Getriebe. Extremsport und alternative Trendsportarten bieten hier als eine Reaktion auf begrenzte Wirkungsmöglichkeiten des Individuums die Möglichkeit zur Selbstermächtigung und Subjektaufwertung. So lässt sich durch das freiwillige Aufsuchen und Bewältigen extremsportlicher Situationen die in der komplexen Organisations- und Mediengesellschaft verlorene Macht über das eigene Handeln zurückgewinnen und man kann sich wieder als eine selbstbestimmt agierende Person fühlen (Bette, 2004).

Die Sicherheit und Routine der modernen Gesellschaft erzeugt bei Menschen also das Bedürfnis nach Risikoerleben und Gefühlen der Lebendigkeit. Der Ausbruch aus einem von Sicherheitsbestimmungen und Langeweile regierten Leben mithilfe neuer Sportpraxen lässt sich damit – wie es Opaschowski (2000) bezeichnet – als eine »Flucht aus der Vollkasko-Gesellschaft« verstehen, die ihre Wurzeln im sogenannten »postmaterialistischen Wertewandel« (Inglehard, 1977) hat, der zur Entwicklung einer »Erlebnisgesellschaft« (Schulze, 1992) führte. Diese Flucht führt einerseits zu einem für alternative Sportarten typischen Aufsuchen von Naturräumen wie Meeren, Bergen, Wüsten und Luftraum. Die Rückeroberung von Räumen, welche durch die Evolution moderner Kommunikationstechniken, Technisierung und Motorisierung verdrängt wurden, verschafft den Menschen spürbare Raum- und Gegenwartserlebnisse, die im Zuge der gesellschaftlichen Modernisierung durch abstrahierte Raum-Zeit-Bezüge abhanden gekommen sind.

Andererseits ermöglicht der Extremsport es aber auch, die gesellschaftlich vorherrschende Orientierung an der Zukunft durch den Rausch des Augenblicks zu verdrängen. Die sportliche Aktivität in freier Natur macht es möglich, dass man nicht mit den komplizierten Zusammenhängen von Wirtschaft, Politik, Wissenschaft oder Recht konfrontiert wird, ebenso wenig muss man sich mit abstrakten sprachlichen oder schriftlichen Kommunikationsprozessen auseinandersetzen. Vielmehr sind zur erfolgreichen Aufgabenbewältigung andere Qualitäten notwendig, wie beispielsweise Geschicklichkeit, Mut, Kraft, Ausdauer, eine hohe Schmerztoleranz sowie die Fähigkeit, die Natur lesen und auf deren Eigenheiten angemessen reagieren zu können (Bette, 2007, S. 228). Diese These wird auch in psychologischen Arbeiten diskutiert (vgl. ausführlich Göring, 2008). So suchen beispielsweise Extremsportler offenbar ganz bewusst Situationen auf, deren Handlungsausgang in hohem Maße von den eigenen Fähigkeiten und Fertigkeiten abhängt. Dabei scheint das Wissen über die vorhandene Gefährlichkeit eine zusätzliche Intensivierung des Erlebens zu bewirken. Allerdings werden die damit einhergehenden Angstreize nur deshalb als positiv empfunden, weil beim Extremsportler ein Gefühl der Kontrollierbarkeit der Situation vorliegt und die Bewältigung dieser Situation als besondere Herausforderung angesehen wird. Extremsportler sind daher nicht als besonders leichtsinnige Menschen anzusehen, vielmehr versuchen diese, ein Höchstmaß an Kontrolle über die als gefährlich erachteten oder die als fast unbewältigbar erscheinenden Situationen auszuprägen.

Neben der Suche nach Selbstermächtigung treibt offenbar v.a. auch die Erwartung von Distinktionsgewinnen das alternative Sporttreiben an. So lässt sich eine erfolgreiche Abgrenzung von der Masse auf dreifache Weise erzielen: durch einen ausgeprägten Leistungsindividualismus, das Praktizieren von Askese sowie durch eine zur Schau gestellte Selbstgefährdung (Bette, 2004, S. 12). Ein solches Bestreben nach Singularität und Besonderheit resultiert aus dem Drang, sich in einer immer komplexer werdenden Gesellschaft sozial sichtbar zu machen. Insbesondere Extremsportler, aber auch Sportler aus anderen alternativen Sportarten, zielen also auch darauf ab, dass sie von ihren Mitmenschen als einzigartige Personen wahrgenommen werden. So eignet sich ein von der Normalität abweichender Lebensstil hervorragend, um seiner Persönlichkeit eine besonders unverwechselbare Note zu geben und um als eine außergewöhnliche Person wahrgenommen zu werden.

In diesem Zusammenhang spielt die Zurschaustellung des Körpers, der durch die gesellschaftliche Modernisierung in vielfältiger Hinsicht marginalisiert wird und zunehmend aus dem Blickfeld gerät, eine wichtige Rolle. So kommt es im Zuge des Wandels von der Agrar- über die Industrie- zur Dienstleistungsgesellschaft zur zunehmenden Intellektualisierung, Kopflastigkeit und Körperkontrolle. Alternative Sportarten bieten aber nicht nur eine körperorientierte Kompensation der Effekte einer kopflastigen, intellektualisierten und bewegungsarmen Welt (Bette, 2004, S. 13). Sie ermöglichen auch die Wiederentdeckung vernachlässigter Sinneswahrnehmungen. So zeigt Aufmuth (1983, S. 267), dass die Gefühlswelt von Extremalpinisten unter normalen Lebensbedingungen zu wenig herzugeben

	Phase 1 Invention	**Phase 2 Innovation**	**Phase 3 Entfaltung und Wachstum**	**Phase 4 Reife und Diffusion**	**Phase 5 Sättigung**
Kennzeichen	Erfindung	Entwicklung	Durchbruch als Gegenbewegung	Differenzierung und Spezialisierung	Etablierung als »Normalsportart«
Träger	Einzelperson »Pioniere«	Kleine Gruppen von »Tüftlern«	Subkulturelle Lebensstilgruppen	Regelmäßiger Sportler	Verschiedene Benutzergruppen
Beachtungsgrad	Äußerst gering	Begrenzt auf lokale Zentren	Konfrontation mit etablierter Sportwelt	Hohe Verbreitung, Medieninteresse	»Normale« Sportberichterstattung
Kommerzialisierungsgrad	Unikate, Einzelanfertigungen	Lokal begrenzte Produktion	Entstehung von spezifischen Märkten	Produktion von Massenartikeln	Fester Bestandteil des Sportmarkts
Organisationsgrad	Keine Organisation	Gering, lokal begrenzt	Informelle Gruppen	Entstehung formeller Organisation	Bestandteil der etablierten Sportorganisationen
Bedingungen für Übertritt in nächste Phase	Gute Idee, interessante Bewegungsform	Anpassung an Infrastruktur; Kultpotenzial	Marktchancen, einfaches Erlernen der Bewegung	Potenzial zur Differenzierung und Spezialisierung	

***Abb. 2:** Entwicklungsphasen von Trendsportarten (Lamprecht & Stamm, 1998, S. 374)*

scheint, was sich in einem »radikalen Lebendigkeitshunger« äußert. So holen Extrembergsteiger »aus dem Schmerz und aus der Muskelarbeit, aus der Entbehrung, der Kampfbegierde und der Todesangst [...] jenes Maß an gespürter Lebendigkeit aus sich heraus, das die Leere der gelähmten Gefühle vergessen macht« (AUFMUTH, 1983, S. 268).

Nun entwickeln sich Trendsportarten in unterschiedlicher Weise. Dennoch lassen sich typische Mechanismen der Entstehung und Entwicklung neuer Sportarten ausmachen.

4 Entwicklungsdynamik neuer sportiver Praxen

Die Entwicklungsdynamik einer neuen sportiven Praxis lässt sich anhand eines Phasenmodells beschreiben. In Anlehnung an das wirtschaftswissenschaftliche Modell des Produktlebenszyklus haben LAMPRECHT und STAMM (1998; 2002) ein Modell zur Beschreibung von Entstehungs- und Entwicklungsprozessen von Trendsportarten entwickelt, das im Grunde auch die Entstehungs- und Entwicklungsprozesse einer jeden neuen Sportart beschreibt. Zu einem ähnlichen Modell kommt auch SCHWIER (2000), indem er kulturelle Zeichen und Codierungen von neuartigen Sportarten im Rahmen eines kultursemiotischen Zugangs analysiert.

Generell lassen sich fünf verschiedene Phasen der Entstehung und Entwicklung von neuartigen sportiven Praxen unterscheiden (LAMPRECHT & STAMM, 1998; 2002):

- Invention,
- Innovation,
- Entfaltung und Wachstum,
- Reife und Diffusion,
- Sättigung.

4.1 Invention

In der ersten Phase kommt es zur Erfindung einer neuen Sportart durch Pioniere oder Freaks. Dabei handelt es sich in der Regel um einen Entwicklungsprozess, der durch die Kreativität verschiedener Einzelpersonen geprägt wird und oftmals mit der Ausbildung verschiedener Mythen über die tatsächliche Geburtsstunde einer Sportart einhergeht (vgl. LAMPRECHT & STAMM, 1998, S. 375-376). Zur Erfindung einer neuartigen sportlichen Bewegungspraxis tragen neben der Kreativität und Originalität der Erfinder v.a. auch das jeweilige soziokulturelle Umfeld, die vorliegenden infrastrukturellen Besonderheiten und die zur Verfügung stehenden technischen Hilfsmittel bei. Dabei muss es sich nicht zwangsläufig um eine völlig neue Bewegungsform handeln, vielmehr kann es sich – wie bereits diskutiert – eben auch um ein Sampling durch Umformungen, Anpassungen oder Weiterentwicklungen tradierter Sportpraxen handeln. Wenn die Sportart mit der Erfindung neuartiger Sportgeräte einhergeht, dann handelt es sich hierbei meist um spezielle Einzelanfertigungen oder Prototypen. Entsprechend ist der Verbreitungsgrad der neuen Sportpraxis in dieser Phase äußerst gering und vorerst auf die Geburtsstätte(n) begrenzt.

Eine solche Entstehungsgeschichte lässt sich sehr gut am Beispiel des Snowboardens verdeutlichen. So waren es nordamerikanische Wellenreiter, die das Surfbrett in die Rocky Mountains brachten, indem sie nach Alternativen für wellenlose Tage suchten. Zu Beginn noch ohne Bindung, versuchten die Protagonisten zunächst, auf einem kleinen Surfboard mit Halteschnur (»Snurfer«), die Tiefschneehänge hinunterzugleiten und die bekannten Turns des Wellenreitens im Schnee auszuprobieren (Young, 2008). Ähnliche Geburtsmythen lassen sich auch für das Mountainbiken, Freiklettern und Windsurfen nachzeichnen. Einen umfassenden Überblick über die Verbreitung des Surfens und dessen Bedeutung für die Entwicklung neuer Sportpraxen, wie Skateboarden oder Windsurfen, gibt Warshaw (2010).

Die Inventionsphase kann unterschiedlich lange dauern. Voraussetzung für den Eintritt in die nächste Entwicklungsphase ist, dass es sich um eine gute Idee oder um eine sportive Herausforderung handelt, die eine zunehmende Anzahl an Menschen begeistert oder potenziell begeistern kann (vgl. Schwier, 2000).

4.2 Innovation

Die zweite Phase ist durch eine rasante Weiterentwicklung der Bewegungspraxis und insbesondere ihrer Sportgeräte gekennzeichnet. Als treibende Kraft sind die in lokalen Szenen organisierten Bewegungsfreaks und Tüftler anzusehen, die in enger Zusammenarbeit erste Kleinserien der noch lange nicht ausgereiften Sportgeräte produzieren. Abseits der etablierten Sportartikelhersteller werden von geschäftstüchtigen Avantgardisten die ersten Firmen gegründet. Der Vertrieb der neuartigen Sportgeräte erfolgt dabei über regional beschränkte Nischenmärkte. Allmählich werden zwar auch neue Regionen erschlossen, die Ausbreitung der neuen Sportart bleibt allerdings noch auf einige wenige Hochburgen beschränkt (Lamprecht & Stamm, 1998, S. 377).

Die sogenannten Tüftler entwickeln ein Gerät so weit, dass es in Produktion gehen und einer größeren Gruppe zur Verfügung stehen kann, wie z. B. Jake Burton, der nach vielen Versuchen mit unterschiedlichen Prototypen schließlich das erste seriell produzierte Snowboard auf den Markt brachte (vgl. Young, 2008). In der Regel beachten die etablierte Sportwelt und die Massenmedien die sich neu entwickelnde Bewegungspraxis in dieser Phase kaum oder stehen dieser sogar ablehnend gegenüber. So hatten die Snowboarder beispielsweise aufgrund ihrer ursprünglichen Außenseiter- und Exotenrolle zunächst sehr mit frühen Pisten- und Liftbenutzungsverbote in den Skigebieten Nordamerikas und Europas zu kämpfen. Oftmals kommt es auch zur Bildung von Vorurteilen gegenüber den Vorreitern der neuen Sportart, die vom Mainstream dann z. B. als Spinner oder Exoten bezeichnet werden (Lamprecht & Stamm, 1998, S. 378).

Diese stereotypen Zuschreibungen für die Selbstvermarktung nutzend, bildet sich so allmählich das Image der neuen Bewegungspraxis mit rebellischem, außergewöhnlichem oder unkonventionellem Charakter aus. Ein solches Image wird dann meist aktiv gepflegt und in spezifischen Symboliken, Interaktionsmustern, Werthaltungen und Zielsetzungen repräsentiert. Die Verbindung der neuen Bewegungsform mit dem zur Schau gestellten Lebensgefühl der Avantgardisten führt allmählich zu einem identifizierbaren Lebensstil, der auch von Außenstehenden erkannt wird. Die neue Bewegungsform bildet erste Anzeichen einer Subkultur aus. So wuchs auch die ehemals kleine Gruppe der Snowboarder an, die unter anderem auch Skifahrer anzog, die mit den tradierten Normen des Skisports brechen und sich vom unkonventionellen Image des Snowboardens und dessen Stilisierungsmöglichkeiten anziehen lassen wollten.

4.3 Entfaltung und Wachstum

In der dritten Phase erlebt die neue Bewegungsform ihren Durchbruch als akzeptierte Sportart durch weitere Entfaltung und schnelles Wachstum. Der Übertritt in diese Entwicklungsphase hängt dabei sowohl von der Attraktivität der neuen Bewegungsform sowie von den wirtschaftlichen Verwertungsinteressen des neu entstandenen Sportartikelindustriezweigs ab (Lamprecht & Stamm, 1998, S. 379).

Neben den sportiven Herausforderungen tragen insbesondere die Exklusivität des Unkonventionellen und das Lebensgefühl der Avantgardisten zur Attraktivität der Bewegungsform bei, die noch immer als eine Art Gegenwelt zur gängigen Sportpraxis erscheint. Getragen wird diese Entwicklung von informellen Gruppen, die meist aus Jugendlichen oder jungen Erwachsenen bestehen. Über eine aktive Stilisierung durch Kleidung, Sprache, Musik, Umgangsformen und die Art und Weise, wie man sich bewegt, bildet sich zunehmend eine Gruppenidentität aus, welche sich in Form eines stimmigen und eigenständigen, subkulturellen Lebensstils widerspiegelt.

Der subkulturelle Lebensstil wird gerade in dieser Phase zum dominanten sozialen Distinktionsmittel. Während eine solche sportive Subkultur durch ihren gegenweltlichen Charakter insbesondere auf Jugendliche eine besondere Anziehungskraft ausübt, führt dies bei der etablierten Sportwelt und breiten Bevölkerungsteilen häufig zu Gegenreflexen, die von Verunsicherung bis hin zu offener Ablehnung reichen. So ist auch die Irritation des Establishments durch die Kleidung, den Hang zu Rap-, Hip-Hop- und Grungemusik, die Ausbildung einer eigenen Sprache, die ausgeprägte Party- und Geselligkeitskultur und die provokativ zur Schau gestellte Risikobereitschaft der Snowboarder in den frühen Phasen dieser Sportart zu erklären.

Neben der Ausbildung spezifischer Lebensstilgruppen und Subkulturen kommt es in dieser Phase auch zu Innovationen des Materials und der Technik, was wiederum das Wachstum ankurbelt. So wächst rund um die neuen sportiven Bewegungskulturen ein eigener Industriezweig heran, der die Anhänger mit neuen und verbesserten Produkten versorgt. Gleichzeitig kommt es zur Gründung erster Szenemagazine, die zudem eine ideale Plattform für gezielte Werbekampagnen abgeben. Gegen Ende der dritten Phase werden zunehmend auch die traditionelle Sportartikelindustrie, die Massenmedien und die Werbebranche auf die neuartige Bewegungspraxis aufmerksam, was mit einer weiteren Nachfragesteigerung einhergehen kann (Lamprecht & Stamm, 1998, S. 381). Innovative Bewegungspraktiken werden dabei unter Beteiligung der Medien mitunter auch zum »Stichwortgeber des Sportmarketings und des organisierten Sports« (Schwier, 2008, S. 351). In dieser Phase der Entfaltung und des Wachstums wird die neuartige Sportart dann meist auch mit dem Begriff *Trendsportart* belegt.

Insbesondere bei Sportarten, die sich von Beginn an über ihren extremen Charakter definiert haben, ist in dieser Phase eine allmähliche Normalisierung des Extremen zu beobachten. Dies hängt nicht zuletzt damit zusammen, dass eine größere Gruppe dazu in der Lage ist, die zunächst als extrem bezeichneten Praktiken zu bewältigen. Am Ironman®-Triathlon nahmen z. B. vor 30 Jahren nur junge, toptrainierte und »verrückte« Ausdauersportler teil. Mit einer größer werdenden Anhängerschaft werden extremsportliche Praxen denn auch von der modernen Unterhaltungs-, Erlebnis-, Sport- und Tourismusindustrie gezielt aufgegriffen und für breitere Bevölkerungsschichten vermarktet (Palmer, 2004).

In diesem Zusammenhang spricht Bette (2004, S. 136) in Anlehnung an die kulturkritische Analyse von Ritzer (1997) auch von einer »McDonaldisierung« des Abenteuers, bei dem die Praktiken von Extremsportlern massenhaft kopiert und banalisiert werden, wie es z. B. bei Mount-Everest-Expeditionen passiert, die von Reiseunternehmen vorbereitet und gegen einen entsprechenden Preis mit maximalem Komfort, technischer Unterstützung und Begleitung durch ehemalige Extremalpinisten durchgeführt werden. In ursprünglichen Extremsportarten sind somit vermehrt Menschen anzutreffen, die solche Herausforderungen mit geringerem Aufwand und mit breiter organisatorischer Unterstützung aufsuchen, um so ein außergewöhnliches Erlebnis für sich verbuchen zu können.

Palmer (2004) sieht insbesondere in der jugendgerechten Vermarktung von Risikosportangeboten eine große Gefahr für Novizen, die sich als Touristen in tödliche Zonen begeben, die sonst nur absoluten Ausnahmekönnern vorbehalten sind. Zudem werden durch die weltweite Kommunikation von extremen Praxen und Abenteuern über Extremsportvideos, Erfahrungsberichte im Fernsehen oder Bildbände in Buchhandlungen stets neue Interessenten angelockt. Den Protagonisten der Extremsportart bleibt bei einer solch zunehmenden Normalisierung also gar nichts anderes übrig, als durch weitere Leistungssteigerung und Extremisierung, durch ein Risikosampling und durch eine exzentrische Selbstdarstellung oder Skurrilität ständig am Extremimage weiterzuarbeiten, um zu verhindern, dass die Sportart allzu schnell massentauglich wird (vgl. Bette, 2004).

4.4 Reife und Diffusion

Neben einer zunehmenden Popularisierung kommt es in der vierten Phase zu einer weiteren Differenzierung, Anerkennung und Institutionalisierung der mittlerweile als Trendsportart bezeichneten Bewegungspraxis (Lamprecht & Stamm, 1998, S. 381-383). Die Trendsportart und der spezifische Lebensstil mit seinen Zeichen und Symboliken werden dabei allmählich zum Allgemeingut. Für eine Entwicklung hin zu einer Massenbewegung sind allerdings zwei Voraussetzungen notwendig: es muss sich erstens um eine in ihren Grundtechniken relativ einfach zu erlernende Bewegungsform handeln und es muss zweitens ein zukunftsträchtiges Marktpotenzial vorhanden sein, das den Verkauf von Sportgeräten und notwendigem Zubehör verspricht.

Spätestens in dieser Phase werden die etablierten Sportartikelhersteller auf den Trend aufmerksam und versuchen, sich durch Massenproduktion einen Marktanteil zu sichern. Der Vertrieb der Sportgeräte und des Zubehörs erfolgt dabei zunehmend über die klassischen Kanäle der Sportgeschäfte und großen Kaufhäuser. Gleichzeitig steigt auch, was sich nicht zuletzt in einer steigenden Auflage neuer Hochglanzmagazine widerspiegelt, das Interesse der Medien, wobei meist der typische Lebensstil der Sportler und weniger die eigentliche Bewegungsform im Fokus der Berichterstattung steht.

Mit zunehmender Inklusion neuer Bevölkerungsgruppen geht allerdings nicht nur ein Verlust des Kultcharakters einher, sondern auch ein Zerfall der relativ einheitlichen Wertvorstellungen. In die Trendsportart werden neue Interessen, Motive und Vorstellungen hineingetragen, die einen internen Differenzierungsprozess auslösen. Bei diesem internen Differenzierungsprozess zerfallen die Vorstellungen über das »richtige« Ausüben der Sportart, den »richtigen« Lebensstil und das »richtige« Lebensgefühl allmählich in verschiedene Anschauungen. Während in der vorigen Phase noch stärker der Event- und Funcharakter bei Leistungsvergleichen im Vordergrund steht, gewinnt die traditionelle Orientierung am Leistungsprinzip und am Siegescode zunehmend an Bedeutung.

Häufig differenzieren sich in dieser Phase auch die primären sportartspezifischen Organisationen aus. Ein Beispiel ist die anfängliche Differenzierung beim Snowboarden in zwei Verbände, die zunächst beide den Anspruch auf die Organisation und Vermarktung von Snowboardwettkämpfen anmeldeten und jahrelang um die besten Fahrer, Wettkampfformate und Sponsoren kämpften. Hierbei handelte es sich um die neu gegründete »International Snowboard Federation« (ISF) und um die traditionelle »Féderation internationale de Ski« (FIS), die das Snowboarden in die bestehenden Verbandsstrukturen eingliederte (vgl. LAMPRECHT, MURER & STAMM, 2003).

Im Zuge der zunehmenden Institutionalisierung der Trendsportart werden nicht nur neue Sportverbände gegründet und Wettkampfserien installiert, sondern auch Lehrkonzepte entwickelt. Für die Sportart selbst ist dies insofern nicht unproblematisch, als dass zwar ein leichterer Einstieg in die neue Sportart für die »Normalbevölkerung« ermöglicht wird, die Bewegungspraxis hierdurch allerdings immer stärker ihren Charakter als Sub- oder Jugendkultur verliert. Entsprechend lassen sich in dieser Phase auch Prozesse des sozialen Widerstands gegen die zunehmende Institutionalisierung und Vermarktung durch die Einführung von normierten Wettkämpfen beobachten (vgl. BEAL, 1995).

4.5 Sättigung

Beim Eintritt in die fünfte und letzte Phase ist die Sportart in feste Verbandsstrukturen eingebettet, hat sich in verschiedene Segmente ausdifferenziert, wird von verschiedenen Benutzergruppen betrieben und weist mitunter einen hohen Kommerzialisierungsgrad auf (LAMPRECHT & STAMM, 1998). In dieser Phase zeigt sich am deutlichsten, dass der Entwicklungsprozess einer neuen Sportart sich stets in einem Spannungsfeld zwischen Disziplinierung, Routinisierung, sozialer Kontrolle und Antidisziplin, Subversion und populärem Vergnügen vollzieht (vgl. SCHWIER, 2006).

Die Entscheidung des IOC, dass Snowboardwettkämpfe ins Programm der Olympischen Winterspiele aufgenommen werden, steht sinnbildlich für die Ankunft einer neuartigen Sportart im Kanon der traditionellen Sportarten. So haben sich nach anfänglichen Protesten die meisten der – noch mit den subkulturellen Werten der Sportart verbundenen – Athleten dem Reglement der traditionellen FIS gefügt, der die Organisation der Qualifikationswettbewerbe für Olympische Spiele zugesprochen wurde. Im Zuge einer Etablierung zur »Normalsportart« treten allerdings Sättigungstendenzen auf. Ohne den ursprünglichen Kultcharakter kommt es leicht zum Verlust der Aura des Außergewöhnlichen, Unkonventionellen und Rebellischen. Zudem hat sich die ehemalige Trendsportart auf einem vielfältigen Sportmarkt in Konkurrenz zu anderen attraktiven Bewegungsformen und sportiven Lebensstilen nachhaltig zu beweisen, was mit Konzentrations- und Schrumpfungsprozessen einhergehen kann. Eine weitere Marktausdehnung lässt sich hier nur noch über Weiterentwicklungen oder Ausdifferenzierungen im Bereich der Sportartikel, des Sportzubehörs und der sportiven Praktiken bewerkstelligen (LAMPRECHT & STAMM, 1998).

Neben den genannten Phasenmodellen der Entstehung und Entwicklung von (Trend-)Sportarten werden in der Sportsoziologie noch zwei weitere Ansätze diskutiert (SCHWIER, 2008, S. 350-352). So gehen ALKEMEYER und SCHMIDT (2003) in Anlehnung an den französischen Soziologen Michel Foucault, davon aus, dass neue Bewegungskulturen als Selbsttechnologien aufzufassen sind, die eine körperliche Vorwegnahme sozialer Anforderungen darstellen, die mit dem neoliberalistischen Zeitgeist einhergehen. Im internationalen Sprachraum wird die Entwicklung neuartiger Sportarten v. a. auf Abgrenzungsprozesse zum traditionellen Wettkampfsportmodell zurückgeführt, die den Sieges- und Überbietungscode in eine stärkere Erlebnis-, Spaß- und Lebensstilorientierung umwandeln. Bei der Schöpfung neuer Bewegungsformen mit neuen Sportgeräten wird entsprechend ein Sportverständnis verbreitet, das zunächst quer zu den traditionellen Vorstellungen von Sport steht (vgl. im Überblick Wheaton, 2004a; b). Hier wird dann meist von »Alternative Sports« oder von »Lifestyle Sports« gesprochen und weniger von dem im deutschen Sprachraum populären Begriff des Trendsports.

Neuartige Sportarten müssen – worauf Lamprecht und Stamm (1998, S. 385) hinweisen – nicht alle modellhaften Entwicklungsphasen durchlaufen. So lassen sich in jüngerer Zeit viele gezielte Innovationen von neuartigen Bewegungspraxen zum Zwecke der Erschließung neuer Zielgruppen und Märkte durch Sportorganisationen, Sportartikelhersteller oder andere sportnahe Wirtschaftsunternehmen beobachten. In diesem Fall gehen Impulse also nicht von lokalen Szenen mit einem entsprechenden Lebensstil aus, sondern werden gezielt durch Unternehmen gesetzt, um nach der Invention möglichst schnell in die Entfaltungs- und Wachstumsphase überzugehen. Ein Beispiel hierfür ist Nordic Walking, das von einem finnischen Sportstudenten in Kooperation mit einem Stockhersteller erfunden und auf einer Fachmesse medienwirksam vorgestellt wurde. Durch eine professionelle Vermarktung der abgewandelten Skistöcke verbreitete sich die ursprünglich als Trainingsform von Langläufern eingesetzte Technik rapide.

Betrachtet man den Entwicklungsverlauf neuer Bewegungsformen im Zeitfenster der letzten 40 Jahre, dann lässt sich ganz allgemein eine zunehmende Tendenz zur Verknüpfung von Lebensstilelementen, technologisch hochentwickelten Geräten und kommerziellen Vermarktungsmechanismen beobachten. Deutlich wird jedoch auch, dass nicht jede Innovation auch das Potenzial für ein Massenphänomen mitbringt, auch wenn mitunter massive Anstrengungen im Bereich des Marketings unternommen werden.

5 Fazit

Die Auseinandersetzung mit Trends im Sport verdeutlicht, dass sich die Welt des Sports in einem ständigen Wandel befindet. Gesamtgesellschaftliche Entwicklungsprozesse und individuelle Motivstrukturen stehen dabei in Wechselwirkung. Neue Bewegungspraxen werden erfunden und weiterentwickelt, verlassen einen exklusiven Insiderkreis, finden eine zunehmende Anhängerschaft, bilden allmählich Strukturen aus und können sich zu Trendsportarten entwickeln, die nach weiteren Wachstums- und Reifeprozessen schließlich in den Kanon der traditionellen Sportarten eingehen. Diese Wachstums-, Differenzierungs- und Institutionalisierungsprozesse können auf den regionalen oder nationalen Raum beschränkt bleiben oder eine globale Ausbreitung erfahren.

Lernkontrollfragen

- Was ist unter dem Begriff Trendsport zu verstehen?
- Welche Schwierigkeiten ergeben sich bei einer Bestimmung von Trendsportarten?
- Welche allgemeinen Trends sind im Bereich des Sports zu beobachten?
- Was bedeutet Sampling im Zusammenhang mit neuartigen Bewegungspraxen?
- Wodurch lässt sich der Trend zur Stilisierung und Szenebildung charakterisieren?
- Welche Rolle spielen Kommerzialisierung und (Selbst-)Medialisierung bei der Etablierung alternativer Sportarten?
- Welche Erklärungsmuster für eine zunehmende Extremisierung sportiver Praxen werden aus sportsoziologischer Perspektive diskutiert?
- Wie entsteht eine neue Sportart und in welchen idealtypischen Phasen kann deren weitere Entwicklung verlaufen?
- Welche Merkmale weist die Entwicklungsphase »Entfaltung und Wachstum« auf?
- Von welchen Bedingungen hängt es ab, ob sich eine neuartige Bewegungspraxis zu einer etablierten Sportart entwickelt?
- Welche Rolle spielen Sportartikelhersteller und die Medien bei der Entstehung und Entwicklung einer Trendsportart?

Literatur

ALKEMEYER, T. & SCHMIDT, R. (2003). Habitus und Selbst. Zur Irritation der körperlichen Hexis in der populären Kultur. In T. ALKEMEYER, B. BOSCHERT, R. SCHMIDT & G. GEBAUER (Hrsg.), *Aufs Spiel gesetzte Körper. Aufführungen des Sozialen in Sport und populärer Kultur* (S. 77-102). Konstanz: Universitätsverlag.

ALLMER, H. (1998). »No risk – no fun« – Zur psychologischen Erklärung von Extrem- und Trendsport. In H. ALLMER & N. SCHULZ (Hrsg.), *Erlebnissport – Erlebnis Sport* (S. 60-91). Sankt Augustin: Academia.

AUFMUTH, U. (1983). Risikosport und Identitätsproblematik – Überlegungen am Beispiel des Extremalpinismus. *Sportwissenschaft, 13*, 249-270.

BEAL, B. (1995). Disqualifying the official: An exploration of social resistance through the subculture of skateboarding. *Sociology of Sport Journal, 12* (3), 252-267.

BETTE, K.-H. (2004). *X-trem. Zur Soziologie des Abenteuer- und Risikosports.* Bielefeld: Transcript.

BETTE, K.-H. (2007). Grenzgänge. Sinnmotive im Abenteuer- und Risikosport. *Theologisch-praktische Quartalsschrift, 155*, 227-234.

BETTE, K.-H. (2008). Soziologie des Abenteuer- und Risikosports. In K. WEIS & R. GUGUTZER (Hrsg.), *Handbuch Sportsoziologie* (S. 358-367). Schorndorf: Hofmann.

BREUER, C. & MICHELS, H. (2003). Trendsport: Modelle, Orientierungen und Konsequenzen. In C. BREUER & H. MICHELS (Hrsg.), *Trendsport. Modelle, Orientierungen und Konsequenzen* (S. 11-17). Aachen: Meyer & Meyer.

BREUER, G. & SANDER, I. (2003). *Die Genese von Trendsportarten. Im Spannungsfeld von Sport, Raum und Sportstättenentwicklung* (Band 9). Hamburg: Czwalina.

CASTANIER, C., LE SCANFF, C. & WOODMAN, T. (2010a). Who takes risks in high-risk sports? A typological personality approach. *Research Quarterly for Exercise and Sport, 81* (4), 478-484.

CASTANIER, C., LE SCANFF, C. & WOODMAN, T. (2010b). Beyond sensation seeking: Affect regulation as a framework for predicting risk-taking behaviours in hihg-risk sport. *Journal of Sport & Exercise Psychology, 32*, 731-738.

CSIKSZENTMIHALYI, M. & JACKSON, S. A. (2000). *Flow im Sport.* München: BLV.

GÖRING, A. (2008). *Risikosport – Zwischen Trend und Tradition: Eine Sozialwissenschaftliche Untersuchung.* Saarbrücken: VDM.

HITZLER, R., BUCHER, T. & NIEDERBACHER, A. (2005). *Leben in Szenen. Formen jugendlicher Vergemeinschaftung heute* (2 Aufl.). Wiesbaden: VS.

HORX, M. (1991). *Das Wörterbuch der 90er Jahre. Ein Gesellschaftspanorama.* München: Hoffmann & Campe.

HORX, M. (1993). *Trendbuch 1 – Der erste große deutsche Trendreport.* Berlin: Econ.

INGLEHARD, R. (1977). *The silent revolution: Changing values and political styles among western publics.* Princeton: University Press.

LAMPRECHT, M., MURER, K. & STAMM, H. (2003). Die Genese von Trendsportarten. Zur Wirkung von Institutionalisierungs- und Kommerzialisierungsprozessen. In C. BREUER & H. MICHELS (Hrsg.), *Trendsport-Modelle, Orientierungen, und Konsequenzen* (S. 33-50). Aachen: Meyer & Meyer.

LAMPRECHT, M. & STAMM, H. (1998). Vom avantgardistischen Lebensstil zur Massenfreizeit. Eine Analyse des Entwicklungsmusters von Trendsportarten. *Sportwissenschaft, 28,* 370-387.

LAMPRECHT, M. & STAMM, H. (2002). *Sport zwischen Kultur, Kult und Kommerz.* Zürich: Seismo.

OPASCHOWKSI, H. W. (2000). *Xtrem. Der kalkulierte Wahnsinn. Extremsport als Zeitphänomen.* Hamburg: Germa-Press Verlag.

PALMER, C. (2004). Death, danger and the selling of risk on adventure sports. In B. WHEATON (Eds.), *Understanding lifestyle sports. Consumption, identity and difference* (pp. 55-69). London: Routledge.

PREUSS, H. (2009). Sponsoring Im Spitzensport. In C. BREUER & A. THIEL (Hrsg.), *Handbuch Sportmanagement* (2. Aufl., S. 282-299). Schorndorf: Hofmann.

RINEHART, R. (2000). ~~Emerging~~ / Arriving sport: Alternatives to formal sports. In J. COAKLEY & E. DUNNING (Eds.), *Handbook of sports studies* (pp. 504-519). London: Sage.

RINEHART, R. (2004). Sport as constructed audience: A case study of ESPN's The Extreme Games. In D. ROWE (Eds.), *Critical readings: Sport, culture and the media* (pp. 313-327). Maidenhead: Open University Press.

RITZER, G. (1997). *Die McDonaldisierung der Gesellschaft.* Frankfurt/M.: Fischer Verlag.

SCHILDMACHER, A. (1998). Trends und Moden im Sport. *dvs-Informationen, 13* (2), 14-19.

SCHULZE, G. (1992). *Die Erlebnisgesellschaft. Kultursoziologie der Gegenwart.* Frankfurt/M.: Campus.

SCHWIER, J. (2000). *Sport als populäre Kultur. Sport, Medien und Cultural Studies.* Hamburg: Czwalina.

SCHWIER, J. (2003). Was ist Trendsport? In C. BREUER & H. MICHELS (Hrsg.), *Trendsport-Modelle, Orientierungen und Konsequenzen* (S. 18-32). Aachen: Meyer & Meyer.

SCHWIER, J. (2006). Repräsentationen des Trendsports. Jugendliche Bewegungskulturen, Medien und Marketing. In R. GUGUTZER (Hrsg.), *Body Turn* (S. 321-340). Bielefeld: transcript.

SCHWIER, J. (2008). Soziologie des Trendsports. In K. WEIS & R. GUGUTZER (Hrsg.), *Handbuch Sportsoziologie* (S. 349-357). Schorndorf: Hofmann.

SEMLER, G. (1994). *Die Lust an der Angst*. München: Heyne.

WARSHAW, M. (2010). *The history of surfing*. San Francisco: Chronicle Books.

WHEATON, B. (2004a). Introduction. Mapping the lifestyle sport-scape. In B. WHEATON (Ed.), *Understanding lifestyle sports. Consumption, identity and difference* (pp. 1-28). London: Routledge.

WHEATON, B. (2004b). *Understanding lifestyle sports. Consumption, identity and difference.* London: Routledge.

WOPP, C. (2003). Wie werden Trendsportarten gelernt und welche spezielle Methodik ist für Ausbilder und Übungsleiter erforderlich? In C. BREUER & H. MICHELS (Hrsg.), *Trendsport-Modelle, Orientierungen und Konsequenzen* (S. 92-103). Aachen: Meyer & Meyer.

WOPP, C. (2006). *Handbuch zur Trendforschung im Sport. Welchen Sport treiben wir morgen?* Aachen: Meyer & Meyer.

YOUNG, N. (2008). *Complete history of surfing. From water to snow.* Layton: Gibbs-Smith.

ZUCKERMAN, M. (2007). *Sensation seeking and risky behaviour.* Washington DC: American Psychological Association.

Teil II:
Organisation des Sports

Lektion 7

Der organisierte Sport heute

1 Einleitung

Die Entwicklung des modernen Sports in Deutschland ist untrennbar mit der Entstehung und Entwicklung von Sportvereinen und Sportverbänden verbunden. Der im Zuständigkeitsbereich der Sportvereine und Sportverbände betriebene Sport wird in der Literatur oftmals auch als *organisierter Sport* bezeichnet. Der Breitensport ist heute noch immer zum überwiegenden Teil, der Wettkampfsport im deutschsprachigen Raum sogar (noch) fast ausschließlich sportvereins- und verbandsorganisiert. Und auch, global betrachtet, spielen Dachorganisationen des Sports, wie die internationalen Spitzenverbände der jeweiligen Sportarten oder das Internationale Olympische Komitee (IOC), eine entscheidende Rolle im Hinblick auf die Organisation des (Wettkampf-)Sports.

In der folgenden Lektion wird der Blick auf die Strukturen des organisierten Sports gerichtet. Neben einer Charakterisierung organisierten Sports in Deutschland ist auch die Rolle der damit verknüpften und international bedeutsamen Sportorganisationen genauer zu beleuchten.

Folgende Aspekte werden im Verlauf der Lektion behandelt:

- Grundprinzipien des organisierten Sports in Deutschland
- Der Sportverein als Basis des organisierten Sports
- Der Deutsche Olympische Sportbund als Dachorganisation
- Organisation des Sports nach Sportarten
- Übergreifende Organisation des Sports auf Landes- und kommunaler Ebene
- Organisation des Spitzensports in Deutschland
- Internationale Strukturen des organisierten Sports

2 Nationale Strukturen des organisierten Sports

Zu den ersten Turn- und Sportvereinsgründungen kommt es bereits im 19. Jahrhundert im Zuge der Turnbewegung Jahnscher Prägung und unter Einfluss des Sports englischer Prägung. Im Jahre 1816 wird die »Hamburger Turnerschaft« gegründet, die als ältester Turnverein der Welt gilt. Als erste Sportvereine in Deutschland wurden der »Hamburger Ruder-Club« (1836), der »Schlittschuhverein Frankfurt/Main« (1861) und der »Bicycle-Club Altona« (1869) ins Leben gerufen. Zu den ersten Verbandsgründungen kommt es ab Mitte des 19. Jahrhunderts. Im Jahre 1848 wird der »Deutsche Turner-Bund« (DTB) gegründet, eine vermehrte Gründung von Dachverbänden ist um die Jahrhundertwende vom 19. zum 20. Jahrhundert zu beobachten. So fällt die Gründung des »Deutschen Fußball-Bunds« (DFB) auf das Jahr 1900, die des »Deutschen Tennis-Bunds« (DTB) auf 1902.

Die Auseinandersetzung mit der Geschichte des organisierten Sports in Deutschland verdeutlicht, wie eng die nationale Organisation des Sports mit Politik verflochten ist, wie z. B. der Nationalstaatenbildung, dem Imperialismus im deutschen Kaiserreich, der Weimarer Republik und dem Nationalsozialismus. Beispielsweise führte die Zerschlagung der durch den NS-Staat geprägten Organisation des Sports durch die Besatzungsmächte nach dem Zweiten Weltkrieg zur Ausprägung von zwei unterschiedlichen Organisationsformen. Während sich der DDR-Sport abseits des Vereinswesens am sowjetischen Modell der Betriebssportgemeinschaften ausrichtete, orientierte sich der Sport in der Bundesrepublik an den traditionellen Organisationsstrukturen aus Sportvereinen und Sportverbänden. Bei der Neuorganisation waren strenge Auflagen der Besatzungsmächte einzuhalten, darunter auch die Ausrichtung an demokratischen Grundprinzipien. So wurde 1950 mit dem Deutschen Sportbund eine Dachorganisation gegründet, welche die Interessen aller Sportvereine und -verbände in der Bundesrepublik Deutschland vertrat. Im Wiedervereinigungsprozess beider deutscher Staaten erfolgte ein Transfer der westdeutschen Organisation des Sports auf die stark politisch geprägten Sportorganisationsstrukturen im ehemaligen Ostdeutschland.

Heute gibt es in Deutschland etwa 91.000 Sportvereine, in denen ca. 27,6 Millionen Mitglieder organisiert sind, was 29 % der Gesamtbevölkerung entspricht (DOSB, 2010). Betrachtet man die heutige Sportvereinslandschaft genauer, dann lassen sich von Sportvereinen mit einem recht überschaubaren Sportangebot bis hin zu Vereinen mit unterschiedlichsten Sparten und einem breiten und mitunter an aktuellen Trends orientierten Kursangebot unterschiedlichste Ausprägungen erkennen. Die vielfältige Entwicklung der Sportvereine und Sportverbände lässt sich insbesondere auf die seit den 1960er-Jahren stattfindende Inklusion breiter Bevölkerungsgruppen zurückführen.

> *Einen kurzen historischen Abriss zur Sportvereinsentwicklung in Deutschland geben BORGGREFE, CACHAY und THIEL (2012). Ausführlich lässt sich die historische Entwicklung von Sportvereinen und deren Verknüpfung mit politischen und sozialökonomischen Modernisierungsprozessen bei LANGENFELD (1986; 1988) und bei KRÜGER (2004; 2005a; b) nachlesen. Vertiefende Aspekte der Sportvereinsentwicklung unter sportgeschichtlichen Aspekten vermittelt zudem das »Handbuch Sportgeschichte« von KRÜGER und LANGENFELD (2010).*

Heute ist die Organisation der Sportvereinslandschaft in Deutschland durch bestimmte Grundprinzipien und konstitutive Merkmale gekennzeichnet.

2.1 Grundprinzipien und konstitutive Merkmale von Sportvereinen und Sportverbänden

Laut Grundgesetz der Bundesrepublik Deutschland haben alle Deutschen das Recht, Vereine und Gesellschaften zu bilden. Ein Verein ist im Sinne der §§ 21 bis 79 des Bürgerlichen Gesetzbuchs (BGB) ein auf Dauer angelegter Zusammenschluss von Personen zur Verwirklichung eines gemeinsamen Zwecks, der eine körperschaftliche Verfassung mit Vorstand und Mitgliederversammlung als Organe aufweist, der einen Gesamtnamen führt, nach außen als Einheit auftritt und der in seinem Bestand vom Wechsel der Mitglieder unabhängig ist. Durch die Eintragung in das Vereinsregister erhält der Verein seine Rechtsfähigkeit, was durch den Zusatz »e. V.« im Vereinsnamen erkennbar ist.

Der eingetragene Verein (e. V.) zählt in Deutschland zu den häufigsten Gesellschaftsformen. Neben Sportvereinen gibt es Traditionsvereine (z. B. Bürger-, Heimat- oder Schützenvereine), Hobbyvereine (z. B. Kleingärtner- und Tierzüchtervereine oder Kegelklubs), musische Vereine (Musik-, Gesangs- oder Theaterspielvereine), Kulturvereine (literarische Gesellschaften, Kunstvereine oder Geschichtswerkstätten), Umwelt- und Naturschutzvereine, Förder- und Trägervereine, Selbsthilfevereine, karitative und humanitäre Vereine und viele weitere mehr (MÜLLER-JENTSCH, 2008). Sportvereine können sich auch zu Sportverbänden zusammenschließen, die dann ebenfalls den Rechtsstatus eines eingetragenen

Vereins besitzen. Als Dachorganisation von Sportvereinen gelten für Sportverbände die gleichen organisatorischen Grundprinzipien.

Grundprinzipien

Die organisatorischen Grundprinzipien von eingetragenen Vereinen sind gesetzlich geregelt und zivilrechtlich verankert. Dabei gilt der Grundsatz der Vereinsautonomie, d.h., der Verein hat das Recht, seine Angelegenheiten selbst zu ordnen und zu gestalten. Um den Status eines eingetragenen Vereins (e. V.) zu erhalten, der steuerrechtliche Vorteile genießt, ist eine Eintragung ins Vereinsregister nach entsprechender Prüfung der gesetzlichen Mindestvoraussetzungen notwendig (BGB, §§ 25-66). Für eine Vereinsgründung sind mindestens sieben Gründungsmitglieder notwendig, die in der Regel volljährig sein müssen. Zudem müssen Vereine laut Bürgerlichem Gesetzbuch (BGB) eine Satzung vorlegen, die bestimmte Voraussetzungen erfüllt. In § 57 des BGB werden die Mindestanforderungen an die Vereinssatzung formuliert. So muss die Satzung den Zweck, den Namen und den Sitz des Vereins enthalten. Der Zweck des Vereins darf dabei nicht auf einen wirtschaftlichen Geschäftsbetrieb gerichtet sein (BGB, § 21), und der Name soll sich von den Namen der an demselben Ort oder in derselben Gemeinde bestehenden, anderen eingetragenen Vereinen deutlich unterscheiden. Zudem ist in der schriftlich vorzulegenden Satzung deutlich zu machen, dass der Verein im Vereinsregister eingetragen werden soll.

Bei Sportvereinen bezieht sich der Vereinszweck entweder auf die Förderung des Sports im Allgemeinen oder auf die Förderung ausgewählter Sportarten. In einer Mustersatzung für Sportvereine ist dies wie folgt formuliert: »Der Verein trägt den Namen [...] e. V., als Abkürzung [...]. Der Verein hat seinen Sitz in [...] und ist im Vereinsregister des Amtsgerichts [...] eingetragen. Vereinszweck ist die Pflege und Förderung des Sports. Der Vereinszweck wird insbesondere durch die Förderung sportlicher Übungen und Leistungen verwirklicht. Der Verein verfolgt ausschließlich und unmittelbar gemeinnützige Zwecke im Sinne des Abschnitts ›steuerbegünstigte Zwecke der Abgabenordnung. Der Verein ist selbstlos tätig und verfolgt nicht in erster Linie eigenwirtschaftliche Zwecke. Mittel des Vereins dürfen nur für die satzungsgemäßen Zwecke verwendet werden. Die Mitglieder erhalten keine Zuwendungen aus Mitteln des Vereins. Es darf keine Person durch Ausgaben, die den Zwecken des Vereins fremd sind oder durch unverhältnismäßig hohe Vergütungen begünstigt werden« (WLSB, 2011).

In jeder Satzung finden sich Formulierungen, die auf eine Förderung des Sports im Allgemeinen oder ausgewiesener Sportarten abzielen und die Bereitstellung von Sportangeboten und Sportstätten nach Mitgliederinteressen auf gemeinnütziger, nicht gewinnorientierter Basis festlegen. Häufig werden in den Satzungen der Sportvereine auch Ziele wie Demokratieerziehung, Gesundheitsförderung und Gesundheitserziehung oder Jugendförderung genannt (Thiel & Meier, 2004; Breuer, 2009).

Die Satzung soll zudem Bestimmungen über den Eintritt und Austritt der Mitglieder enthalten und Aussagen darüber machen, ob und welche Beiträge von den Mitgliedern zu leisten sind. Gesetzlich sind zwei Organe zwingend vorgeschrieben (vgl. BGB): Die Mitgliederversammlung ist als höchstes Entscheidungsgremium auszuweisen und zudem muss ein Vorstand gebildet werden, der aus mehreren Personen bestehen kann. Der Vorstand wird von der Mitgliederversammlung gewählt und bestellt. Dieser vertritt den Verein sowohl gerichtlich als auch außergerichtlich, wobei der Umfang seiner Vertretungsmacht ebenfalls durch die Satzung beschränkt werden kann. Die Satzung regelt auch die Voraussetzungen, wie die Mitgliederversammlung abläuft, wie diese zu berufen ist und in welcher Art und Weise die Vereinsmitglieder über Beschlüsse zu informieren sind. Zusätzlich kann der Verein weitere Organe bilden, die in ihrer Bezeichnung frei wählbar sind, zum Beispiel Hauptausschuss, Jugendvorstand oder spezielle Abteilungen.

In der Satzung sind damit die vereinstypischen Leitprinzipien verankert. Da die Satzung öffentlich gemacht werden muss, sind diese Leitprinzipien auch für Dritte nachvollziehbar. Wenn ein eingetragener Verein ausschließlich und unmittelbar gemeinnützige Zwecke verfolgt, selbstlos tätig ist und nicht in erster Linie eigenwirtschaftliche Interessen verfolgt, wird dieser oftmals auch als Idealverein oder als *Non-Profit-Organisation* bezeichnet.

Bei den etwa 91.000 eingetragenen Turn- und Sportvereinen in Deutschland handelt es sich von der Idee her um Non-Profit-Organisationen. Eingetragene Vereine gelten zudem als juristische Personen, was bedeutet, dass sie voll rechtsfähig sind. D. h., sie können als Rechtssubjekte selbst Träger von Rechten und Pflichten sein und sie können vor Gericht klagen und verklagt werden. Einem eingetragenen Sportverein kann die Rechtsfähigkeit entweder auf Antrag oder von Amts wegen auch wieder entzogen werden, wenn dieser zum Beispiel durch einen gesetzeswidrigen Vorstands- oder Mitgliederversammlungsbeschluss das Gemeinwohl gefährdet, wenn es keinen Vorstand mehr gibt oder wenn der Verein primär eigenwirtschaftliche Zwecke verfolgt, d.h., wenn er wie ein Wirtschaftsunternehmen operiert. Ein eingetragener Verein kann die Rechtsfähigkeit auch dann verlieren, wenn die Anzahl der Vereinsmitglieder unter drei sinkt.

Konstitutive Merkmale

Aus den gesetzlichen Bestimmungen zum Vereinswesen haben die Sportsoziologen Klaus Heinemann und Heinz-Dieter Horch fünf konstitutive Merkmale von Sportvereinen abgeleitet (Heinemann & Horch, 1981; 1988; Heinemann, 2007).

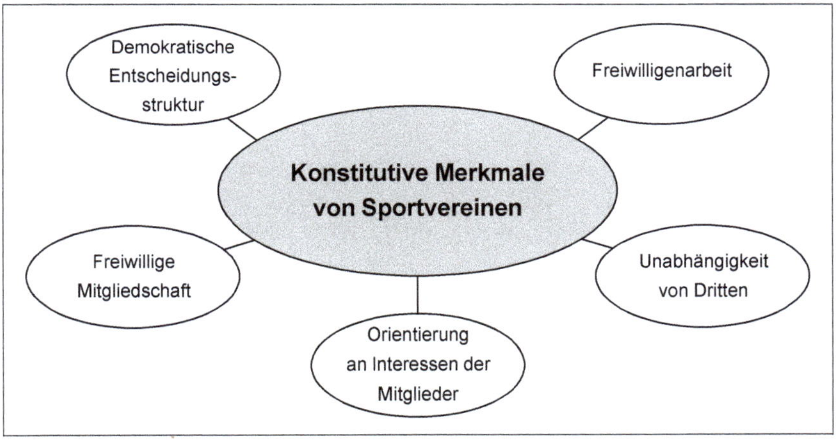

***Abb. 1:** Konstitutive Merkmale von Sportvereinen*

(1) Freiwillige Mitgliedschaft

Freiwillige Mitgliedschaft bedeutet, dass sich jeder Mensch freiwillig entscheiden kann, ob er bei Interesse am Leistungsangebot eines Vereins Mitglied im Verein werden will. Sollten die Vereinsziele oder Vereinsangebote nicht mehr den Interessen des Mitglieds entsprechen, ist ein Austritt aus dem Verein jederzeit ohne Konsequenzen möglich. Durch die Satzung kann lediglich bestimmt werden, dass der Austritt nur am Schluss eines Geschäftsjahrs oder erst nach dem Ablauf einer festgelegten Kündigungsfrist zulässig ist.

(2) Orientierung an den Interessen der Mitglieder

Vereine haben sich an den Interessen der Mitglieder zu orientieren, sie sind also den Interessen der Mitglieder verpflichtet. Dieser Orientierung an den Interessen der Mitglieder liegt ein Prinzip gegenseitiger Leistungserbringung zugrunde. Die sportvereinstypischen Ziele und Angebote sind für Mitglieder als Motivation zur Mitgliedschaft aufzufassen, im Gegenzug sind die Mitglieder bereit, an der Leistungserbringung im Verein durch Mitgliedsbeiträge und ehrenamtliches Engagement mitzuwirken. Im Optimalfall kommt es dabei zur Deckung der individuellen Motivlagen der Mitglieder und der Vereinsziele. Mit der Orientierung an den Interessen der Mitglieder grenzen sich Vereine von Wirtschaftsunternehmen ab, die sich bei ihrem Leistungsangebot am Markt und damit an den Interessen und Bedürfnissen aktueller und potenzieller Kunden orientieren, um die eigene Wettbewerbsfähigkeit zu erhalten. Kunden stehen dabei in einer anderen Beziehung zum Unternehmen als Vereinsmitglieder zu ihrem Verein, da die Kunden für einen Geldbetrag eine entsprechende Gegenleistung erhalten und ansonsten nicht weiter an das Unternehmen gebunden sind oder mit diesem in Kontakt treten.

(3) Unabhängigkeit von Dritten
Der Verein finanziert sich über Mitgliedsbeiträge und andere, nicht-monetäre Leistungen der Mitglieder selbst und ist somit unabhängig von Dritten und autonom. Die bereits angesprochene freiwillige Mitgliedschaft ist zentrale Voraussetzung für die Autonomie von Vereinen. Vereine und Verbände erhalten zwar Zuschüsse und Steuerermäßigungen von öffentlichen Einrichtungen, sind aber im Gegenzug nicht zu einer direkten Gegenleistung verpflichtet. Das Verhältnis der Vereine zum Staat ist entsprechend durch das Prinzip der Subsidiarität gekennzeichnet.

(4) Freiwilligenarbeit
Die wesentlichen Aufgaben im Verein werden über freiwillig Tätige geleistet. So setzt sich der Vorstand in der Regel aus ehrenamtlichen Amtsinhabern zusammen und die Leistungsangebote des Vereins werden überwiegend von Mitgliedern für Mitglieder auf freiwilliger Basis erbracht. Freiwilligenarbeit ist somit eine zentrale Ressource des Vereins.

(5) Demokratische Entscheidungsstruktur
Laut Satzung weisen Vereine eine demokratische Entscheidungsstruktur auf. Wichtige Entscheidungen erfolgen im Verein über demokratische Abstimmungen, bei denen jedes Mitglied eine Stimme hat. Damit entscheiden die Mitglieder gleichberechtigt über Personalien oder Veränderungen der Ziele oder Angebote im Verein. Strukturelle Veränderungen jeglicher Art brauchen eine Stimmenmehrheit, bei besonders bedeutsamen Veränderungen kann auch eine Zwei-Drittel-Mehrheit oder eine vollständige Zustimmung der Mitgliederversammlung

notwendig sein. Besonders bedeutsame Veränderungen können zum Beispiel die Einführung von Hauptamtlichkeit oder die Gründung einer neuen Abteilung sein. Da der Vorstand lediglich als Vertreter der Mitgliederinteressen gilt, besitzt dieser im Gegensatz zu Führungspersonen in Wirtschaftsunternehmen keine Weisungsbefugnis. Die Durchsetzung eigener, privater Interessen eines Amtsinhabers oder sonstiger Mitglieder kann lediglich über das Erzielen von Mehrheiten in den Entscheidungsgremien erzielt werden.

Die sportsoziologische Forschung der letzten 30 Jahre zeigt, dass diese idealtypischen Merkmale in der Praxis nicht immer in ihrer Reinform vorkommen. Nach Heinemann (2007, S. 133) kann beispielsweise die Mitgliedschaft in einem Verein durch Gruppenzwang befördert werden oder durch das Fehlen anderer Sportanbieter in ihrer Freiwilligkeit eingeschränkt sein. Durch die zunehmende Einführung hauptamtlicher Mitarbeit in größeren Sportvereinen wird das ehrenamtliche Tätigkeitsspektrum ergänzt und verändert damit die Art der Leistungserbringung. Zudem kann durch den Verkauf von Leistungen an Nichtmitglieder, das Eingehen von Sponsoringpartnerschaften oder die Einwerbung staatlicher Mittel die Unabhängigkeit gegenüber Dritten eingeschränkt werden.

Die Veränderung des Idealtypus des Sportvereins ist zu einem großen Teil auf die soziale Öffnung des Sportsystems und den gesellschaftlichen Wertewandel zurückzuführen. Sportvereine stellen – darüber sind sich die meisten Sportsoziologen einig – einen »Bereich freiwilliger sozialer Assoziationen dar, dessen Vielfalt und Differenziertheit kaum zu überblicken ist« (Anders, 1986, S. 57). Doch sie stellen nach wie vor die Basis des organisierten Sports dar.

2.2 Der Sportverein als Basis des organisierten Sports in Deutschland

Für den organisierten Sport in Deutschland ist ein zweigliedriger Aufbau charakteristisch, der sich in seiner Ausgestaltung an der föderalen Struktur der Bundesrepublik orientiert (Heinemann, 2007). Die Sportvereine mit ihren Mitgliedern bilden dabei die Basis sowohl für sportartspezifische Sportverbände als auch für sportartübergreifende Sportbünde. Neben den sportartspezifischen Sportorganisationen auf Landes- und Bundesebene, zu denen Landesverbände und Spitzenverbände/Bundesfachverbände gehören, existieren als sportartübergreifende Organisationen die Stadt- und Bezirkssportbünde auf kommunaler Ebene sowie die Landessportbünde auf Ebene der Bundesländer. Als Dachorganisation des zweigliedrig aufgebauten organisierten Sports in Deutschland fungiert auf Bundesebene der Deutsche Olympische Sportbund (DOSB). Sportverbände und Sportbünde sind von ihrer Grundstruktur her ebenfalls eingetragene Vereine und somit auch in der Rechtsform eines Idealvereins vorzufinden. Dementsprechend weisen Sportverbände und Sportbünde eine ähnliche Organisationsstruktur wie Sportvereine auf. Der wesentliche Unterschied liegt jedoch darin, dass die Mitglieder keine Einzelpersonen, sondern in der Regel Sportvereine oder andere Sportverbände sind. Zudem unterscheiden sich Verbände von Vereinen vor allem in ihren Aufgabengebieten, der Vertretung der Interessen der Mitgliedsvereine und -verbände (Emrich, 2008). Bei vielen Verbänden zeigt sich schließlich im Vergleich zum Verein eine vermehrte Arbeitsteilung und eine häufigere Beschäftigung von hauptamtlichem Personal (Heinemann, 2007).

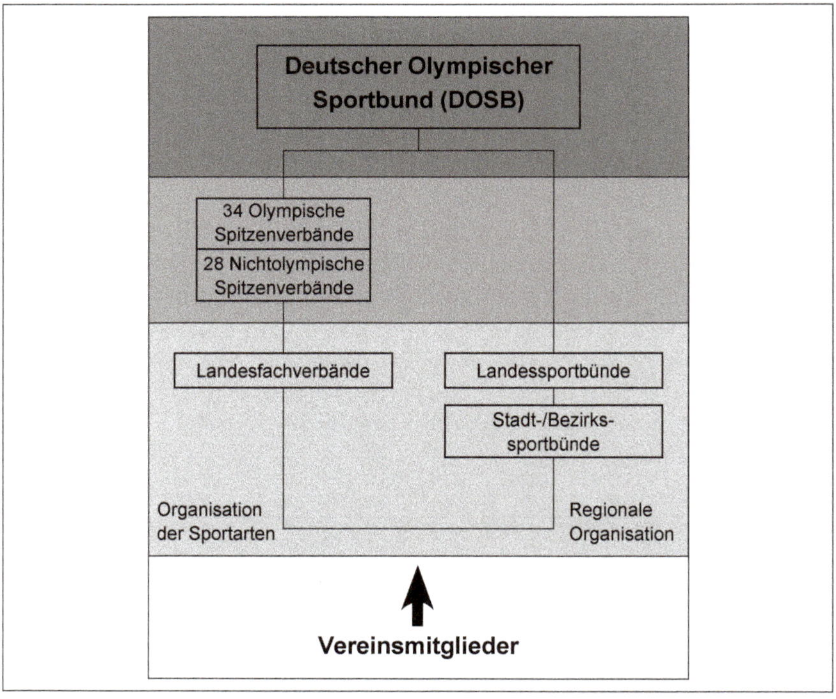

Abb. 2: *Der organisierte Sport in Deutschland (in Anlehnung an Heinemann, 2007, S. 140).*

Alle auf dem Sportverein aufbauenden Sportorganisationen bis hin zum DOSB erhalten ihre Legitimation erst durch die Interessen der Vereinsmitglieder. So repräsentiert der DOSB als Dachorganisation die Interessen der Sportverbände, deren Mitglieder wiederum Vereine sind, die wiederum die Interessen der Sportvereinsmitglieder vertreten.

2.3 DOSB als Dachorganisation des deutschen Sports

Der Deutsche Olympische Sportbund (DOSB) ist als Dachorganisation des deutschen Sports die größte Sportorganisation in Deutschland. Der Zweck und die Ziele des DOSB liegen laut Satzung erstens darin, den deutschen Sport in allen seinen Erscheinungsformen zu fördern, zu koordinieren und ihn in überverbandlichen und überfachlichen Angelegenheiten gegenüber der Gesellschaft, dem Staat sowie anderen zentralen Sport- und sonstigen Institutionen im In- und Ausland zu vertreten.

Zweitens obliegen dem DOSB alle Zuständigkeiten, Rechte und Pflichten eines Nationalen Olympischen Komitees, wie sie ihm durch das Internationale Olympische Komitee (IOC) und die Olympische Charta übertragen sind. Der DOSB hat somit die ausschließliche Zuständigkeit, die Teilnahme der Bundesrepublik Deutschland an den Olympischen Spielen sicherzustellen sowie die Städte zu bestimmen, die sich um die Ausrichtung der Olympischen Spiele bewerben dürfen.

Drittens ist der DOSB für die Betreuung seiner Mitglieder zuständig, welche in der Satzung und in zahlreichen Ordnungen geregelt ist (DOSB, 2006). Direkte Mitglieder des DOSB sind 34 olympische Spitzenverbände/Bundesfachverbände und 28 Nichtolympische Spitzenverbände/Bundesfachverbände, 16 Landessportbünde und 20 Sportverbände mit besonderen Aufgaben (z. B. ADH, DSLV, DJK, DVS), hinzu kommen auch noch 16 persönliche Mitglieder (z. B. Spitzenathleten, Funktionäre, Politiker). Indirekt sind damit über die Spitzenverbände, Landessportbünde und Sportverbände mit besonderen Aufgaben die Interessen der knapp 91.000 Sportvereine und etwa 27,6 Mio. Sportvereinsmitglieder im DOSB vertreten (DOSB, 2010).

Zudem gibt es DOSB-nahe Institutionen, welche im Gegensatz zu den Mitgliedsorganisationen keine Stimmberechtigung in der Mitgliederversammlung haben und die insbesondere zur sportartübergreifenden Förderung des Leistungssports eingerichtet wurden. Hierzu gehören zum Beispiel die 19 Olympiastützpunkte, die Stiftung Deutsche Sporthilfe, die Deutsche Sport-Marketing GmbH, die Trainerakademie Köln des DOSB und die Führungs-Akademie des DOSB.

Betrachtet man das Aufgabenspektrum des DOSB genauer, dann lässt sich dieses in die Bereiche *Leistungssport*, *Breitensport* und *Sportentwicklung* differenzieren.

- Im Bereich *Leistungssport* geht es primär um die Erarbeitung, Festlegung und Durchführung von sportartübergreifenden Konzepten zur Förderung des Leistungssports und um die Schaffung damit verbundener Strukturen. Entsprechend wichtig ist der Abschluss zentraler Rahmenvereinbarungen mit öffentlichen und privaten Institutionen, in welchen Fragen der Finanzierung oder sonstigen Unterstützung festgelegt werden. Zudem ist die Umsetzung der Leistungssportförderung im Rahmen von Vereinbarungen mit seinen Mitgliedsorganisationen zu leisten. Eine wichtige Aufgabe liegt in der Vorbereitung, Nominierung, Entsendung und Abwicklung der Teilnahme deutscher Mannschaften an Olympischen Spielen, die in Kooperation mit den olympischen Spitzenverbänden zu erfolgen hat. Zudem unterstützt der DOSB die Vorbereitung und Organisation der World-Games in Kooperation mit den Spitzenverbänden. Neben der Sicherung einer effizienten Begleitung des Leistungssports durch die Sportwissenschaft und Sportmedizin hat es sich der DOSB auch zur Aufgabe gemacht, eine hochwertige Traineraus- und -fortbildung zu gewährleisten und eine sportartübergreifende Mithilfe in der Betreuung von Athleten während und nach Ende ihrer aktiven Laufbahn zu organisieren (DOSB, 2006).

- Die Aufgaben im Bereich *Breitensport* liegen vor allem in der Beratung der Mitgliedsorganisationen zu Fragen der Vereinsentwicklung. Der DOSB möchte mit Impulssetzungen zu notwendigen Veränderungen der Sportpraxis beitragen und an der Weiterentwicklung des internationalen Breitensports mitwirken. Die Sicherung einer effizienten Partnerschaft zwischen Breitensport und Sportwissenschaft, die Verleihung und Weiterentwicklung des Deutschen Sportabzeichens sowie eine Stärkung der Integrationsfunktion des Sports sind weitere wichtige Aufgaben, die sich der DOSB im Bereich des Breitensports stellt. Zudem kümmert sich der DOSB in diesem Bereich um die Außendarstellung der Rolle sportlicher Aktivität mit Blick auf Aspekte der Gesundheit und sozialen Lebensqualität. In Zusammenarbeit mit den Mitgliedsorganisationen ist schließlich die Erarbeitung von sportartübergreifenden Konzeptionen, Programmen, Modellen und Aktivitäten im Breitensport vorgesehen (DOSB, 2006).

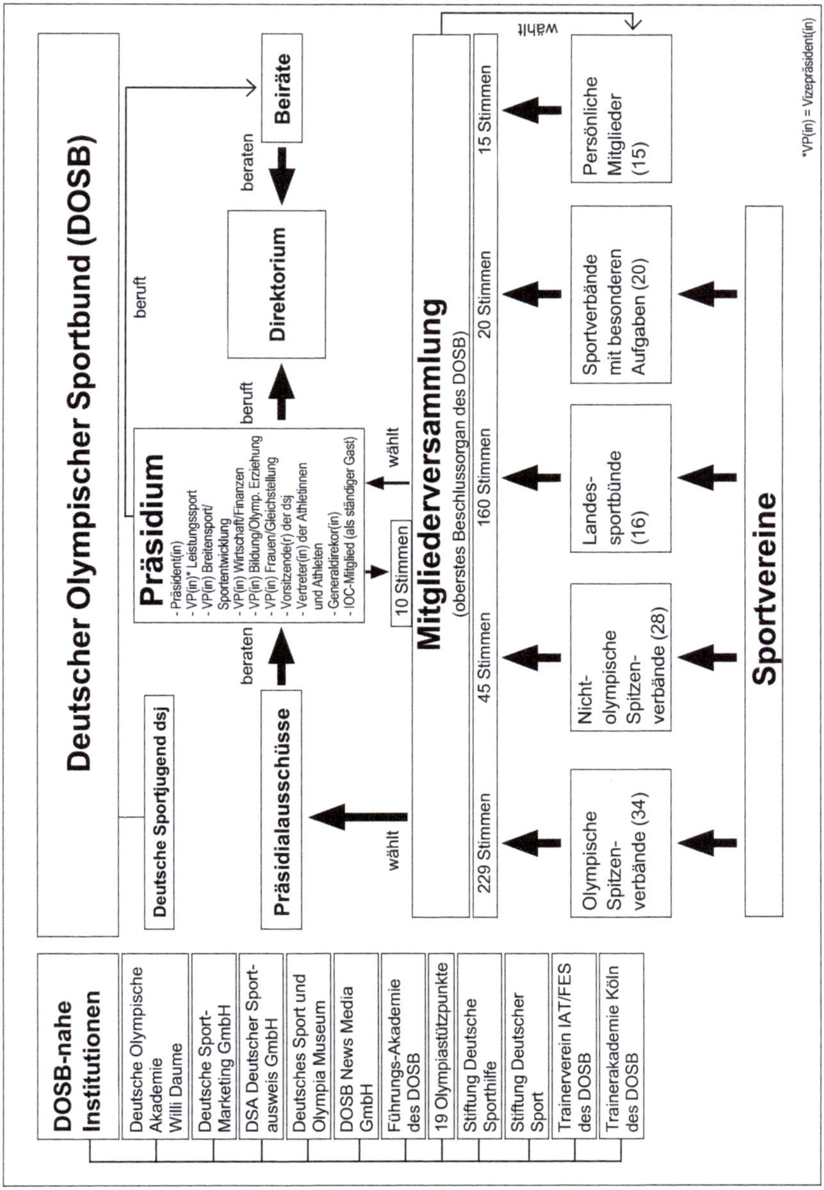

Abb. 3: *Der DOSB und seine Mitgliedsorganisationen (in Anlehnung an DOSB, 2012)*

- Weitere Aufgabenfelder des DOSB liegen im Bereich der *Sportentwicklung*. So stellt sich der DOSB das Ziel der Förderung einer ganzheitlichen Persönlichkeitsentwicklung im Sport, des Kinder- und Jugendsports und der Bildung im und durch Sport. Dabei sollen insbesondere die olympischen Grundprinzipien vermittelt und darüber hinaus soll eine gleichberechtigte Teilnahme von Männern und Frauen am Sport ermöglicht werden. Gefördert werden weiterhin sportwissenschaftliche und sportmedizinische Einrichtungen sowie der Sport von Menschen mit Behinderung. Dem DOSB geht es schließlich um die Festigung eines umfassenden Sportverständnisses in der Gesellschaft und um die Pflege internationaler Zusammenarbeit auf überverbandlichen und überfachlichen Gebieten des Sports. Hierzu geht der DOSB Kooperationen mit Institutionen des deutschen Staates und der EU ein und treibt Partnerschaften mit internationalen, wirtschaftlichen und gesellschaftlichen Gruppierungen voran (DOSB, 2006).

Aktuelle Herausforderungen des DOSB liegen einerseits in der Bestrebung, den Sport als Staatsziel auch ins Grundgesetz aufzunehmen (mit Ausnahme von Hamburg ist der Sport in 15 von 16 Bundesländern bereits als Staatsziel anerkannt). Andererseits ist der DOSB aktuell bestrebt, die Situation der Trainer im Spitzensport im Rahmen der Traineroffensive zu verbessern, die Integration durch Sport voranzutreiben und den Schutz vor sexuellem Missbrauch im Sport zu gewährleisten (DOSB, 2011).

Bei Betrachtung der Entscheidungsgremien des DOSB wird deutlich, dass die Mitgliederversammlung das oberste Beschlussorgan ist. In der Mitgliederversammlung werden das Präsidium, die Präsidialausschüsse sowie die 15 persönlichen Mitglieder des DOSB gewählt. Neben den Wahlen zu den Gremien stehen auch Entscheidungen über Aufnahmeanträge von Sportverbänden oder die strategische Ausrichtung des Dachverbands an, zudem werden verdiente Mitglieder geehrt (DOSB, 2006).

Das Präsidium, das die Mitgliederinteressen zu vertreten hat, setzt sich zusammen aus dem Präsidenten, fünf Vizepräsidenten mit besonderen Aufgabenbereichen, dem Vorsitzenden der deutschen Sportjugend, einem Vertreter der Athleten, dem Generaldirektor und einem IOC-Mitglied, das als ständiger Gast fungiert. Beraten wird das Präsidium von den Präsidialausschüssen Leistungssport und Breitensport/Sportentwicklung, die ebenfalls von der Mitgliederversammlung gewählt werden. Das Präsidium beruft wiederum das Direktorium und weitere

Beiräte, die dem Direktorium beratend zur Seite stehen. Das Direktorium besteht neben dem Generaldirektor aus je einem Direktor für Leistungssport, Sportentwicklung, Jugendsport und Finanzen, denen wiederum mehrere Mitarbeiter zugeordnet sind. Dem Direktorium obliegt die Aufgabe, die Geschäfte des DOSB in Einklang mit der Satzung und den Beschlüssen der ehrenamtlichen Organe, wie Präsidium und Mitgliederversammlung, zu führen. Konkret bedeutet dies, dass Entscheidungen des Präsidiums inhaltlich und organisatorisch vorbereitet und anschließend operativ umgesetzt werden.

Die dem Direktorium zugeordnete Geschäftsstelle des DOSB ist darüber hinaus für den Schriftverkehr und die Kommunikation mit den Mitgliedern, Partnerorganisationen, Medien, Politik und Wirtschaft zuständig. Das durch Hauptamtlichkeit gekennzeichnete Direktorium wird, wie in freiwilligen Vereinigungen üblich, vom ehrenamtlichen Präsidium beraten, begleitet und überwacht. Die Zuständigkeiten und die Zusammenarbeit werden über eine Geschäftsordnung geregelt (vgl. DOSB, 2006).

2.4 Organisation des Sports nach Sportarten

Die Sportarten des deutschen Sports werden in speziellen Fachverbänden organisiert (vgl. Abb. 2).

Bundesfachverbände (Spitzenverbände)

Die Bundesfachverbände, welche oft auch als Spitzenverbände bezeichnet werden, lassen sich in 34 olympische und 28 nichtolympische Sportverbände differenzieren (Stand: 2012). Die Bundesfachverbände sind als Vereinigungen der Landesverbände zu verstehen, die ganz allgemein für die Pflege und Förderung des Leistungs-, Wettkampf-, Breiten- und Freizeitsports in der jeweiligen Sportart oder Sportartengruppe zuständig sind (vgl. Emrich, 2008).

Zu den wichtigsten Aufgaben gehört die Förderung des Leistungssports durch die einheitliche Organisation des Spiel- und Wettkampfbetriebs auf nationaler Ebene, die Bildung nationaler Auswahlmannschaften für internationale Wettkämpfe wie Welt- und Europameisterschaften der jeweiligen Sportarten sowie der Talent- und Spitzensportförderung durch Bildung von Bundeskadern. Hinzu kommt die Ausrichtung internationaler Meisterschaften auf heimischem Boden. Darüber hinaus sind die Bundesfachverbände für die sportartspezifische Dopingbekämpfung und Sanktionierung bei Anti-Doping-Verstößen zuständig und übernehmen Aufgaben im Bereich der Trainerausbildung und Trainerfortbildung.

Die Bundesfachverbände vertreten die Interessen ihrer Mitgliedsverbände, d.h. der Landesfachverbände, sowohl im DOSB als auch in internationalen Dachverbänden der jeweiligen Sportart auf europäischer und weltweiter Ebene. Durch Mitgliedschaft eines Bundesfachverbands in übergeordneten Organisationen wie dem DOSB und den internationalen Spitzenverbänden der jeweiligen Sportarten unterliegen die Bundesfachverbände im Gegenzug den dort gültigen mitgliedschaftlichen Rechten und Pflichten. Dies spiegelt sich beispielsweise in der Aufnahme international geltender Regelungen in der Satzung wider, wie etwa der offiziellen Anerkennung internationaler Wettkampfbestimmungen oder internationaler Anti-Doping-Bestimmungen. Da es sich bei den Bundesfachverbänden um die Zusammenschlüsse der Landesverbände handelt, sind viele Aufgaben nur im Zusammenwirken beider Organisationen zu realisieren.

Landesfachverbände

In den Landesfachverbänden sind die Vereine zusammengeschlossen, in denen die betreffende Sportart betrieben wird. Auch die Landesfachverbände verfolgen das Ziel einer Pflege und Förderung des Leistungs-, Wettkampf- und Breitensports in ihrer vertretenen Sportart. Im Bereich des Leistungssports sind die Landesfachverbände für die Durchführung des Spiel- und Wettkampfbetriebs und für die Ausrichtung von Vergleichswettkämpfen auf Landesebene zuständig (vgl. Emrich, 2008).

Die Landesfachverbände fördern die Sportart in Übereinstimmung mit den Regeln und Bestimmungen des Bundesfachverbands und den entsprechenden internationalen Sportorganisationen. Insbesondere die Talentsuche und Talentförderung liegt im Verantwortungsbereich der Landesfachverbände, welche durch die Ausweisung von Landeskadern und die Bereitstellung von Landesleistungszentren und Landestrainern die Förderung des Nachwuchsleistungssports als Aufgabe haben. Ebenso wie die Bundesfachverbände sind auch die Landesfachverbände für die Übungsleiter- und Trainerausund -fortbildung sowie für die Erstellung von Lehrkonzepten der jeweiligen Sportart zuständig. Hinzu kommt die Durchführung von Maßnahmen zur Förderung des Breitensports.

Einige Landesverbände untergliedern ihr Verbandsgebiet organisatorisch weiter in Bezirke oder Kreise, in deren Verantwortung die Koordination des regionalen Spiel- und Wettkampfbetriebs fällt.

Am Beispiel der Leichtathletik lässt sich die sportartspezifische Organisation des Sports wie folgt verdeutlichen (vgl. DLV, 2012). Als Dachorganisation vertritt der »Deutsche Leichtathletik-Verband« (DLV) die Interessen von insgesamt 20 Landesverbänden. Wie in vielen anderen Sportarten auch, gibt es in einigen Bundesländern aus historischen Gründen mehrere Landesverbände, wie beispielsweise den »Badischen Leichtathletik-Verband« (BLV) und den »Württembergischen Leichtathletik-Verband« (WLV) im noch relativ jungen Bundesland Baden-Württemberg. Die Landesverbände sind wiederum in Kreise untergliedert, die sich an den aktuellen politischen Kreisen orientieren und die vor allem für den Wettkampfbetrieb auf regional-kommunaler Ebene zuständig sind. Der Deutsche Leichtathletik-Verband ist zudem als Bundesfachverband Mitglied sowohl im DOSB als auch in den sportartspezifischen internationalen Verbänden wie der IAAF (International Association of Athletics Federations), in der EAA (European Athletic Association), der WMA (World Masters Athletics) und der EVAA (European Veterans Athletic Association).

Sportvereine sind über die bislang genannten Organisationen hinaus auch in sportartübergreifende Organisationen auf Landes- und kommunaler Ebene eingebunden.

2.5 Übergreifende Organisation des Sports auf Landesebene und kommunaler Ebene

Die regionale Organisation des Sports orientiert sich ebenfalls an der föderalen Struktur der Bundesrepublik Deutschland und gliedert sich auf Ebene der Bundesländer in Landessportbünde und auf kommunaler Ebene in Bezirks-, Kreis- und Stadtsportbünde (vgl. Emrich, 2008).

Landessportbünde

Landessportbünde stellen die Vertretung der sportartspezifischen Landesfachverbände, der Sportvereine, Kreis- und Stadtsportbünde sowie ggf. weiterer Verbände mit besonderen Aufgabenstellungen auf Ebene eines Bundeslandes dar. Die gemeinsamen Interessen der Mitgliedsorganisationen des Landessportbunds lassen sich so nach außen gegenüber Landtag, Landesregierung und anderen zentralen Institutionen sowie gegenüber dem DOSB vertreten.

Nach innen sind die Landessportbünde für die überfachliche Förderung des Leistungssports zuständig, z. B. indem sie Angebote zur Aus-, Fort- und Weiterbildung von Trainern oder ehrenamtlichen Mitarbeitern bereitstellen. Zudem regeln die Landessportbünde die Zuteilung finanzieller Zuschüsse der Landesregierungen sowie der Einnahmen aus der staatlichen Lotterie an die Vereine und Mitgliedsverbände. Darüber hinaus engagieren sie sich im Bereich der Sportentwicklung und beim Sportstättenbau und bereiten den Abschluss von Verträgen zur gemeinsamen Regelung von Versicherungsverhältnissen von Vereinen und deren Mitgliedern vor. Meist gibt es in den Landessportbünden auch eine eigene Vertretung der Sportjugend (vgl. z. B. LSV, 2010).

Da im DOSB pro Bundesland nur ein Landessportbund vertreten sein darf, gibt es in einigen Bundesländern besondere Konstellationen. Beispielsweise ist für das Land Baden-Württemberg der »Landessportverband Baden-Württemberg e. V.« (LSV) als Dachorganisation der Sportselbstverwaltung im DOSB vertreten. Der LSV wiederum hat 98 Mitgliedsorganisationen, die sich in drei Mitgliedssportbünde, 89 Fachverbände und sechs Verbände mit besonderer Aufgabenstellung unterteilen lassen. Als Mitgliedssportbünde gelten die drei regionalen Sportbünde Württembergischer Landessportbund, Badischer Sportbund Nord und Badischer Sportbund Freiburg, die ihrerseits wiederum die Interessen der Sportvereine und Sportfachverbände aus dem jeweils regionalen Zuständigkeitsbereich vertreten. Diese organisationsstrukturelle Dopplung ist auf die historische Trennung der Sportbünde Württemberg, Nord- und Südbaden zurückzuführen. Diese traten bei gleichzeitiger Wahrung ihrer Eigenständigkeit im Jahre 1973 dem LSV bei, um eine baden-württembergische Einheit des Sports gegenüber dem Land und dem Deutschen Olympischen Sportbund zu signalisieren (vgl. LSV, 2011).

Bezirks-, Kreis- und Stadtsportbünde

Bezirks- und Kreissportbünde, die oftmals auch als Stadtsportbünde oder Sportkreise bezeichnet werden, haben die Aufgabe einer überfachlichen Organisation und Vertretung des Sports auf kommunaler Ebene. Mitglieder sind in der Regel die Sportvereine im kommunalen Zuständigkeitsbereich.

Bezirks-, Kreis- und Stadtsportbünde übernehmen vorwiegend Aufgaben zur Förderung und Unterstützung des Breiten- und Freizeitsports durch Einnahme einer Mittlerfunktion zwischen Sportvereinen, Landessportbund

und den Einrichtungen der kommunalen Verwaltung. Meist stehen hierbei Themen der Sportstättenentwicklung im Mittelpunkt.

Die zahlreichen Bezirks- und Kreissportbünde sind mitunter ganz unterschiedlich organisiert. So gibt es neben sehr aktiven Sportkreisen mit großem Haushaltsvolumen und mehreren hauptamtlichen Mitarbeitern auch weniger professionell geführte Sportkreise mit sehr geringem Jahreshaushaltsvolumen und ohne hauptamtliche Geschäftsführung (vgl. Digel, 1988; Eckl & Wetterich, 2007).

Während die vorangegangenen Beschreibungen einen Gesamtüberblick des organisierten Sports in Deutschland gegeben haben, wird im folgenden Kapitel spezifisch auf den Spitzensport eingegangen. So weist die Organisation dieses Teilbereichs des organisierten Sports Merkmale auf, die von den klassischen Non-Profit-Charakteristika der deutschen Sportorganisation abweichen.

3 Die Organisation des Spitzensports in Deutschland

Die Rolle der deutschen Sportvereine hat sich insbesondere in den massenmedial beachteten Teamsportarten stark verändert.

3.1 Sportvereine und -verbände im kommerzialisierten und globalisierten Spitzensport

Eine der wichtigsten Veränderungen der letzten Jahre ist der Trend zur Ausgliederung von Profimannschaften in Kapitalgesellschaften im Fußball, Handball und Basketball (vgl. im Überblick Hovemann, 2009a; b). So ist beispielsweise der Lizenzspielerbetrieb von Borussia Dortmund e. V. in die Borussia Dortmund GmbH & Co. KGaA ausgegliedert und der FC Bayern München e. V. betreibt die FC Bayern München Aktiengesellschaft (AG). Dabei gilt allerdings die sogenannte 50+1-Regel. Diese besagt, dass der »Mutterverein« über mindestens 50 % der Stimmanteile zuzüglich mindestens eines weiteren Stimmanteils in der Versammlung der Anteilseigner verfügen muss (DFB, 2010).

Durch die mehrheitliche Beteiligung des Vereins an den ausgegliederten Kapitalgesellschaften soll ein allzu starker Einfluss von Finanzinvestoren unterbunden werden. Damit haben die eingetragenen Sportvereine immer noch die Entscheidungsmacht über die strategische Ausrichtung und den

Einsatz einer geeignet erscheinenden Geschäftsführung in der ausgelagerten Kapitalgesellschaft. Um das Merchandising, Ticketing, Sponsoring, die Hospitality-Aktivitäten sowie die Sportrechtevermarktung unter wirtschaftlichen Gesichtspunkten zu forcieren, kommt es zudem immer häufiger zu einer Ausgliederung von Marketinggesellschaften sowohl bei Vereinen als auch bei Verbänden. Beispielsweise besitzt der VfB Stuttgart e. V. eine eigene Marketing GmbH. Gleiches gilt für den DOSB mit seiner Deutschen Sport-Marketing GmbH oder den Deutschen Leichtathletik-Verband mit dessen Deutscher Leichtathletik Promotion- und Projektgesellschaft GmbH.

Eine weitere, insbesondere auf ökonomischen Überlegungen basierende Entwicklung stellt die Ausgliederung des Spiel- und Wettkampfbetriebs in eigens dafür geschaffene Kapitalgesellschaften dar. Eine solche Ökonomisierung von Sportligen findet sich beispielsweise im Profifußball. Der DFB hat für die Organisation des Spielbetriebs der Ersten und Zweiten Bundesliga einen eigenen Ligaverband gegründet, der als Mitglied des DFB spezifische Rechte, aber auch Pflichten besitzt (DFB, 2010). Alle 36 Vereine und Kapitalgesellschaften der Fußballbundesligen (1. und 2. Liga) sind Mitglied in diesem Ligaverband, der wiederum sein operatives Geschäft an die eigens ins Leben gerufene Deutsche Fußball Liga GmbH (DFL) übertragen hat.

Während das Schiedsrichter- und Trainerwesen sowie die Sportgerichtsbarkeit im Zuständigkeitsbereich des DFB verbleiben, ist die DFL als operatives Tochterunternehmen des Ligaverbands vor allem für die Organisation des Spielbetriebs der Ersten und Zweiten Fußball-Bundesliga zuständig. Darüber hinaus ist die DFL für die Lizenzierung der Proficlubs, die nationale und internationale Vermarktung der Bundesligen und für die mediale Rechtevermarktung zuständig (DFL, 2001; 2011a; b). Der Profisport in der Bundesliga wird somit steuerrechtlich und finanzwirtschaftlich ausgelagert, bleibt aber durch die vertraglichen Verknüpfungen und die Mitgliedschaftsbedingungen immer noch im Verantwortungsbereich des Fachverbands. Alle anderen Ligen werden weiterhin auf Landesebene, regionaler Ebene, Bezirks- und Kreisebene von den klassischen Sportverbänden organisiert.

Insbesondere durch die seit Mitte der 1990er-Jahre zu beobachtende Internationalisierung des Vereinsfußballs kommt es auch zur steigenden Bedeutung internationaler Leistungsvergleiche von Vereinsmannschaften. Beispiele hierfür sind die UEFA Champions League und die Europa League.

Das sogenannte *Bosman-Urteil* von 1995, das die bis dahin geltenden national-verbandlichen Ausländerbeschränkungen für ungültig erklärt hat, führt darüber hinaus zur zunehmenden Verpflichtung von ausländischen Spielern und zu einer weiteren Radikalisierung des sportlichen Leistungsprinzips (RIEDL & CACHAY, 2002). Durch die Möglichkeit, unbegrenzt ausländische Spieler verpflichten zu können, »entstanden neue, wechselseitige Überbietungsversuche, die von ihrer Dynamik und vom Prozessverlauf Ähnlichkeit mit einer Rüstungsspirale haben« (THIEL, RIEDL & CACHAY, 2005, S. 54).

Der professionelle Teamsportbereich stellt nur einen kleinen Ausschnitt des organisierten Spitzensports in Deutschland dar. Große Teile des Leistungs- und Spitzensports sowie die systematische Förderung von Talenten sind in Deutschland im Gegensatz zu vielen anderen Ländern immer noch überwiegend im Bereich der klassischen Sportvereine und Sportverbände angesiedelt.

3.2 Das vereins- und verbandsorganisierte Spitzensportsystem in Deutschland

Die Förderung des Leistungs- und Spitzensports fällt in Deutschland in den Zuständigkeitsbereich der Sportvereine und der Sportverbände. Die Sportverbände haben mit Blick auf internationale Großereignisse wie Welt- und Europameisterschaften sowie Olympische Spiele ein sehr ausdifferenziertes Fördersystem entwickelt. Im Vergleich mit anderen, international erfolgreichen Spitzensportnationen fällt auf, dass jedes Land über ein ganz eigenes Spitzensportsystem verfügt. Beispielsweise ist das Spitzensportsystem in Frankreich staatlich organisiert, während in den USA das Bildungssystem eine tragende Säule darstellt (vgl. DIGEL, BURK & FAHRNER, 2006). Trotz der Unterschiede in der nationalen Organisation des Spitzensports gelten für alle Athleten jedoch stets dieselben, vom internationalen Spitzenverband verabschiedeten Regeln und Wettkampfbestimmungen. Die Besonderheiten des deutschen Spitzensportsystems lassen sich anhand der drei Kriterien *Kadersystem*, *Stützpunktsystem* und Rolle des *Bildungssystems* aufzeigen.

In Deutschland gibt es ein ausdifferenziertes *Kadersystem* mit einer relativ einheitlichen alters- und leistungsorientierten Kadereinteilung. Im Zuständigkeitsbereich der jeweiligen Landesfachverbände liegen mit dem D-Kader und D/C-Kader die sogenannten Nachwuchskader. Die Bundeskader (C-Kader, B-Kader und A-Kader) mit Perspektiven zur Nominierung für Welt- und Europameisterschaften liegen im Verantwortungsbereich der Bundesfachverbände. In den Spielsportarten handelt es sich hierbei neben der A-Nationalmannschaft um weitere Nationalmannschaften der verschiedenen Altersklassen, wie beispielsweise einer U 23 oder U 18. Zudem gibt es einen sogenannten Perspektivkader für Olympische Spiele (DOSB-Olympia-Top-Team) und die Olympiamannschaft, welche im Zuständigkeitsbereich des DOSB liegen. In den USA gibt es beispielsweise keine durchgängige Kaderstruktur, hier liegt die Verantwortung für die Förderung von Nachwuchs- und Spitzenathleten einzig beim jeweiligen Fachverband, der eigene Förderkriterien auf nationaler und regionaler Ebene formuliert (Digel, Fahrner & Utz, 2005).

Für die Kaderathleten gibt es in der Bundesrepublik ein ausdifferenziertes Stützpunktsystem, das im Wesentlichen aus den drei Strukturelementen *Olympiastützpunkte*, *Bundesstützpunkte* und *Bundesleistungszentren* besteht, die im Stützpunktkonzept des DOSB genauer beschrieben werden (DOSB, 2009).

Olympiastützpunkte sind dabei sportartübergreifende Betreuungs- und Serviceeinrichtungen für Bundeskaderathleten (Olympia-Top-Team, A- bis C-Kader) sowie deren verantwortliche Trainer. Die Unterstützungsleistungen beziehen sich hierbei insbesondere auf sportmedizinische, physiotherapeutische, trainings- und bewegungswissenschaftliche, soziale, psychologische und ernährungswissenschaftliche Betreuungsleistungen für Bundeskaderathleten (Emrich, 1996). Bei freien Kapazitäten können manche Leistungen auch von ausgewählten D/C- und D-Kader-Athleten in Anspruch genommen werden. Neben einer Sicherstellung der Versorgung und Organisation der Olympia-Top-Teams unterstützen die Olympiastützpunkte die Spitzenverbände bei zentralen Trainingsmaßnahmen. Den insgesamt 19 Olympiastützpunkten sind Schwerpunktsportarten zugeordnet, die eine bevorzugte Betreuung erhalten. Neben einer regionalen, sportartenübergreifenden Koordination soll dabei insbesondere die Steuerung der Leistungssportentwicklung in den Schwerpunktsportarten vorangetrieben werden. Die Olympiastützpunkte werden unter Federführung des DOSB aus zweckgebundenen Mitteln des Bundesministeriums des Innern, der jeweiligen Länder und manchmal auch weiterer Zuwendungsgeber finanziert (DOSB, 2009).

Bundesstützpunkte stellen das zentrale und integrative Element der Spitzensportförderung im Verantwortungsbereich der jeweiligen Spitzenverbände dar. Neben der Bereitstellung von Trainingsstätten und Personal für das Hochleistungstraining in der jeweiligen Sportart sollen Bundesstützpunkte ein tägliches, regelmäßiges, regionales und/oder zentrales Training der Kaderbereiche A bis

D/C ermöglichen. Als Stützpunktträger fungieren hier Vereine, die den Status eines Bundesstützpunkts erhalten (DOSB, 2009).

Eine ausführliche Beschreibung der Spitzensportsysteme von Deutschland, Frankreich, USA, Australien, Großbritannien, Italien, Russland und China hat die Arbeitsgruppe um den Sportsoziologen Helmut Digel vorgelegt. Unter Verwendung zahlreicher Vergleichskriterien werden hierbei auch die politischen, wirtschaftlichen und gesellschaftlichen Rahmenbedingungen des Spitzensports in den jeweiligen Ländern berücksichtigt (vgl. z. B. Digel, Burk & Fahrner, 2006; Digel & Fahrner, 2003; Digel, Fahrner & Utz, 2005). Mit Olympiastützpunkten als zentralen Serviceeinrichtungen des deutschen Spitzensports beschäftigt sich die Arbeitsgruppe um den Sportsoziologen Eike Emrich. Hier steht insbesondere auch deren Evaluation im Vordergrund (Emrich, 1996; Emrich & Wadsack, 2005). Der Essay von Krüger (2009) zur deutsch-deutschen Sportgeschichte gibt Aufschluss über die Sportsysteme der BRD und der DDR zur Zeit des Kalten Krieges.

Als drittes Element gelten die *Bundesleistungszentren*, welche vom Bundesministerium des Innern im Einvernehmen mit dem Deutschen Olympischen Sportbund und den Spitzenverbänden anerkannte Sportstätten mit Unterbringungs- und Verpflegungsmöglichkeiten darstellen. An Bundesleistungszentren können zentrale Lehrgangs- und Schulungsmaßnahmen der Spitzenverbände stattfinden, allerdings existieren eigenständige Bundesleistungszentren nur an Standorten, an denen die Ausweisung eines zusätzlichen Olympiastützpunkts oder eine Einordnung in einen bestehenden Olympiastützpunkt nicht sinnvoll erscheint (DOSB, 2009).

Neben der direkten Förderung des sportlichen Talents spielt seit mehreren Jahren auch die nicht-sportliche Bildung und Ausbildung eine wichtige Rolle bei der Förderung des Spitzensports. Zu diesem Zweck wurden verschiedene Kooperationen zwischen Bildungssystem und Spitzensport geschaffen, wie zum Beispiel Eliteschulen des Sports (vgl. Teubert, Borggrefe, Cachay & Thiel, 2006) oder vereinzelte Hochschulprogramme für Spitzensportler. Da der Leistungssport in Deutschland prinzipiell unabhängig vom Bildungssystem ist, sind solche Programme zur Erleichterung einer dualen Karriere nicht flächendeckend organisiert.

Ein Gegenbeispiel zu Deutschland ist die Kopplung des Bildungswesens mit der Spitzensportförderung in den USA. An US-Colleges wird beispielsweise der Spitzensport in entsprechenden Teams mit professioneller Betreuung und einer guten infrastrukturellen Ausstattung gefördert. Insbesondere der erleichterte Zugang für vielversprechende Talente zu Colleges durch eigene Stipendienprogramme für Leistungssportler sorgt für eine enge Verknüpfung von Ausbildung und sportlicher Karriere. Allerdings existiert in den USA wiederum keine einheitliche, für alle Sportarten gleichermaßen geltende Stützpunktstruktur. Vielmehr erfolgt das Training und die Unterstützung entweder nur an den ausgewiesenen Trainingsstätten der Fachverbände oder eben über die (häufig an Universitäten angegliederten) Spitzensportclubs (Digel, Fahrner & Utz, 2005).

4 Internationale Strukturen des organisierten Sports

Im Hinblick auf die Supraorganisation des Leistungssports auf internationaler Ebene lassen sich sportartspezifische Spitzenfachverbände von der Dachorganisation der olympischen Bewegung unterscheiden. In jüngerer Zeit spielen zudem vermehrt kommerzialisierte, globale Wettkampfserien und Ligensysteme für Profisportler eine Rolle bei der Organisation internationaler Wettbewerbe auf Spitzenniveau. Diese sind entweder organisatorisch außerhalb der traditionellen Sportorganisationen angesiedelt oder in einer Art losen Kopplung mit diesen verknüpft.

4.1 Internationale Spitzenfachverbände

Klassischerweise finden sich sportartspezifische Zusammenschlüsse sowohl auf international-globaler Ebene als auch auf international-kontinentaler Ebene. So haben die meisten Sportarten eigene Weltfachverbände, die primär für die Organisation internationaler Wettbewerbe, wie Weltmeisterschaften, für die weltweite Verbreitung und Verbesserung der jeweiligen Sportart sowie für die Festlegung und Durchsetzung von weltweit einheitlichen Wettkampfregeln zuständig sind (vgl. exemplarisch FIFA, 2011). Die Aufgaben der international-globalen Spitzenfachverbände, wie beispielsweise der »Fédération Internationale de Football Association« (FIFA) oder der »International Association of Athletics Federations« (IAAF), beziehen sich damit auf die weltweite Förderung der jeweiligen Sportart.

Zwischen der Ebene der international-globalen Spitzenfachverbände und der nationalen Ebene der Bundesfachverbände/Spitzenverbände gibt es weitere sportartspezifische Verbände, deren Zuständigkeitsbereiche sich an kontinental orientierten Grenzziehungen ausrichten. Organisatorische Zusammenschlüsse finden sich beispielsweise für den europäischen, nordamerikanischen, afrikanischen, asiatischen oder pazifischen Bereich. Für die deutschen Sportvereine und -verbände sind dementsprechend die europäischen Spitzenfachverbände relevant.

Die europäische Ebene internationaler Sportorganisationen lässt sich sehr gut am Beispiel der »Union of European Football Associations« (UEFA) verdeutlichen. Der DFB als Bundesfachverband des deutschen Fußballs ist als einer der 53 Mitgliedsorganisationen in der UEFA vertreten, zudem gehört er zu den 208 nationalen Mitgliedsverbänden der FIFA (UEFA, 2010a; 2012). Die UEFA wiederum gilt als eine von sechs anerkannten kontinentalen Konföderationen der FIFA, wobei die Beziehung zur FIFA durch ganz spezifische, zusätzliche Verträge geregelt wird.

Die Ziele und Aufgaben der UEFA liegen unter anderem in der Behandlung aller Fragen, die den europäischen Fußball betreffen und in der Förderung des Fußballs in Europa im Geiste des Friedens, der Verständigung und des Fair Plays. Medial präsent ist die UEFA insbesondere durch die Organisation und Durchführung von internationalen Wettbewerben und Turnieren des europäischen Fußballs, wie beispielsweise der Fußball-Europameisterschaften für Nationalmannschaften sowie der »Champions League«, der »Europa League« und des »Super Cups« für Vereinsmannschaften. Zudem ist die UEFA für die Überwachung und Kontrolle der Entwicklung aller Formen des Fußballs in Europa zuständig, wozu auch die Verhinderung von Wettbewerbsverzerrungen gehört (UEFA, 2010a).

In jüngster Zeit stellt die hohe Verschuldung zahlreicher Spitzenmannschaften, die ihre nationale und internationale Wettbewerbsfähigkeit durch höchst riskante Finanzierungsmodelle sicherstellen wollen, ein Problemfeld dar, welches die UEFA mit Regulierungsbestrebungen im Sinne eines Financial Fair Plays zu beheben versucht (UEFA, 2010b).

4.2 Internationales Olympisches Komitee (IOC)

Das »Internationale Olympische Komitee« (IOC) zeichnet für die Olympischen Spiele und den gesamten Bereich des olympischen Sports verantwortlich. In der sogenannten »Olympischen Charta« (IOC, 2011), einem Grundsatzpapier, sind die grundlegenden Prinzipien, Regeln und Abkommen der olympischen Bewegung sowie die Richtlinien für die Durchführung der Olympischen Spiele verankert. So besteht das Ziel der olympischen Bewegung darin, einen Beitrag zu einer friedlicheren und besseren Welt zu leisten, indem die Jugend durch einen diskriminierungsfreien Sport im Geiste der Freundschaft, Solidarität und des Fair Plays erzogen wird. Die olympische Idee umfasst laut IOC die vier Dimensionen »Making the games come true«, »Bringing Olympic values to life«, »Supporting sport worldwide« und »Leading the Olympic movement« (IOC, 2011; 2012a).

Das IOC wurde bereits im Jahre 1884 gegründet und hat seinen Sitz in Lausanne in der Schweiz. Seit 2001 steht Jacques Rogge als Präsident der olympischen Bewegung vor und repräsentiert diese nach außen. Das IOC weist eine ganz spezifische Organisationsstruktur auf (vgl. IOC, 2011; 2012b). Neben dem Präsidenten sind ein Executive Board, die Mitgliederversammlung (IOC-Session) und zahlreiche Kommissionen ausdifferenziert. Den Vorsitz über alle Aktivitäten des IOC hat der Präsident, der gleichsam auch als Repräsentant des IOC bei offiziellen Anlässen auftritt. Als Entscheidungsgremium hat das Executive Board Verantwortung für alle Verwaltungsaufgaben, Finanzen, interne Regularien und Handlungen des IOC. Zudem besitzt das Executive Board ein Vorschlagsrecht für neue IOC-Mitglieder und für die Auswahl der Kandidatenstädte zur Bewerbung für Olympische Spiele. Das aus 15 Mitgliedern (Präsident, vier Vizepräsidenten, zehn weitere Mitglieder) zusammengesetzte Executive Board ist auch für die Aufsicht und Einhaltung der Olympischen Charta zuständig. Die Mitgliederversammlung (IOC-Session) wählt wiederum den Präsidenten, die Mitglieder des Executive Boards und den letztendlichen Ausrichter der Olympischen Spiele.

Die Mitgliederversammlung besteht aus 110 »Olympic Members«, wobei es sich um ehrenamtlich Tätige handelt, welche jeweils die olympische Bewegung in ihrem Heimatland repräsentieren. Die Olympic Members entscheiden darüber, wer in ihren Kreis aufgenommen wird. Die zahlreichen Kommissionen des IOC haben vor allem eine beratende Funktion sowohl für den Präsidenten als auch für das Executive Board und die Mitgliederversammlung.

Die 205 vom IOC anerkannten »Nationalen Olympischen Komitees« (NOKs) sowie die internationalen Sportfachverbände haben ebenfalls nur eine beratende Funktion. Die Interessen der Nationalen Olympischen Komitees und der Sportfachverbände werden hierbei von zahlreichen weiteren, weltweiten Dachorganisationen gegenüber dem IOC vertreten, Beispiele hierfür sind die »Association of National Olympic Committees« (ACNO/ANOC), die »Association of Summer Olympic International Federations« (ASOIF), »Association of International Olympic Winter Sports Federations« (AIOWF), »Association of IOC Recognised International Sports Federations« (ARISF) und dem Verband »SportAccord«, der auch nichtolympische Sportfachverbände umfasst (IOC, 2011; 2012b).

Die Ausrichtung der Olympischen Winter- und Sommerspiele erfolgt durch das »Organizing Committee for the Olympic Games« (OCOG). Das jeweilige Nationale Olympische Komitee, in dessen Zuständigkeitsbereich die ausgewählte Ausrichterstadt der Winter- oder Sommerspiele fällt, ist für die Einrichtung eines solchen Organisationskomitees zuständig, das im Auftrag des und in Absprache mit dem IOC die Olympischen Spiele ausrichtet. In einem solchen Organisationskomitee sind neben den IOC-Mitgliedern des jeweiligen Landes und Präsidiumsmitgliedern des NOKs auch Vertreter der Ausrichterstädte und meist auch Führungspersonen aus Politik und Wirtschaft vertreten (IOC, 2011; 2012b). Die Olympischen Sommerspiele finden alle vier Jahre statt. Um zwei Jahre versetzt und ebenfalls alle vier Jahre finden die Olympischen Winterspiele statt. Der Zeitraum zwischen den jeweiligen Olympischen Spielen wird als *Olympiade* bezeichnet.

4.3 Internationale Sportligen und Wettkampfsysteme

In einigen Sportarten haben sich neben dem verbandsorganisierten Sport kommerzielle Ligen- oder Wettkampfsysteme herausgebildet, die als Zusammenschlüsse von Profisportlern und Sportveranstaltern fungieren und die Vermarktung des professionellen Sports vorantreiben. Ein idealtypisches Beispiel ist der professionelle Tennissport. Hier haben sich mit der ATP (Association of Tennis Professionals) und der WTA (Women's Tennis Association) zwei Vereinigungen herausgebildet, die neben einem eigenen Weltranglistensystem eine eigene Turnierserie mit Grand Slams und weiteren Turnieren unterhalten. Ein deutscher Tennisprofi kann damit sowohl als Mitglied der ATP auf der Profitour spielen, als Tennisvereinsmitglied bei Verbandsspielen aufschlagen oder als Mitglied der nationalen Auswahlmannschaft des Deutschen Tennis-Bundes (DTB) an den vom Internationalen Tennisverband ITF organisierten Turnieren wie dem Davis-Cup und mittlerweile auch am olympischen Tennisturnier teilnehmen.

Ein anderes Beispiel für eine kommerzielle Wettkampfserie sind die sogenannten Ironman®-Triathlons. Hier hält ein Wirtschaftsunternehmen die Rechte an der Marke »Ironman®« und verkauft eine beschränkte Anzahl an Lizenzen zur

Durchführung eines Ironman®-Triathlons an Sportveranstalter, die schließlich ein solches Rennen, wie zum Beispiel den Ironman® Germany in Frankfurt, ausrichten. Bei Ironman®-Rennen können prinzipiell alle Sportler starten und einen der begehrten Qualifikationsplätze für den in der Szene immer noch bedeutsamsten Wettkampf auf Hawaii lösen, der zugleich als Weltmeisterschaft im Ironman®-Triathlon propagiert wird. Gleichzeitig gibt es aber auch eine Weltmeisterschaft im Langdistanztriathlon und eine Weltmeisterschaftsserie im Kurztriathlon, die von der »Internationalen Triathlon Union« (ITU) ausgerichtet wird, die wiederum auch vom IOC anerkannt ist. In diesem internationalen Spitzenverband ist auch die »Deutsche Triathlon Union« Mitglied, die auf nationaler Ebene für die Förderung des Triathlonsports zuständig ist.

Weitere Beispiele für kommerziell organisierte Wettkampfserien sind die »Formel 1« im Motorsport und die mittlerweile zahlreichen Profiboxverbände, die alle ebenfalls Zusammenschlüsse für die kommerzielle Vermarktung und Produktion sportlicher Spitzenleistungen darstellen.

5 Fazit

Die Organisation des Sports ist sehr kompliziert. Die Interessen der Sporttreibenden werden in Deutschland über die Sportvereine in zahlreichen Organisationen auf regionaler, föderaler und nationaler Ebene vertreten. Grundlegend hierfür sind die konstitutiven Merkmale von Sportvereinen und -verbänden. Im Leistungs- und insbesondere im Spitzensport hat sich die Struktur der Sportorganisation sowohl international ausgeweitet als auch ausdifferenziert. So koexistieren im internationalen Spitzensport klassische Non-Profit-Organisationen neben kommerziellen Organisationen, was nicht nur auf die zunehmende ökonomische Vermarktung des Sports, sondern auch auf unterschiedlich organisierte Ligensysteme zurückzuführen ist. Eine Kenntnis der wichtigsten Strukturbedingungen in diesem weltweiten Geflecht von Sportorganisationen stellt eine wichtige Voraussetzung dar, um aktuelle Entwicklungen im nationalen und internationalen Spitzensport angemessen einordnen und verstehen zu können.

Lernkontrollfragen

- Welches sind die Grundprinzipien des organisierten Sports in Deutschland?
- Was ist der Zweck eines Sportvereins?
- Welche konstitutiven Merkmale kennzeichnen einen Sportverein?
- Welche Rolle spielt der DOSB als Dachorganisation für den deutschen Sport?
- Welche Struktur hat der organisierte Sport in Deutschland?
- Welche Sportorganisationen kümmern sich auf nationaler Ebene um die Belange der in Sportvereinen organisierten Sportler?
- Welche Aufgaben übernehmen die Sportverbände auf Bundes- und Landesebene?
- Wie ist der Spitzensport in Deutschland organisiert?
- Wie ist der Wettkampfsport auf europäischer und weltweiter Ebene organisiert?
- Welche Rolle übernehmen hierbei das IOC, die sportartenspezifischen Spitzenfachverbände und kommerzielle Sportligen?

Literatur

ANDERS, G. (1986). Vereinsstruktur und Breitensport. In G. A. PILZ (Hrsg.), *Sport und Verein* (S. 56-79). Reinbek: Rowohlt.

BORGGREFE, C., CACHAY, K. & RIEDL, L. (2009). *Spitzensport und Studium. Eine organisationssoziologische Studie zum Problem dualer Karrieren.* Schorndorf: Hofmann.

BORGGREFE, C., CACHAY, K. & THIEL, A. (2012). Der Sportverein. In M. APELT & V. TACKE (Hrsg.), *Handbuch Organisationstypen* (S. 307-326). Wiesbaden: Springer.

BREUER, C. (2009). *Sportentwicklungsbericht 2007/2008. Analyse zur Situation der Sportvereine in Deutschland – Kurzfassung.* Köln: Sport und Buch Strauß.

DIGEL, H. (1988). Die Öffentliche Sportverwaltung in der Bundesrepublik Deutschland. In H. DIGEL (Hrsg.), *Sport im Verein und im Verband* (S. 60-80). Schorndorf: Hofmann.

DIGEL, H. (2008). Sportsysteme im internationalen Vergleich. In K. WEIS & R. GUGUTZER (Hrsg.), *Handbuch Sportsoziologie* (S. 200-207). Schorndorf: Hofmann.

DIGEL, H., BURK, V. & FAHRNER, M. (2006). *Die Organisation des Hochleistungssports – ein internationaler Vergleich.* Schorndorf: Hofmann.

DIGEL, H. & FAHRNER, M. (2003). *Hochleistungssport in Frankreich.* Weilheim/ Teck: Bräuer.

DIGEL, H., FAHRNER, M. & UTZ, A. (2005). *Hochleistungssport in den USA.* Weilheim/ Teck: Bräuer.

DFB (2010). *Satzung des DFB.* Zugriff am 20.04.2012 unter http://www.dfb.de/index.php?id=11003.

DFL (2001). *Satzung der DFL.* Zugriff am 20.04.2012 unter http://www.dfb.de/index.php?id=11003.

DFL (2011a). *Ligaverband: Ligastatut.* Zugriff am 20.04.2012 unter http://www.dfb.de/index.php?id=11003.

DFL (2011b). *Die Kernaufgaben der DFL.* Zugriff am 06.06.2011 unter http://www.dfl.de/de/dfl/profil/35442.php.

DLV (2012). *Satzung. In der Fassung vom 24.02.2012.* Zugriff am 23.04.2012 unter http://www.deutscher-leichtathletik-verband.de/index.php?SiteID=232.

DOSB (2006). *Satzung.* Zugriff am 01.06.2011 unter http://www.dosb.de/de/organisation/dosb-textsammlung/.

DOSB (2009). *Weiterentwicklung des Stützpunktsystems ab 01.01.2009.* Zugriff am 09.06.2011 unter http://www.dosb.de/de/leistungssport/konzepte/.

DOSB (2010). *Bestandserhebung 2010*. Frankfurt/Main: Deutscher Olympischer Sportbund.

DOSB (2011). *Startseite Homepage des DOSB*. Zugriff am 01.06.2011 unter http://www.dosb.de/de/start/.

DOSB (2012). *DOSB-Organigramm*. Zugriff am 09.08.2012 unter http://www.dosb.de/de/organisation/organisation/.

Eckl, S. & Wetterich, J. (2007). Kommunale Sportförderung in Deutschland. In J. Wetterich, H. Schrader & S. Eckl (Hrsg.), *Sportentwicklungsplanung und Politikberatung* (S. 15-122). Berlin: LIT.

Emrich, E. (1996). *Zur Soziologie der Olympiastützpunkte. Eine Untersuchung zur Entstehung, Struktur und Leistungsfähigkeit einer Spitzensportförder-einrichtung*. Niedernhausen: Schors-Verlag.

Emrich, E. (2008). Sportverbände. In K. Weis & R. Gugutzer (Hrsg.), *Handbuch Sportsoziologie* (S. 122-132). Schorndorf: Hofmann.

Emrich, E. & Wadsack, R. (2005). *Zur Evaluation der Olympiastützpunkte*. Köln: Sport und Buch Strauß.

FIFA (2011). *FIFA Statuten. Ausgabe August 2011*. Zugriff am 06.06.2011 unter http://de.fifa.com/mm/document/affederation/generic/01/29/85/71/fifastatuten2010_d.pdf.

Heinemann, K. (2007). *Einführung in die Soziologie des Sports*. (5. Aufl.). Schorndorf: Hofmann.

Heinemann, K. & Horch, H.-D. (1981). Soziologie der Sportorganisationen. *Sportwissenschaft, 11*, 123-150.

Heinemann, K. & Horch, H.-D. (1988). Strukturbesonderheiten des Sportvereins. In H. Digel (Hrsg.), *Sport im Verein und im Verband: Historische, politische und soziologische Aspekte* (S. 108-122). Schorndorf: Hofmann.

Hovemann, G. (2009a). Finanzierung im Sport. In C. Breuer & A. Thiel (Hrsg.), *Handbuch Sportmanagement* (2. Aufl., S. 224-235). Schorndorf: Hofmann.

Hovemann, G. (2009b). Das Problem der Rechtsformwahl im Sport. In C. Breuer & A. Thiel (Hrsg.), *Handbuch Sportmanagement* (2. Aufl., S. 236-245). Schorndorf: Hofmann.

IOC (2011) *Olympic Charter. In Force as from 8 July 2011*. Lausanne: DidWeDo S.à.r.l.

IOC (2012a). *The International Olympic Committee: The IOC in four dimensions*. Zugriff am 19.03.2012 unter http://www.olympic.org/ioc.

IOC (2012b). *The IOC: The Organization*. Zugriff am 20.04.2012 unter http://www.olympic.org/about-ioc-institution

KRÜGER, M. (2004). *Einführung in die Geschichte der Leibeserziehung und des Sports. Teil 1: Von den Anfängen bis ins 18. Jahrhundert.* Schorndorf: Hofmann.

KRÜGER, M. (2005a). *Einführung in die Geschichte der Leibeserziehung und des Sports. Teil 2: Leibeserziehung im 19. Jahrhundert. Turnen fürs Vaterland* (2. Aufl.). Schorndorf: Hofmann.

KRÜGER, M. (2005b). *Einführung in die Geschichte der Leibeserziehung und des Sports Teil 3: Leibesübungen im 20. Jahrhundert. Sport für alle* (2. Aufl.) Schorndorf: Hofmann.

KRÜGER, M. (2009). 60 Jahre Sport in Deutschland: Ein Essay zur deutsch-deutschen Sportgeschichte aus Anlass des 60. Geburtstags der Bundesrepublik. *Sportwissenschaft 39* (3), 237-250.

KRÜGER, M. & LANGENFELD, H. (Hrsg.). (2010). *Handbuch Sportgeschichte.* Schorndorf: Hofmann.

LANGENFELD, H. (1986). Von der Turngemeinde zum modernen Sportverein. In G. PILZ (Hrsg.), *Sport und Verein* (S. 15-42). Reinbek: Rowohlt.

LANGENFELD, H. (1988). Wie sich der Sport in Deutschland seit 200 Jahren organisatorisch entwickelt hat. In H. DIGEL (Hrsg.), *Sport im Verein und im Verband* (S. 18-34). Schorndorf: Hofmann.

LSV (2010). *Satzung des Landessportverbands Baden-Württemberg.* Zugriff am 02.06.2011 unter http://www.lsvbw.de/cms/iwebs/default.aspx?mmid=973&smid=2831.

LSV (2011). *Homepage des Landessportverbands Baden-Württemberg.* Zugriff am 02.06.2011 unter http://www.lsvbw.de/cms/iwebs/default.aspx?mmid=971&smid=2925.

MÜLLER-JENTSCH, W. (2008). Der Verein – ein blinder Fleck der Organisationssoziologie. *Berliner Journal für Soziologie 18* (3), 476-502.

RIEDL, L. & CACHAY, K. (2002). *Bosman-Urteil und Nachwuchsförderung. Auswirkungen der Veränderung von Ausländerklauseln und Transferregelungen auf die Sportspiele.* Schorndorf: Hofmann.

TEUBERT, H., BORGGREFE, C., CACHAY, K. & THIEL, A. (2006). *Spitzensport und Schule. Möglichkeiten und Grenzen struktureller Kopplung in der Nachwuchsförderung.* Schorndorf: Hofmann.

THIEL, A. & MEIER, H. (2004). Überleben durch Abwehr – Zur Lernfähigkeit des Sportvereins. *Sport und Gesellschaft, 1* (2), 103-124.

THIEL, A., RIEDL, L. & CACHAY, K. (2005). Spitzenfußball und Globalisierung. *Leipziger Sportwissenschaftliche Beiträge, 46* (2), 50-62.

UEFA (2010a). *Statutes of UEFA. Edition 2010.* Zugriff am 20.04.2012 unter http://www.uefa.com/uefa/mediaservices/index.html.

UEFA (2010b). *UEFA Club Licensing and Financial Fair Play Regulations. Edition 2010*. Zugriff am 20.04.2012 unter: http://www.uefa.com/uefa/media-services/index.html.

UEFA (2012). *About UEFA: History*. Zugriff am 20.04.2012 unter http://www.uefa.com/uefa/aboutuefa/organisation/history/index.html.

WLSB (2011). *Überarbeitete Mustersatzung für Sportvereine*. Zugriff am 18.7.2011 unter http://www.wlsb.de/cms/docs/doc7591.pdf.

Lektion 8

Der Sportverein im Wandel

1 Einleitung

Der Sport in Deutschland wird zu einem großen Teil von den 91.000 Sportvereinen in Deutschland getragen, die Sport und andere Aktivitäten für mehr als 27 Millionen Menschen anbieten. Diese Vereine sind von ihrem Erscheinungsbild her gesehen sehr unterschiedlich. Während viele Vereine sich in den letzten Jahrzehnten nur wenig verändert haben, lässt sich bei anderen Vereinen wiederum ein ständiger Wandel von Angebotspalette, Außendarstellung oder Infrastruktur beobachten. In der folgenden Lektion wird der Frage nachgegangen, weshalb sich manche Sportvereine verändern, andere dagegen nicht. Eine zentrale Rolle spielt dabei die Diskussion über die grundsätzliche Wandlungsfähigkeit dieses Organisationstyps.

Folgende Themenbereiche werden im Laufe der Lektion bearbeitet:

- Der Sportverein als Freiwilligenorganisation
- Erscheinungsbilder des Großvereins
- Demografischer Wandel und Veränderungsbedarf des Sportvereins
- Sportvereine als lernende Organisationen
- Die Abwehr von Veränderungen

2 Der Sportverein als Freiwilligenorganisation

Sportvereine sind einem bestimmten Typus von Organisationen zuzuordnen: dem Typus der *Freiwilligenorganisation*. In Organisationen geht es darum, Entscheidungen zu treffen (LUHMANN, 2000), sei es die Wahl eines Vorstands, die Festlegung eines bestimmten Jahressportprogramms oder die Einstellung eines Hauptberuflichen. Diese Entscheidungen werden auf der Basis von bestimmten Prämissen, wie z. B. einer Vereinssatzung, getroffen. Die Entscheidungsprämissen geben also allen weiteren Entscheidungen eine Richtung vor. So ist es beispielsweise nicht beliebig, wie ein Vorstand gewählt wird, sondern die Vereinsversammlung muss sich an einen bestimmten Wahlmodus halten, der vorher festgelegt wurde.

Freiwillige Organisationen unterscheiden sich von erwerbswirtschaftlichen Unternehmungen in Struktur, Aufgaben und Zwecksetzung. Hauptmerkmal ist, dass nicht die Erzielung von Gewinn, sondern die Deckung eines bestimmten Bedarfs durch organisationstypische Leistungen angestrebt wird. Um herauszufinden, welche Leistungen dies sind, genügt zumeist ein Blick in die Satzung, in welcher der primäre Vereinszweck festgehalten wird (Meier, 2004). Sportvereine werden von Menschen zur Verwirklichung bestimmter, inhaltlich festgelegter Ziele gegründet. Diese Ziele sind wiederum Motivation für den Eintritt neuer Mitglieder in die Organisation (Heinemann & Horch, 1991). In Sportvereinen geht es laut Satzung in der Regel um die Förderung des Sports bzw. um die Bereitstellung von Sportgelegenheiten. Gegebenenfalls werden in den Vereinssatzungen auch einzelne Sportarten oder spezifische Zielgruppen, wie beispielsweise Kinder und Jugendliche, benannt, deren Förderung als besonderer Vereinszweck herausgestellt wird. Bei Sportvereinen entspricht der durch die Leistungen zu deckende Bedarf also der Befriedigung von Mitgliederinteressen.

Bei den Leistungen eines »gemeinnützigen« Sportvereins handelt es sich um »nicht-reine öffentliche Güter« (Heinemann & Horch, 1991, S. 68). Solche Güter sind u. a. die Nutzungsrechte an der Infrastruktur des Sportvereins, die Vertretung des Interesses der Mitglieder oder der Aufbau sozialer Netzwerke. Diese sind den Mitgliedern des Sportvereins zur Verfügung zu stellen, ohne dass sie direkt für die einzelne Leistung bezahlen müssen. Bezahlt werden vielmehr pauschale Mitgliedsbeiträge, was wiederum bedeutet, dass das Mitglied nicht über einen Rechtsanspruch auf eine exakt vordefinierte Leistung verfügt. Der Sportverein bietet vielmehr »eine Gesamtleistung [...], die das einzelne Mitglied nach seinen eigenen Interessen nutzen kann« (Heinemann & Horch, 1991, S. 13). Das heißt wiederum, dass Sportvereine gemäß ihres primären Vereinszwecks alle vereinsbezogenen Entscheidungen daraufhin ausrichten müssen, den Sport im Allgemeinen, bestimmte Sportarten oder die sportliche Aktivität einzelner Zielgruppen zu fördern (Thiel & Meier, 2004).

Dagegen lässt sich aus den satzungsgemäßen Bestimmungen keine Notwendigkeit ableiten, dass Strukturen an eine verändernde Nachfrage angepasst werden müssten, um z. B. »zeitgemäß« zu sein oder um mehr Mitglieder zu gewinnen. Es lassen sich auch kaum objektive Kriterien ableiten, anhand derer festgestellt werden kann, ob bestimmte Entwicklungstendenzen für den Verein gut oder schlecht sind. Eine Formulierung, dass Vereine wachsen und möglichst viele Nicht-Mitglieder rekrutieren müssten, findet sich in keiner Satzung. Mehr noch: Eine Orientierung am Markt widerspricht sogar der Verfasstheit eines gemeinnützigen, freiwilligen Vereins. Da die Mitgliederinteressen bindend sind, dürfen Sportvereine nicht einfach ihr Sportangebot verändern mit dem Argument, ein neues Angebot würde sich besser verkaufen.

Dies steht in einem gewissen Gegensatz zur Rhetorik mancher Vereins- und Verbandsfunktionäre. Wenn in Mitgliedervollversammlungen z. B. über die Erfolge der Vereinsführung berichtet wird, dann fällt sehr häufig der Hinweis darauf, dass sich Mitgliederzahlen erhöht hätten. Vereine zählen ihre Mitglieder und ein Mitgliederzuwachs wird in der Regel als Indiz einer erfolgreichen Vereinsentwicklung interpretiert. Damit wird allerdings außer Acht gelassen, dass sich aus dem primären Vereinszweck keine Notwendigkeit für eine große Mitgliederzahl ableiten lässt (Meier, 2004). Denn ein Sportverein mit vielen Mitgliedern erfüllt seinen Zweck nicht automatisch besser als ein Verein mit wenigen Mitgliedern.

Die Forderung eines Vereinsvorsitzenden, man müsse neue Angebotsstrukturen schaffen, um für möglichst viele Personen Sportgelegenheiten zu schaffen, hat auch nicht mehr Berechtigung als die eines anderen Vereinsvorsitzenden, sein Verein solle sich auf ein kleines, traditionelles Angebot und eine dazu passende Mitgliedergemeinschaft beschränken, weil er sonst seine Identität verliere. Wichtig ist vielmehr die Überzeugung der Mitglieder, dass ihre Interessen angemessen befriedigt werden. Ist dies der Fall, dann erfüllt ein Verein, der zum Zwecke der Ausübung eines bestimmten Sportangebots gegründet wurde, vom Prinzip her sogar dann noch seinen Zweck, wenn z. B. aufgrund eines extremen Attraktivitätsverlusts des Angebots nur noch die gesetzliche Mindestanzahl an aktiven Mitgliedern verbleibt, die aber mit diesem Angebot hochzufrieden sind (Thiel & Meier, 2004).

Trotz aller prinzipiellen Veränderungsresistenz von Sportvereinen müssen ihre Leistungen nicht unveränderlich bleiben. Zum einen kann unter Sport durchaus Unterschiedliches verstanden werden. Wird in der Satzung nicht klar festgelegt, welcher Sport gefördert werden soll, dann gibt es auch kein rechtliches Hindernis, wenn neue Sportarten in die Angebotspalette aufgenommen werden. Zum anderen kann sich auch das Interesse der Mitglieder bzw. deren Verständnis, was Sport ist, verändern. Verlangt beispielsweise ein genügend hoher Anteil von Mitgliedern in einer Hauptvollversammlung die Aufnahme eines neuen Sportangebots, dann muss der Verein auch dieses Interesse befriedigen. Da Vereine nicht gewinnorientiert arbeiten dürfen, sind dagegen die mit einem Sportangebot erzielbaren Einnahmen nur von nachgeordneter Bedeutung.

Dennoch brauchen auch Sportvereine Geld. Doch da die für die Existenz des Sportvereins notwendigen finanziellen Mittel in der Regel nicht durch den Verkauf von Produkten erworben werden können, sind andere Wege der Finanzierung notwendig. Dies geschieht zum einen über die Erhebung von Mitgliederbeiträgen. Aus diesem Grund ist die Mitgliederzahl für einen Sportverein durchaus relevant, indem mehr Mitglieder in der Regel auch mehr Mitgliedsbeiträge bedeuten. Allerdings ist hier immer auch zu berücksichtigen, dass diese Beiträge nicht als ein direktes Entgelt für eine vom Verein gebotene Leistung zu verstehen sind.

Zum anderen ist die Beschaffung monetärer Fremdressourcen nötig, wie z. B. Spenden von Mitgliedern und Nicht-Mitgliedern (Sponsoren etc.) sowie Leistungen vom Staat gemäß dem Subsidiaritätsprinzip. Das Subsidiaritätsprinzip basiert auf der Idee der Selbstverantwortung. Der Staat liefert dort Unterstützung, wo die Ressourcen der jeweiligen Organisation oder Gruppe nicht ausreichen, um die spezifischen Aufgaben zu erfüllen (vgl. LAMPERT & ALTHAMMER, 2007).

Weder die Unterstützung vom Staat noch finanzielle Leistungen von Sponsoren dürfen zu einer Verletzung des Prinzips der Unabhängigkeit von Dritten führen. Sponsoren dürfen nicht bestimmen, wie der Verein agiert. Sie erhalten vielmehr einen indirekten Gegenwert für ihre Leistung, wie z. B. das Recht, Bandenwerbung bei Fußballspielen zu machen. Damit der Verein auch trotz der Übertragung von Werbe-, Konzessions- und Übertragungsrechten an Wirtschaftsunternehmen weiterhin als gemeinnützig gelten kann, muss das dadurch eingenommene Geld in den Kernzweck des Vereins investiert werden, wie z. B. in die Nachwuchsförderung oder in die Anschaffung von Sportgeräten.

Bei vielen Vereinen sind weiterhin mittlerweile Sportangebote, die in Kursform ablaufen, und für die eine direkte finanzielle Gegenleistung verlangt wird, ein wichtiges Element der Ressourcenbeschaffung. Dies ist deshalb ebenfalls nicht unproblematisch, da dadurch das klassischerweise »selbstorganisierte« Sportangebot zu einer Dienstleistung wird, die im Prinzip auch durch eine erwerbswirtschaftliche Organisation angeboten werden könnte. Gerade in Großvereinen sind solche Angebote, wie z. B. kostenpflichtige Rückenschulkurse, heute aber fester Bestandteil des Sportprogramms. Dies ist aber den eigentlichen Charakteristika nicht-kommerzieller Organisationsformen deshalb entgegengesetzt, weil es das Risiko mit sich bringt, dass spezifische gesellschaftliche Beiträge des Sportvereins, wie die gemeinnützige ehrenamtliche Mitarbeit oder die Beteiligung an demokratischen Entscheidungsprozessen, nicht mehr geleistet werden (vgl. z. B. HEINEMANN & HORCH, 1981).

Mindestens so wichtig wie die Einnahme finanzieller Ressourcen in Form von Mitgliedsbeiträgen ist für einen Verein die Bereitstellung von Zeitressourcen. So wird über die freiwillige ehrenamtliche Arbeit ein Großteil der im Sportverein anfallenden Arbeiten geleistet. Für diese Arbeit müssen keine oder kaum Gelder bezahlt werden. Die Tätigen erhalten als Gegenleistung vielmehr nicht-marktfähige Entgelte, wie z. B. soziale Anerkennung, emotionale Einbindung, Solidarität etc. oder Austauschleistungen, wie z. B. die kostenlose Benutzung der Infrastruktur der Organisation (HEINEMANN & SCHUBERT, 1992). Die zur Verfügung gestellte, ehrenamtlich aufgewendete Zeit geht als nicht-monetäre Ressource in das Ressourcenbudget der Organisation ein, mithilfe dessen die Organisation ihre Existenz sichert (HEINEMANN, 1984).

Die Bedeutung, die ehrenamtlicher Mitarbeit für den Sportverein zukommt, hat Konsequenzen für die Tätigkeit von hauptberuflich Beschäftigten. Wenn Hauptberufliche in Sportvereinen beschäftigt werden, dann sind diese in der Regel für spezielle Aufgaben zuständig, für deren Erfüllung sie über ein hohes Fachwissen verfügen müssen. Gleichzeitig sind sie in hierarchischer Hinsicht formal ehrenamtlichen Funktionsträgern untergeordnet. So ist die entscheidungsmäßig höchstgeordnete Instanz im Sportverein die Mitgliedervollversammlung, welche wiederum durch die gewählten ehrenamtlichen Funktionsträger repräsentiert wird.

Über die Probleme, die sich aus diesem Strukturmerkmal ergeben, wird im Sport seit vielen Jahren diskutiert. Einerseits kann die Arbeit von Hauptberuflichen durch nichtkompetente Entscheidungen ehrenamtlicher Funktionsträger behindert werden (vgl. UNTERMAN & DAVIS, 1982). Andererseits wird immer wieder die Befürchtung geäußert, dass die Anstellung fachlich kompetenter Hauptberuflicher dazu führen kann, dass sich ehrenamtliche Führungskräfte weniger engagieren und weniger Zeitressourcen in die Organisation einbringen (vgl. THIEL, MEIER & CACHAY, 2006)

Auch im Hinblick auf die Personalstruktur kommen in Vereinen relativ häufig Innovationen vor, ohne dass sich zwangsläufig die Kernstruktur verändert. Die Einführung von Hauptberuflichkeit ist ein gutes Beispiel dafür. So zeigen Studien, dass in größeren Vereinen z. B. eine verberuflichte Geschäftsführung auf der einen Seite oft zu einer deutlichen Entlastung des Ehrenamts, zu besser durchdachten und stabileren Finanzkonzepten oder auch zu einer verbesserten Betreuung von Mitgliedern und Übungsleitern verhilft, auf der anderen Seite dadurch aber der Führungsanspruch der ehrenamtlichen Entscheidungsträger keinesfalls verloren geht (CACHAY, THIEL & MEIER, 2001).

3 Erscheinungsbild des Sportvereins heute

Auch wenn alle Sportvereine in Deutschland als Freiwilligenorganisationen anzusehen sind: *Den* Sportverein gibt es nicht. »Im Prinzip ist jeder Verein ›einzigartig‹, hat eine spezifische Größe, eine ihm eigene Organisationsstruktur, verfolgt spezifische Ziele, hat für diesen Verein typische Probleme usw.« (NAGEL, CONZELMANN & GABLER, 2004, S. 31).

Verbände strukturieren Vereine meist nach Mitgliederzahlen. Eine recht gebräuchliche Unterscheidung ist die Klassifikation in kleine Vereine (bis 300 Mitglieder), mittlere Vereine (301-800), größere Vereine (801-2.000) und Großvereine (über 2.000 Mitglieder) (vgl. NAGEL, CONZELMANN & GABLER, 2004). Diese Unterscheidung erlaubt allerdings keine Aussagen über Differenzen im Leistungsangebot, in der Personal- und Finanzstruktur oder gar in der Vereinsphilosophie. Ein weiteres Kriterium für die Einteilung von Vereinen basiert auf der Frage, in welchem Maße Vereine Solidargemeinschaften bzw. Dienstleister sind. NAGEL, CONZELMANN und GABLER (2004, S. 43) unterscheiden die Organisationsformen »Solidargemeinschaft« und »Dienstleistungseinrichtung« folgendermaßen: »Während bei kommerziellen Dienstleistungsorganisationen die Rollen von (bezahltem) Anbieter und Nachfrager getrennt sind, zeichnen sich freiwillige Vereinigungen durch Rollenidentität aus.«

Auf der Basis einer Systematisierung von Vereinen unter Berücksichtigung von Betreuungs- und Beschäftigungsformen in Training, Verwaltung/Organisation und Wartung der Sportanlagen, des Anteils der Voll- und Teilzeitbeschäftigten, der relativen Anzahl an Sportangeboten für Nicht-Mitglieder sowie an Angeboten, für die besondere Gebühren anfallen, unterteilen Nagel, Conzelmann und Gabler (2004) Vereine danach, in welchem Maße diese den Charakter einer Solidargemeinschaft bzw. einer Dienstleistungsorganisation haben.

Die Studie zeigt, dass die Erscheinungsbilder der Sportvereine heute von der traditionellen Solidargemeinschaft bis hin zum professionalisierten Prestigesportanbieter reichen: »Umsatzstarke Vereine sind am ehesten professionalisiert, Mehrspartenvereine sind häufig kursorientiert, aber kaum professionalisiert, und Einspartenvereine sind vielfach als Solidargemeinschaften zu charakterisieren. Enge Zusammenhänge zeigen sich verständlicherweise auch zwischen Ziel- und Dienstleistungsorientierung. So werden Geselligkeit, aber auch Leistungssportorientierung besonders in solidargemeinschaftlich orientierten Vereinen gepflegt, während Geselligkeit und Leistungssport bei den Kursanbietern von geringer Bedeutung sind, sie konzentrieren sich vor allem auf ein breites Angebot, das offen ist für sportliche Innovationen« (Nagel, Conzelmann & Gabler, 2004, S. 49).

Die in der Literatur beschriebene Differenzierung im Erscheinungsbild von Vereinen lässt sich am besten am Beispiel von größeren und Großvereinen charakterisieren. So findet sich hier eine Vielzahl nicht bzw. nur marginal verberuflichter Vereine; in einigen Vereinen aber koexistiert Hauptberuflichkeit vollkommen problemlos mit freiwilliger Mitarbeit (Thiel, Meier & Cachay, 2006). Viele größere und große Vereine weisen Formen von Leistungsangeboten auf, die z. T. für den Verein eher traditionell sind, zum Teil aber auch Spezialangebote, z. B. im Gesundheits- oder Hochleistungsbereich. Das Angebot zeitlich befristeter Kurse für Kunden findet sich durchaus nicht nur in Vereinen mit hauptberuflichen Mitarbeitern, sondern wird nicht selten durch geringfügig Beschäftigte oder durch ehrenamtliche Übungsleiter bestritten. Im Grunde haben moderne, nicht-traditionelle Sportangebote und Angebotsformen ebenso wie Teilzeit- oder geringfügige Beschäftigungen mittlerweile in jedem Großverein Einzug gehalten. Versucht man, diese Vielfalt zu ordnen, dann lassen sich vier unterschiedliche Typen von Vereinen mit mehr als 1.000 Mitgliedern identifizieren (Cachay, Thiel & Meier, 2001):

Typ 1	Der ansatzweise verberuflichte ehrenamtliche Großverein
Typ 2	Der nicht traditionelle, reiche Profiverein
Typ 3	Der normale Großverein; ein ehrenamtlicher Dienstleister
Typ 4	Der fortschrittlich-traditionsbewusste Profiverein

Abb. 1: *Typen von Sportvereinen mit mehr als 1.000 Mitgliedern*

Typ 1: Der »ansatzweise verberuflichte, ehrenamtliche Großverein«
Dieser Vereinstypus charakterisiert einen sich im Wandel befindlichen Sportverein, der in großen Teilen noch traditionell strukturiert ist, bei dem aber in Teilen bereits Verberuflichungsprozesse zu beobachten sind. Bei diesem Vereinstypus findet sich eine relativ hohe Anzahl an Abteilungen mit einem eher traditionellen Angebot im Wettkampf- und Gesundheitssport. Vereine dieses Typus haben ein durchschnittliches Einnahmevolumen, hauptsächlich in Form von Mitglieds- und Kursbeiträgen. Allerdings ist die Zahl an Kursangeboten unterdurchschnittlich. Hauptamtliche finden sich meist in der Geschäftsführung und Verwaltung, was allerdings keinen Einfluss auf die Größe des ehrenamtlichen Vorstands hat, seltener auch im Wettkampf- und Gesundheitssportbereich. Ebenso wenig hat die ansatzweise Verberuflichung einen negativen Einfluss auf die Anzahl ehrenamtlicher und freiwilliger Mitarbeiter insgesamt. So verfügen Vereine dieses Typus über den höchsten relativen Anteil an ehrenamtlichen Mitarbeitern. Die Vereine sehen sich in ihrer Vereinsphilosophie nur in mittlerem Maße ihren Traditionen verpflichtet und bezeichnen sich als eher fortschrittlich.

Typ 2: Der »nicht-traditionelle, reiche Profiverein«
Bei Vereinen dieses eher seltenen Typus spielt der Wettkampf- und Leistungssport eine zentrale Rolle. Sie haben in der Regel Mannschaften, die im Spitzensportbereich Wettkämpfe bestreiten. Diese Vereine haben die mit Abstand höchsten relativen Einnahmen, was vermutlich auf das Engagement im Spitzensportbereich zurückzuführen ist. Die Geschäftsführung und Verwaltung ist durchgängig verberuflicht, was mit einem zahlenmäßig reduzierten Vorstand einhergeht. Erwartungsgemäß finden sich im Wettkampfsportbereich überdurchschnittlich viele Stellen für Hauptberufliche. Gleichzeitig ist die relative Anzahl an Ehrenamtlichen mit Abstand am geringsten. Die in diesem Vereinstypus anfallende Arbeit ist offensichtlich mit Ehrenamtlichen, aber auch mit geringfügig beschäftigten

Mitarbeitern kaum zu leisten. Zumeist ist die Anzahl der Abteilungen eher gering, das Angebot ist eher konzentriert und es werden vergleichsweise wenige Kurse angeboten. Die Vereine bezeichnen sich im Durchschnitt als tendenziell fortschrittlich und als relativ wenig traditionsbewusst.

Typ 3: Der »normale Großverein – ein ehrenamtlicher Dienstleister«
Dieser Vereinstypus ist unter den Großvereinen mit Abstand am häufigsten anzutreffen. Er repräsentiert in den meisten Bereichen den durchschnittlichen Großverein, vom Vorstand und der Abteilungsgröße her gesehen bis zur Vereinsphilosophie. Die relative Anzahl an Hauptberuflichen ist hier am geringsten. Traditionalität ist im Hinblick auf die Vereinsphilosophie von mittlerer Bedeutung, gleichzeitig bezeichnen sich die Vereine im Durchschnitt auch als mittelmäßig fortschrittlich. Der relative Anteil der Kursangebote am Gesamtangebot ist überdurchschnittlich hoch, die Angebote sind insgesamt sehr breit gestreut. Kurse werden in der Regel von ehrenamtlichen bzw. geringfügig beschäftigten Mitarbeitern betreut. Die relativen Einnahmen sind unterdurchschnittlich und basieren vor allem auf Mitglieds- und Kursbeiträgen, wohingegen es nur wenige alternative Einnahmequellen gibt. Sportvereine dieses Typus verstehen sich nicht selten als »ehrenamtliche Dienstleister«.

Typ 4: Der »fortschrittlich-traditionsbewusste Profiverein«
Bei Vereinen dieses Typus findet sich eine hohe Anzahl an Abteilungen und eine sehr breite Angebotspalette mit traditionellen und modernen Angeboten. Die Mischung aus traditionellen und modernen Inhalten spiegelt sich auch in der Vereinsphilosophie wider. So beschreiben sich Vereine dieses Typus im Durchschnitt als sehr fortschrittlich, legen gleichzeitig aber auch sehr großen Wert auf eine Pflege von Traditionen. Die relativen Einnahmen sind überdurchschnittlich. Verberuflichung koexistiert hier neben traditionellen Formen der Mitarbeit. Der Vorstand ist zahlenmäßig eher klein, dagegen sind Geschäftsführung und Verwaltung durchgängig verberuflicht. Vergleichsweise viele Hauptberufliche finden sich auch im Breiten- und Gesundheitssport sowie insbesondere im Wettkampfsportbereich, was wiederum damit einhergeht, dass ein relativ großer Anteil der Vereine Mannschaften unterhält, die in höheren Klassen des Leistungssports aktiv sind. Die relative Anzahl an ehrenamtlichen bzw. freiwilligen Mitarbeitern liegt etwas unter dem Durchschnitt, was allerdings nicht vorrangig auf die hohe Anzahl an Hauptberuflichen, sondern vielmehr auf die relativ große Zahl an geringfügig Beschäftigten zurückgeführt wird, welche einen wichtigen Teil der Arbeit leisten.

Umfassende Analysen des Erscheinungsbildes von Sportvereinen in Deutschland werden im Rahmen von Sportentwicklungsberichten im Auftrag des Deutschen Olympischen Sportbundes (DOSB) durchgeführt. Diese Berichte werden regelmäßig in einem Turnus von zwei Jahren erarbeitet, um Veränderungen bei den Mitgliederzahlen, der Anzahl von Hauptberuflichen und Ehrenamtlichen, bei den Angebotsstrukturen, der Infrastruktur usw. festzustellen. So finden sich im jüngsten Sportentwicklungsbericht, der unter der Leitung des Sportökonomen Christoph Breuer (2011) erstellt wurde, wichtige Informationen (z. B. über die infrastrukturelle Ausstattung von Vereinen, über Mitgliederzusammensetzungen oder über Angebotstypen), die für sportpolitische Planungen in den Verbänden genutzt werden können.

Bei aller Diskussion über den Wandel von Sportvereinen darf nicht vergessen werden, dass der Großteil der Sportvereine noch immer einer klassischen Freiwilligenorganisation entspricht. Sportvereine basieren auf ehrenamtlicher Arbeit und haben eine demokratische Entscheidungsstruktur, sogar wenn sich die Angebotsstruktur ausdifferenziert. Dies gilt insbesondere für kleine und mittlere Vereine, aber auch für einen nicht unbeträchtlichen Teil der größeren Vereine. Dazu kommt, dass Sportvereine auch heute v.a. auf Jugendliche ausgerichtet sind (Breuer & Wicker, 2009a; b) sind. In der Sportvereinslandschaft lässt sich also sowohl Veränderung, aber gleichzeitig auch ein hohes Maß an Beständigkeit beobachten. In welchem Maße sich Organisationen verändern, hängt zu einem großen Teil von ihrer Lernfähigkeit ab.

4 Demografischer Wandel und Veränderungsbedarf des Sportvereins

Von Sportvereinen wird heutzutage in vielfacher Hinsicht erwartet, dass sie sich verändern, angefangen bei der Integration von Menschen mit Migrationshintergrund, über Kooperationen im Bereich des Leistungssports bis hin zur Versorgung von Ganztagsschulen mit Angeboten für die unterrichtsfreie Zeit. Am nachdrücklichsten werden von Sportvereinen heute aber aufgrund des demografischen Wandels Veränderungen eingefordert, und zwar sowohl in der Angebots- als auch in der Personalstruktur. Dabei geht es zum einen um die Inklusion älterer Menschen in den Sportverein, zum anderen um den mit der Alterung der Gesellschaft verbundenen Rückgang der Anzahl an Kindern und Jugendlichen, die bis heute einen wesentlichen Teil der Sportvereinsmitglieder ausmachen.

Hinter dieser Diskussion steckt der Sachverhalt, dass Gesellschaften der westlichen Welt derzeit in einem historisch unvergleichlichen Ausmaß altern. Dies liegt zunächst an der steigenden Lebenserwartung.

Marc Luy, Forschungsgruppenleiter am Vienna Institute of Demography, bezifferte im Jahr 2010 die Lebenserwartung in Deutschland für Männer mit 77,70 Jahren und mit 82,74 Jahre für Frauen. Im Vergleich mit den Daten zum Jahr 1990 war die prognostizierte Lebenserwartung um rund 4,3 Jahre bei den Frauen und um sogar 5,75 Jahre bei den Männern angestiegen (Luy, 2010). Diese Tendenz scheint sich in absehbarer Zeit nicht abzuschwächen. Jim Oeppen und James Vaupel überraschten im Jahre 2002 die wissenschaftliche Gemeinde mit der Hypothese, dass die in den vergangenen 160 Jahren kontinuierlich angestiegene Lebenserwartung nicht etwa einem Maximum zustrebe, sondern weiterhin jährlich um drei Monate stetig ansteige. Wenn diese Entwicklung so weitergeht, wie es Oeppen und Vaupel (2002) erwarten, dann würde der Anteil der über 60-Jährigen, der heute bei ca. 21 % liegt, im Jahre 2050 ungefähr 43 % betragen.

Eine weitere Ursache der Alterung der Gesellschaft ist die sinkenden Fruchtbarkeitsrate. Die Bundesrepublik Deutschland weist – wie die meisten anderen europäischen Länder – eine sehr niedrige Fruchtbarkeitsrate auf. So werden in Deutschland nach Berechnungen der Deutschen Stiftung Weltbevölkerung pro Frau derzeit im statistischen Durchschnitt nur etwas über 1,3 Kinder geboren. Dazu kommt, dass die Anzahl der Frauen im gebärfähigen Alter kontinuierlich sinkt. Die einfache Konsequenz dieses Prozesses ist, dass es in Deutschland immer weniger Kinder geben wird.

Beides, sowohl der Anstieg der Lebenserwartung (und damit auch der Anstieg der absoluten Anzahl älterer Menschen) als auch die sinkende Geburtenzahl, beschäftigt Sportvereine derzeit in besonderem Maße. Der demografische Wandel hat nahe liegender Weise dazu geführt, dass Sportvereine vermehrt Angebote für ältere Menschen in ihre Angebotspalette integrieren. So geben dem Sportentwicklungsbericht 2007/2008 zufolge 84.000 Sportvereine an, Angebote für Senioren über 60 Jahre zu machen, dem eine gleich große Anzahl an Sportvereinen gegenübersteht, die Sport für Kinder und/oder Jugendliche anbieten. Allerdings heißt dies nicht, dass die Sportvereine sich von der Zielgruppe der Kinder abwenden würden. So ist die Gesamtzahl an Angeboten für Kinder und Jugendliche immer noch weitaus höher als die Zahl der Angebote für die sogenannten »Älteren«. Dazu kommt, dass trotz des demografischen Wandels das Eintrittsalter der Menschen in den Sportverein in den letzten Jahrzehnten erheblich gesunken ist. Während – wie beschrieben – der Sportverein noch in den 1960er-Jahren vor allem ein Ort der sportlichen Betätigung von jungen Männern war, geben heute immerhin 56.500 Sportvereine an, Sport für Kleinkinder oder Kinder im Vorschulalter anzubieten (Breuer & Wicker, 2009a). Diese Gruppe wird also heute deutlich besser erreicht als früher, als es noch wesentlich mehr Kinder gab. Hinter diesem Phänomen steckt eine Entwicklung, die sich als »Pädagogisierung des kindlichen Lebenslaufs« (Cachay & Thiel, 1995) bezeichnen lässt. So versuchen Eltern heute, offensichtlich möglichst alle potenziellen Faktoren einer optimalen Förderung der kindlichen Entwicklung möglichst genau zu antizipieren, um ihren Kindern bestmögliche Zukunftschancen zu bieten. Dazu gehört eben auch die motorische und sportliche Förderung, die mittlerweile allgemein als ein wichtiger Faktor einer gesunden Gesamtentwicklung des Kindes angesehen wird.

Im Hinblick auf die sogenannten *Älteren* steigt die Anzahl von Sportvereinsmitgliedern über 50 deutlich geringer als die Anzahl der von Sporttreibenden ganz allgemein. Das heißt, dass das Interesse dieser Gruppe am Sport ansteigt, es den Sportvereinen aber nur zum Teil gelingt, diese Bevölkerungsgruppe zu erreichen. Dies liegt zunächst an der Passung des Angebots der Vereine zu den Interessen dieser Altersgruppe. So bezeichneten in einer eigenen repräsentativen Studie (Thiel, Huy & Gomolinsky, 2008) die Befragten der Altersgruppe 50+ das Preis-Leistungs-Verhältnis der örtlichen Sportvereine zum Großteil als sehr gut, doch gaben nur knapp Dreiviertel der Befragten (73 %) an, dass ein passendes Sportangebot für sie dabei sei, während weitere 7 % der Studienteilnehmer die Angebote der örtlichen Vereine nicht kannten. Insgesamt gesehen, wurden die infrastrukturellen Gegebenheiten für eine Aufnahme sportlicher Aktivität von den Befragten durchgängig als günstig eingeschätzt. Immerhin 95 % der Befragten berichteten davon, dass es in ihrer Nähe gut erreichbare Sportgelegenheiten (z. B. Sportvereine oder Fitnessstudios) gebe, sogar 99 % der Befragten gaben an, dass in ihrer unmittelbaren Umgebung geeignete Wege zum Spazierengehen, Joggen oder Fahrradfahren zur Verfügung stünden.

Dass ökonomische Barrieren für die Gruppe kein Hinderungsgrund für die Aufnahme sportlicher Aktivität ist, kommt in dem Befund zum Ausdruck, dass sich 87 % der Befragten nach eigenen Angaben die Eintritte bei öffentlichen Anbietern (z. B. Schwimmbad oder Eishalle) gut leisten könnten, und dass von der Hälfte der Befragten auch das Angebot kommerzieller Fitnessstudios als nicht zu teuer bezeichnet wurde. Vor diesem Hintergrund überrascht auch die hohe Anzahl der sportlich Aktiven in dieser Altersgruppe nicht. So gaben in unserer Studie 59 % der Befragten an, regelmäßig Sport zu treiben, wobei Individualsportarten (z. B. Walking und Nordic Walking, Jogging, Fahrradfahren oder Schwimmen) mit einem Anteil von mehr als 50 % den größten Stellenwert im Alterssport einnahmen. Allerdings nutzten die Befragten eher selten institutionelle Angebote. So trieben nur 18,6 % der Befragten zum Untersuchungszeitpunkt im Verein Sport. Attraktiver war dagegen Sport in der Natur oder zu Hause, gemeinsam mit Freunden oder Lebenspartner oder auch alleine.

Sport ist also offensichtlich altersunabhängig zu einem zentralen Leitwert der Gesellschaft geworden. Dennoch nehmen noch immer nur relativ wenige Menschen über 50 Jahren Sportvereinsangebote wahr. Von diesem Befund ausgehend, könnte man folgern, dass Sportvereine, wenn sie ältere Menschen erreichen möchten, ihre Angebote zukünftig besser auf die Bedürfnisse dieser Gruppe ausrichten müssten. Dies würde aber bei vielen Vereinen vermutlich eine erhebliche Veränderung ihres Selbstverständnisses voraussetzen.

In welchem Maße sich aber Organisationen überhaupt verändern können, hängt zu einem großen Teil von ihrer Lernfähigkeit ab.

5 Sportvereine als lernende Organisationen

Das Lernen von Organisationen ist ein eher neueres Thema der Soziologie. *Lernen* wird in der Organisationssoziologie als ein Prozess der Anpassung an bestimmte Zielvorstellungen aufgefasst. Dabei wird davon ausgegangen, dass Organisationen nur lernen, »wenn die einzelnen Menschen etwas lernen. Das individuelle Lernen ist keine Garantie dafür, dass die Organisation etwas lernt, aber ohne individuelles Lernen gibt es keine lernende Organisation« (SENGE, 1998, S. 171).

Dennoch ist *organisationales Lernen* nicht die Summe individueller Lernprozesse der Mitglieder einer Organisation. Organisationales Lernen findet dann statt, wenn Lernergebnisse im kollektiven Gedächtnis der Organisation gespeichert werden (ARGYRIS & SCHÖN, 1978). Die Speicherkapazitäten von Organisationen sind ihre Werte, Normen, Ideologien, Routinen, Regelsysteme etc. In Sportvereinen sind dies beispielsweise die Satzung, die Vereinsfarben und -wappen, die Abteilungsstruktur, der Aufbau des Vorstands, Wahlvorgaben, das Sportprogramm bis hin zu traditionellen Ritualen.

Organisationales Lernen findet erst dann statt, wenn sich ein Lernprozess in diesen Strukturelementen niederschlägt. Ein Beispiel: Kommt der Sportverein beispielsweise nach einer Mitgliederbefragung zu dem Schluss, dass die Größe des Vorstands zu verringern ist, da die zeitliche Koordination zu kompliziert ist, dann lernt die Organisation z. B. dann, wenn die Mitgliederversammlung dies als Satzungsänderung beschließt und dieser Beschluss in der Satzung entsprechend festgehalten wird. Das Entscheidende an dieser Form »organisationalen Lernens« ist dabei, dass dieses »organisationale Gedächtnis« unabhängig vom Wechsel einzelner Organisationsmitglieder in der Organisation verbleibt (PROBST & BÜCHEL, 1998; WILLKE, 1998).

Genau dies steht hier im Mittelpunkt. Es geht also um die Frage, wie sich Veränderungen in einem Sportverein in der Organisationsstruktur des Vereins niederschlagen.

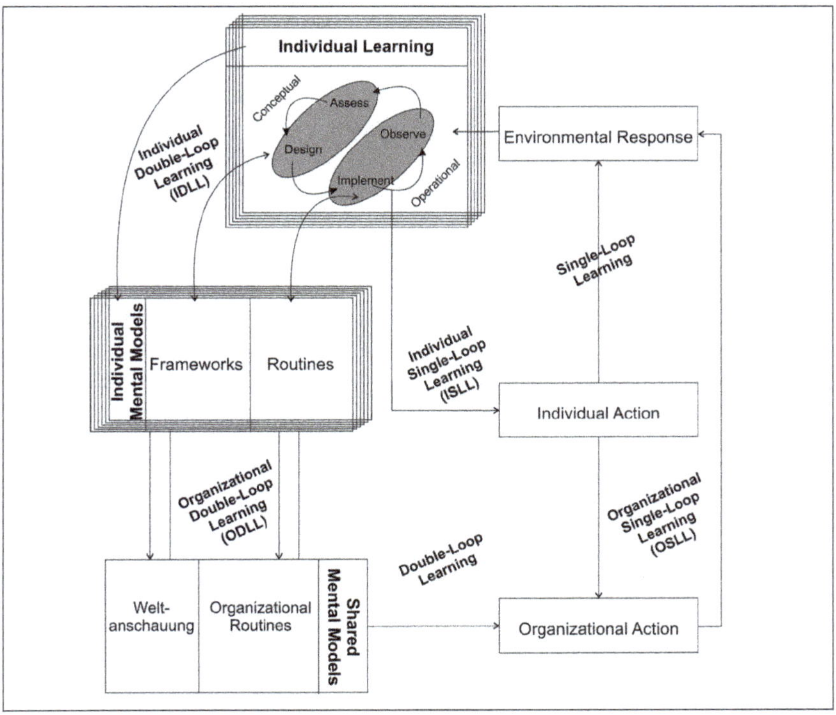

Abb. 2: *Integrated Model of Organizational Learning (KIM, 1993, S. 44)*

Wie funktioniert aber organisationales Lernen? KIMS (1993) integriertes Modell zum Lernen in Organisationen veranschaulicht ganz allgemein die Zusammenhänge zwischen individuellem und organisationalem Lernen (vgl. Abb. 2).

Das Lernen einer Organisation wird in Kims Modell vereinfacht folgendermaßen beschrieben: Die Person führt eine Handlung aus (Individual Action). Als Reaktion auf diese Handlung erhält die Person eine Rückmeldung aus ihrer Umwelt (Environmental Response), z. B. dass etwas an dieser Handlung falsch war. Aus dieser Rückmeldung lernt sie idealerweise, dass sie die Handlung zukünftig anders ausführen muss. Mit diesem Lernprozess (Individual Learning) verändern sich automatisch auch die Denkstrukturen dieser Person. Das Lernergebnis führt nämlich dazu, dass die Annahmen der Person (Individual Mental Models), wie Dinge funktionieren oder die Routinen, wie Aufgaben erledigt werden, verändert werden. Nun ist dieser Lernprozess aber nur ein einfacher (ein sogenannter »Single-Loop«-) Lernprozess. Dabei geht es um nicht mehr als darum, Fehler vor dem Hintergrund vorgegebener Regelsysteme zu korrigieren, (was dem klassischen Problemlösen entspricht).

Daneben gibt es aber auch Lernprozesse, die tiefer gehen und die »Double-Loop-Lernprozesse« genannt werden (ARGYRIS & SCHÖN, 1978). Bei diesem Lernen geht es nicht darum, zu lernen, wie etwas ausgeführt werden soll. Vielmehr werden auf der Basis von Rückmeldungen der Umwelt die Grundannahmen, die eine Person über die Regelsysteme selbst hat, revidiert. Dieses Lernen ist somit ein Lernen höherer Ordnung (SENGE, 1998).

Single-Loop- und Double-Loop-Lernprozesse gibt es auch auf der Ebene der Organisation. Bei diesen Lernprozessen handelt es sich um das eigentliche organisationale Lernen, also um das Lernen, das im Zusammenhang mit dem Wandel von Sportvereinen steht. Beim *Single-Loop-Lernen* in der Organisation (Organizational Single-Loop Learning) geht es darum, dass eine Person, die in einer Organisation eine Funktion ausübt, lernt, wie sie das, was sie machen soll (Organizational Action), richtig macht. Beispiele aus dem Sportverein sind u. a. junge Sportler, welche die Regeln einer Sportart lernen oder ein Auszubildender in der Verwaltung des Vereins, dem beigebracht wird, welche Vorgaben bei der Wettkampforganisation der Jugendmannschaften beachtet werden müssen. Da dieses organisationale Single-Loop-Lernen aber immer nur etwas am Wissen von Personen verändert, wie etwas gemacht werden muss, schlägt sich das Gelernte letztendlich nur im individuellen Gedächtnis dieser Person nieder (ARGYRIS & SCHÖN, 1978; KIM, 1993).

Dies ist bei der zweiten Form des Lernens in Organisationen, dem *Double-Loop-Lernen*, (Organizational Double-Loop Learning) anders. Hier geht es darum, dass Lernprozesse Organisationsstrukturen (Shared Mental Models) verändern. Um es wieder an einem Beispiel zu verdeutlichen: Nehmen wir an, es gibt neue steuerliche Vorgaben für Sportvereine, die zukünftig bei der Finanzplanung der Vereine zu beachten sind. Durch die Festlegung solcher neuen Regeln in der Umwelt des Vereins wird der Sportverein gezwungen, die Regeln seines Finanzmanagements zu hinterfragen und an die neuen Vorgaben anzupassen. Das Lernen führt also zu veränderten Denkstrukturen bei den Verantwortlichen (z. B. beim Vorstand), diese führen wiederum zu veränderten Organisationsstrukturen (z. B. Steuerberechnungsmodell), was letztendlich zu veränderten Erwartungen an die Tätigkeit der Mitglieder (z. B. des Kassenwarts) führt. Dies ist noch ein relativ einfaches Beispiel für einen organisationalen Double-Loop-Prozess. Solche Lernprozesse können aber noch tiefer gehen. Nehmen wir als Beispiel an, die Mitglieder eines Sportvereins kommen zu dem Schluss, dass ihre Satzung nicht mehr ihren Interessen entspricht, dann könnte daraus resultieren, dass das gesamte traditionelle Selbstverständnis des Vereins von der Mitgliederversammlung in Frage gestellt wird. Das Resultat könnte der Entwurf einer vollkommen neuen Satzung sein, welche die neuen Bedürfnisse der Mitglieder berücksichtigt. Der Verein wäre damit, auch wenn er noch den gleichen Namen hätte, nicht mehr der alte.

Über die beiden genannten Formen organisationalen Lernens hinaus gibt es einen Spezialfall, der in der Organisationstheorie lange Zeit nur wenig beachtet oder aber als ein Mangel an Lernfähigkeit bezeichnet wurde, der durch organisationale Lernbarrieren verursacht wird (vgl. THIEL, 2002): die Abwehr von Veränderungsnotwendigkeiten. Doch auch bei diesem Prozess handelt es sich letztendlich um einen Lernprozess. Bei diesem *Abwehr-Lernen* geht es letztendlich darum, wie man Forderungen aus der Umwelt der Organisation erfolgreich ignorieren kann, um weiterhin so zu bleiben, wie man ist.

Spätestens seit Joseph SCHUMPETERS »Theorie der wirtschaftlichen Entwicklung« (1926; 1939) werden Innovationen – als kreativer Akt schöpferischer Zerstörung – als entscheidende Voraussetzungen für den langfristigen Erfolg von Unternehmen angesehen. Für Sportvereine, deren Organisationszweck in einer Satzung festgehalten wird und die den Interessen der Mitglieder verpflichtet sind, gilt diese Annahme allerdings nur in begrenztem Maße. Wirtschaftsunternehmen sind strukturell in hohem Maße auf Veränderung hin ausgerichtet, genauer gesagt, auf die Fähigkeit, sich an verändernde Märkte anzupassen. Im Allgemeinen wird davon ausgegangen, dass der Grad der Innovationsfähigkeit eines Wirtschaftsunternehmens direkt mit seiner Überlebensfähigkeit zusammenhängt. Für Sportvereine hat dagegen die Erhaltung des Gegebenen einen sehr hohen Stellenwert. Aus diesem Blickwinkel bedeutet die Verhinderung von Innovationen auch nicht zwingend Rückständigkeit, sondern ist eine nahe liegende Strategie, Gegebenes zu erhalten (Meier & Thiel, 2006).

6 Die Abwehr von Veränderungen im Sportverein

In Freiwilligenorganisationen hat *Abwehr-Lernen* eine wichtige Funktion für den Erhalt ihrer Non-Profit-Merkmale. Sie soll sichern, dass die Orientierung primär an den Interessen der Mitglieder erfolgt, dass die Mitgliedschaft freiwillig ist, dass der Verein von Dritten unabhängig bleiben kann, dass die Entscheidungsstruktur demokratisch bleibt und die Arbeit vorrangig ehrenamtlich erfolgt, trotz eines Rückgangs an Engagement und Beteiligung und trotz der (begrenzten) Öffnung für den Markt in Form des Angebots von Kurssystemen. Bei Sportvereinen ist Abwehr-Lernen das wichtigste Mittel, um trotz aller Veränderungen im Erscheinungsbild ihre Kernstruktur zu erhalten.

Die Bedeutung, die in Sportvereinen der Erhaltung von Gegebenem zugemessen wird, zeigt sich bereits bei der Rekrutierung von Führungspersonal. Das Führungspersonal von Sportvereinen, wie z. B. der Vereinsvorsitzende, wird per Wahl bestimmt. Die Kandidaten für ein solches Amt stammen in der Regel aus den Reihen der eigenen Mitglieder. Entscheidend sind dabei nicht vorrangig aufgabenspezifische Kompetenzen, sondern zumeist primär Persönlichkeitseigenschaften und Vertrauenswürdigkeit, den Verein im Sinne seiner Tradition zu führen (Thiel, Meier & Cachay, 2006; vgl. Digel, 1997).

Das für eine Führungsposition in Vereinen als notwendig erachtete Wissen wird also nicht daran festgemacht, dass der Funktionär eine aufgabenspezifische Ausbildung durchlaufen hat. Man verlässt sich in der Regel darauf, dass der Vorsitzende weiß, was der Verein braucht. Im Grunde wird dem Kandidaten – meist aufgrund einer langen Vereinszugehörigkeit – ein für den Erhalt und die Pflege von Vereinstraditionen notwendiges Erfahrungswissen zugeschrieben. Aus diesem Grund werden in der Regel Kandidaten ausgewählt, die auf eine langjährige Mitgliedschaft und eine vorhergehende Übernahme von Ämtern auf einer niedrigeren Ebene zurückblicken können.

Dieser »soziale Schließungsmechanismus« (Baur & Braun, 2000, S. 138) beim Zugang zu Vereinsämtern kennzeichnet den Verein schon von Beginn an (vgl. Grosskopf, 1967). Er soll Kontinuität in der Vereinsführung gewährleisten und die unvermeidbare Unsicherheit bei der Ämterbesetzung reduzieren. Denn mit der Wahl einer Person in ein Vorstandsamt eines Sportvereins wird ihr gleichermaßen auch die Berechtigung überantwortet, Entscheidungen über die Entwicklung des Vereins zu treffen. Bei der Rekrutierung von Führungspersonal in Sportvereinen geht es also nicht zuletzt darum, zu sichern, dass ein Verein tatsächlich »der Verein« bleibt, wie ihn die Mitglieder kennen.

Auch bei der Verteilung von Arbeitsaufgaben, von Hierarchien oder von Arbeitsabläufen unterscheiden sich Sportvereinen erheblich von Wirtschaftsunternehmen (Thiel & Meier, 2004). So ist die Verteilung von Aufgaben und Kompetenzen an Ämter, wie z. B. den Vorsitzenden, den Kassenwart, den Jugendwart, in der Regel nicht klar geregelt. Weiterhin korreliert – aufgrund der Bindung von Entscheidungsbefugnis an Wahlämter – in Sportvereinen Entscheidungskompetenz nicht mit Fachkompetenz. Wer in einem Fachgebiet über viel Wissen verfügt, hat noch lange keine hohe Entscheidungskompetenz. Dies zeigt sich insbesondere bei hauptberuflichen Mitarbeitern: selbst wenn diese fachlich gut qualifiziert sind, bleiben ihnen weitreichende Entscheidungsbefugnisse meist verwehrt (vgl. Breuer, 2003). Dazu kommt, dass Amtsinhaber der Mitgliederversammlung verpflichtet sind und ihr gegenüber Entscheidungen rechtfertigen müssen. Die dem gewählten Führungspersonal zugemessene Entscheidungsmacht wird durch dieses Prinzip beschränkt, was sich beispielsweise darin zeigen kann, dass eine Mitgliederversammlung eine sachlich begründete Entscheidung aus emotionalen Gründen blockiert.

In den typischen Entscheidungswegen in Sportvereinen ist ein Mechanismus der Bestandserhaltung strukturell verankert. Steht eine wichtige Entscheidung an, dann werden in Vereinen zunächst Verhandlungsgremien in Gang gesetzt, die auf die Erarbeitung konsensfähiger Mehrheitsentscheidungen abzielen. Dabei ist in der Regel ein Minimum von Anwesenden Voraussetzung für die Beschlussfähigkeit des Gremiums. Dies soll garantieren, dass Partialinteressen einzelner Mitgliedergruppen nicht übergangen werden können. Die Entscheidungsfindung in Gremien wirkt sich nicht nur aufgrund der Notwendigkeit, einen Konsens zu finden, beeinträchtigend auf die Fähigkeit aus, schnell auf Umweltveränderungen zu reagieren, sondern auch aufgrund der zeitlichen Frequenz von Gremiensitzungen (THIEL, MEIER & CACHAY, 2006).

Bereits Termine für Vorstandssitzungen müssen nicht selten einzeln ausgehandelt werden. Da die Teilnahme an solchen Sitzungen für die ehrenamtlichen Mitarbeiter nicht verbindlich ist, sind Verzögerungen von Entscheidungsfindungsprozessen kein Einzelfall. Wichtige Entscheidungen lassen sich in Vereinen also weder schnell noch zeitnah treffen, d.h.erfür kein formal festgelegter Kommunikationsweg vorgesehen ist. Die Folge ist eine mitunter erhebliche zeitliche Verzögerung als Reaktion auf ein spezifisches Ereignis. Und nicht selten folgen dieser Verzögerung noch weitere, zum Beispiel wenn aufgrund unzureichender Informationen ein unmittelbarer Beschluss nicht möglich ist und dieser auf eine der folgenden Sitzungen vertagt werden muss.

Da es in Sportvereinen für schnelle Entscheidungen keine formal geregelten Kommunikationswege gibt, werden solche Entscheidungen häufig informell und mit geringer Transparenz getroffen, wofür sich alltagssprachlich der Begriff der »Vereinsmeierei« etabliert hat. In diesem Falle wird der Wissensfluss im Verein durch wenige, ausgewählte Personen gesteuert, was in der Literatur auch als »Informationsoligarchie« bezeichnet wird (THIEL & MEIER, 2004, S. 116). Dieser selektive Umgang mit Informationen entlastet die Mitglieder von der Notwendigkeit, sich gemäß dem Bottom-up-Prinzip mit einer Vielzahl von entscheidungsrelevanten Informationen auseinanderzusetzen und schützt den Verein also vor Überlastung und vor Overload-Problemen.

Dieser »natürliche« Schutzmechanismus einer Freiwilligenorganisation erzeugt aber auch ein Veränderungsparadox. Einerseits soll er davor schützen, dass der Verein aufgrund der unzähligen Konsensbildungsprozesse handlungsunfähig wird, andererseits beeinträchtigt er zugleich auch die Innovationsfähigkeit des Sportvereins, wenn der exklusive Zugriff auf Wissen zu machtbasierten Verzerrungen von Information oder zu Informationsblockierungen führt (THIEL & MEIER, 2004). Denn diejenigen, die über exklusives Wissen verfügen, können dieses eben auch nach eigenem Gutdünken nutzen und Informationen selektiv weitergeben, so wie sie der Erreichung der eigenen Ziele dienen. Mit der Möglichkeit eines exklusiven Zugriffs auf Wissen ergibt sich also auch die Möglichkeit des Missbrauchs durch Einzelpersonen in zentralen Entscheidungspositionen und die Möglichkeit, dass sich jemand als Alleinherrscher bzw. als Vereinspatriarch »aufspielt«.

Insgesamt gesehen, lässt sich festhalten, dass Sportvereine strukturbedingt eher wandlungsresistent und Veränderungen vor allem an der Oberflächenstruktur geschehen, wie z. B. beim Sportangebot.

Fasst man die Ergebnisse einer qualitativen Studie zur Einführung von Hauptberuflichkeit in Sportvereinen zusammen, dann lässt sich die begrenzte Innovationsfähigkeit von Sportvereinen auf drei Mechanismen zurückführen (THIEL, MEIER & CACHAY, 2006):

- Erstens besteht für Sportvereine grundsätzlich kein Zwang zur Veränderung, da er nur die Bedürfnisse derjenigen befriedigen muss, die aufgrund des in der Satzung festgehaltenen Organisationszwecks Mitglieder geworden sind.
- Zweitens sind Sportvereine von ihren Entscheidungsstrukturen her grundsätzlich träge, was einerseits an der nur ansatzweisen Regulierung von Aufgaben- und Arbeitsverteilungen, andererseits an der Trägheit von Gremienentscheidungen liegt.
- Drittens lässt sich die Arbeit des ehrenamtlichen Führungspersonals nicht nach objektiven Messkriterien beurteilen, da es keine klaren Handlungsvorgaben gibt, was sie im Detail tun sollen und wann die Aufgaben gut erledigt sind und wann nicht.

Da diese Mechanismen ihre Wirkungen nicht nur isoliert, sondern vor allem auch ineinander verzahnt entfalten, verfügen Sportvereine über ein hocheffektives, natürliches System von Veränderungsblockaden. Dieses kann Innovationen bereits im Ansatz ersticken, um sicherzustellen, dass der Verein so bleibt, wie er ist und weiterhin das bietet, weshalb die aktuellen Mitglieder eingetreten sind.

Solche Veränderungsblockadesysteme sind in der Regel in der Organisationskultur der Vereine verankert (MEIER & THIEL, 2006). Vereine entwickeln im Laufe ihrer Geschichte eine eigene »Kultur«. Diese Kultur wird im Wesentlichen durch die Traditionen des Vereins geprägt (NAGEL, CONZELMANN & GABLER, 2004). Sie zeigt sich, wie HEINEMANN und SCHUBERT (1994, S. 196) zusammenfassen, in einem eigenen Stil des Entscheidens, in typischen, überlieferten Sichtweisen sowie in eigenständigen Ideologien, spezifischen, geteilten Überzeugungen und Wertorientierungen. Die Kultur gibt auch vor, in welchem Maße ein Verein offen für neue Sportentwicklungen ist und welche Relevanz Zukunftsoffenheit und Innovationsfreude für ihn besitzt (HEINEMANN & SCHUBERT, 1994).

Die Vereinskultur stellt eine diffuse Orientierungsgröße für das soziale Miteinander im Verein dar. Sie beschränkt dadurch die Verhaltensweisen von Organisationsmitgliedern in Entscheidungssituationen auf Entscheidungsspielräume, die zwar nicht explizit formuliert sind, aber dennoch bindend sind. Vereinskultur sorgt für eine Generalisierung von Konsens. Gleichermaßen gibt sie aber auch Tabuzonen vor, über welche Themen nicht gesprochen wird, welches Verhalten nicht erlaubt ist oder was auf keinen Fall geändert werden darf (Meier & Thiel, 2006). Ein solches Ausschließen von Verhalten schafft Veränderungsbarrieren, verschafft den Mitgliedern aber gleichzeitig auch Orientierungssicherheit in einem ansonsten unbestimmten Raum (vgl. Luhmann, 1970). Heiko Meier und Ansgar Thiel (2006) nehmen an, dass die Kultur eines Vereins diesem durch den dauerhaften und verbindlichen Transport von Traditionen und Werten seine unverwechselbare Identität verschafft. Sie gibt gleichzeitig auch Entscheidungsspielräume vor, innerhalb derer Veränderungen allgemein als akzeptabel und sozial verträglich gelten. Eine der meistzitierten Grundlagenarbeiten zur Kultur von Organisationen stammt von Edgar H. Schein (1985).

7 Fazit

Sportvereine haben heute ein äußerst vielfältiges Erscheinungsbild. Es gibt nach wie vor viele Kleinvereine, die sich in den letzten Jahrzehnten im Hinblick auf ihr Angebot oder ihre Personalstruktur kaum geändert haben. Es gibt aber auch Mittel- und Großvereine, die eine Vielzahl an Sportangeboten machen, teilweise sogar ohne Verpflichtung zur Mitgliedschaft, die sich als Dienstleister verstehen und neben ehrenamtlichen auch hauptberufliche Mitarbeiter beschäftigen. Manche Vereine präsentieren sich als höchst innovative Sportanbieter, andere betonen wiederum ganz explizit ihre langjährige Tradition. Die für Wirtschaftsunternehmen gültige Regel, dass auf Dauer weder das stärkste noch das intelligenteste Unternehmen die höchste Überlebensfähigkeit hat, sondern das anpassungsfähigste, scheint für Sportvereine daher nicht zu gelten. Denn unabhängig davon, ob sich Sportvereine in ihrem Angebot kontinuierlich verändern oder nicht – sie bleiben im Kern doch eins: eine gemeinnützige Freiwilligenorganisation.

Lernkontrollfragen

- Was kennzeichnet den Sportverein als Freiwilligenorganisation?
- Welche Funktion hat die Satzung eines Sportvereins?
- Welche Bedeutung hat die ehrenamtliche Mitarbeit für den Sportverein?
- Wie lassen sich Vereine klassifizieren?
- Was sind Sportentwicklungsberichte?
- Welche Formen organisationalen Lernens lassen sich unterscheiden?
- Welche Bedeutung hat Abwehr-Lernen für den Sportverein?
- Wie werden Führungskräfte in Sportvereinen vorzugsweise rekrutiert?
- Was ist unter dem Begriff Informationsoligarchie zu verstehen und welche Folgen hat diese?
- Warum ist die Innovationsfähigkeit von Sportvereinen begrenzt?

Literatur

ARGYRIS, C. (1990). *Overcoming organizational defenses: Facilitating organizational learning*. Boston: Allyn and Bacon.

ARGYRIS, C. & SCHÖN, D. A. (1978). *Organizational learning: A theory of action perspective*. Reading, Mass: Addison Wesley.

ARGYRIS, C. & SCHÖN, D. A. (2006). *Die lernende Organisation. Grundlagen, Methode, Praxis* (3. Aufl.). Stuttgart: Klett-Cotta.

BAUR, J. & BRAUN, S. (2000). *Freiwilliges Engagement und Partizipation in ostdeutschen Sportvereinen. Eine empirische Analyse zum Institutionentransfer*. Köln: Sport und Buch Strauß.

BREUER, C. (2003). Trendsport und Sportverein – die organisationstheoretische Perspektive. In C. BREUER & H. MICHELS (Hrsg.), *Trendsport – Modelle, Orientierungen und Konsequenzen* (S. 51-77). Aachen: Meyer & Meyer.

BREUER, C. (Hrsg.). (2011). *Sportentwicklungsbericht 2009/2010. Analyse zur Situation der Sportvereine in Deutschland*. Köln: Sportverlag Strauß.

BREUER, C. & WICKER, P. (2009a). Kurzfassung. In C. BREUER (Hrsg.), *Sportentwicklungsbericht 2007/2008. Analyse zur Situation der Sportvereine in Deutschland* (S. 9-23). Köln: Sportverlag Strauß.

BREUER, C. & WICKER, P. (2009b). Sportvereine in Deutschland – ein Überblick. In C. BREUER (Hrsg.), *Sportentwicklungsbericht 2007/2008. Analyse zur Situation der Sportvereine in Deutschland* (S. 26-48). Köln: Sportverlag Strauß.

CACHAY, K. & THIEL, A. (1995). *Kindersport als Dienstleistung*. Schorndorf: Hofmann.

CACHAY, K. & THIEL, A. (2000). *Soziologie des Sports*. Weinheim: Juventa.

CACHAY, K., THIEL, A. & MEIER, H. (2001). *Der organisierte Sport als Arbeitsmarkt. Eine Studie zu Erwerbsarbeitspotenzialen in Sportvereinen und Sportverbänden*. Schorndorf: Hofmann.

DIGEL, H. (1997). Zu Strukturproblemen und zur Organisationsentwicklung des deutschen Sports. In H. DIGEL (Hrsg.), *Probleme und Perspektiven der Sportentwicklung* (S. 43-57). Aachen: Meyer & Meyer.

GROSSKOPFF, R. (1967). Wem der Verein ein Amt gibt. In Hamburger Turnerschaft von 1816 e. V. (Hrsg.), *Der Verein. Standort, Aufgabe, Funktion in Sport und Gesellschaft* (S. 151-167). Schorndorf: Hofmann.

HEINEMANN, K. & HORCH, H.-D. (1981). Soziologie der Sportorganisation. *Sportwissenschaft, 11*, 123-150.

HEINEMANN, K. & HORCH, H.-D. (1991). *Elemente einer Finanzsoziologie freiwilliger Vereinigungen*. Stuttgart: Enke.

HEINEMANN, K. & SCHUBERT, M. (1992). *Ehrenamtlichkeit und Hauptamtlichkeit in Sportvereinen. Eine empirische Studie zur Professionalisierung am Beispiel eines ABM-Programms*. Schorndorf: Hofmann.

HEINEMANN, K. & SCHUBERT, M. (1994). *Der Sportverein – Ergebnisse einer repräsentativen Untersuchung*. Schorndorf: Hofmann.

HEINEMANN, K. (1984). *Texte zur Ökonomie des Sports*. Schorndorf: Hofmann.

KIM, D. H. (1993). The link between individual and organizational learning. *Sloan Management Review, 35* (1), 37-50.

LAMPERT, H. & ALTHAMMER, J. (2007). *Lehrbuch der Sozialpolitik* (8. Aufl.). Berlin: Springer.

LUHMANN, N. (1970). *Soziologische Aufklärung. Aufsätze zur Theorie sozialer Systeme*. Opladen: Westdeutscher-Verlag.

LUHMANN, N. (2000). *Organisation und Entscheidung*. Opladen, Wiesbaden: Westdeutscher Verlag.

LUY, M. (2010). Tempo effects and their relevance in demographic analysis. *Comparative Population Studies, 35* (3), 415-446.

MEIER, H. (2004). *Mitarbeit im Sport: Bausteine zur Entwicklung einer Theorie des Sportvereins, dargelegt am Beispiel der Mitarbeitsverhältnisse und den strukturellen Bedingungen ihres Wandels*. Bielefeld: Universität Bielefeld.

MEIER, H. & THIEL, A. (2006). »Starke Kulturen«? Sportvereine im Spannungsfeld zwischen struktureller Veränderung und Existenzsicherung. In M. KRÜGER & B. SCHULZE (Hrsg.), *Fußball in Geschichte und Gesellschaft* (S. 181-189). Hamburg: Czwalina.

NAGEL, S., CONZELMANN, A. & GABLER, H. (2004). *Sportvereine – Auslaufmodell oder Hoffnungsträger? Die WLSB-Vereinsstudie*. Tübingen: Attempto.

OEPPEN, J. & VAUPEL, J. W. (2002). Broken limits to life expectancy. *Science, 296*, 1029-1031.

PROBST, G. & BÜCHEL, B. (1998). *Organisationales Lernen: Wettbewerbsvorteil der Zukunft*. Wiesbaden: Gabler.

SCHEIN, E. H. (1985). *Organizational culture and leadership. A dynamic view*. San Francisco: Jossey-Bass.

SCHUMPETER, J. A. (1926). *Die Theorie wirtschaftlicher Entwicklung* (Band 2). München, Leipzig: Duncker & Humblot.

SCHUMPETER, J. A. (1939). *Business cycles: A theoretical, historical, and statistical analysis of the capitalist process* (Band 2). New York: McGraw-Hill.

SENGE, P. M. (1998). *Die fünfte Disziplin: Kunst und Praxis der lernenden Organisation* (6. Aufl.). Stuttgart: Klett-Cotta.

THIEL, A. (2002). *Konflikte in Sportspielmannschaften des Spitzensports. Entstehung und Management*. Schorndorf: Hofmann.

THIEL, A., HUY, C. & GOMOLINSKY, U. (2008). Alterssport in Baden-Württemberg – Präferenzen, Motive und Settings für die Sportaktivität in der Generation 50+. *Deutsche Zeitschrift für Sportmedizin, 59* (7-8), 163-168.

THIEL, A. & MEIER, H. (2004). Überleben durch Abwehr – Zur Lernfähigkeit des Sportvereins. *Sport und Gesellschaft, 1* (2), 103-124.

THIEL, A., MEIER, H. & CACHAY, K. (2006). *Hauptberuflichkeit im Sportverein. Voraussetzungen und Hindernisse*. Schorndorf: Hofmann.

UNTERMAN, I. & DAVIS, H. (1982). The strategy gap in not-for-profits. *Harvard Business Review, 60* (3), 30-40.

WILLKE, H. (1998). *Systemisches Wissensmanagement*. Stuttgart: Lucius & Lucius.

Lektion 9

Management im Sport

1 Einleitung

Management ist oft ein Stochern im Nebel. Personen, die mit Managementaufgaben betraut sind, müssen sich immer wieder auf veränderte Rahmenbedingungen einstellen. Sie müssen Vorstellungen von möglichen zukünftigen Entwicklungen haben, gleichzeitig aber berücksichtigen, dass man Zukunft eigentlich nur schlecht prognostizieren kann. Sie müssen, falls sie es für nötig erachten, Veränderungen anstoßen, auch wenn diese nicht dem Willen der Beschäftigten entsprechen. Und sie müssen ihre Managementfähigkeit plausibel machen, bevor ihre Maßnahmen überhaupt Früchte tragen können. Die Frage nach den Prinzipien des Managements von freiwilligen Sportorganisationen ist in der Sportsoziologie ein eher neues Thema. Bisherige Arbeiten zeigen, dass betriebswirtschaftliche Managementmodelle für Freiwilligenorganisationen im Sport nur begrenzt hilfreich sind, da die wesentliche Arbeit von freiwilligen Mitarbeitern geleistet wird. Die Erfahrung in vielen Sportvereinen zeigt, dass man sich gerade deshalb oft darauf verlässt, dass die anstehenden Probleme von den gewählten Funktionären, den eingesetzten Trainern oder Geschäftsführern schon irgendwie gelöst werden. Vor diesem Hintergrund lohnt es sich, die Bedingungen effektiven Managements in diesen Organisationen soziologisch zu analysieren. Im Folgenden wird daher auf die Frage eingegangen, wie sich Sportorganisationen managen lassen und welche Aspekte beim Management zu beachten sind.

Die folgenden Aspekte werden im Verlauf der Lektion behandelt:

- Begriff und Gegenstand des Managements
- Managementmodelle
- Zugänge zum Management
- Ebenen des Managements
- Besonderheiten des Managements von Sportvereinen

2 Managementmodelle

»Managen«, »Manager« und »Management« sind in vielen Sprachen der Welt in den umgangssprachlichen Wortgebrauch eingegangen, allerdings in z. T. ganz unterschiedlichem Wortsinn, wie es der Soziologe Dirk Baecker beobachtet. So wird z. B. der Vorsteher des Tresengeschäfts eines Fast-Food-Restaurants im angloamerikanischen Wortgebrauch als Manager bezeichnet. Im englischen Sprachgebrauch kann man am späten Abend gefragt werden: »Would you manage another Whisky?« oder man kann »die Treppe managen, falls der Fahrstuhl kaputt ist« (Baecker, 2007, S. 2). In der deutschen Umgangssprache sind Manager in der Regel Führungskräfte auf oberen Hierarchieebenen von Unternehmen. Management wird dementsprechend zumeist als eine Tätigkeit verstanden, die von einer Führungsperson ausgeführt wird.

Der Begriff *Management* wird auch im wissenschaftlichen Sprachgebrauch in sehr unterschiedlicher Weise definiert. So wird *Management* häufig gleichbedeutend mit »Steuerung«, »Unternehmensführung«, »Corporate Governance«, »Administration« oder »Unternehmenspolitik« verwendet (Macharzina, 2003). Bei der Begriffsbestimmung gibt es darüber hinaus unzählige Detaildifferenzen. Wie Wolf (2005, S. 38) in einer Überblicksdarstellung zeigt, wird *Management* u. a. verstanden als:

- »the organ of a society specifically charged with making resources productive by planning, motivating and regulating the activities of persons towards the effective and economical accomplishment of a given task (Drucker, 1954),
- the art of working through other people (Owen, 1958),
- eine komplexe Aufgabe: Es müssen Analysen durchgeführt, Entscheidungen getroffen, Bewertungen vorgenommen und Kontrollen ausgeübt werden (Ansoff, 1966),
- die Verarbeitung von Informationen und ihre Verwendung zur zielorientierten Steuerung von Menschen und Prozessen (Wild, 1971),
- two very basic functions: decision making and influence (Anthony, 1981),
- the creation, adaption, and coping with change (Leontiades, 1982)«.

Management ist nicht nur auf Wirtschaftsorganisationen beschränkt. Vielmehr benötigen alle Organisationen Management, die auf eine effektive und effiziente Nutzung der ihnen verfügbaren und/oder anvertrauten Ressourcen angewiesen sind (Baecker, 2003; Willke, 2008), also auch Sportorganisationen. Die Unklarheit des Managementbegriffs zeigt sich allerdings auch in der Literatur zum Sportmanagement. Hier finden sich ebenfalls verschiedene Begriffsverwendungen, oftmals wird der Managementbegriff sogar überhaupt nicht definiert. Dieses Problem wird dadurch verschärft, dass die Disziplin Sportmanagement selbst nur unklar theoretisch bestimmt wird und eine Berücksichtigung der Spezifika von Sportorganisationen meist fehlt (zu diesem Problem vgl. Chalip, 2006; Slack, 1996).

Versucht man, den Managementbegriff theoretisch zu bestimmen, dann lassen sich unterschiedliche Perspektiven anlegen (Badelt, Meyer & Simsa, 2007a). Der Fokus lässt sich zum Beispiel auf die Gesamtorganisationen mit ihren Strukturen und Prozessen richten, auf Personen und ihre Verhaltensweisen, auf Gruppen und ihre besondere Dynamik oder auf die Beziehung der Organisation zu ihren Umwelten. Eine wesentliche Schwierigkeit besteht darin, dass mit jedem Zugang zum Management spezifische Vorstellungen der jeweiligen Organisation oder Unternehmung verbunden sind, die gesteuert werden sollen und in der gesteuert wird. Im Gegenzug impliziert jeder Versuch der Beschreibung und Erklärung dessen, was eine Organisation ausmacht, auch eine ganz spezifische Auffassung von Management (vgl. im Überblick Steinmann & Schreyögg, 2000; Wolf, 2005).

Heute wird Management in den meisten Zugängen als ein Prozess verstanden, der zum effektiven und effizienten Erreichen bestimmter Zielsetzungen einer Organisation führen soll. *Effektivität* bedeutet dabei, dass die Aufgaben so durchgeführt werden, dass Zweck und Ziele der Organisation mit einem gegebenen Ressourceninput überhaupt erreicht werden. *Effizient* ist die Zweck- und Zielerreichung dann, wenn die eingesetzten Mittel bei gegebenem Output möglichst gering bzw. der Output bei gegebenem Ressourceninput möglichst hoch ist. Management kann somit nach Malik (2006, S. 26) auch als »Transformation von Ressourcen in Nutzen« bezeichnet werden. Der Erfolg des Managements lässt sich dabei an der Fähigkeit einer Organisation (oder einer Person) messen, sich Ziele zu setzen, Aufgaben zu formulieren, Abweichungen von Zielsetzungen zu beobachten und auf Abweichungen entweder durch Verstärkung oder durch Korrektur zu reagieren (Baecker, 2003).

Im Hinblick auf die prinzipielle Steuerbarkeit von Organisationen und den allgemeinen Bedingungen einer zielgerichteten Lenkung von Sozialsystemen lassen sich nach Horak und Heimerl (2007) drei grundsätzliche Zugänge zum Management unterscheiden: ein *traditioneller betriebswirtschaftlicher*, ein *verhaltensorientierter* und ein *systemtheoretischer Zugang*.

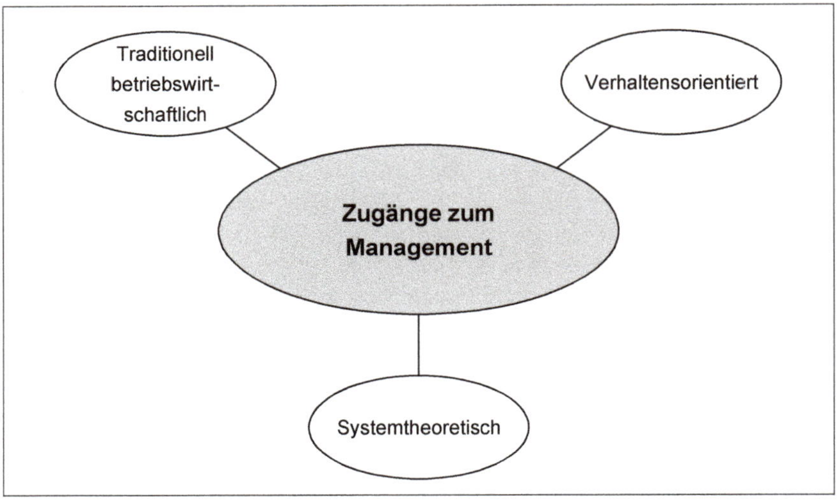

***Abb. 1:** Zugänge zum Management*

Diesen grundlegenden Zugängen lassen sich wiederum verschiedene Schulen zuordnen, was zu einem beinahe unüberschaubaren Konglomerat konkurrierender und sich ergänzender Management-, Organisations- und Unternehmensführungstheorien führt. Dieselbe Problematik findet sich entsprechend auch bei der Auseinandersetzung mit Arbeiten zum Sportmanagement (THIEL, BREUER & MAYER, 2009).

2.1 Traditionelle betriebswirtschaftliche Zugänge zum Management

Bei traditionellen betriebswirtschaftlichen Zugängen zum Management geht es um die Grundfrage, wie ein Unternehmen zielgerichtet zu gestalten, zu entwickeln und zu steuern ist. Hierbei lassen sich zwei Hauptperspektiven unterscheiden (STEINMANN & SCHREYÖGG, 1997). Die erste Perspektive lässt sich als eine institutionelle Deutung auffassen, welche die Führung und Leitung von Sozialsystemen beschreibt und z. B. die Analyse der mit Management bezeichneten Hierarchieebenen einer Organisation erlaubt. Aus der zweiten Perspektive zeigt sich Management als ein Prozess, in welchem ein Komplex von Steuerungsaufgaben für die Leistungserstellung und -sicherung in arbeitsteiligen Systemen zu bewältigen ist. Dabei werden in der Regel fünf Managementfunktionen unterschieden: Planung, Organisation, Personaleinsatz, Führung und Kontrolle. Zwischen den beiden Perspektiven bestehen enge Verbindungen. Zum Beispiel verändert sich Art und Umfang der funktionalen Aufgaben mit der Hierarchieebene, auf der sich der Manager bewegt. Mit zunehmender Hierarchiestufe werden Planung und Organisation bedeutsamer, während die Bedeutung von operativen Führungsaufgaben abnimmt (ROBBINS & DECENZO, 2004). In frühen Arbeiten wurden diese klassischen Managementfunktionen als aufeinander aufbauende Phasen beschrieben (vgl. STEINMANN & SCHREYÖGG, 1997; WEIHRICH & KOONTZ, 1993). Mittlerweile werden sie »als prinzipiell gleichrangig« angesehen, wobei bestimmte Managementfunktionen »der jeweiligen Handlungssituation entsprechend« ins Zentrum zu stellen sind (STAEHLE, 1999, S. 82). Darüber hinaus wird von zahlreichen Rückkopplungen im Managementprozess ausgegangen. Das bedeutet, dass beispielsweise die Planung nicht unabhängig von den bereits bestehenden Organisationsstrukturen oder den vorherrschenden Personalführungsmodellen stattfinden kann.

Im Hinblick auf den Gegenstand des Managements stehen in der deutschsprachigen Betriebswirtschaftslehre traditionell vor allem monetäre Aspekte mit Fragen zum Rechnungswesen, Controlling, zu Finanzierung und Investition im Vordergrund. Generell liegt diesen Zugängen die Annahme zugrunde, dass Organisationen und Menschen zielorientiert und auf Basis rationaler Entscheidungen gesteuert werden können. Hierbei wird insbesondere auf präskriptive Entscheidungstheorien zurückgegriffen und entsprechend von einem »Homo oeconomicus« ausgegangen, der auf Basis möglichst vollständiger Informationen rationale Entscheidungen trifft (HORAK & HEIMERL, 2007).

Hinsichtlich der theoretischen Vorstellungen zum Mechanismus von Management dominierten lange Zeit Organisationsmodelle, die von einem mechanistischen Verständnis ausgehen und Organisationen im Sinne einer trivialen Maschine konzipieren. Triviale Maschinen sind berechenbare Systeme, die »wir im Zusammenspiel aufbauen können, weil wir die innere Struktur und den Plan dieser Maschine bestimmen können« (VON FOERSTER, 1988, S. 34). Eine triviale Maschine, wie beispielsweise ein Röntgengerät oder der Motor eines PKW, kann entsprechend dadurch beschrieben werden, dass sie synthetisch determiniert, analytisch bestimmbar, vergangenheitsunabhängig und voraussagbar operiert (VON FOERSTER, 1988). Obwohl sich die genaue Funktionsweise eines Röntgengeräts für einen Laien als äußerst komplex darstellen kann, wird beim Drücken einer bestimmten Taste ein erwartbares Resultat erzielt, unabhängig davon, wer die Taste drückt, oder ob dies am Morgen oder am Abend geschieht. Ein Techniker kann im Falle einer Funktionsstörung eingreifen, indem er den Fehler aufgrund einer genauen Kenntnis des Geräts findet und diesen wieder behebt. Übertragen auf Sozialsysteme, bedeutet ein solches Organisationsverständnis, dass durch eine optimale Gestaltung von Organisationsstrukturen die definierten Ziele erreicht werden und gegebenenfalls auftretende Probleme durch Interventionsmaßnahmen auf Basis rationaler Entscheidungen gelöst werden können. Diese Vorstellung von einer einfachen, rational-zielgerichteten Lenkung von Sozialsystemen hat allerdings nicht mehr sehr viel damit zu tun, was heute in der Sozial- und Verhaltenswissenschaft unter Management verstanden wird.

2.2 Verhaltensorientierte Zugänge zum Management

Bei verhaltensorientierten Managementzugängen steht neben dem konkret beobachtbaren Verhalten von Menschen auch die vorherrschende Entscheidungspraxis in Organisationen im Vordergrund. Diese Richtung entwickelte sich vor allem im angloamerikanischen Raum. Ausgangspunkt waren Befunde aus zahlreichen Studien, wie z. B. den Hawthorne-Experimenten (1924-1932), wonach menschliches Verhalten und Entscheidungsprozesse in Organisationen nur begrenzt rational ablaufen, von Emotionen beeinflusst werden und sozial geprägt sind. In der Perspektive verhaltensorientierter Managementzugänge geht es um die Fragen, wie sich Menschen in Organisationen verhalten und warum sie sich so verhalten, wie sie sich verhalten. Management ist dementsprechend die Beeinflussung des arbeitsbezogene Verhaltens der Menschen in Organisationen (vgl. Horak & Heimerl, 2007). Organisationen werden dabei als Handlungssysteme aufgefasst, die wiederum aus einzelnen Handlungen und Entscheidungen von Personen oder Personengruppen bestehen.

Verhaltensorientierte Ansätze finden sich heute vor allem in Forschungen zum personalbezogenen Management, d.h., wenn es um Fragen der Personalauswahl, des Personaleinsatzes, der Personalführung oder um die Personalfreisetzung geht. Die bearbeiteten Themen reichen hierbei von der Identifikation individueller Fähigkeiten von Mitarbeitern und deren Motivation über informelle Regelsysteme und Organisationskulturen bis hin zur Analyse sozialer Konflikte beispielsweise in Arbeitsgruppen (vgl. Staehle, 1999).

Konzepte zur Analyse der Entscheidungs- und Handlungspraxis in Organisationen liefern die vielzitierten Arbeiten von z. B. Karl E. Weick (1985), Richard M. Cyert und James G. March (1995), Herbert A. Simon (1981) oder Michel Crozier und Erhard Friedberg (1979). Der Verdienst dieser Arbeiten liegt unter anderem darin, differenzierte Beschreibungen der Handlungssysteme in Organisationen unter Berücksichtigung der organisationalen Komplexität zu liefern. Ein auch in der deutschsprachigen Sportmanagement-Diskussion (vgl. Emrich, 2005; Nagel, 2008) sehr populäres Modell ist das »Garbage Can Decision Model« von Cohen, March und Olson (1990), ein Versuch, die vorherrschenden Formen multipersoneller Entscheidungsprozesse theoretisch zu fassen, um sie der empirischen Untersuchung zugänglich zu machen.

Am verhaltensorientierten Zugang wird vor allem kritisiert, dass die theoretischen Vorstellungen von Organisationen zu stark auf das Handeln von Personen zentriert sind. Insbesondere die Frage nach den Mechanismen, welche die Handlungen einer Vielzahl von Akteuren miteinander verbinden, sodass es zu zeitlich überdauernden und koordinierten Handlungssystemen kommt, bleibt unzureichend beantwortet (Simon, 2007; Wolf, 2005). Die verhaltensorientierten Zugänge zum Management verdeutlichen jedoch auch einen Sachverhalt, der in der Philosophie, der Psychologie und der Soziologie schon seit längerer Zeit diskutiert wird:

Die psychische Struktur eines Individuums ist »von außen nicht nur undurchschaubar, sondern obendrein lernfähig und in der Lage, sich aufgrund von Erfahrungen zu verändern« (Simon, 2006, S. 39). Dies erzeugt erhebliche Probleme für den Versuch, Verhalten standardisiert vorauszusagen. Dazu Simon (2006, S. 39): »Man erzählt einem Menschen einen Witz, und er lacht sich schief, und man versucht, den Humor dieses Menschen (als eine Eigenschaft, die ihm zuzuschreiben ist) in bester naturwissenschaftlicher Manier zu testen, indem man das Experiment wiederholt. Man erzählt ihm denselben Witz erneut, sein Lachen wirkt ein wenig gezwungen; man erzählt ihn zum dritten Mal, die Versuchsperson verzieht gequält die Miene, und beim vierten Mal wird der Leiter des Experiments vom Probanden geschlagen.«

Die Nicht-Voraussagbarkeit von Verhalten ist beim menschlichen Zusammenleben die Regel. In welcher Form eine Fußballmannschaft zum Beispiel auf die Kabinenansprache des Trainers reagiert, lässt sich nicht voraussagen, da man nicht weiß, wie die Ansprache bei den einzelnen Spielern in Anbetracht ihrer aktuellen

Stimmung ankommt, welche Wechselwirkungen sich aus den unterschiedlichen Verständnissen dieser Ansprache durch die einzelnen Spieler ergeben, wie sich das Zusammenspiel auf dem Platz verändert oder welche Rolle die Aktionen des Gegners oder unvorhergesehene Ereignisse, wie zum Beispiel eine Rote Karte oder ein Elfmeter, spielen. Im Falle von nicht-trivialen Systemen gestaltet sich eine zielgerichtete Steuerung also extrem schwierig. Mit dieser Problematik der Steuerung komplexer Systeme beschäftigen sich systemtheoretische Ansätze zum Management, die im folgenden Abschnitt betrachtet werden.

2.3 Systemtheoretische Zugänge zum Management

In neueren systemtheoretischen Zugängen werden im Vergleich zum verhaltenswissenschaftlichen Zugang die Bedeutung von Organisationsstrukturen in der Theoriebildung berücksichtigt und die Wechselbeziehungen zwischen sozialen Systemen und Personen herausgearbeitet (Simon, 2007). Dabei werden zumeist grundlegende Zweifel an der gezielten und verlässlichen Steuerbarkeit von Menschen, von menschlichem Verhalten in Organisationen sowie von Organisationen generell geäußert (Horak & Heimerl, 2007). Organisationen werden als selbstgesteuerte und grundsätzlich autonome soziale Systeme angesehen, die auf einen Steuerungseingriff wie gewünscht, aber auch anders oder sogar gar nicht reagieren können (vgl. Baecker, 2003; Luhmann, 2000). So kann das Bestreben eines Vorstandsmitglieds im Sportverein, ein Gesundheitssportzentrum aufzubauen, in einem Verein auf Resonanz stoßen und zu Veränderungsprozessen führen, in einem anderen Verein wiederum lässt sich trotz größtem persönlichen Engagement dagegen keine Mehrheit für ein solches Anliegen finden oder es wird aus der Ablehnung heraus sogar eine Gegenbewegung in Gang gesetzt, die schließlich andere Bereiche, wie z. B. den Leistungssport oder die Jugendarbeit, stärkt.

Werden Organisationen als selbstgesteuerte, selbstreferenzielle und grundsätzlich autonome soziale Systeme verstanden (vgl. Luhmann, 1984), dann sind die gängigen Annahmen über »Veränderung, Anpassung, Beeinflussung, Entwicklung oder Lernen« zu revidieren und auf Basis eines Verständnisses von der Dynamik nicht-trivialer Systeme neu zu konzipieren (Willke, 1999, S. 2). Beispielsweise muss man sich von der Vorstellung verabschieden, dass man die Folgen einer Steuerungsaktion bei hochkomplexen Systemen genau voraussagen kann. Wenn eine Firma beispielsweise ihren Umsatz verbessern will, indem sie Retrosportschuhe kreiiert, weil sich gerade Retrodesign insgesamt gut verkauft, heißt das noch lange nicht, dass die Kunden diesen Schuh auch kaufen. Der Absatzmarkt ist eben keine einfach steuerbare Maschine, bei der man alle Einflussfaktoren kennt. Deshalb kann man ein solches System auch nicht so gut steuern, wie wenn man ein Haus baut, bei dem man die Eventualitäten im Bauprozess wenigstens einigermaßen voraussehen kann.

Wenn sich soziale Systeme aber nicht direkt und linear beeinflussen lassen, dann stellt sich die Frage, wie Steuerung überhaupt möglich ist. Beim systemtheoretischen Managementansatz wird im Sinne einer Kontextsteuerung der Fokus darauf gelegt, überindividuelle, handlungsleitende Strukturen und Prozessabläufe zu verändern, um darüber einen indirekten Einfluss auf das Verhalten der Organisationsmitglieder zu erzielen (Horak & Heimerl, 2007). Dabei wird davon ausgegangen, dass »innerhalb von ein und demselben System [...] alle Menschen, so verschieden sie auch sein mögen, tendenziell die gleichen Ergebnisse« produzieren (Senge, 2003, S. 57). So muss zum Beispiel ein Arzt in einem Krankenhaus festgelegte Arbeitsabläufe und Behandlungsregeln einhalten, die seiner hierarchischen Stellung zugeordneten Aufgaben übernehmen und die Erwartungen an eine möglichst optimale Behandlung erfüllen. Dabei ist es irrelevant, ob es sich beim Arzt um den Volleyball spielenden, unverheirateten Herrn Schmid oder um die Golf spielende, verheiratete Frau Müller handelt. Personen machen in Organisationen nur dann einen wesentlichen Unterschied, »wenn sie Regeln, Strukturen und damit auch Erwartungen und Wirklichkeit verändern« (von Eckardstein & Simsa, 2007, S. 377).

Beim systemischen Management muss man also zunächst die Strukturen, Prozesse und Regeln einer Organisation identifizieren (Willke, 2004). Es geht darum, herauszufinden, wie Organisationen in ihrem Kern funktionieren und nach welcher Logik sie operieren, also »zu den tieferen Ursachen des Verhaltens vor(zu)stoßen und dadurch Veränderungen der Verhaltensmuster möglich (zu) machen« (Senge, 2003, S. 70). Mit einer solchen Betrachtung von Management ist jedoch ein extremer Perspektivwechsel verbunden: weg vom Blick auf einzelne Ereignisse, weg von konkreten Menschen und weg von der Suche nach linearen Ursache-Wirkungs-Ketten, hin zur Analyse von Organisationsstrukturen und Bedingungskonstellationen für bestimmte Handlungsmuster.

Peter Senge (2003) hat in diesem Zusammenhang sogenannte »Systemarchetypen« identifiziert, die die Entstehung von Problemen vom Prinzip her erklären. Ein solcher Systemarchetypus ist beispielsweise der »Gleichgewichtsprozess mit

Zeitverzögerung« (SENGE, 2003, S. 255). Ein in Managervorträgen oft bemühtes Beispiel für diesen Systemarchetypus ist die morgendliche Dusche. Man stellt sich morgens unter die Dusche, dreht das Wasser auf, freut sich auf den warmen Schauer, doch aus der Dusche kommt zuerst nur kaltes Wasser. Als Reaktion auf das kalte Wasser dreht man den Heißwasserhahn noch mehr auf, mit der Folge, dass plötzlich so heißes Wasser aus der Dusche schießt, dass man sich fast verbrennt.

Das Prinzip, das dahinter steckt, ist, dass manche Systeme erst mit Verzögerung auf eine Intervention reagieren. Weil auf die erste Intervention keine direkte Reaktion erfolgt, steigert man die Intervention. Da allerdings bereits die erste Intervention Folgen hat, aber eben zeitverzögert, schießt man mit der zweiten Intervention über das Ziel hinaus. Derzeit sind mindestens 10 solcher Systemarchetypen bekannt, die im Grunde auf fast alle bekannten Probleme komplexer Sozialsysteme übertragen werden können.

Die Umstellung auf ein solches Denken, »dass es jenseits der ›realen‹ Personen noch eine andere, kommunikativ konstituierte Realität gibt, festgezurrt in semantischen Mustern, Kommunikationsregeln und spezialisierten Sprachspielen, die zumindest genauso relevant und wirksam für Organisationsprozesse und ihre Veränderung sind, wie die Einwirkung auf die betroffenen Personen« (WILLKE, 1999, S. 2-3), fällt vielen Menschen aber nicht so leicht.

Zugang	Annahmen
Traditionelle betriebswirtschaftliche Zugänge	• **Organisationen** (Betriebe) sind nach rationalen Prinzipien operierende triviale Maschinen. • **Menschen** handeln rational („Homo oeconomicus") • **Management** als a) Prozess der zielgerichteten Steuerung eines Wirtschaftsunternehmens mit Managementfunktionen; Planung, Organisation, Personaleinsatz, Führung und Kontrolle (funktionales Verständnis) b) Hierarchieebenen in einem Wirtschaftsunternehmen, die mit Steuerungsaufgaben betraut sind (institutionelles Verständnis)
Verhaltensorientierte Zugänge	• **Organisationen** sind Verbünde, die aus Handlungen und Entscheidungen von Personen und Personengruppen bestehen. • **Menschen** handeln begrenzt rational (von Emotionen und sozialen Beziehungen beeinflusst). • **Management** als Beeinflussung des arbeitsbezogenen Verhaltens von Menschen.
Systemtheoretische Zugänge	• **Organisationen** sind nicht-triviale Systeme (hochkomplexe, selbstgesteuerte, selbstreferenzielle und grundsätzlich autonome soziale Systeme). • **Menschen** handeln unter Einfluss struktureller Bedingungen der relevanten sozialen Kontexte. • **Management** als Kontextsteuerung (Gestaltung von Strukturen).

***Abb. 2:** Grundannahmen verschiedener Zugänge zum Management*

Eine anschauliche Einführung in die systemtheoretische Betrachtung von Organisation, Steuerung und Management bietet Fritz B. SIMON (2007). Für eine vertiefende Auseinandersetzung mit den Grundlagen systemtheoretischer Steuerungskonzepte bietet sich Helmut WILLKES Buch »Systemtheorie III: Steuerungstheorie« (2001) an. Eine stärker auf die Managementpraxis von Führungskräften ausgerichtete Auseinandersetzung mit systemischem Management findet sich bei Fredmund MALIK (2003; 2006).

3 Ebenen des Managements

Managementansätze wie das sehr populäre Sankt Gallener Managementkonzept sind ebenfalls einem systemtheoretischen Denkparadigma verpflichtet (vgl. MALIK, 2003; SCHWANINGER, 1994). Die in einem Managementprozess zu leistenden Aufgaben lassen sich aus dieser stark von kybernetischen Steuerungsmodellen beeinflussten Perspektive im Grunde auf drei unterschiedlichen Ebenen verankern (vgl. THIEL, 1997):

- auf einer *normativer Ebene* ist die Frage zu klären, welche grundlegenden Ziele zukünftig überhaupt erreicht werden sollen;
- auf *strategischer Ebene* geht es um die Entwicklung von konkreten Strategien zur Erreichung der grundlegenden Ziele;
- auf *operativer Ebene* steht schließlich die detaillierte Umsetzung der Strategien im Vordergrund.

3.1 Normative Ebene

Die Managementaufgaben auf normativer Ebene beinhalten das Generieren von Wunschbildern und eine Definition der im Managementprozess anzustrebenden Ziele. Die Erarbeitung von Sollens-Aussagen für eine Selbststeuerung der zukünftigen Entwicklung steht hierbei im Mittelpunkt. Hier stellt sich die Frage, wohin die Organisation langfristig will (THIEL, 1997). Um solche Idealvorstellungen einer zukünftigen Entwicklung zu erarbeiten, werden in Sportverbänden oder Sportvereinen häufig Leitbilder erarbeitet, in denen das Selbstverständnis, die grundlegenden Werte, zentrale Zielsetzungen und die wichtigsten Zielgruppen festgeschrieben werden. Die festgelegten Ziele sollten dabei auf normativer Ebene nicht zu detailliert formuliert sein, sondern lediglich einen allgemeinen Rahmen vorgeben, mit dem sich die Organisationsmitglieder identifizieren können.

Für einen Sportverein macht es z. B. durchaus Sinn, sich zu überlegen, welche Zielgruppen künftig besonders wichtig sein sollen. Legt man sich dann beispielsweise auf die Gruppe der Älteren fest, dann wäre es ein Fehler, heute schon vorzugeben, wie die Angebote in 10 Jahren aussehen sollen. Denn es ist sehr unwahrscheinlich, dass man über einen solch langen Zeitraum allgemeine Trends im Sport sowie Lebensstile und Erwartungen der Älteren voraussagen kann. Weil sich die Gesellschaft nun einmal verändert, ist es auch ratsam, die einmal festgelegten Zielsetzungen in regelmäßigen Abständen zu prüfen und gegebenenfalls an veränderte gesellschaftliche Rahmenbedingungen oder organisationsintern generierte Wünsche oder Interessen anzupassen.

3.2 Strategische Ebene

Auf strategischer Ebene gilt es, die Zielsetzungen mit Blick auf definierte Zeithorizonte zu konkretisieren und Maßnahmen zur Umsetzung der Ziele zu konzipieren. Entsprechend sind einerseits relevante Umwelten zu analysieren, andererseits aber auch die vorhandenen Stärken und Schwächen der eigenen Organisation in den Blick zu nehmen (Thiel, 1997). Die Strategiefähigkeit ist im Grunde die »generische Kernkompetenz zur Steuerung komplexer Organisationen« (Willke, 2008, S. 125). Die Grundfrage ist hierbei, welche prinzipiellen Wege zum Ziel führen könnten und auf was dabei geachtet werden müsste. Eine solche Arbeit wird oft von Zukunftsforschern gemacht. Solche Experten entwickeln beispielsweise Zukunftsszenarien, beispielsweise welche Mode die Leute in 10 Jahren tragen, welche Musik sie hören, wie es mit der Freizeit aussieht und wie wichtig Politik, Gesundheit oder auch Sport für die Bevölkerung sein werden. Weil die Gefahr, mit einer Prognose danebenzuliegen, so groß ist, wird empfohlen, mehrere alternative »Zukunftsbilder« zu zeichnen, von denen ein Bild die Fortschreibung des Status quo und die anderen beiden jeweils entgegengesetzte Extrementwicklungen beschreiben.

Für den Bereich des strategischen Managements liegen mittlerweile zahlreiche Instrumente und Werkzeuge vor (vgl. ausführlich Breuer, 2005; Horak, Matul & Scheuch, 2007). Mithilfe von Szenario-Techniken können so beispielsweise mögliche zukünftige Entwicklungen prognostiziert werden. Der Einsatz einer SWOT-Analyse, d.h. der »Strengths« (Stärken), »Weaknesses« (Schwächen), »Opportunities« (Chancen) und »Threats« (Bedrohungen), kann die strategische Analyse und Planung unterstützen. Der Rückgriff auf das Konzept der Balanced Scorecard kann wiederum hilfreich sein, wenn es um die Festlegung von konkreten Zielen, deren Operationalisierung und Kontrolle geht (vgl. im Überblick Simon & von der Gathen, 2010).

3.3 Operative Ebene

Auf der operativen Ebene steht die detaillierte Umsetzung der Strategien im Sinne der Steuerungsziele im Vordergrund. Hier wird u. a. geklärt, welche Ressourcen wie zur Realisierung der Ziele eingesetzt werden und wer welche Aufgaben wann übernimmt (THIEL, 1997). Es geht also um die Frage, was getan werden muss, um die Ziele vor dem Hintergrund der gegebenen Bedingungen in die Realität umzusetzen. In den Bereich des operativen Managements fallen Zeit- und Aufgabenpläne, die Zuweisung von Aufgaben zu geeignetem Personal, die Bereitstellung notwendiger infrastruktureller Rahmenbedingungen oder die Organisation von Arbeitsgruppen, Steuerungseinheiten oder Entscheidungsgremien. Beim operativen Management gilt das Prinzip, dass die dezentralen Organisationseinheiten, wie beispielsweise Abteilungen, weitestgehend autonom arbeiten. Die Akteure des normativen und strategischen Managements haben bei der Umsetzung der Ziele also nichts mitzureden. Durch die normativen und strategischen Ebenen wird nur der Rahmen abgesteckt, in welchem aber operativ relativ autonom entschieden werden muss, wie die alltäglich anstehenden Aufgaben oder die akuten Probleme situationsangemessen zu bewältigen sind.

Das Grundprinzip, das hinter dieser Differenzierung steckt, ist eigentlich ganz einfach. Diejenigen, die ganz oben die Ziele setzen, können eigentlich gar nicht genau wissen, wie die konkreten Bedingungen vor Ort aussehen. Deshalb ist es wichtig, dass man Ziele nicht zu detailliert setzt, damit diejenigen, welche für die Umsetzung der Ziele vor Ort zuständig sind, auch eine gewisse Handlungsfreiheit haben. Damit gesichert bleibt, dass alles miteinander koordiniert wird, ist eine Vernetzung normativer, strategischer und operativer Managementaufgaben vorgesehen. Darüber hinaus sollte sich die Grundstruktur dieses kybernetischen Managementkonzepts in den dezentralen, operativen Organisationseinheiten wiederholen. So fallen beispielsweise nicht nur auf der Ebene der Gesamtorganisation normative, strategische und operative Aufgaben an, sondern auch in den jeweils ausdifferenzierten organisatorischen Einheiten. Diese Grundstruktur vergleicht der Managementtheoretiker Fredmund MALIK (1984) mit den geschachtelten chinesischen Kästchen oder russischen Puppen, die – bei gleicher Gestalt – nach innen immer kleiner werden.

Durch eine Reproduktion der Managementstrukturen auf jeder Ebene werden die Bedingungen für eine Koordinierung von Einzelinteressen zugunsten übergeordneter Gesamtziele geschaffen. Von einer streng hierarchischen Steuerung, bei der durch ein Führungsgremium ganz detaillierte Vorgaben zur Umsetzung von Zielen in dezentralen Kontexten gemacht werden, ist demnach Abstand zu nehmen. Vielmehr gilt es, ein heterarchisches Steuerungskonzept zu verfolgen, das sich dadurch auszeichnet, dass operative Einheiten auf Basis der Begebenheiten vor Ort z. B. über den konkreten Einsatz von Ressourcen oder über die Umsetzung konkreter Aufgaben selbstständig entscheiden können (Thiel & Braun, 2008).

4 Besonderheiten des Managements von Sportvereinen

Für Soziologen ist von besonderem Interesse, in welchem Maße sich Management in Abhängigkeit vom Organisationstypus unterscheidet. Wenn man sich mit dem Management einer Organisation beschäftigt, dann ist daher zunächst festzustellen, um was für eine Organisation es sich überhaupt handelt. Eine ganz allgemeine Unterscheidung von Organisationen differenziert in For-Profit- und Non-Profit-Organisationen. For-Profit-Organisationen, d.h. an Gewinnmaximierung ausgerichtete Wirtschaftsunternehmen, lassen sich wiederum in Unternehmen des produzierenden Gewerbes sowie in Dienstleistungsbetriebe unterscheiden (Schubert, 2005).

Im Bereich des Sports zählen zum produzierenden Gewerbe Investitionsgüterhersteller (z.B. Sportgerätehersteller, Sportstättenbau) und Konsumgüterhersteller (z.B. Sportartikelhersteller, Sporternährungsproduzenten). Als Dienstleistungsbetriebe des Markts für aktiven Sportkonsum gelten z. B. Sport-, Freizeit- und Tourismusbetriebe (Fitnessstudios, Sportschulen, Sportreiseveranstalter etc.) sowie der Sportfachhandel. Dienstleister im Bereich des passiven Sportkonsums sind z. B. Sportunterhaltungsbetriebe, die sich auf die Organisation von Sportveranstaltungen spezialisiert haben, Sportkommunikationsbetriebe, die sich der massenmedialen Aufbereitung des Sports verschreiben, Agenturen für Sportmarketing oder -sponsoring oder Unternehmensberatungen aus dem Bereich des Sports. In diesen Zusammenhang sind auch Wirtschaftsbetriebe einzuordnen, deren Produkte keinen direkten Sportbezug aufweisen, die aber den Sport als Medium der Unternehmenskommunikation einsetzen (Woratschek & Beier, 2001).

Zu den Non-Profit-Organisationen im Sport zählen vor allem Sportvereine und Sportverbände, die als Freiwilligenorganisationen die Bereitstellung von Sportangeboten für ihre Mitglieder, die Organisation des Wettkampfsports, den Sportstättenbau, die Organisation von Sportveranstaltungen oder die Vermarktung spitzensportlicher Leistungen verfolgen. Eine Sonderform stellen Profisportclubs und Sportligen dar, die z. B. als GmbH, AG oder GmbH & Co. KG aus klassischen Vereinen oder Verbänden ausgelagert werden, allerdings aufgrund von Verträgen und Mitbestimmungsrechten noch immer an die klassischen Sportorganisationen gebunden sind.

Dem Non-Profit-Bereich, jedoch nicht dem Dritten Sektor zugehörig, sind öffentliche Einrichtungen, wie beispielsweise Sportämter der Kommunen, die für den Bau und den Unterhalt von Sportstätten verantwortlich sind, das Angebot der Vereine unterstützen oder selbst Sportangebote für die Einwohner anbieten. Diese sind traditionell eng an die Freiwilligenorganisationen im Sport angebunden. Im Zuge wachsender Marktanteile des vereinsungebundenen Sports zeigen sich in einigen Kommunen mittlerweile leichte Erosionen dieser Verbindungen (Thiel, Breuer & Mayer, 2009).

> Der Zweck der jeweiligen Organisation spielt beim Management eine zentrale Rolle. So macht es nur wenig Sinn, beispielsweise ein auf Gewinnmaximierung ausgerichtetes Managementinstrument in einem Sportverein einzusetzen. Gerade für Sportwissenschaftler ist es daher besonders wichtig, sich bei Steuerungsfragen stets zu verdeutlichen, mit welchem Organisationstypus man gerade zu tun hat.

Im Hinblick auf das Management von Sportvereinen zeigt sich eine ganze Reihe an Besonderheiten, von denen im Folgenden drei zentrale Bereiche herausgegriffen werden.

4.1 Operationalisierung von Zielen und deren Evaluierung

Sportvereine verfügen über keine einfach operationalisierbaren und damit überprüfbaren Ziele. In grundlegenden Dokumenten der Vereine finden sich in der Regel keine Angaben darüber, wie der Zweck des Vereins, also die Förderung des Sports und die Bereitstellung von Sportangeboten für die Vereinsmitglieder, erreicht werden soll. Der primäre Organisationszweck von Sportvereinen lässt sich zudem nur schwer operationalisieren, was wiederum die Erfolgsmessung von Managementmaßnahmen erschwert (Thiel & Mayer, 2009). Die von Vereinsvertretern häufig genannten Entwicklungsziele, wie Wachstum durch Erhöhung der Mitgliederzahlen oder Innovation durch Implementierung zeitgemäßer Sportangebote, sind trotz ihrer einfachen Messbarkeit nicht als Ziel- und Messgrößen für das Sportvereinsmanagement geeignet. Als mögliche Zielgröße für den Vereinserfolg lässt sich allenfalls die Mitgliederzufriedenheit heranziehen. Diese kann als Gesamtzufriedenheit oder bezogen auf einzelne Vereinsmerkmale erfasst werden. Denkbar ist auch, die Passung von Mitgliederinteressen und Vereinszielen zu erfassen (Nagel, Conzelmann & Gabler, 2004).

4.2 Personalmanagement

Eine besondere und herausgehobene Ressource stellen die Mitarbeiter einer Organisation dar. Für das Management von Sportvereinen ist zu beachten, dass es sich beim Personal zum größten Teil um Inhaber eines Ehrenamts und freiwillig mitarbeitende Vereinsmitglieder handelt. Die Anpassung des Personalmanagements an die Strukturbesonderheiten eines Sportvereins bedeutet zunächst, den Anspruch an eine straffe Steuerung des Personals aufzugeben (Thiel & Meier, 2005). Denn es gibt keine Verpflichtung für ein freiwilliges und ehrenamtliches Engagement, zudem besteht auch keine ökonomische Tauschbeziehung, die als ein Anreiz für die Arbeit im Verein dienen könnte. Die wichtigsten Anreizstrukturen für ein Ehrenamt sind vielmehr in der Motivation der Personen eingelagert, Vertretungsrechte für die Mitglieder wahrzunehmen (Stichweh, 2000) oder sich selbst in gewisser Weise zu verwirklichen. Außerdem besteht, im Gegensatz zu Wirtschaftsunternehmen, kaum die Möglichkeit, Amtsinhaber zu sanktionieren, außer in der Abwahl bzw. der Verweigerung der Wiederwahl (Heinemann & Schubert, 1992).

Für ein Vereinsmanagement gilt es daher, kreative Ansätze zur Motivierung ehrenamtlicher Mitarbeiter zu entwickeln, ohne dabei die gemeinnützige Grundlage des Vereins zu gefährden. Darüber hinaus ist insbesondere die Selbstbewertung und -kontrolle des Personals von Bedeutung. Hierzu gehört es durchaus auch, den Verein vor der Wachstumslust engagierter hauptberuflicher Geschäftsführer oder quer einsteigender Vereinsvorsitzender aus Wirtschaft und Politik zu schützen. Eine Wachstumsstrategie und das Ergreifen der »Professionalisierungschance« in Form einer Schaffung von Hauptberuflichkeit (Horch & Schütte, 2002, S. 172) kann durchaus berechtigt sein, aber nur dann, wenn dies die Basis des Vereins auch wünscht. Sie darf aber keinesfalls eine unkontrollierte Eigendynamik entwickeln.

4.3 Effektiver und effizienter Einsatz von Ressourcen und Steigerung der Entscheidungsfähigkeit

Die Erfüllung des Vereinszwecks, also die Förderung des Sports durch die Bereitstellung von entsprechenden Sportangeboten, setzt natürlich die Gewinnung entsprechender zeitlicher, sozialer und sachlicher Ressourcen voraus. Die hierfür einsetzbaren Mittel sind jedoch durch das Prinzip der Gemeinnützigkeit und den Rückgriff auf ehrenamtliche Mitarbeit begrenzt. Im Gegensatz zu Wirtschaftsunternehmen stellt ein effektives und effizientes Wirtschaften für Vereine aufgrund ihrer strukturellen Verfasstheit keinen Zwang dar. Ein Verein kann sich jedoch durchaus das Ziel setzen, die ihm zur Verfügung stehenden Ressourcen durch ein »Vereinsmanagement« möglichst optimal einzusetzen, um seinen Mitgliedern bestmögliche Befriedigung zu verschaffen. Beim Vereinsmanagement ist dabei insbesondere auf die Erhaltung und Verbesserung der Entscheidungsfähigkeit (statt Rationalität), als »das eigentliche Kriterium effektiver Organisation« (Luhmann, 2000, S. 181), zu achten.

Beispielsweise wird es auf der personalstrukturellen Ebene wenig Vorteile bringen, eine hauptberufliche Verwaltungskraft zur Unterstützung des Vereinsvorsitzenden einzustellen, wenn man ihr nicht genau sagen kann, was sie eigentlich tun soll. Im Hinblick auf den Umgang mit Ressourcen ist es daher wichtig, Entwicklungsziele, Zweck-Mittel-Bestimmungen und Wenn-dann-Vorgaben zu formulieren, also Entscheidungsprogramme auf normativer, strategischer und operativer Ebene zu entwickeln. Die in der Praxis sehr beliebte Strategie der Leitbildentwicklung ist dann zweckmäßig, wenn Leitbilder (im Sinne einer Festlegung der Mitglieder auf ein gemeinsames Ziel) gemeinsam mit der Basis entwickelt und regelmäßig auf ihre Passung zu den Mitgliederbedürfnissen überprüft werden.

Auch die Einführung von Finanzmanagementmodellen ist sinnvoll, wobei allerdings zu beachten ist: Geld ist im Verein lediglich Mittel zum Zweck. Wenn sich Vereine zu sehr an Wirtschaftsunternehmen orientieren, dann gefährden sie ihre Gemeinnützigkeit. Das unreflektierte Kopieren von Strategien aus Wirtschaftsunternehmen, die einem ökonomischen Steigerungsimperativ unterliegen, ist demnach zu vermeiden (Thiel & Mayer, 2008). Wichtig ist vielmehr, dass das Management eines Vereins als ein Prozess zur Erreichung der Vereinsziele aufgefasst wird, der sich nicht nur auf den Vorstand oder auf einen Geschäftsführer beschränkt, sondern an dem sich auch die Mitglieder aktiv beteiligen.

Allerdings sind der Optimierung von Entscheidungsfähigkeit in einem Verein letztendlich »natürliche« Grenzen gesetzt. Zwar wird Effektivität durch klare Aufgabenverteilungen, eine transparente Kommunikation von Vereinsangelegenheiten an alle Vereinsmitglieder und durch die Vorbereitung von zentralen Vereinsentscheidungen unter Einbezug möglichst vieler Mitglieder erhöht. Dennoch bleiben die Möglichkeiten, freiwillige Mitarbeiter auf diese Vorgaben festzulegen, letztendlich beschränkt. Auch wenn Management im Grunde so etwas wie die »Gier nach Ordnung« – wie es Helmut WILLKE (2006, S. 438) ausdrückt – zu befriedigen suggeriert, so kann das Management eines Vereins letztendlich nichts anderes sein als ein demokratisches Handling von Unordnung.

Einen allgemeinen Überblick über die Bereiche des Managements von Non-Profit-Organisationen geben BADELT, MEYER und SIMSA (2007b). Als praxisorientierte Einführung in das Thema des Non-Profit-Managements kann das »Freiburger Management-Modell für Non-Profit-Organisationen (NPO)« von SCHWARZ, PURTSCHERT, GIROUD und SCHAUER (2009) herangezogen werden. Allgemeine Ansatzpunkte einer »Kunst der Führung ohne Profitdenken« und konkrete Anregungen für eine Führungspraxis in NPO können bei SIMSA und PATAK (2008) nachgelesen werden. Grundlegende Ansätze und Perspektiven für eine Steuerung im organisierten Sport werden bei THIEL (1997) behandelt. Einen Überblick über die vielfältigen Aspekte des Managements von Sportorganisationen gibt das von BREUER und THIEL (2009) herausgegebene Buch »Handbuch Sportmanagement«.

5 Fazit

Die Beschäftigung mit dem Thema Management führt zunächst dazu, dass man mit einer unglaublichen Vielfalt an Konzepten konfrontiert wird, die jeweils unterschiedlichen Paradigmen folgen und unterschiedlichste Schulen, Theorien und Methoden hervorgebracht haben. Für das Grundverständnis eines managementtheoretischen Denkens ist die Unterscheidung in triviale und nicht-triviale Systeme zentral. Einmal wird im Sinne eines trivialen Systems die Vorstellung einer einfachen, rational-zielgerichteten Lenkung von Sozialsystemen zugrunde gelegt. Im Gegensatz hierzu wird heute in der Sozialwissenschaft von einem Managementverständnis ausgegangen, das auf der Vorstellung nicht-trivialer Systeme basiert. Hierbei werden soziale Systeme als analytisch unbestimmbar aufgefasst, die vergangenheitsabhängig und nicht im Sinne geradliniger Ursache-Wirkungs-Beziehungen operieren. Soziale Systeme lassen sich nach dieser Auffassung allenfalls zur Selbststeuerung anregen, aber nur schlecht dirigieren. In diesem Sinne gilt auch für das Management von Sportvereinen der Grundsatz, dass es wichtiger ist – wie es Peter Senge (2003) in seinem weltbekannten Werk »Die fünfte Disziplin« sinngemäß formuliert, den Verantwortlichen das Fischen beizubringen, anstatt ihnen Fische zu schenken.

Lernkontrollfragen

- Worin liegt die Schwierigkeit bei einer Bestimmung des Managementbegriffs?
- Welche verschiedenen Zugänge zum Management lassen sich unterscheiden und welche grundlegenden Charakteristika weisen diese auf?
- Welche Ebenen des Managements gibt es und welche Managementaufgaben fallen auf den jeweiligen Ebenen an?
- Wie sind die Ebenen des Managements miteinander vernetzt und welche Rolle spielen hierbei Ziele?
- Was ist der Unterschied zwischen einer effektiven und einer effizienten Zielerreichung?
- Welche Organisationsformen sind für das Sportmanagement von Relevanz?
- Was ist ganz grundsätzlich beim Sportvereinsmanagement zu beachten?
- Welche Schwierigkeiten ergeben sich bei der Evaluierung des Vereinserfolgs?
- Welche Besonderheiten weist das Personalmanagement im Sportverein auf?
- Was sind die Grenzen eines effektiven und effizienten Einsatzes von Ressourcen im Sportverein?

Literatur

BADELT, C., MEYER, M. & SIMSA, R. (2007a). Die Wiener Schule der NPO-Forschung. In C. BADELT, M. MEYER & R. SIMSA (Hrsg.), *Handbuch der Nonprofit Organisation* (4. Aufl., S. 3-16). Stuttgart: Schäffer-Poeschel.

BADELT, C., MEYER, M. & SIMSA, R. (Hrsg.). (2007b). *Handbuch der Nonprofit Organisation* (4. Aufl.). Stuttgart: Schäffer-Poeschel.

BAECKER, D. (2003). *Organisation und Management*. Frankfurt/M.: Suhrkamp.

BAECKER, D. (2007). *Welchen Unterschied macht das Management?* Zugriff am 03. Mai 2007 unter http://homepage.mac.com/beacker/.

BREUER, C. (2005). Strategisches Management in Sportorganisationen. In C. BREUER & A. THIEL (Hrsg.), *Handbuch Sportmanagement. Beiträge zur Lehre und Forschung im Sport* (1. Aufl., Band 149, S. 148-163). Schorndorf: Hofmann.

BREUER, C. & THIEL, A. (Hrsg.). (2009). *Handbuch Sportmanagement* (2. Aufl.). Schorndorf: Hofmann.

CHALIP, L. (2006). Toward a distinctive sport management discipline. *Journal of Sport Management, 20*, 1-21.

COHEN, M., MARCH, J. G. & OLSEN, P. (1990). Ein Papierkorb-Modell für organisatorisches Wahlverhalten. In J. G. MARCH (Hrsg.), *Entscheidung und Organisation*. Wiesbaden: Gabler.

CROZIER, M. & FRIEDBERG, E. (1979). *Macht und Organisation: Die Zwänge kollektiven Handelns*. Königstein: Äthenäum.

CYERT, R. M. & MARCH, J. G. (1995). *Eine verhaltenswissenschaftliche Theorie der Unternehmung*. (2. Aufl.). Stuttgart: Schäffer-Poeschel.

EMRICH, E. (2005). Organisationstheoretische Besonderheiten des Sports. In C. BREUER & A. THIEL (Hrsg.), *Handbuch Sportmanagement* (S. 95-113). Schorndorf: Hofmann.

HEINEMANN, K. & SCHUBERT, M. (1992). *Ehrenamtlichkeit und Hauptamtlichkeit im Sportverein – Eine empirische Studie zur Professionalisierung am Beispiel eines ABM-Programms*. Schorndorf: Hofmann.

HORAK, C. & HEIMERL, P. (2007). Management von NPOs – Eine Einführung. In C. BADELT, M. MEYER & R. SIMSA (Hrsg.), *Handbuch der Nonprofit Organisation* (4. Aufl., S. 167-177). Stuttgart: Schäffer-Poeschel.

HORAK, C., MATUL, C. & SCHEUCH, F. (2007). Ziele und Strategien der NPOs. In C. BADELT, M. MEYER & R. SIMSA (Hrsg.), *Handbuch der Nonprofit Organisation* (4. Aufl., S. 178-202). Stuttgart: Schäffer-Poeschel.

HORCH, H.-D. & SCHÜTTE, N. (2002). Professionalisierungsdruck und -hindernisse im Management des selbstverwalteten Sports. In M. R. FRIEDERICI, H.-D.

Horch & M. Schubert (Hrsg.), *Sport, Wirtschaft und Gesellschaft* (S. 161-174). Schorndorf: Hofmann.

Luhmann, N. (1984). *Soziale Systeme: Grundriß einer allgemeinen Theorie*. Frankfurt/M.: Suhrkamp.

Luhmann, N. (2000). *Organisation und Entscheidung*. Opladen: Westdeutscher Verlag.

Macharzina, K. (2003). *Unternehmensführung. Das internationale Managementwissen. Konzepte-Methoden-Praxis* (4. Aufl.). Wiesbaden: Gabler.

Malik, F. (1984). *Strategie des Managements komplexer Systeme*. Bern: Haupt.

Malik, F. (2003). *Systemisches Management , Evolution, Selbstorganisation. Grundprobleme, Funktionsmechanismen und Lösungsansätze für komplexe Syteme* (4. Aufl.). Bern: Haupt.

Malik, F. (2006). *Führen, Leisten, Leben: Wirksames Management für eine neue Zeit*. Frankfurt/New York: Campus Verlag.

Nagel, S. (2008). Sind Sportvereine steuerbar? Zur begrenzten Rationalität bei Entscheidungsprozessen in Sportvereinen. In S. Braun & S. Hansen (Hrsg.), *Steuerung im Organisierten Sport* (S. 149-155). Hamburg: Czwalina.

Nagel, S., Conzelmann, A. & Gabler, H. (2004). *Der Sportverein – Auslaufmodell oder Hoffnungsträger? Die WLSB-Vereinsstudie*. Tübingen: Attempto.

Robbins, S. P. & Decenzo, D. A. (2004). *Fundamentals of management. Essential concepts and applications* (4. Aufl.). New Jersey: Pearson.

Schubert, M. (2005). Sport-Marketing – einige Überlegungen zu den konstitutiven Grundlagen eines neuen Forschungs- und Aufgabenfeldes. In C. Breuer & A. Thiel (Hrsg.), *Handbuch Sportmanagement* (S. 239-257). Schorndorf: Hofmann.

Schwaninger, M. (1994). *Managementsysteme. St. Galler Management-Konzept*. Frankfurt/New York: Campus.

Schwarz, P., Purtschert, R., Giroud, C. & Schauer, R. (2009). *Das Freiburger Management-Modell für Nonprofit-Organisationen (NPO)* (6 Aufl.). Bern: Haupt.

Senge, P. M. (2003). *Die fünfte Disziplin: Kunst und Praxis der lernenden Organisation* (9. Aufl.). Stuttgart: Klett-Cotta.

Simon, F. B. (2006). *Einführung in Systemtheorie und Konstruktivismus*. Heidelberg: Carl Auer.

Simon, F. B. (2007). *Einführung in die systemische Organisationstheorie*. Heidelberg: Carl Auer.

SIMON, H. A. (1981). *Entscheidungsverhalten in Organisationen. Eine Untersuchung von Entscheidungsprozessen in Management und Verwaltung.* Landsberg am Lech: Verlag Moderne Industrie.

SIMON, H. & von der Gathen, A. (2010). *Das große Handbuch der Strategieinstrumente: Alle Werkzeuge für eine erfolgreiche Unternehmensführung* (2. Aufl.). Frankfurt/M.: Campus.

SIMSA, R. & PATAK, M. (2008). *Leadership in Nonprofit-Organisationen: Die Kunst der Führung ohne Profitdenken.* Wien: Linde Verlag.

SLACK, T. (1996). From the locker room to the board room: Changing the domain of sport management. *Journal of Sport Management, 5* (2), 21-29.

STAEHLE, W. H. (1999). *Management. Eine verhaltenswissenschaftliche Perspektive* (8. Aufl.). München: Vahlen.

STEINMANN, H. & SCHREYÖGG, G. (1997). *Management. Grundlagen der Unternehmensführung. Konzepte – Funktionen – Fallstudien* (4. Aufl.). Wiesbaden: Gabler.

STEINMANN, H. & SCHREYÖGG, G. (2000). *Management. Grundlagen der Unternehmensführung. Konzepte – Funktionen – Fallstudien* (5. Aufl.). Wiesbaden: Gabler.

STICHWEH, R. (2000). Soziologie des Vereins. Strukturbildung zwischen Lokalität und Globalität. In E. BRIX & R. RICHTER (Hrsg.), *Organisierte Privatinteressen: Vereine in Österreich* (S. 19-31). Wien: Passagen.

THIEL, A. (1997). *Steuerung im organisierten Sport. Ansätze und Perspektiven.* Stuttgart: Nagelschmid.

THIEL, A. & BRAUN, S. (2008). Steuerung im Sportsystem. In M. SCHWEER (Hrsg.), *Sport in Deutschland* (S. 78-88). Frankfurt/M.: Internationaler Verlag der Wissenschaften.

THIEL, A., BREUER, C. & MAYER, J. (2009). Sportmanagement – Begriff und Gegenstand. In C. BREUER & A. THIEL (Hrsg.), *Handbuch Sportmanagement* (S. 8-21). Schorndorf: Hofmann.

THIEL, A. & MAYER, J. (2008). Besonderheiten des Managements von Sportvereinen. In S. BRAUN & S. HANSEN (Hrsg.), *Steuerung im Organisierten Sport* (S. 130-148). Hamburg: Czwalina.

THIEL, A. & MAYER, J. (2009). Characteristics of voluntary sports clubs management: A sociological perspective. *European Sport Management Quarterly, 9* (1), 81-98.

THIEL, A. & MEIER, H. (2005). Besonderheiten der Personalführung in Sportorganisationen. In C. BREUER & A. THIEL (Hrsg.), *Handbuch Sportmanagement* (S. 15-28). Schorndorf: Hofmann.

von Eckardstein, D. & Simsa, R. (2007). Entscheidungsmanagement in NPOs. In C. Badelt, M. Meyer & R. Simsa (Hrsg.), *Handbuch der Nonprofit Organisation* (4. Aufl., S. 376-388). Stuttgart: Schäffer-Poeschel.

von Foerster, H. (1988). Abbau und Aufbau. In F. B. Simon (Hrsg.), *Lebende Systeme. Wirklichkeitskonstruktionen in der systemischen Therapie* (S. 32-51). Frankfurt/M.: Suhrkamp.

Weick, K. E. (1985). *Der Prozess des Organisierens*. Frankfurt/M.: Suhrkamp.

Weihrich, H. & Koontz, H. (1993). *Management: A global perspective* (10. Aufl.). New York: McGraw-Hill.

Willke, H. (1999). *Systemtheorie II: Interventionstheorie: Grundzüge einer Theorie der Intervention in komplexe Systeme* (3. Aufl.). Stuttgart: Lucius & Lucius.

Willke, H. (2001). *Systemtheorie III: Steuerungstheorie* (3. Aufl.). Stuttgart: Fischer.

Willke, H. (2004). *Einführung in das systemische Wissensmanagement*. Heidelberg: Carl Auer.

Willke, H. (2006). Die Gier nach Ordnung. Kontrolle als Trivialisierung und die Trivialisierung der Kontrolle. *Forschung und Lehre, 8*, 438-439.

Willke, H. (2008). Zur Steuerungsproblematik von Organisationen. In S. Braun & S. Hansen (Hrsg.), *Steuerung im organisierten Sport* (S. 112-129). Hamburg: Czwalina.

Wolf, J. (2005). *Organisation, Management, Unternehmensführung. Theorien und Kritik* (2. Aufl.). Wiesbaden: Gabler.

Woratschek, H. & Beier, K. (2001). Sportmarketing. In D. K. Tscheulin & B. Helmig (Hrsg.), *Branchenspezifisches Marketing*. Wiesbaden: Gabler.

Teil III:
Teilhabe am Sport

Lektion 10

Sozialisation im und durch Sport

1 Einleitung

Das Thema *Sport und Sozialisation* wird in der sportsoziologischen Forschung aus den unterschiedlichsten Perspektiven betrachtet. So wird Sport als bedeutender gesellschaftlicher Kontaktraum identifiziert, der in ganz spezifischer Weise Einfluss auf die Person und ihr Handeln nimmt. Menschen, so die Annahme, eignen sich durch bürgerschaftliches Engagement, durch Fairnesserziehung in Schule und Training oder durch soziales Lernen im gemeinschaftlichen Spiel sportbezogene Werte an, die ihnen auch außerhalb des Sports von Nutzen sind. Der Sport wird aber nicht nur in seiner Rolle als Sozialisationsraum und -medium untersucht. Eine wichtige Frage der sportbezogenen Sozialisationsforschung bezieht sich auf die Bedingungen, die den Zugang zum Sport fördern oder behindern.

Auf den Zusammenhang von Sport und Sozialisation wird im folgenden Kapitel eingegangen. Dabei gehen wir zunächst auf grundlegende Annahmen der Sozialisationsforschung ein, bevor wir uns mit den Möglichkeiten und Grenzen der Sozialisation im und durch Sport beschäftigen.

Folgende Themenbereiche sollen im Laufe der Lektion erarbeitet werden:

- Anlage-Umwelt-Debatte
- Begriff der Sozialisation
- Strukturelle Bedingungen der Sozialisation
- Phasen und Instanzen der Sozialisation
- Bedingungen des Zugangs zum Sport (Sozialisation zum Sport)
- Sozialisationspotenziale, -instanzen und -effekte des Sports (Sozialisation im bzw. durch Sport)

2 Grundlagen der Sozialisationstheorie

Die *Sozialisation* von Menschen ist ein wissenschaftliches Querschnittsthema. Sie ist Gegenstand zahlreicher Disziplinen und Forschungsprogramme, wird also beispielsweise von der Psychologie, Pädagogik und der Soziologie in jeweils spezifischer Weise bearbeitet. Für die Soziologie hatte dieses Thema bereits von Beginn an große Bedeutung. Schon soziologische Klassiker, wie Georg Simmel, George Herbert Mead, Talcott Parsons oder Erving Goffman (vgl. Abels & König, 2010), beschäftigten sich mit der Frage, wie es Gesellschaften gelingt, den Gesellschaftsmitgliedern sozial relevante Werte, Normen und Regeln zu vermitteln. Oder anders ausgedrückt: Wie manifestiert sich das Soziale im Individuum?

2.1 Die Anlage-Umwelt-Debatte als Ausgangspunkt

Den Ausgangspunkt dieses Diskurses bildete eine paradigmatische Auseinandersetzung, welche die Wissenschaftsgeschichte in erheblicher Weise geprägt hat und unter dem Schlagwort der *Anlage-Umwelt-Debatte* in die Lehrbücher Einzug gehalten hat. Grundlegend für diese Debatte ist die Frage, in welchem Maße die Entwicklung einer Person durch biologische Anlagen oder aber durch gesellschaftliche Umwelteinflüsse bestimmt wird. Die Extrempositionen dieser Debatte lassen sich zugespitzt folgendermaßen benennen: Werden Entwicklungsprozesse auf genetische Dispositionen reduziert, so wird der Mensch als biologisches Wesen definiert, dessen Entwicklung gewissermaßen vorprogrammiert ist. Wird die Entwicklung eines Menschen als primär durch die soziale Umwelt bestimmt angesehen, dann wird der genetischen Ausstattung einer Person im Vergleich mit den Wirkungen der Umwelt eine nur marginale Bedeutung zugeschrieben.

Die Sozialisationstheorie stellt die soziale Umwelt in den Mittelpunkt und betont die Bedeutung von Erfahrungs- und Lernprozessen für die Entwicklung von Menschen. Der Einfluss von genetischen Anlagen wird dabei nicht verneint. Inwieweit Anlagen zur Entfaltung kommen, hängt jedoch – so eine sozialisationstheoretische Grundannahme – in grundlegender Weise von der sozialen Umwelt ab. Der Mensch wird also in erster Linie als ein »gesellschaftliches Produkt« (Berger & Luckmann, 1967, S. 65) aufgefasst.

Die frühen Sozialisationstheoretiker gingen von der anthropologischen Grundannahme aus, dass der Mensch ein gesellschaftliches Wesen darstelle, das in grundlegender Weise auf soziale Interaktion mit anderen angewiesen sei. Der

Mensch sei sozusagen »unfertig« und käme – so Adolf Portmann (1951, S. 47) – als eine »normalisierte Frühgeburt« sowie als »sekundärer Nesthocker« zur Welt. Mit der Geburt beginne das Kind damit, aktiv mit seiner sozialen Umwelt in Interaktion zu treten. Zum handlungsfähigen Mitglied einer Gesellschaft werde der Mensch erst durch das Erlernen gesellschaftlicher Regeln. In diesem Zusammenhang wird auch von einer »zweiten, soziokulturellen Geburt des Menschen« (Claessens, 1962) sowie von »Sozialwerdung« (Fend, 1970, S. 34) gesprochen. Hier zeigt sich auch der entscheidende Unterschied zu klassischen psychologischen Entwicklungstheorien. Während sich diese auf das Individuum konzentrieren und dabei Phasen menschlicher Entwicklung nachzeichnen, stellt die Sozialisationstheorie primär die Frage, wie Menschen gesellschaftlich handlungsfähig werden.

2.2 Zum Begriff der Sozialisation

Doch was umfasst der Begriff *Sozialisation* nun konkret? Ganz abstrakt gesehen, geht es um Wirkungszusammenhänge zwischen Gesellschaft und sozialem Handeln von Individuen (vgl. Geulen, 2010; Hurrelmann, 2006). Diese Wirkungszusammenhänge sind in unterschiedlichsten sozialen Kontexten zu beobachten. Dort, wo sozial interagiert wird, besteht auch die Möglichkeit, dass sozialisationsrelevante Erfahrungen gemacht werden. So setzen sich Menschen im Laufe ihres Lebens bewusst und unbewusst mit einer Vielzahl von gesellschaftlichen und kulturellen Erwartungen, Werten und Ordnungen auseinander, wie sie z. B. in der Familie, in der Schule, im Unternehmen usw. vorzufinden sind.

Angesichts dieser Komplexität erweist sich die Definition des Begriffs *Sozialisation* als schwierig. Die Vielschichtigkeit des Sozialisationsbegriffs hängt nicht zuletzt auch damit zusammen, dass der Begriff in engem Zusammenhang mit Aspekten wie Identität, Persönlichkeit, Handlungsfähigkeit, sozialem Lernen und sozialer Rolle steht.

In der Sozialwissenschaft ist derzeit eine Definition von Klaus Hurrelmann sehr populär. *Sozialisation* wird dabei folgendermaßen gekennzeichnet: »Sozialisation bezeichnet [...] den Prozess, in dessen Verlauf sich der mit einer biologischen Ausstattung versehene menschliche Organismus zu einer sozial handlungsfähigen Persönlichkeit bildet, die sich über den Lebenslauf hinweg in Auseinandersetzung mit den Lebensbedingungen weiterentwickelt« (Hurrelmann, 2006, S. 15).

In dieser Definition finden sich drei Merkmale, die charakteristisch für den aktuellen sozialisationstheoretischen Diskurs sind:

- Erstens wird explizit auf die *Prozesshaftigkeit* von Sozialisation aufmerksam gemacht. Sozialisationsprozesse finden in jeder Lebensphase eines Menschen statt. Sozialisation stellt sich als ein den gesamten Lebenslauf umspannender, dynamischer Prozess dar. Zwar repräsentiert das Kindes- und Jugendalter die sozialisationstheoretisch am besten erforschte Lebensphase, d.h.er grundlegende Sozialisationsprozesse ablaufen, die für die weitere Entwicklung des Heranwachsenden von höchster Bedeutung sind. Dies bedeutet jedoch keinesfalls, dass mit dem Ende der Adoleszenz der Prozess der Sozialisation abgeschlossen wäre (Geulen, 2010).
- Sozialisationsprozesse zeichnen sich zweitens durch eine *dynamische Wechselwirkung zwischen Anlagen und sozialen Einflüssen* aus. Menschen bringen spezifische Ausstattungen mit, sie entwickeln diese jedoch im Kontext konkreter gesellschaftlicher Bedingungen. Persönlichkeit, Charakter und Identität sind demnach Ergebnisse dieses Zusammenspiels, d.h. der »Vorgang der Menschwerdung findet in Wechselwirkung mit seiner Umwelt statt« (Berger & Luckmann, 1967, S. 51). Das Verhältnis zwischen Umwelt und Mensch ist reziprok, d.h., der Mensch nimmt Einfluss auf seine Umwelt und wird gleichzeitig von ihr beeinflusst (Hurrelmann, 2006).
- Drittens wird die *Person als handlungsfähiges Subjekt* dargestellt. Dahinter steht die Vorstellung, dass sich Personen aktiv mit ihrer Umwelt auseinandersetzen, auf diese einwirken und damit selbst Einfluss auf den Prozess der eigenen Sozialisation nehmen (Geulen & Hurrelmann, 1980). Menschen werden also – in Abgrenzung zu strukturdeterministischen und biologistischen Konzepten – als aktive Gestalter der eigenen Entwicklung aufgefasst. In Anlehnung an diesen Subjektbegriff spricht Hurrelmann (1983) vom »produktiv realitätsverarbeitenden Subjekt«. Dabei wird davon ausgegangen, dass Menschen Realität in ganz unterschiedlicher Weise wahrnehmen, interpretieren und verarbeiten. Realität wird also nicht als objektive, sondern lediglich als subjektive, wahrnehmungsrelative Konstruktion verstanden. Das bedeutet gleichzeitig, dass individuelle und soziale Bedingungen von Personen in vielfältiger Weise bearbeitet und interpretiert werden. In diesem Zusammenhang unterscheidet Hurrelmann zwischen »innerer« und »äußerer Realität« (Hurrelmann, 2006, S. 26ff.). Während die innere Realität v.a. durch genetische Anlagen sowie körperliche und psychische Dispositionen geprägt wird,

repräsentiert die äußere Realität die Gesamtheit der sozialen Einflüsse. Zur äußeren Realität gehören dementsprechend Faktoren wie Familie, sozioökonomischer Status, Bildungs- und Erziehungseinrichtungen sowie Medien, Wohnumfeld und Arbeitsbedingungen etc. Innere und äußere Realität stehen dabei in vielfältigen Wechselwirkungen.

Sozialisationsprozesse stehen in engem Zusammenhang mit der Entwicklung von *Identität*. Wegweisend für diesen Zusammenhang waren die Arbeiten von Lothar Krappmann. In Auseinandersetzung mit den klassischen identitäts- und rollentheoretischen Arbeiten von George Herbert Mead, Erving Goffman und Erik Erikson kennzeichnet Lothar Krappmann (1969) Sozialisation als interaktionalen Prozess, über den sich Menschen in Interaktion mit anderen mit sozialen Rollen und Rollenerwartungen auseinandersetzen und Identität erwerben (vgl. Abels, 2009). Begrifflich wird in diesem Sozialisationsdiskurs zwischen »sozialer« und »personaler Identität« sowie zwischen »Integration« und »Individuation« unterschieden. *Soziale Identität* entwickeln Menschen in Auseinandersetzung mit gesellschaftlichen Anforderungen. Diese erfordert die *Integration* in ein gesellschaftliches Ganzes, also die Anpassung an sozial relevante Normen. Gleichzeitig entwickeln Menschen eine *persönliche Identität*, die sie gewissermaßen unverwechselbar macht. Dieser Prozess wird *Individuation* genannt. *Individuation* und *Integration* sind jedoch keine gegensätzlichen Prozesse. Vielmehr ist davon auszugehen, dass sich personale und soziale Identität bzw. Integration und Individuation parallel zueinander entwickeln. Soziale und personale Identität bündeln sich letztendlich in der Ich-Identität. Identitätsbildung stellt insbesondere für Heranwachsende einen zentralen Balanceakt zwischen gesellschaftlichen Anforderungen sowie individuellen Präferenzen, Wünschen und Werten dar (Krappmann, 1969; vgl. Hurrelmann, 2007).

Wer einen vertiefenden Einblick in die allgemeine Sozialisationstheorie erhalten möchte, dem sei Hurrelmanns »Einführung in die Sozialisationstheorie« (2006) empfohlen. Die darin dargelegten »Sieben Thesen zur Sozialisation« (Hurrelmann, 2006, S. 23-38) sind von zentraler Bedeutung. Das »Handbuch Sozialisationsforschung« (Hurrelmann, Grundmann & Walper, 2008) gibt einen Überblick über den Stand der aktuellen Sozialisationsforschung.

2.3 Strukturelle Bedingungen und Instanzen von Sozialisation

Der zentrale Anspruch der Sozialisationsforschung besteht darin, jene Bedingungen, Einflussfaktoren und Instanzen zu identifizieren, die in spezifischer Weise Einfluss auf Sozialisationsprozesse nehmen können. Hinter diesem Anspruch steht die Erkenntnis, dass Erfahrungen, Lern- und Entwicklungsprozesse in spezifischen sozialen Kontexten stattfinden. Menschen interagieren im Kontext von gesellschaftlichen Regeln, Organisationen, Institutionen und Gruppen. Doch in welcher Weise sozialisieren Strukturen und welche Relevanz haben spezifische Strukturen – wie z. B. die Familie – für die Sozialisation von Individuen?

Auf diese Frage geben sogenannte *Strukturmodelle der Sozialisation* Antwort. Geulen und Hurrelmann (1980) haben mit ihrem »Strukturmodell der Sozialisationsbedingungen« eine Systematik entwickelt, die die verschiedenen Sozialisationsinstanzen auf unterschiedlichen Ebenen verortet:

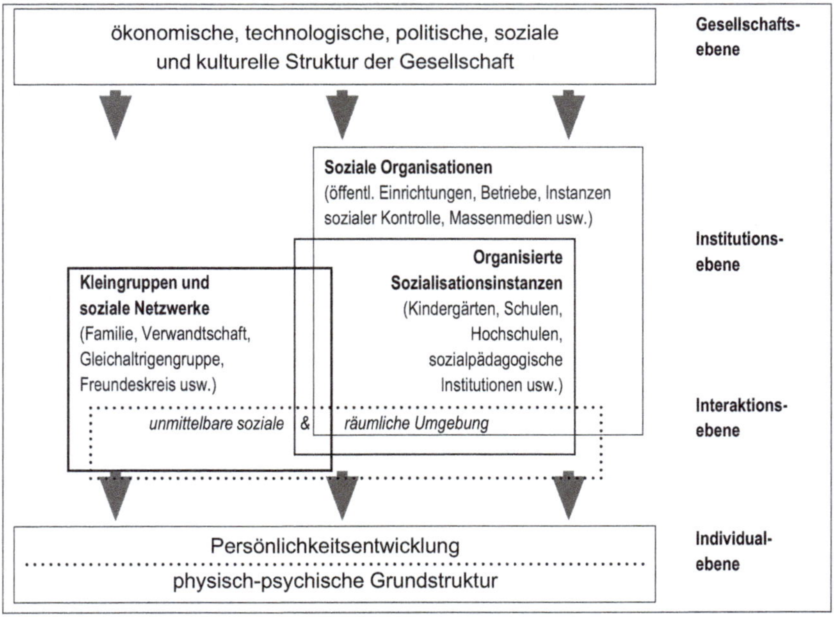

***Abb. 1:** Strukturmodell der Sozialisationsbedingungen (Geulen & Hurrelmann, 1980, S. 65)*

Das Modell zeigt, wie vielfältig das strukturelle Bedingungsgefüge von Sozialisationsprozessen ist. Sozialisation vollzieht sich auf einer Interaktionsebene, einer Institutionsebene sowie einer Gesellschaftsebene. Diese Ebenen sind nicht isoliert voneinander zu betrachten. Die Erklärung von Sozialisationsprozessen erfordert vielmehr eine Betrachtung der Verstrickungszusammenhänge dieser Ebenen. Im Modell wird zwischen einer »physisch-psychischen Grundstruktur«, die dem entspricht, was zuvor als »innere Realität« bezeichnet wurde, und jenen Instanzen, die der »äußeren Realität« zugerechnet werden, unterschieden. Zu letzteren gehören neben Kleingruppen und sozialen Netzwerken auch Institutionen, wie z. B. Kindergärten und Schulen, sowie Organisationen, wie z. B. Betriebe oder Vereine. Nicht zuletzt übt auch die Gesellschaft in ihrer politischen, wirtschaftlichen und kulturellen Struktur Einfluss auf das Individuum aus. Sozialisation ist letztendlich die Verarbeitung dieser vielfältigen äußeren Sozialisationsbedingungen durch das Individuum auf der Basis seiner kognitiven und körperlichen Anlagen.

Soziale Strukturen stellen dabei spezifische Interaktions-, Erfahrungs- und Lerngelegenheiten zur Verfügung und schließen gleichzeitig andere aus. In welcher Weise soziale Strukturen Einfluss auf Personen nehmen, ist nicht mit Sicherheit vorauszusagen. So können Erfahrungen vom Individuum in sehr unterschiedlicher Weise verarbeitet werden und sowohl beabsichtigte als auch unbeabsichtigte Prozesse in Gang setzen (Geulen & Hurrelmann, 1980).

Um geplante von ungeplanten Einflüssen zu unterscheiden, wird im sozialwissenschaftlichen Diskurs häufig zwischen *Sozialisation* und *Erziehung* unterschieden. *Sozialisation* steht dabei in der Regel für alle Prozesse, die Entwicklungen zur Folge haben. Ausgehend davon, ist Sozialisation als wertneutraler Begriff zu denken, der sowohl intendierte und erwünschte als auch nicht-intendierte und ungeplante Prozesse umfasst (vgl. Cachay & Thiel, 2000). Demgegenüber bezeichnet Durkheim Erziehung als »methodische Sozialisation« (Durkheim, 1972, S. 83). *Erziehung* steht demnach für intendierte, d.h. geplante Lern- und Entwicklungsprozesse (vgl. u. a. Niederbacher & Zimmermann, 2011).

Neben Strukturmodellen finden sich in der Literatur auch Phasen- und Prozessmodelle der Sozialisation. Bei diesen geht es darum, Prozesse in ihrer zeitlichen Abfolge abzubilden sowie Phasen von Sozialisation zu unterscheiden und diesen Phasen spezifische Instanzen zuzuordnen. In diesem Zusammenhang wird von *primärer, sekundärer, tertiärer* und *quartärer Sozialisation* gesprochen (z. B. MÜHLER, 2008).

- Die *primäre Sozialisation* umfasst die ersten Lebensjahre eines Kindes und stellt eine zentrale Phase dar. In diesem Zeitraum beginnt das Kind damit, sich aktiv mit seiner Umwelt auseinanderzusetzen. Es eignet sich grundlegende Kommunikations- und Interaktionsmuster (z. B. Sprache) an und entwickelt eine Reihe grundlegender sozialer, personaler und motorischer Fähigkeiten (HURRELMANN, 2006). In dieser frühen Kindheitsphase sind Menschen in besonderem Maße auf ihre familiale Umwelt angewiesen. Die Familie liefert den Interaktionsrahmen, in dem Kinder die Regeln des Zusammenlebens, des Umgangs miteinander und der Kooperation erlernen. Eltern, Geschwister oder Verwandte sind in dieser Phase enge Bezugspersonen. Insbesondere die Eltern tragen die Verantwortung dafür, dass grundlegende physiologische und emotionale Bedürfnisse befriedigt werden sowie Sicherheitsbedürfnissen Rechnung getragen wird (vgl. HÖLSCHER, 2008).
- Die *sekundäre Sozialisation* findet im Kindes- und Jugendalter statt und umfasst Prozesse, die primär außerhalb der Familie verortet sind. Kennzeichnend für die sekundäre Sozialisation sind die Erweiterung von Wissensbeständen und die Entwicklung spezifischer sozialer, personaler, kognitiver und körperlicher Fähigkeiten. Es sind v.a. öffentliche Erziehungs- und Bildungseinrichtungen, wie Kindergarten, Schule oder Jugendorganisationen, die sekundäre Sozialisationsprozesse prägen (HURRELMANN, 2007). Hier, aber auch in Peergroups und Cliquen, treten Kinder und Jugendliche in Interaktion mit Gleichaltrigen und entwickeln grundlegende Wertorientierungen sowie Handlungs- und Kommunikationsmuster. In dieser Phase setzt sich der Heranwachsende insbesondere mit neuen Rollen, wie die des Schülers, des Freunds oder auch des Partners, auseinander. Für die Persönlichkeitsentwicklung – insbesondere für die Entwicklung von Identität – sind diese Einflüsse und Erfahrungen hochrelevant (KRAPPMANN, 2002).
- Die *tertiäre Sozialisation* bezieht sich auf das frühe und mittlere Erwachsenenalter. Aus diesem Grund wird auch von »Erwachsenensozialisation« gesprochen. Als Sozialisationsinstanzen fungieren v. a. Betriebe, aber auch Hochschulen, Freiwilligenorganisationen und vieles mehr. Im Mittelpunkt dieser Phase steht das Hineinwachsen in die Berufsrolle (HURRELMANN, 2006). Sozialisationsrelevant sind insbesondere jene Anforderungen, die die Berufsausbildung oder das Berufsleben mit sich bringen. Aber auch

die Gründung einer Familie sowie der Erwerb von damit einhergehenden Rollen (Elternrolle, Versorger) sind bedeutsame Herausforderungen, die in diese Phase gefallen. Schließlich kann auch das politische und zivilgesellschaftliche Engagement Gegenstand der tertiären Sozialisation sein (WEYMANN, 2004).

- Die *quartäre Sozialisation* wird auch als »Alterssozialisation« bezeichnet. Im Mittelpunkt stehen Entwicklungsprozesse, die das höhere Erwachsenenalter betreffen. Diese Phase beginnt mit dem Austritt aus dem Erwerbsprozess und dem Eintritt in den Ruhestand. Neue Herausforderungen ergeben sich dabei insbesondere im Hinblick auf den Tagesablauf und den Umgang mit Zeitressourcen (vgl. PRAHL & SCHROETER, 1996; SCHÄUBLE, 1995; WINGCHEN, 2004).

Phase	Altersstufe
Primäre Sozialisation	Frühe Kindheit
Sekundäre Sozialisation	Kindes- und Jugendalter
Tertiäre Sozialisation „Erwachsenensozialisation“	Frühes und mittleres Erwachsenenalter
Quartäre Sozialisation „Alterssozialisation“	Hohes Erwachsenenalter

Abb. 2: *Phasen und Altersstufen der Sozialisation*

3 Sport als Gegenstand der Sozialisationsforschung

Die sportbezogene Sozialisationsforschung setzt sich häufig mit sozialen Effekten des Sports auseinander. Im öffentlichen Diskurs sind es in der Regel Schlagworte wie Teamfähigkeit, Gesundheit oder Selbstvertrauen, die stellvertretend für die zu vermittelnden Werte des Sports stehen. Im Gegensatz zu den öffentlichen Erwartungen an den Sport ist dieser Zusammenhang kaum Thema der allgemeinen Sozialisationsforschung. Sport taucht nur sporadisch als Einflussfaktor auf, obwohl er zu den beliebtesten Freizeitbeschäftigungen gehört und der organisierte Sport immense Mitgliederzahlen aufweist. Dagegen ist für die Sportwissenschaft die Frage nach der Rolle des Sports für die Entwicklung von Menschen ein zentrales Thema und wird von der Sportsoziologie, der Sportpsychologie und der Sportpädagogik bearbeitet.

Der sportwissenschaftliche Sozialisationsdiskurs umfasst zwei Forschungsstränge. Unterschieden wird zwischen einer Sozialisation zum Sport und einer Sozialisation im bzw. durch Sport. Während es bei der Sozialisation zum Sport um die Frage geht, wie Menschen den Weg zum Sport finden, steht bei der Sozialisation im/durch Sport die Frage im Vordergrund, welche Konsequenzen die Sportbeteiligung für die Entwicklung von Personen hat (vgl. u. a. BAUR & BURRMANN, 2008).

3.1 Sozialisation zum Sport

Die Forschung zum Thema *Sozialisation zum Sport* beschäftigt sich mit der Frage nach den Bedingungen, die den Zugang zum Sport beeinflussen. In diesem Zusammenhang lassen sich primäre Sozialisationsfaktoren, zu denen beispielsweise die Familie zu rechnen ist, von sekundären, wie Peergroup oder Schule, unterscheiden.

Primäre Einflussfaktoren des Zugangs zum Sport

Ob und in welcher Weise Kinder und Jugendliche körperliche und sportliche Aktivitäten in ihren Alltag integrieren und altersgemäße Bewegungserfahrungen machen, hängt in hohem Maße von der Sozialisationsinstanz Familie ab. Es ist zunächst die unmittelbare Nahumwelt, die Kindern Erfahrungs-, Lern- und Entwicklungsmöglichkeiten bereitstellt, die zu späteren Sport- und Bewegungsaktivitäten motivieren. Dabei geht es nicht nur darum, dass es von der Familie abhängt, ob Kinder einen Zugang zu Bewegungs- und Sporträumen haben. In der Familie beginnen Kinder damit, sich mit der eigenen Körperlichkeit auseinanderzusetzen. Die Phase frühkindlicher Sozialisation ist daher – wie es Jürgen BAUR (1989, S. 138) in einer sportwissenschaftlichen Pionierarbeit zu diesem Themenkomplex ausdrückt – eine Phase der »körper- und bewegungsbezogenen Orientierungen«. Dazu kommt, dass in dieser Phase grundlegende Körper- und Bewegungstechniken – wie z. B. Krabbeln, Stehen, Gehen oder Laufen – erlernt werden (BAUR, 1989).

Bewegung, körperliche Aktivität und Sport sind Aspekte, die in sehr unterschiedlicher Weise in Familien verankert sein können. Besonders stark wird der Zugang zum Sport in dieser Lebensphase durch die Eltern beeinflusst. Eine wichtige Rolle spielen dabei die Einstellungen, die Eltern zum Sport und zur motorischen Betätigung ihrer Kinder haben. Jene Eltern, die ein ganzheitliches Erziehungsverständnis haben, werden Kindern neben intellektuellen und sozialen Lernmöglichkeiten eben auch motorische und körperliche Erfahrungsmöglichkeiten eröffnen (Cachay & Thiel, 2000; Nagel & Ehnold, 2007).

Empirisch bestätigt hat sich insbesondere der Zusammenhang zwischen Bewegungsaktivitäten der Eltern und der sportlichen Betätigung der Kinder. Regelmäßiges Sporttreiben oder eine aktive Sportvereinsmitgliedschaft der Eltern bieten günstige Voraussetzungen dafür, dass sich auch deren Kinder aktiv sportlich betätigen. Doch auch bereits die Einbindung von Spaziergängen oder Bewegungsspielen in den familialen Alltag erhöht die Wahrscheinlichkeit, dass sich bei den Kindern sport- und bewegungsaffine Einstellungen entwickeln. Über das reine familiäre Sporttreiben und Bewegen hinaus sind aber auch der Besuch bzw. das Verfolgen von Sportereignissen sowie die Einbindung des Themas Sport in die familiale Alltagskommunikation gute Voraussetzungen dafür, dass sich Kinder sportlich betätigen (vgl. Baur, 1989).

Die von Familien während der Freizeit präferierten Bewegungsaktivitäten sind insbesondere Radfahren, Schwimmen oder auch Spaziergänge – vornehmlich am Wochenende oder während der Ferien. Eine Studie von Brinkhoff und Sack (1999) macht auf die zentrale Rolle der Väter im Rahmen der familialen Sport- und Bewegungssozialisation aufmerksam. Demnach werden Sportaktivitäten in der Familie häufiger vom Vater als von der Mutter initiiert und durchgeführt. Als relevant erweist sich darüber hinaus auch der Familienstatus. So wird der Zugang zum Sport davon beeinflusst, ob Kinder mit einem Elternteil oder beiden zusammenleben. Leben Kinder mit beiden Elternteilen zusammen, so treiben sie eher gemeinsam regelmäßig Sport, als wenn dies nicht der Fall ist.

Das Bildungsniveau der Eltern ist ein Faktor, der den Zugang der Kinder zum Sport stark beeinflusst (Baur, Burrmann & Krysmanski, 2002). Dies macht deutlich, wie eng die Sozialisationsforschung mit Phänomenen der sozialen Ungleichheit zusammenhängt.

Neben den Eltern sind es insbesondere Geschwister, die den Zugang zum Sport beeinflussen. Voraussetzung dafür ist, dass die Geschwister »sportfähig«, d.h. in einem Alter sind, in dem sie körperlich und motorisch dazu in der Lage sind, sich sportlich zu betätigen. Der Blick in die sportsoziologische Sozialisationsforschung zeigt, dass nur ein sehr geringer Prozentsatz von Kindern, die Geschwister im sportfähigen Alter haben, keinen Sport treibt. Im Hinblick auf den Vereinssport sind es offenbar insbesondere ältere Geschwistern, die bereits Sport im Verein treiben, welche die jüngeren Geschwister aktivieren (Brinkhoff & Sack, 1999).

Verschiedene Studien geben Hinweise auf geschlechtsspezifische Unterschiede bei der Sozialisation zum Sport. So kommt beispielsweise Burrmann (2005a) zu dem Schluss, dass Jungen bei Sportaktivitäten stärker von ihren Eltern unterstützt werden als Mädchen. Erklärt wird der Befund damit, dass Jungen im Gegensatz zu Mädchen in hohem Maße solchen Sportaktivitäten nachgehen, die außerhalb der Familie (z. B. im Sportverein) betrieben werden können. Während Jungen häufig zusätzliche Unterstützung für ihre außerfamilialen Sportaktivitäten erhalten, indem sie von ihren Eltern z. B. zum Training gefahren und abgeholt werden, bekommen Mädchen dagegen eher Unterstützungsleistungen im Rahmen von Sportaktivitäten, die im familialen Rahmen laufen (z. B. Schwimmen oder Radfahren).

Insgesamt gesehen, lässt sich festhalten, dass Familien sportliche Betätigungen in der Regel positiv bewerten und unterstützen. So lässt sich eine »offensichtliche elterliche Wertschätzung des Sports als Sozialisationskontext« (Burrmann, 2005b, S. 227) beobachten.

Eine Zusammenfassung des aktuellen Forschungsstands über den Zusammenhang zwischen sozialen Strukturen und motorischer Entwicklung liefern Baur und Burrmann (2009) in ihrem Handbuchartikel »Motorische Entwicklung in sozialen Kontexten«.

Obwohl es der sportbezogenen Sozialisationsforschung in den letzten Jahrzehnten gelungen ist, große Mengen an Daten zu generieren, ist vor eindimensionalen Interpretationen und universalistischen Aussagen zu warnen (Baur, 1989). Die statistischen Daten ermöglichen es zwar, Veränderungen, Tendenzen und Differenzen sichtbar zu machen; doch bringt die Sozialisationsforschung nicht immer konsistente Befunde hervor. Dass sich Jungen statistisch häufiger sportlich betätigen als Mädchen (Baur, Burrmann & Krysmanski, 2002), ist durchaus eine Tatsache, die von weitreichender Bedeutung für den Diskurs ist. Da es aber dennoch viele Mädchen gibt, die sich sportlich betätigen, taugt die Kategorie weiblich nur bedingt zur Voraussagung des Sportengagements. Auch lässt sich zwar davon ausgehen, dass ein Vater, der sich im örtlichen Sportverein engagiert und seine Tochter und seinen Sohn regelmäßig zu Wettkämpfen oder Sportveranstaltungen mitnimmt, die Wahrscheinlichkeit erhöht, dass Tochter oder Sohn später auch Sport treiben. Dennoch lässt sich für den Einzelfall nicht mit Sicherheit voraussagen, wie Kinder diese Erfahrungen verarbeiten und welche Schlüsse sie für ihr eigenes Sporttreiben ziehen.

Dies gilt im Hinblick auf die Sportart, das Sportmodell und die gewählte Organisationsform des Sports. Von der Sportart der Eltern lässt sich nicht verlässlich auf die zukünftige Sportart der Kinder schließen. Sind Vater oder Mutter begeisterte Mannschaftssportler, so hat dies nicht zwangsläufig zur Folge, dass auch die Kinder dieses Sportmodell wählen. Als »produktiv realitätsverarbeitendes Subjekt« entscheidet das Kind selbst, in welcher Weise es sich auf Anregungen von Eltern, Geschwistern oder Freunden einlässt, indem es Einflüsse der äußeren Realität verarbeitet und mit den individuellen Präferenzen und Wünschen abgleicht.

Infrastrukturell beeinflusst werden Sozialisationsprozesse durch die räumlichen und materialen Bedingungen, die für sportliche Aktivitäten mit Eltern oder Geschwistern zur Verfügung stehen. Ob bzw. in welcher Weise Eltern und Kindern (z. B. in Wohnung und Garten) Sport- und Spielmöglichkeiten zur Verfügung stehen, ist hierbei ebenso von Bedeutung, wie die infrastrukturelle Anbindung an öffentliche Spiel- und Sportplätze, Parks etc. Dazu kommt, dass sich die körperlichen, motorischen und sportlichen Erfahrungsmöglichkeiten in Abhängigkeit von den zur Verfügung stehenden (Spiel-) Materialien, also Bällen, Toren, Schläger etc., mit deren Hilfe sich Kinder neue Praktiken, aber auch neue Räume erschließen können, erweitern (Baur, 1989). Allerdings führt eine Vielzahl von Sport- und Spielutensilien nicht notwendigerweise zu einer höheren Sportbeteiligung. Ein wesentlicher Faktor besteht darin, inwieweit Kinder in der Lage sind, sich Räume für die sportliche Betätigung selbst zu erschließen. In dieser Hinsicht können auch Hinterhöfe, Garagentore oder asphaltierte Plätze, die auf den ersten Blick ungeeignet für sportliche Aktivitäten erscheinen, als Betätigungsräume für Sport und Bewegung dienen.

Sekundäre Einflussfaktoren des Zugangs zum Sport
Mit steigendem Kindes- und Jugendalter nimmt der Einfluss und die Relevanz von Freunden, Peergroups und Cliquen zu. Dies heißt jedoch nicht, dass die Familie ihre Bedeutung verliert. Beziehungen zu Gleichaltrigen sind vielmehr als »Ergänzung und Stärkung des sozialen Netzwerks« (BRETTSCHNEIDER & KLEINE, 2002, S. 226) zu betrachten. Im Kindes- und Jugendalter ist es dabei v.a. die Gruppe der Gleichaltrigen, die Sozialisationsprozesse im Allgemeinen und die Sozialisation zum Sport im Besonderen beeinflusst. In Kindergarten und Schule, aber auch in ihrer Freizeit treffen Kinder und Jugendliche auf Gleichaltrige und in vielen dieser Kontexte spielen Bewegungs- und Sportaktivitäten eine Rolle (BAUR, 1989).

Ebenso wie die Familie stellen Peers Orientierungspunkte und »›Modelle‹ für sportengagiertes oder sportdistanziertes Verhalten« dar (BURRMANN, 2005c, S. 272). Kinder und Jugendliche machen sogar einen großen Teil ihrer Körper-, Bewegungs- und Sporterfahrungen in Interaktion mit Peers. Auf die Sportteilhabe haben Gleichaltrige (als zentrale Lern-, Interaktions- und Ansprechpartner und emotionale Bezugspersonen) dementsprechend erheblichen Einfluss. Grundsätzlich gilt dabei, dass Jugendliche der sportlichen Betätigung generell einen hohen Stellenwert in ihrer Freizeitbeschäftigung beimessen. Unabhängig davon, ob sich Jugendliche in ihrer Freizeit nun auf dem Vereinsgelände, auf öffentlichen Spiel-, Skate- oder Bolzplätzen, Parkplätzen, Wiesen oder Parks treffen, steht häufig Sport auf dem Plan. Doch auch der Zugang zum Sportverein ist in nicht unerheblicher Weise an Peerbeziehungen gekoppelt, was sich nicht zuletzt darin zeigt, dass sich Cliquen häufig in Sportvereinen zusammenfinden (BAUR & BURRMANN, 2000; BRINKHOFF, 1998).

Auch die Schule ist ein wichtiger Faktor der Sozialisation zum Sport, da der Sportunterricht ein Pflichtfach darstellt, das mit einem doppelten Bildungsauftrag versehen ist. Die Lehr- und Bildungspläne verweisen übereinstimmend darauf, dass Sportunterricht neben einer Erziehung durch Sport auch eine Erziehung zum Sport ermöglichen soll. So wird vom Sportunterricht erwartet, dass er Anregungen gibt, die zur Verankerung von Sport im Lebenslauf beitragen und zum außerschulischen Sport motivieren. Damit verbunden ist der Auftrag, grundlegende Voraussetzungen für die Teilhabe am außerschulischen Sport zu schaffen (vgl. BRÄUTIGAM, 2011; SCHERLER, 2005). Unabhängig von der Frage, ob der Sportunterricht diesem Auftrag in der Praxis gerecht wird, verlangt die Schule zumindest eine aktive Auseinandersetzung mit Sport- und Bewegungspraktiken.

In Anbetracht der Tatsache, dass Sport zu einem der populärsten Themen medialer Kommunikation geworden ist, kommt auch den Massenmedien erhebliche Bedeutung für die Sozialisation zum Sport zu. Sportmedien stellen heute in Tageszeitungen, Fernsehen oder Internet nicht nur eine Vielzahl an Informationen, Wissensbeständen und Erklärungen zu Sportthemen zur Verfügung. Sie bedienen außerdem speziell bei Kindern und Jugendlichen die Nachfrage nach sportlichen Idolen und Vorbildern. In diesem Zusammenhang ist auch die stereotype Konstruktion von »Realitäten« durch die Massenmedien von Bedeutung. Bilder, wie das vom technisch versierten, ballverliebten Brasilianer, des temperamentvollen Südländers oder des körperlich überlegenen »schwarzen« Sportlers erfreuen sich trotz ihrer stereotypen Botschaft hoher Beliebtheit in der Sportberichterstattung und wirken damit auch auf die Sportwelt der Kinder zurück.

Ein weiterer wichtiger Faktor der Sozialisation zum Sport ist die Bereitstellung von Freizeitoptionen und sportbezogenen Infrastrukturen in der Nahumwelt von Kindern und Jugendlichen. Mit der Zunahme an Freizeitangeboten steigen also auch die Wahlmöglichkeiten. Ländliche Räume bieten offenbar im Durchschnitt weniger Freizeitoptionen und informelle Sporträume als städtische Ballungszentren, was nicht ohne Konsequenzen bleibt. Liefert z. B. der örtliche Sportverein das einzige oder zumindest umfangreichste Freizeitangebot im Ort, so engt dies den individuellen Entscheidungsspielraum erheblich ein (Brinkhoff & Sack, 1999).

Infrastrukturelle Gegebenheiten erklären auch die empirische Beobachtung, dass Mädchen im Vergleich zu Jungen weniger regelmäßig Sport treiben. So gibt es im Sport geringere Angebotsstrukturen und damit auch Wahloptionen für Mädchen. Im Hinblick auf die Beteiligung von Mädchen am organisierten Vereinssport lässt sich dabei ein signifikantes Stadt-Land-Gefälle erkennen (Baur, Burrmann & Krysmanski, 2002). Insbesondere ländliche Sportstrukturen bieten nur wenig Angebote für Mädchen und sind häufig primär auf Bedürfnisse von männlichen Kindern und Jugendlichen ausgerichtet.

Die Befunde machen deutlich, dass es vielfältige Wechselwirkungen zwischen sozialen Strukturen bzw. Sozialisationsinstanzen sind, die den Zugang zum Sport beeinflussen. Baur und Burrmann (2009, S. 103) sprechen in diesem Zusammenhang von »mehrgliedrigen Vermittlungsketten«. Der Sozialisationsforschung kommt die Aufgabe zu, diese Vermittlungsketten zu entschlüsseln.

Abseits dieser empirisch beobachtbaren Verstrickungszusammenhänge findet sich eine Reihe von populären Annahmen, die sich empirisch nicht bestätigen lassen. Dazu gehört beispielsweise die Hypothese, der Bewegungsmangel von Kindern und Jugendlichen sei ursächlich auf die zunehmende Medialisierung der Lebenswelten bzw. auf die starke Nutzung von Medien zurückzuführen. Das Bild vom »Stubenhocker«, dessen Affinität zu neuen Medien (wie Computerspiele, Internet, Fernsehen) das Bedürfnis nach Bewegung und körperlicher Aktivität hemme, hat sich zwar gesellschaftlich etabliert. Studien zeigen allerdings, dass Computeraktivitäten bei einer großen Zahl von Jugendlichen keinen negativen Einfluss auf die aktive Sportbeteiligung haben (Baur, Burrmann & Maaz, 2004). Die in öffentlichen Debatten häufig unterstellte negative Korrelation zwischen regelmäßiger Sportbeteiligung und Computeraktivitäten oder TV-Konsum lässt sich also empirisch nicht nachweisen. Im Gegenteil weist der Großteil der Jugendlichen dem Sporttreiben sogar einen größeren Stellenwert zu als neuen Medien, Fernsehen oder auch Musik (Burrmann, 2005a).

3.2 Sozialisation im/durch Sport

Bei der Frage nach der Sozialisation durch Sport geht es einerseits um die Entwicklung sportspezifischer Kompetenzen, andererseits um allgemeine Sozialisationsprozesse, die durch Sport in besonderer Weise strukturell begünstigt werden können. Die Liste an erwarteten Sozialisationseffekten durch Sport ist lang. Sport soll zum Fair Play erziehen, persönliche Kontakte fördern, Bewegungsmangelkrankheiten vorbeugen und zum konstruktiven Umgang mit Niederlagen befähigen. Dem Sportverein wird ferner attestiert, »Schule der Demokratie« zu sein. Mannschaftssportarten – wie z. B. Fußball – werden in öffentlichen Darstellungen nicht selten zu universellen Trägern positiver Sozialisationsprozesse stilisiert.

Der sportsoziologische Diskurs stellt diese alltagstheoretische Annahme insofern auf den Prüfstand, als er davon ausgeht, dass im Sport nicht ausschließlich wünschenswerte Erfahrungen zu erwarten sind. So könnte man beispielsweise vom Wettkampfsport erwarten, dass er die Auseinandersetzung mit binären Leistungslogiken, die Bewältigung von Niederlagen oder das kooperative Handeln fördert. Gleichzeitig liefert aber der Leistungssport eine Vielzahl an Beispielen dafür, dass das Prinzip der bedingungslosen Leistungssteigerung zu gesundheitlich bedenklichen und ethisch problematischen Verhaltensweisen führen kann (vgl. Thiel, Mayer & Digel, 2010). Folgern lässt sich daraus, dass im Sport – trotz aller ideellen Ansprüche – eben auch egoistisches, antisoziales oder gesundheitsriskantes Verhalten auftreten kann.

Sport als multipler Sozialisationsrahmen
In den letzten Jahrzehnten wurde in der Literatur immer wieder darauf hingewiesen, dass der Sport ein Sozialisationsrahmen sei, der für die Entwicklung des Selbstkonzepts von Kindern und Jugendlichen von Bedeutung ist. Das Selbstkonzept eines Individuums beschreibt dabei die Gesamtheit von Einstellungen, Vorstellungen und Bewertungen, die die Person über sich selbst hat. Das Selbstkonzept repräsentiert ein komplexes Konstrukt, das aus verschiedenen Teilaspekten und Dimensionen besteht (vgl. z. B. SHAVELSON, HUBNER & STANTON, 1976). Es entwickelt sich auf der Grundlage von Erfahrungen und stellt einen grundlegenden Aspekt von Persönlichkeitsentwicklung dar. Ob sich eine Person selbst als handlungsfähig erlebt, hängt in hohem Maße mit ihrem Selbstkonzept zusammen.

Verschiedene Befunde geben Grund zu der Annahme, dass sportliche Aktivität (z. B. im Verein) einen positiven Einfluss auf Teile des jugendlichen Selbstkonzepts nehmen kann (BURRMANN, 2004). Dazu gehört auch die Entwicklung eines positiv-realistischen Körperkonzepts, wobei in dieser Hinsicht Jungen stärker als Mädchen profitieren (BAUR, BURRMANN & KRYSMANSKI, 2002; Burrmann, 2005d). Darüber hinaus zeigen sich empirische Zusammenhänge zwischen Sportaktivität und der Entwicklung von Kontrollüberzeugungen.

Mit *Kontrollüberzeugungen* werden jene Erwartungen bezeichnet, die die Person an das eigene Handeln hat. Unterschieden wird dabei zwischen »internalen« und »externalen« Kontrollüberzeugungen (KRAMPEN, 1982; PREISER & SANN, 2010). Während Kinder und Jugendliche mit *externaler Kontrollüberzeugung* äußere Verhältnisse als Erklärung für bestimmte Ereignisse heranziehen und sich selbst als eher fremdbestimmt wahrnehmen, sehen sich Personen mit einer hohen *internalen Kontrollüberzeugung* als aktive Gestalter ihres Lebens und sind eher der Überzeugung, selbst für das eigene Leben verantwortlich zu sein.

Dass Kinder und Jugendliche im Sport ein vergleichsweise hohes Maß an internalen Kontrollüberzeugungen entwickeln, wird v. a. darauf zurückgeführt, dass hier die unmittelbaren Folgen eigenen Handelns deutlicher und direkter zutage treten als in anderen Gesellschaftsbereichen. So scheint der Sport vermehrt solche Situationen hervorzubringen, in denen das Individuum Wirkungszusammenhänge zwischen eigenem Handeln und Effekt erkennt und reflektiert. Diese Situationen fördern bei Kindern und Jugendlichen die Überzeugung, Ereignisse und Prozesse selbst beeinflussen zu können (BURRMANN, 2005e).

Am Sportspiel lassen sich allgemeine und kontextspezifische Sozialisationspotenziale des Sports exemplarisch nachzeichnen. Das Sportspiel stellt spezifische Erfahrungs- und Reflexionsmöglichkeiten bereit, die sich aus seinen strukturellen Merkmalen ergeben.

Eine detaillierte Auseinandersetzung mit den Sozialisationsbedingungen des Sportspiels findet sich in den Arbeiten von Cachay (1978) sowie Cachay und Thiel (2000).

Das Ziel von Sportspielen ist es, einen Sieger zu ermitteln. Ein wesentliches Merkmal von Sportspielen ist ihre Regelgebundenheit. Sportspiele basieren in der Regel auf einem formal festgelegten Ablauf, bei dem zwei Personen oder Gruppen in Konkurrenz zueinander treten. Bereits Georg Simmel (1908, S. 264) bestimmte das Kampfspiel als Auseinandersetzung »unter der beiderseitig anerkannten Herrschaft von Normen und Regeln«. Nach Auffassung von Elias (1983, S. 12) bietet insbesondere das Fußballspiel für Spieler und Mannschaften die Gelegenheit, »gefährliche Bedrohungen füreinander im Spiel so zu regulieren, daß sie sich gegenseitig in Schach halten und miteinander spielen, ohne sich direkte Gewalt anzutun«.

Dass ein Spiel aber überhaupt zustande kommt, ist an gewisse Bedingungen gebunden. So erfordert die Aufnahme eines Sportspiels ein Mindestmaß an Kooperation (z. B. durch die Anerkennung des Regelwerks). Ein Spiel ist nur dadurch möglich, dass sich z. B. zwei Mannschaften zum Wettkampf bereit erklären. Sportspiele setzen also die Zusammenarbeit und Vereinigung, d.h. die »Assoziation« (Lüschen, 1979) derjenigen voraus, die im Spiel die Rolle von Gegnern übernehmen. Gleichzeitig treten die Parteien in ein agonales, also durch Gegnerschaft geprägtes, Verhältnis. Das Charakteristische des Sportspiels liegt also in der »Komplementarität zwischen Konkurrenz und Assoziierung« (Cachay & Thiel, 2000, S. 198).

Die Aufnahme eines Sportspiels setzt das Einverständnis der Beteiligten gegenüber dem Regelwerk sowie das Wissen um Sanktionen im Falle der Regelverletzung voraus. Darüber hinaus müssen die Beteiligten über ein Minimum an konkreten körperlichen, motorischen, technischen, kognitiven und taktischen Fähigkeiten verfügen – wie z. B. Ballannahme, Passspiel, Wurf- oder Schusstechniken, Wissen um formale Regeln und taktische Grundordnungen (Cachay, 1978).

Welche Erfahrungsmöglichkeiten ein Sportspiel bietet, hängt in erheblicher Weise davon ab, welchen äußeren Bedingungen und Erwartungen das Spiel unterliegt. Hier spielt der Kontext, in dem Sportspiele stattfinden, eine wichtige Rolle. Beispielsweise ist der organisierte Fußballsport durch eine Vielzahl von Rahmenbedingungen, wie feste Regelwerke, Leistungsklassen, Spielpläne, formale Mitgliedschaftsbedingungen und Sanktionsvorgaben, geprägt. Diese Vorgaben sind nicht verhandelbar. Durch die Festlegung solcher Strukturen wird die Notwendigkeit assoziierender Handlungen zwischen den gegnerischen Mannschaften stark reduziert. Beobachtbar sind sie z. B. noch, wenn sich Spieler nach Zweikämpfen gegenseitig aufhelfen, sich nach dem Befinden des am Boden liegenden Spielers erkundigen oder den Ball aus dem Spielfeld befördern, um die Behandlung eines Spielers zu ermöglichen (CACHAY & THIEL, 2000).

Im informellen Freizeitbereich verlaufen Sportspiele in der Regel anders. So sind Sportspiele auf dem Bolzplatz um die Ecke in der Regel weniger stark formalisiert. Regeln sind stärker verhandelbar und passen sich an die konkreten räumlichen, materiellen und personalen Bedingungen an. Auch spielen formale Mitgliedschaftsbedingungen hier keine Rolle. Ferner ist die Rollenvielfalt viel geringer als im organisierten Wettkampfsport; manche Rollen fallen im informellen Bereich in der Regel weg (z. B. Trainer, Schiedsrichter, Zuschauer oder Journalisten). Da in den seltensten Fällen auf einen ausgebildeten Schiedsrichter zurückgegriffen wird, sind die Mannschaften darauf angewiesen, sich gegenseitig zu kontrollieren. Dies führt dazu, dass Regelverstöße in anderer Weise sanktioniert werden als im vereinsorganisierten Wettkampfsport. Die Teilnehmer gestalten ihren Handlungsrahmen selbst und sind eben dadurch in der Lage, Sinnperspektiven zu berücksichtigen, die im organisierten Sport nicht vorgesehen sind. Die Wahrscheinlichkeit, dass Kinder und Heranwachsende in informellen Sporträumen beim Spielen lernen, mit spezifischen Bedingungen flexibel umzugehen, Regeln mit anderen auszuhandeln und Regelverletzungen in Austausch mit anderen zu sanktionieren, erscheint bei dieser Form des Sporttreibens höher als in stark formalisierten Sporträumen (CACHAY & THIEL, 2000). Unterschiedliche Settings stellen also unterschiedliche sozialisationsrelevante Erfahrungsmöglichkeiten zur Verfügung – selbst wenn das Zielspiel ähnlich ist.

Der Sportverein als sekundäre Sozialisationsinstanz

In der sportbezogenen Sozialisationsforschung wird häufig auf den Sportverein als wichtigste sekundäre Sozialisationsinstanz verwiesen. Dies ist insofern nahe liegend, als dass der Sportverein die mitgliederstärkste Organisationsform in der Bundesrepublik darstellt. Da insbesondere Sportvereine Kindern und Jugendlichen regelmäßiges Sporttreiben ermöglichen, ist – zumindest in Deutschland – der Sportverein einer der zentralen Kontakt-, Interaktions- und Inszenierungsräume von Gleichaltrigen (Brettschneider & Kleine, 2002).

Die Tatsache, dass viele Kinder und Jugendliche im Rahmen von Sportvereinen in Interaktion miteinander treten, sagt jedoch noch nichts über die spezifischen organisationalen Erfahrungsmöglichkeiten aus. Die Erkenntnis, dass Sportvereine der Form nach demokratisch organisiert und legitimiert sind, lässt nicht notwendigerweise den Schluss zu, dass sich dies auch in der Vereinswirklichkeit widerspiegelt. Ob sich nun ein Sportverein als Übungsraum für demokratisches Handeln eignet, ist vielmehr abhängig davon, ob Entscheidungen im Verein tatsächlich demokratisch organisiert sind bzw. transparent gemacht werden. Sicherlich stellen viele Vereine Möglichkeiten für Demokratielernen zur Verfügung. Ausgehend von der empirischen Beobachtung, dass sich in Sportvereinen nicht selten autokratische bzw. oligarchische Entscheidungspraktiken beobachten lassen (Thiel & Meier, 2004), ist aber davon auszugehen, dass sich nicht jeder Sportverein als »Schule der Demokratie« eignet. Doch nicht nur die Kultur eines Vereins, sondern auch die Qualifikation von Trainern stellt eine wichtige Sozialisationsbedingung im Verein dar. Trainer und Übungsleiter für Jugendliche sind zentrale Bezugs- und »Vertrauenspersonen für allerlei mehr oder weniger ernste Alltagsfragen« (Kurz, Sack & Brinkhoff, 1996, S. 145). Daher nehmen neben der fachlichen Kompetenz auch die sozialen und personalen Kompetenzen des Trainers erheblichen Einfluss auf den Sozialisationsrahmen der Kinder und Jugendlichen.

Die sportsoziologische Vereinsforschung hat in den letzten Jahrzehnten zahlreiche empirische Befunde hervorgebracht, die sozialisatorische Effekte von Sportvereinen untersuchen. Die Befunde sind jedoch nicht immer konsistent. Weitgehend gesichert sind jedoch geschlechtsspezifische Differenzen zwischen sportvereinsorganisierten Jungen und Mädchen. Die Befunde machen deutlich, dass Jungen in ihrer Entwicklung wohl stärker von der Sozialisationsinstanz Sportverein profitieren als Mädchen (Baur & Burrmann & Krysmanski, 2002). Offensichtlich repräsentiert der Sportverein einen Raum, der für Jungen in stärkerem Maß identitätsrelevante Erfahrungen bereithält. Oder anders formuliert: Sportvereine sind häufig an Bedürfnisse männlicher Kinder und Jugendlichen angepasst (Nagel, 2005). Gleichzeitig zeigen verschiedene Arbeiten übereinstimmend, dass die Organisationsform Sportverein für Heranwachsende mit zunehmendem Alter weniger Bindungskraft aufweist und damit auch als Sozialisationsinstanz an Bedeutung verliert. Dies lässt sich nicht zuletzt am Anstieg der Drop-out-Quoten festmachen. Diese machen darauf aufmerksam, dass (trotz der immer noch hohen Beteiligungsquoten) viele Jugendliche mit zunehmendem Alter den Sportverein nicht mehr als favorisierten Sportraum ansehen, was nicht zuletzt auf gesellschaftliche Individualisierungs- und Pluralisierungsprozesse zurückgeführt werden kann (Brettschneider & Kleine, 2002; Burrmann, 2005c).

4 Fazit

Moderne Sozialisationstheorien gehen davon aus, dass Sozialisation mehr meint als eine passive Übernahme sozial erwünschter Rollenmuster, Werte und Normen. Sozialisation ist vielmehr als zweigleisiger Prozess zu verstehen, in dessen Rahmen sich die Person an gesellschaftliche Regeln anpasst und gleichzeitig eine individuelle Identität entwickelt. Die vorliegenden empirischen Studien zum Thema zeigen, wie vielschichtig Sozialisationsprozesse im Sport sind und wie schwierig es ist, Entwicklungsprozesse ursächlich an bestimmte Sozialisationsinstanzen zurückzubinden. Eltern, Geschwister, Freunde und Cliquen stellen auf jeden Fall zentrale Instanzen der Sozialisation zum Sport dar. Recht gut dokumentiert ist auch, dass – neben der Verankerung von Bewegung im Familienalltag – die infrastrukturelle Anbindung an und die materielle Ausstattung von Sporträumen Einfluss auf die Sozialisation zum Sport haben. Ob die Entscheidung eines Mädchens, Sport im Verein zu treiben, aber primär auf das Vereinsangebot zurückzuführen ist oder ob es in erster Linie Freunde, Geschwister oder Sportlehrer sind, die den Ausschlag geben, lässt sich häufig nicht eindeutig bestimmen. Ähnlich komplex ist die Sozialisation im und durch Sport. Sportliche Betätigung in Verein, Schule oder im Freundeskreis scheint ebenso wie der sportbezogene Medienkonsum eine wichtige Rolle bei der Vermittlung von als gesellschaftlich positiv erachteten Werten und Haltungen zu haben. Gleichzeitig weiß man aber auch, dass der Sport nicht ausschließlich erwünschte Sozialisationsprozesse in Gang setzt. Neben den zweifellos vorhandenen Möglichkeiten sind deshalb immer auch Barrieren und Grenzen der Sozialisation im und durch Sport zu reflektieren, die sich aus der Zielsetzung, der Angebotsstruktur und der lokalen Verankerung der

Vereine, aber auch der Qualifikation der Übungsleiter ergeben können. Obwohl sich der sportbezogene Sozialisationsdiskurs in den letzten Jahrzehnten stark ausdifferenziert hat, besteht auch heute noch eine Reihe an Forschungslücken. Weitgehender Konsens besteht z. B. darüber, dass es derzeit v.a. an repräsentativen Längsschnittstudien fehlt, anhand derer sich Entwicklungsprozesse differenziert darstellen lassen.

Lernkontrollfragen

- Was wird unter dem Stichwort »Anlage-Umwelt-Problem« diskutiert?
- Was heißt Sozialisation?
- Welche Bedingungen und Instanzen nehmen Einfluss auf den Sozialisationsprozess?
- Welche Phasen der Sozialisation lassen sich unterscheiden und wodurch sind diese gekennzeichnet?
- Auf welchen Annahmen basiert das Modell der produktiven Verarbeitung von Realität?
- Welche Formen der Sozialisation lassen sich in Zusammenhang mit Sport unterscheiden?
- Welche Sozialisationspotenziale weist der Sport auf?
- Welche Instanzen nehmen Einfluss auf die Sportbeteiligung?
- Welche sozialisationsrelevanten Entwicklungsanlässe bietet das Sportspiel?
- Welche Rolle spielt der Sportverein als Sozialisationsinstanz?

Literatur

Abels, H. (2009). *Einführung in die Soziologie 2: Die Individuen in ihrer Gesellschaft* (4. Aufl.). Wiesbaden: VS.

Abels, H. & König, A. (2010). *Sozialisation: Soziologische Antworten auf die Frage, wie wir werden, was wir sind, wie gesellschaftliche Ordnung möglich ist und wie Theorien der Gesellschaft und der Identität ineinanderspielen.* Wiesbaden: VS.

Baur, J. (1989). *Körper- und Bewegungskarrieren.* Schorndorf: Hofmann.

Baur, J. & Braun, S. (2000). *Freiwilliges Engagement und Partizipation in ostdeutschen Sportvereinen. Eine empirische Analyse zum Institutionentransfer.* Köln: Sport und Buch Strauß.

Baur, J. & Burrmann, U. (2000). *Unerforschtes Land – Jugendsport in ländlichen Regionen.* Aachen: Meyer & Meyer.

Baur, J. & Burrmann, U. (2008). Sozialisation zum und durch Sport. In K. Weis & R. Gugutzer (Hrsg.), *Handbuch Sportsoziologie* (S. 230-238). Schorndorf: Hofmann.

Baur, J. & Burrmann, U. (2009). Motorische Entwicklung in sozialen Kontexten. In J. Baur, K. Bös, A. Conzelmann & R. Singer (Hrsg.), *Handbuch Motorische Entwicklung* (2. Aufl., S. 87-112). Schorndorf: Hofmann.

Baur, J., Burrmann, U. & Krysmanski, K. (2002). *Sportpartizipation von Mädchen und jungen Frauen in ländlichen Regionen.* Körn: Sport und Buch Strauß.

Baur, J., Burrmann, U. & Maaz, K. (2004). Verbreitet sich das »Stubenhocker-Phänomen«? Zur Verkoppelung von Mediennutzung und Sportaktivitäten in der Lebensführung von Jugendlichen. *Zeitschrift für Soziologie der Erziehung und Sozialisation, 24* (1), 73-89.

Berger, P. & Luckmann, T. (1967). *Die gesellschaftliche Konstruktion der Wirklichkeit. Eine Theorie der Wissenssoziologie.* Frankfurt/M.: Fischer.

Bräutigam, M. (2011). *Sportdidaktik. Ein Lehrbuch in 13 Lektionen* (4. Aufl.). Aachen: Meyer & Meyer.

Brettschneider, W. D. & Kleine, T. (2002). *Jugendarbeit in Sportvereinen: Anspruch und Wirklichkeit.* Paderborn: Hofmann.

Brinkhoff, K. P. (1998). *Sport und Sozialisation im Jugendalter.* Weinheim: Juventa.

Brinkhoff, K. P. & Sack, H. G. (1999). *Sport und Gesundheit im Kindesalter.* Weinheim: Juventa.

Burrmann, U. (2004). Effekte des Sporttreibens auf die Entwicklung des Selbstkonzepts Jugendlicher. *Zeitschrift für Sportpsychologie, 11* (2), 71-82.

Burrmann, U. (2005a). Betrachtungen zum »Stubenhocker-Phänomen«. In U. Burrmann (Hrsg.), *Sport im Kontext von Freizeitengagements Jugendlicher. Aus dem Brandenburgischen Längsschnitt 1998-2002* (S. 57-74). Köln: Sport und Buch Strauß.

Burrmann, U. (2005b). Zur Vermittlung und integenerationalen »Vererbung« von Sportengagements in der Herkunftsfamilie. In U. Burrmann (Hrsg.), *Sport im Kontext von Freizeitengagements Jugendlicher. Aus dem Brandenburgischen Längsschnitt 1998-2002* (S. 207-265). Köln: Sport und Buch Strauß.

Burrmann, U. (2005c). Personale und soziale Ressourcen zur Aufrechterhaltung sportlichen Engagements. In U. Burrmann (Hrsg.), *Sport im Kontext von Freizeitengagements Jugendlicher. Aus dem Brandenburgischen Längsschnitt 1998-2002* (S. 267-298). Köln: Sport und Buch Strauß.

Burrmann, U. (2005d). Effekte des Sporttreibens auf die Entwicklung des Selbstkonzepts von weiblichen und männlichen Jugendlichen. In U. Burrmann (Hrsg.), *Sport im Kontext von Freizeitengagements Jugendlicher. Aus dem Brandenburgischen Längsschnitt 1998-2002* (S. 313-340). Köln: Sport und Buch Strauß.

Burrmann, U. (2005e). Effekte des Sporttreibens auf die Entwicklung von Kontrollüberzeugungen. In U. Burrmann (Hrsg.), *Sport im Kontext von Freizeitengagements Jugendlicher. Aus dem Brandenburgischen Längsschnitt 1998-2002* (S. 341-352). Köln: Sport und Buch Strauß.

Cachay, K. (1978). *Sportspiel und Sozialisation*. Schorndorf: Hofmann.

Cachay, K. & Thiel, A. (2000). *Soziologie des Sports*. Weinheim: Juventa.

Claessens, D. (1962). *Familie und Wertsystem: Eine Studie zur zweiten sozio-kulturellen Geburt des Menschen und der Belastbarkeit der Kernfamilie*. Berlin: Duncker & Humblot.

Durkheim, É. (1972). *Erziehung und Soziologie*. Düsseldorf: Schwann.

Elias, N. (1983). Der Fußballsport im Prozeß der Zivilisation. In R. Lindner (Hrsg.), *Der Satz »Der Ball ist rund« hat eine gewisse philosophische Tiefe* (S. 12–21). Berlin: Transit.

Fend, H. (1970). *Sozialisierung und Erziehung* (2. Aufl.). Weinheim: Beltz.

Geulen, D. & Hurrelmann, K. (1980). Zur Programmatik einer umfassenden Sozialisationstheorie. In K. Hurrelmann & D. Ulich (Hrsg.), *Handbuch der Sozialisationsforschung* (S. 51-67). Weinheim: Beltz.

Geulen, D. (2010). Sozialisationstheoretische Ansätze. In H. H. Krüger & C. Grunert (Hrsg.), *Handbuch Kindheits- und Jugendforschung* (2. Aufl., S. 85-102). Wiesbaden: VS.

Hölscher, B. (2008). Sozialisation, Sozialisationskontexte, schichtspezifische Sozialisation. In H. Willems (Hrsg.), *Lehr(er)buch Soziologie. Für die pädagogischen und soziologischen Studiengänge. Band 2* (S. 747-771). Wiesbaden: VS.

Hurrelmann, K. (1983). Das Modell des produktiv realitätsverarbeitenden Subjekts in der Sozialisationsforschung. *Zeitschrift für Sozialisationsforschung und Erziehungssoziologie*, 3 (1), 91-103.

Hurrelmann, K. (2006). *Einführung in die Sozialisationstheorie*. Weinheim: Beltz.

Hurrelmann, K. (2007). *Lebensphase Jugend. Eine Einführung in die sozialwissenschaftliche Jugendforschung* (9. Aufl.). Weinheim: Juventa.

Hurrelmann, K., Grundmann, M. & Walper, S. (Hrsg.). (2008). *Handbuch der Sozialisationsforschung*. Weinheim: Beltz.

Krampen, G. (1982). *Differentialpsychologie der Kontrollüberzeugungen*. Göttingen: Verlag für Psychologie.

Krappmann, L. (1969). *Soziologische Dimensionen der Identität: Strukturelle Bedingungen für die Teilnahme an Interaktionsprozessen*. Stuttgart: Klett-Cotta.

Krappmann, L. (2002). Sozialisation in der Gruppe der Gleichaltrigen. In K. Hurrelmann (Hrsg.), *Handbuch der Sozialisationsforschung* (6. Aufl.; S. 355-375). Weinheim: Beltz.

Kurz, D., Sack, H. G. & Brinkhoff, K. P. (1996). *Kindheit, Jugend und Sport in Nordrhein-Westfalen*. Düsseldorf: Ministerium für Stadtentwicklung, Kultur und Sport.

Lüschen, G. (1979). Kooperation und Assoziation im sportlichen Wettkampf. In K. Hammerich & K. Heinemann (Hrsg.), *Texte zur Soziologie des Sports* (S. 225-244). Schorndorf: Hofmann.

Mühler, K. (2008). *Sozialisation*. Paderborn: Fink.

Nagel, M. (2005). Die geschlechtertypische Ordnung des Sports. In U. Burrmann (Hrsg.), *Sport im Kontext von Freizeitengagements Jugendlicher. Aus dem Brandenburgischen Längsschnitt 1998-2002* (S. 187-206). Köln: Sport und Buch Strauß.

Nagel, S. & Ehnold, P. (2007). Soziale Ungleichheit und Beteiligung am Kindersport. *Sportunterricht, 56* (2), 36-39.

Niederbacher, A. & Zimmermann, P. (2011). *Grundwissen Sozialisation. Einführung zur Sozialisation im Kindes- und Jugendalter*. Wiesbaden: VS.

Portmann, A. (1951). *Biologische Fragmente zu einer Lehre vom Menschen* (2. Aufl.). Basel: Schwabe.

Prahl, H. W. & Schroeter, K. R. (1996). *Soziologie des Alterns*. Stuttgart: UTB.

PREISER, S. & SANN, U. (2010). Kontrollüberzeugungen. In D. H. ROST (Hrsg.), *Handwörterbuch Pädagogische Psychologie* (4. Aufl., S. 387-393). Weinheim: Beltz.

SCHÄUBLE, G. (1995). *Sozialisation und Bildung der jungen Alten vor und nach der Berufsaufgabe*. Stuttgart: Enke.

SCHERLER, K. (2005). Erziehung zum und durch Sport – Leitidee oder Leerformel? *Spectrum, 17* (1), 38-51.

SHAVELSON, R. J., HUBNER, J. J. & STANTON, G. C. (1976). Self-concept: Validation of construct interpretations. *Review of Educational Research, 46* (3), 407-441.

SIMMEL, G. (1908). *Soziologie*. Leipzig: Duncker & Humblot.

THIEL, A. & MEIER, H. (2004). Überleben durch Abwehr – Zur Lernfähigkeit des Sportvereins. *Sport und Gesellschaft, 1* (2), 103-124.

THIEL, A., MAYER, J. & DIGEL, H. (2010). *Gesundheit im Spitzensport. Eine sozialwissenschaftliche Analyse*. Schorndorf: Hofmann.

WEYMANN, A. (2004). *Individuum – Institution – Gesellschaft. Erwachsenensozialisation im Lebenslauf*. Wiesbaden: VS.

WINGCHEN, J. (2004). *Geragogik* (5. Aufl.). Hagen: Kunz.

Lektion 11

Soziale Ungleichheit und Sport

1 Einleitung

Die Frage, was die Gründe für einen ungleichen Zugang von Mitgliedern der Gesellschaft zu kollektiven Gütern sind, beschäftigt die Soziologie seit Langem. Die Relevanz dieser Fragestellung liegt auf der Hand. In der modernen Gesellschaft scheint jedem Bevölkerungsmitglied der Zugang zu jeder Position prinzipiell offenzustehen. Die soziale Realität zeigt aber, dass es dennoch systematische Ungleichheiten bei der Verteilung von Geld, beim Zugang zu Bildung, aber auch bei der Wahl von Freizeitaktivitäten gibt. Dies gilt auch für den Sport. Dieser Sachverhalt ist deshalb ein soziologisch interessantes Phänomen, weil sich speziell der organisierte Sport traditionell als offen zugänglicher Raum inszeniert und sich seit den 1960er-Jahren – zunächst im DSB, dann im DOSB – explizit das Ziel gesetzt hat, Sport für alle Bevölkerungsgruppen zugänglich zu machen. Vor diesem Hintergrund stellt sich die Frage, wie der Befund zahlreicher Studien zu erklären ist, dass im Sport auch heute noch verschiedene Gruppen unterrepräsentiert sind oder ausgeschlossen bleiben. Die Lektion gibt Antworten auf diese Frage, indem sie unterschiedliche Erklärungsmodelle sozialer Ungleichheit diskutiert, Erscheinungsformen dieses Phänomens offenlegt und Ursachen beleuchtet.

Folgende Themenbereiche werden im Laufe der Lektion bearbeitet:

- Soziale Ungleichheit als Gegenstand der Soziologie
- Schichtmodelle
- Lagemodelle, Milieu- und Lebensstilmodelle
- Inklusions-/Exklusionsmodelle
- Strömungen und Zugänge der sportsoziologischen Ungleichheitsforschung
- Sportbeteiligung in schichtzentrierten Modellen
- Sportbeteiligung in Lage-, Lebensstil- und Milieumodellen

2 Soziale Ungleichheit als klassischer Gegenstand der Soziologie

Im Mittelpunkt der soziologischen Diskussion über soziale Ungleichheit steht die Frage, in welchem Maße Menschen Zugang zu wichtigen gesellschaftlichen Bereichen haben. Kennzeichnend für den soziologischen Ungleichheitsdiskurs ist die Erkenntnis, dass es in einer Gesellschaft Güter gibt, die von großer Bedeutung sind. So ist ein erfolgreicher Schulabschluss von großer Relevanz, da er die Aufnahme einer Ausbildung oder eines Studiums ermöglicht, die Berufsoption beeinflusst und in der Regel auch die Höhe des Einkommens limitiert.

Die Ungleichheitsforschung zeigt, dass sozial relevante Güter, wie z. B. Wohlstand, Bildung oder Gesundheit, nicht immer gleich verteilt sind. Genau auf eine solche Ungleichverteilung bezieht sich der Begriff der *sozialen Ungleichheit*. Der Soziologe Stefan Hradil (2005, S. 30) definiert den Begriff folgendermaßen: »Wenn Menschen aufgrund ihrer Stellung in sozialen Bindungsgefügen von den ›wertvollen Gütern‹ einer Gesellschaft regelmäßig mehr als andere erhalten.«

Im Gegensatz zum öffentlichen Ungleichheitsbegriff, der in der Regel mit Kategorien wie »ungerecht« operiert, »läßt es der soziologische Begriff ›soziale Ungleichheit‹ offen, inwieweit es sich bei den bezeichneten Erscheinungen um problematische [...] Ungleichheiten handelt, oder inwiefern sie gerechtfertigt erscheinen« (Hradil, 2005, S. 29).

Im Laufe der Zeit hat der soziologische Ungleichheitsdiskurs eine ganze Reihe von theoretischen Erklärungsmodellen hervorgebracht. Die Modelle unterscheiden sich v.a. im Hinblick darauf, welche Merkmale sie für die Feststellung von sozialer Ungleichheit heranziehen. So argumentieren z. B. schichttheoretische Modelle anders als soziale Lage- oder Lebensstilmodelle. Dies ist damit erklärbar, dass die Veränderung der Gesellschaftsstruktur eben auch zu neuen Formen der Ungleichheit geführt hat. Die Entwicklung der Erklärungsmodelle sozialer Ungleichheit geht folglich einher mit den gesellschaftlichen Entwicklungsprozessen in der Bundesrepublik seit den 1960er-Jahren. Im Folgenden sollen ausgewählte Erklärungsmodelle in ihrem spezifischen Zugang dargestellt werden.

2.1 Schichtmodelle

Die *soziologische Schichttheorie* wurde von Theodor GEIGER (1932) begründet. Im Gegensatz zu den vorangegangenen Klassenkonzepten wird in Schichtkonzepten nicht mehr davon ausgegangen, dass allein die Position im Produktionsprozess ausschlaggebend für den Status einer Person ist. Schichttheoretische Zugänge gehen vielmehr davon aus, dass sich die ungleiche Verteilung wertvoller Güter anhand berufsnaher Merkmale darstellen lässt. Im Mittelpunkt von Schichtmodellen stehen also ökonomische Lebensbedingungen. Dementsprechend sind es v.a. berufsnahe Merkmale, die zur Einteilung von Schichten herangezogen werden. Die Feststellung von Schichtzugehörigkeit wird klassischerweise in Orientierung an drei sozialstrukturellen Dimensionen vorgenommen, die auch als »meritokratische Triade« bezeichnet werden: *Bildung*, *Beruf* und *Einkommen* (vgl. KRECKEL, 2004). Der soziale Status von Personen wird von Schichtforschern dementsprechend daraus abgeleitet, welchen Bildungsstand, welches Einkommen und welchen Beruf diese Personen haben. Hinter dieser Einteilung verbirgt sich letztendlich ein vertikales Gesellschaftsmodell, das obere von mittleren oder unteren Schichten unterscheidet.

Um Personen verschiedenen Schichten zuteilen zu können, wird häufig auf Fragebogenanalysen zurückgegriffen. Darin werden Personen zu ihrem Einkommen, ihrer Bildung und ihrem Beruf befragt. Die erfassten Daten erlauben es, Indizes zu bilden, über die sich eine Verortung der Personen in Schichten vornehmen lässt. Den in einer Schicht verorteten Menschen wird ein vergleichbarer sozialer Status zugeschrieben.

Grundsätzlich wird davon ausgegangen, dass Schichten weitgehend homogene Gruppen beschreiben, in denen Menschen ähnliche Erfahrungen machen, ähnliche Chancen haben und vergleichbare schichtspezifische Mentalitäten ausbilden. Handeln, Werte oder Präferenzen werden also mit Verweis auf Schichtzugehörigkeit erklärt, ausgehend von der Annahme, dass Personen, die einer bestimmten Schicht angehören, von vergleichbaren Ausgangssituationen aus »durchs Leben gehen« und demzufolge auch ähnliche Erfahrungen machen (vgl. CACHAY & THIEL, 2008).

Seit den 1970er-Jahren sind schichttheoretische Zugänge zunehmend in die Kritik geraten. Ihnen wird vorgeworfen, dass die herangezogenen Merkmale die komplexer gewordene Sozialstruktur nicht mehr zu erfassen vermögen. In die Kritik geraten sind Schichtmodelle insbesondere deshalb, weil sie neue bzw. horizontale Ungleichheiten nicht berücksichtigen. Darüber hinaus erachten Kritiker die starke Berufszentrierung als problematisch, da sie ganze Personengruppen (z. B. Kinder und Jugendliche) ausschließt (Thiel & Cachay, 2003).

Aus diesem Grund etablieren sich in den 1980er-Jahren zunehmend theoretische Ansätze, wie soziale Lagemodelle, Milieumodelle oder systemtheoretische Sozialstrukturkonzepte, welche die vertikalen Gesellschaftsmodelle in Frage stellen.

2.2 Lagemodelle

In diesen Arbeiten wird bezweifelt, dass Menschen derselben sozialen Schicht notwendigerweise ähnliche Mentalitäten herausbilden. *Lagekonzepte* tragen damit den gesellschaftlichen Pluralisierungsprozessen Rechnung. Mit der Etablierung von Lagekonzepten vollzieht sich ein Paradigmenwechsel von vertikalen zu horizontalen Modellen sozialer Ungleichheit. In den Fokus rücken nun zunehmend auch Dimensionen von Ungleichheit, die in vertikalen Modellen bislang keine Rolle spielten.

Ulrich Becks (1986) Analyse »Risikogesellschaft« steht stellvertretend für diesen Perspektivwechsel, der erheblichen Einfluss auf den soziologischen Ungleichheitsdiskurs nimmt. Kennzeichnend für Becks Analyse ist die These, dass die Anhebung des Wohlstandsniveaus und die Bildungsexpansion weitreichende Konsequenzen für die Sozialstruktur der Bundesrepublik haben. Eine zentrale Rolle in Becks Sozialstrukturkonzept spielt das Individualisierungstheorem. Demnach sind moderne Gesellschaften in grundlegender Weise von Individualisierungsprozessen geprägt. Die Zunahme persönlicher Freiheiten und Wahloptionen geht jedoch einher mit dem Verlust von Sicherheiten und traditionellen Ordnungen. Die Vervielfältigung und Individualisierung von Lebenslagen führt zu einer Auflösung traditioneller Ordnungen. In der Folge entstehen neue Lebensentwürfe und Biografien, die mitunter erheblich von den Normalbiografien früherer Industriegesellschaften abweichen. Mit der Vervielfältigung von Lebenslagen verlieren denn auch traditionelle Ordnungen an Bindekraft, was auch mit dem Begriff der *Entstrukturierung* bezeichnet wird. Biografien, wie sie für die Industriegesellschaft typisch waren, verlieren zunehmend an Relevanz. Gleichzeitig entstehen neue Risiken und Unsicherheiten (Beck, 1983; 1986).

Lagekonzepte schließen an diese Erkenntnisse an, indem sie vertikale mit horizontalen Dimensionen sozialer Ungleichheiten verbinden. Mit Lebenslage wird die »jeweilige Konstellation vorteilhafter und nachteiliger Lebensbedingungen bezeichnet« (Hradil, 2010, S. 228). Die soziale Lage ist letztendlich ein »Konglomerat strukturell bedingter Merkmale« (Lamprecht & Stamm, 1995, S. 270). Lagemodelle machen darauf aufmerksam, dass Menschen mit einem ähnlichen ökonomischen Status mitunter sehr unterschiedliche Formen der Lebensführung wählen. Dahinter steht die Erkenntnis, dass Menschen heute »unterschiedliche individuelle Verfügungschancen und Gestaltungsoptionen« (Lamprecht & Stamm, 1995, S. 270) zur Verfügung stehen.

Mit der Entwicklung der postindustriellen Gesellschaft sind neue Formen von Ungleichheit entstanden. Lagekonzepte negieren zwar nicht die Bedeutung klassischer Dimensionen sozialer Ungleichheit, doch sie stellen neue Sozialstrukturvariablen in den Vordergrund. Zu den vertikalen Variablen der Schichtmodelle kommen nun *horizontale Ungleichheiten*, wie Alter, Geschlecht oder ethnische Zugehörigkeit sowie *neue Ungleichheiten*, wie z. B. die Wohnsituation, Freizeitbedingungen oder Infrastruktur, hinzu. Lagekonzepte gehen davon aus, dass die Erfassung von Lebenslagen mehr umfasst als die Feststellung des Einkommensniveaus. Zu berücksichtigen sind auch individuelle Dimensionen. Die soziale Lage oder Lebenslage einer Person ergibt sich demzufolge durch das Zusammenwirken unterschiedlicher Dimensionen sozialer Ungleichheit. So kann die soziale Lage einer Person von geringem Einkommen durch hohen Wohnstandard und viel Freizeit charakterisiert sein (Hradil, 2010).

Vertikale Ungleichheiten	Horizontale Ungleichheiten
• Bildung • Beruf • Einkommen	• Alter • Geschlecht • Ethnie, Nationalität • Religion • Arbeitsbedingungen • Wohnbedingungen • Umweltbedingungen • Freizeitoptionen • ...

Abb. 1: *Vertikale und horizontale Ungleichheiten*

2.3 Milieu- und Lebensstilmodelle

Im aktuellen soziologischen Ungleichheitsdiskurs nehmen Begriffe wie *Milieu* und *Lebensstil* eine wichtige Rolle ein. Von Schicht- und Lagemodellen grenzen sich Milieu- und Lebensstilkonzepte insofern ab, als sie individuelle Präferenzen in den Vordergrund stellen. Denn »wenn viele Menschen ein ähnliches Einkommen erhalten, dann wird nicht mehr so wichtig sein, wie viel und was man hat, sondern wie man das, was man hat, einsetzt« (Richter, 2005, S. 117). Ähnlich wie Lagekonzepte gehen Milieu- und Lebensstilkonzepte davon aus, »dass sich die Mitglieder moderner Dienstleistungsgesellschaften nicht mehr so vorrangig wie die Menschen in typischen Industriegesellschaften in Abhängigkeit ihrer Berufs- und Schichtzugehörigkeit definieren« (Hradil, 2006, S. 8). Lebensstil- und Milieukonzepte verbinden die soziale Lage mit den individuellen Einstellungen, Werten und Normen einer Person. Kennzeichnend für die Lebensstilperspektive ist die Einsicht, dass Gesellschaft als ein Nebeneinander verschiedener Lebensstile zu denken ist, die in unterschiedlichem Maße aneinander anschließbar sind. So beschreibt z. B. Pierre Bourdieu Gesellschaft als »Raum von Lebensstilen« (Bourdieu, 1992, S. 146).

Mit *Lebensstil* wird »ein relativ stabiles, regelmäßig wiederkehrendes Muster der alltäglichen Lebensführung« (Geissler, 2002, S. 126) bezeichnet. Der Lebensstil einer Person stellt sich dar als »Konglomerat aus Werthaltungen, die man im Laufe der Sozialisation mitbekommen hat und Verhaltensgewohnheiten beziehungsweise Ideen, die man in den täglichen Kontakten überprüft, bestätigt findet und verfestigt« (Richter, 2005, S. 113). Ausgehend davon, umfassen Lebensstile »alle Gebiete des täglichen Lebens: Partnerschaft, soziale Beziehungen, Wohnen, Essgewohnheiten ebenso wie Kleidungspräferenzen, Freizeitvorlieben ebenso wie Einstellungen zur Arbeit, Politik und Religion« (Richter, 2005, S. 114f.). Lebensstilkonzepte geben Grund zu der Annahme, dass sich Unterschiede im Hinblick auf Lebensentwürfe, Werte und Präferenzen nur noch unzureichend über die soziale Herkunft erklären lassen. Aus dieser Perspektive sind es in erster Linie der Lebensstil und die (Selbst-)Zuordnung zu Milieus, über die sich Menschen heute gesellschaftlich verorten.

Lebensstile sind somit »Handlungsmuster, die Menschen bewußt wählen, um ihre Lebensziele zu erreichen« (Hartmann, 1999, S. 42). Eine Besonderheit an Lebensstilen ist, dass sie sowohl Zuordnung zu als auch Abgrenzung von Gruppen ermöglichen. Menschen definieren sich heute zunehmend über ihren persönlichen (Lebens-)Stil. Lebensstile sind also selbst gewählte Verortungen von

Personen im sozialen Raum. Die daraus resultierenden neuen Formen der Vergemeinschaftung sind charakteristisch für moderne Gesellschaften (Hitzler, Honer & Pfadenhauer, 2008). Die Lebensstil- und Milieuforschung trägt also der zunehmenden Pluralisierung, Individualisierung und Enttraditionalisierung Rechnung (vgl. u. a. Georg, 1998; Schulze, 1992).

Hinter Milieu- und Lebensstilkonzepten verbirgt sich ein spezifisches Menschenbild, in dem Menschen als aktive Gestalter ihres eigenen Lebens in Erscheinung treten – und eben nicht als passive Rezipienten gesellschaftlicher Strukturen (Otte, 2004). Ihre Individualität bringen Menschen über Lebensstile zum Ausdruck. Dabei tragen Lebensstile einem grundlegenden Bedürfnis moderner Gesellschaften Rechnung: dem Bedürfnis, sich von anderen Menschen unterscheiden zu wollen (Richter, 2005).

Der *Milieubegriff* ist eng mit dem Lebensstilbegriff verbunden. Milieutheoretische Ansätze bilden die Sozialstruktur als ein Nebeneinander verschiedener, weitgehend homogener Lebensstilgruppen ab. Zur Identifizierung und Abgrenzung von Milieus werden in der Milieuforschung häufig Clusteranalysen durchgeführt (vgl. u. a. Schulze, 1992). Gruppen mit ähnlichen Präferenzen, Lebenszielen und Einstellungen werden als *Milieus* bezeichnet. *Milieus* setzen sich aus Lebensstilgruppen zusammen, deren Einstellungen zu Freizeit, Arbeit, Konsum, Partnerschaft oder Politik Ähnlichkeiten aufweisen. Soziale Milieus stellen somit Gruppen dar, deren Mitglieder »jeweils ähnliche Werthaltungen, Prinzipien der Lebensgestaltung, Beziehungen zu Mitmenschen und Mentalitäten aufweisen« (Hradil, 2006, S. 4). Milieus fassen also Gruppen mit ähnlicher Wert-, Einstellungs- und Präferenzstruktur zusammen.

Die Milieu- und Lebensstiltheorie hat zahlreiche Definitionen, Typologien und Kennzeichnungsversuche hervorgebracht. Wichtige Arbeiten (ohne Anspruch auf Vollständigkeit) stammen beispielsweise von Bourdieu (1999), Georg (1998), Hartmann (1999), Lüdtke (1989), Otte (2004), Richter (2005) oder Schulze (1992).

2.4 Inklusions-/Exklusionsmodelle

Der systemtheoretische Ungleichheitsdiskurs kommt in vielerlei Hinsicht zu vergleichbaren Ergebnissen wie die Lage- und Lebensstilmodelle. Der Hauptunterschied ist ein paradigmatischer: So geht die Systemtheorie davon aus, dass die basale Sozialstruktur moderner Gesellschaften weder durch Schichten noch durch Lagen oder Milieus gebildet wird, sondern durch gleichberechtigte Gesellschaftsbereiche mit spezifischem Zweck (z. B. Wirtschaft, Recht, Politik, Wissenschaft, Sport) – sogenannte *Funktionssysteme*. In diesem Zusammenhang wird die Annahme vertreten, dass Gesellschaftsbereiche prinzipiell offen für alle sind (LUHMANN, 1985). Allerdings bedeutet dies nicht, dass alle Personen qualitativ in gleichem Maße an diesen Systemen partizipieren. Gehen Kinder in die Schule – und in der Bundesrepublik besteht Schulpflicht –, so partizipieren sie am Bildungssystem. Geben Personen Geld aus, so partizipieren sie damit am Wirtschaftssystem. Doch die Qualität, mit der partizipiert wird, variiert mitunter erheblich. So sind Personen, die einen Hauptschulabschluss gemacht haben, nicht dazu befugt, ein Studium an einer Hochschule aufzunehmen. Ferner können Personen mit geringen finanziellen Ressourcen eben nicht prinzipiell die gleichen Konsumgüter kaufen wie reiche Leute. Auch der systemtheoretische Zugang verweist also darauf, dass die gesellschaftlich relevanten Güter ungleich verteilt sind.

Soziale Ungleichheit stellt sich als ein Verteilungsproblem dar, welches dadurch abgemildert wird, dass sich Menschen fiktiven Klassen zuordnen. Kennzeichnend für funktional differenzierte Gesellschaften ist auf einer Mikroebene demnach die »Logik des Wählens« (LUHMANN, 1985, S. 146). Soziale Ungleichheit wird – ähnlich wie in den Lagekonzepten – als Ergebnis der Wechselwirkung zwischen unterschiedlichen Ausgangsbedingungen und den damit verbundenen unterschiedlichen Quantitäten und Qualitäten im Besitz sozialer Güter auf der einen Seite sowie einer individuellen Präferenzsetzung in der Art der Lebensführung auf der anderen Seite konzipiert.

In manchen systemtheoretischen Arbeiten wird bei der Beantwortung der Frage, warum manche Individuen von der Partizipation an Funktionssystemen ausgeschlossen bleiben, zwischen *Fremd-* und *Selbstexklusion* unterschieden (THIEL & CACHAY, 2003). *Fremdexklusion* beschreibt dabei den formalen Ausschluss aus sozialen Zusammenhängen. So kann beispielsweise die Nationalität oder der rechtliche Status (z. B. Ausländer, Asylbewerber) den Zugang zu bestimmten gesellschaftlichen Gütern (z. B. Wahlrecht) limitieren. Wird von *Selbstexklusion* gesprochen, so handelt es sich um selbst gewählte und damit intendierte Ausschlüsse aus bestimmten Zusammenhängen. Die Entscheidung, sich in der Freizeit ehrenamtlich bei der Tafel und nicht beim Sportverein zu engagieren, ist vor diesem Hintergrund nicht zwangsläufig als Folge sozialer Ungleichheit, sondern eher als Resultat großer Wahloptionen im Freizeitbereich bzw. als individuelle Prioritätensetzung aufzufassen. In dieser, aber eben auch nur in dieser Hinsicht, ist der Ausschluss aus sozialen Zusammenhängen von der Person selbst intendiert, die damit Unterschiedlichkeit zum Ausdruck bringt.

Erklärungs-modell	Grundannahmen
Schichtmodelle	• Vertikales Gesellschaftsmodell • Schichten als vertikal angeordnete Gruppierungen (nach Beruf, Bildung, Einkommen) • Schichten stehen für ähnliche Verhältnisse mit ähnlichen Chancen. • Unterstellung von vergleichbaren Schichtmentalitäten
Lagemodelle	• Lagen sind durch vertikale und horizontale Ungleichheitsvariablen gekennzeichnet (Einkommen, Bildung, Berufsstatus sowie Geschlecht, Alter, Ethnie, usw.). • Bei ähnlichem sozioökonomischen Status können sich unterschiedliche Formen der Lebensführung ergeben. • Lebensbedingungen bieten individuelle Gestaltungsspielräume.
Milieu- und Lebensstilmodelle	• Sozialstruktur als Nebeneinander verschiedener Lebensstile und Milieus, denen sich Menschen selbst zuordnen. • Lebensstile definieren sich über persönliche Lebensweise, individuelle Präferenzen, Einstellungen und Werte. • Milieus bündeln ähnliche Lebensstile.
Inklusions-/ Exklusions-modelle	• Prinzipielle Gleichheit beim Zugang zu gesellschaftlichen Funktionssystemen • Ungleichheit beim Zugang zur Organisation und zu knappen Ressourcen • Selbstexklusion als Folge von Prioritätensetzungen

Abb. 2: *Erklärungsmodelle sozialer Ungleichheit in der Soziologie* .

3 Strömungen und Zugänge der sportsoziologischen Ungleichheitsforschung

Der sportsoziologische Diskurs über soziale Ungleichheit bildet im Grunde den Diskurs der allgemeinen Soziologie (etwas zeitverzögert) ab, hat aber auch zu dessen Erweiterung beigetragen. Im Grunde lassen sich zwei Strömungen der Erforschung von sozialen Ungleichheits- bzw. Unterschiedlichkeitsphänomenen bei der Beteiligung am Sport unterscheiden. Paradigmatisch unterscheiden sich die

Zugänge mitunter grundlegend voneinander. Während in Schichtmodellen die Sportbeteiligung in erster Linie über vertikale Sozialstrukturmerkmale erklärt wird, machen Lage-, Milieu-, Lebensstil- und nicht zuletzt auch systemtheoretische Erklärungsmodelle auch auf die Bedeutung horizontaler Ungleichheits- und Unterschiedlichkeitsvariablen aufmerksam.

3.1 Sportbeteiligung in schichtzentrierten Modellen

Die sportwissenschaftliche Ungleichheitsforschung wird über Jahrzehnte, bis in die späten 1980er-Jahre, von Schichtmodellen dominiert. Typisch für diese Analysen ist, dass die Beteiligung am (organisierten) Sport in Zusammenhang mit klassischen Dimensionen sozialer Ungleichheit, wie Einkommen, Bildung und Beruf, gebracht wird. So wird angenommen, dass es primär vertikale Ungleichheiten sind, die den Zugang zum Sport bestimmen (z. B. Lehnertz, 1979; Lüschen, 1963; Pfetsch, Beutel, Stork & Treutlein, 1975; Ulrich, 1977).

Exemplarisch für sportsoziologische Sozialstrukturforschungen in Orientierung am Schichtkonzept steht die Studie von Schlagenhauf (1977). Im Fokus der repräsentativen Studie stehen Sportvereine in der Bundesrepublik. Gefragt wird u. a. nach Zusammenhängen zwischen Sportbeteiligung und Schichtzugehörigkeit sowie nach Determinanten der Vereinszugehörigkeit. Das Konstrukt *Schicht* wird in der Studie über drei Merkmale bestimmt. Neben der *Berufszugehörigkeit* sind es *Schulbildung* und *Einkommen* des Haushaltsvorstandes, die zur Bestimmung der Schicht herangezogen werden. Die Merkmale ermöglichen eine einfache Kategorisierung von Personen. Aus den erhobenen Daten wird ein Schichtindex gebildet, über den Personen verschiedenen Schichten zugeteilt werden können. Unterschieden wird zwischen einer unteren, mittleren und oberen Unterschicht sowie einer unteren, mittleren und gehobenen Mittelschicht. Ein »unqualifizierter Arbeiter« mit Volksschulabschluss und einem Nettohaushaltseinkommen von unter 1.250 DM pro Monat wird auf diese Weise der unteren Unterschicht zugeordnet, während ein Beamter oder Selbstständiger mit Abitur und einem monatlichen Nettoeinkommen von über 3.000 DM der gehobenen Mittelschicht zugeordnet wird. Diese Daten werden in einem weiteren Schritt mit den Daten zur Sportbeteiligung in Zusammenhang gebracht. Die Studie kommt zu der Erkenntnis, dass mit steigender Schichtzugehörigkeit auch die Beteiligung am organisierten Sport steigt. Darüber hinaus finden sich Aussagen über geschlechtsspezifische Differenzen in der Sportpartizipation. So sind Frauen der Unterschicht seltener sportlich aktiv als Männer derselben Schicht. Schließlich wird auf Zusammenhänge zwischen Schichtzugehörigkeit und Vereinsgröße verwiesen. Je kleiner ein Verein ist, desto höher ist der Anteil an Personen der oberen Schichten (SCHLAGENHAUF, 1977).

Die Beobachtung, dass Mitglieder aus mittleren und oberen Schichten häufiger Sport treiben, wurde mehrfach bestätigt und beispielsweise dahingehend ergänzt, dass insbesondere auch die Art der Sportaktivität mit der Zugehörigkeit zu einer sozialen Schicht zusammenhänge. So kommt WINKLER in einer Arbeit (1998) zu dem Ergebnis, dass Leistungssport in hohem Maße von Personen betrieben wird, die der Oberschicht zugeordnet werden. HEINEMANN (1998) verweist darauf, dass die Wahl der Sportart abhängig ist vom sozialen Status von Personen. Er stellt fest: »Je größer die Bedeutung der individuellen Leistung, um so höher ist der soziale Status derer, die sich dieser Sportart zuwenden; [...] je stärker eine Sportart Körperkontakt erfordert, um so niedriger ist die Schichtenzugehörigkeit der Sportler« (HEINEMANN, 1998, S. 201).

3.2 Sportbeteiligung in Lage-, Lebensstil- und Milieumodellen

Heute stützen sich nur noch wenige sportsoziologische Studien auf eindimensionale, vertikale Schichtmodelle. Die Kritik ist im Grunde ähnlich wie in der allgemeinen Soziologie, nämlich dass Schichtmodelle den gesellschaftlichen Pluralisierungsprozessen nicht angemessen Rechnung tragen. So wird ab den 1980er-Jahren denn auch zunehmend davon ausgegangen, dass Sportbeteiligung und Sportverhalten nur dann sinnvoll erklärt werden können, wenn gesellschaftliche Wandlungsprozesse mit berücksichtigt werden.

Der Sportsoziologe Reinhard Bachleitner war zumindest im deutschsprachigen Bereich der Erste, der diese Kritik systematisch auf die Sportpartizipation übertragen hat (z. B. BACHLEITNER, 1988). Der sportsoziologische Ungleichheitsdiskurs greift in der Folge mehr oder weniger explizit – je nach Fragestellung und Autoren – immer häufiger auf Lagemodelle, auf Milieu- oder Lebensstilkonzepte oder auf systemtheoretische Ansätze zurück.

Phänomene sozialer Ungleichheit im Sport werden insbesondere auch in Zusammenhang mit organisations- oder sozialisationstheoretischen Fragestellungen diskutiert. Hier sind u. a. die Arbeiten der Gruppen um Jürgen Baur, Wolf-Dieter Brettschneider, Sebastian Braun, Klaus-Peter Brinkhoff und Ulrike Burrmann zu nennen (vgl. u. a. BAUR & BRAUN, 2000; BAUR & BRETTSCHNEIDER, 1994; BAUR & BURRMANN, 2000; BRINKHOFF, 1998).

In den einschlägigen sportsoziologischen Arbeiten werden nicht selten unterschiedliche theoretische Konzepte miteinander kombiniert. Exemplarisch hierfür steht das Strukturmodell zur Erklärung von Sportverhalten von Markus LAMPRECHT und Hanspeter STAMM (1995). Bei der Suche nach Erklärungen für das Sporttreiben von Menschen beziehen die beiden Soziologen neben vertikalen Merkmalen auch individuelle Motivlagen sowie spezifische Interaktionsräume mit ein und verwenden in ihrem theoretischen Hintergrundmodell auch Begriffe wie »soziale Lage«, »Milieu« und »Lebensstil«.

Ausgangspunkt der Studie ist die Annahme, dass im Sport in den letzten Jahrzehnten erhebliche Veränderungen stattgefunden haben, wie z. B. die Entwicklung des Sports zu einem Massenphänomen, die Ausdifferenzierung von Sporträumen oder die Vervielfältigung von Sportverständnissen und -praktiken (vgl. zu dieser Diskussion auch Lektion 2). Lamprecht und Stamm schlussfolgern, dass klassische, objektivierbare Ungleichheiten für die Erklärung von Sportaktivität und Sportverhalten an Relevanz verloren hätten und gleichzeitig qualitative Unterschiede in der Art des Sporttreibens bedeutsamer geworden seien (LAMPRECHT & STAMM, 1995, S. 265). So seien abseits des traditionellen, wettkampf- und leistungsorientierten Sportverständnisses vielfältige neue Sportmodelle entstanden, die »Sport als Ausgleich zur bewegungs- und erlebnisarmen Arbeit, als Lebensstil und Mittel zur Selbstdarstellung, als Therapieform oder Beruf, als Selbsterfahrung oder Feierabendunterhaltung, als Nervenkitzel oder Resozialisierung« (LAMPRECHT & STAMM, 1995, S. 267) verstehen.

Lamprecht und Stamm erklären Sportaktivität also dadurch, dass Menschen in einem bestimmten Handlungsrahmen agieren, der zwar durch konkrete Lebensbedingungen und Lebenschancen konstituiert wird, der jedoch zugleich von den betreffenden Menschen in gewissem Sinne individuell gestaltet werden kann. Das Individuum wählt also die Form des Sportsettings oder des Sportengagements im Kontext spezifischer Bedingungen und aus einer Vielzahl von Optionen aus. Dies gelte – so LAMPRECHT und STAMM (1995) – insbesondere für den Freizeitbereich. Dabei wirkten sich neben den klassischen Dimensionen sozialer Ungleichheit, wie Bildung, Beruf und Einkommen, auch Arbeits- und Wohnverhältnisse sowie familiäre Konstellationen auf die Wahl des Freizeit- und Sportverhaltens aus.

Die empirischen Daten bestätigen diese Annahmen und zeichnen ein deutliches Gegenbild zu vielen Befunden der sportwissenschaftlichen Schichtforschung. So kommen die Autoren zu dem Ergebnis, dass hinsichtlich der Sportpartizipation kaum noch quantitative Unterschiede zwischen Männern und Frauen zu beobachten sind: »Frauen treiben heute ebenso häufig Sport wie Männer, und zunehmend wird auch im Alter regelmäßig Sport getrieben« (LAMPRECHT & STAMM, 1995, S. 277).

Weiterhin legen sie Wert darauf, bei der Analyse des Zugangs zum Sport auf der qualitativen Ebene nicht mehr vorrangig von Ungleichheitsphänomenen zu sprechen, sondern von »sozialen Differenzierungen«. Dieser Begriff impliziert, dass es sich streng genommen nicht um »Ungleichheiten« im soziologischen Sinne handelt, sondern um Unterschiedlichkeiten. Beispielsweise fühlen sich Frauen laut ihrer Befunde in hohem Maße vom »Gesundheitssport im privaten und öffentlichen Sportzentrum« angesprochen, während Männer eher den »Leistungssport«, »Erlebnissport in freier Natur« und »Geselligkeitssport im Verein« präferieren. Die Studie kommt zu dem Schluss, »daß das Sportverhalten auch in einem offenen und expandierenden Sportsystem nicht einfach beliebig ist, sondern einer sozialen Ordnung unterliegt. Diese Ordnung läßt sich aber weder auf der Grundlage eines einfachen, am klassischen Sportverständnis orientierten Sportbegriffs noch anhand traditioneller Schichtvorstellungen einfangen« (LAMPRECHT & STAMM, 1995, S. 280). Aus diesem Grund plädieren die Autoren dafür, klassische und »neue« Ungleichheiten zu berücksichtigen.

Lamprecht und Stamms Befunde bestätigen die mittlerweile von den meisten Sportsoziologen geteilte Annahme, dass die Pluralisierung von Sporträumen zu Veränderungen im Sportverhalten geführt hat (vgl. KLEIN, FRÖHLICH & EMRICH, 2011; NAGEL, 2003). Mit der Ausdifferenzierung des Sportsystems haben sich nicht nur die möglichen körperlichen Betätigungsräume und -praktiken vervielfältigt. Der Sport ist auch zum »Tummelplatz pluralistischer Moral- und Leistungsansprüche« (LÜDTKE, 2001, S. 62) sowie zu einem Inszenierungsraum für Lebensstile geworden. Menschen können heute aus einer Vielzahl von Sportarten und Organisationsformen auswählen. Dabei können sie ihren individuellen Präferenzen in hohem Maße Rechnung tragen. Der Sport fungiert heute also als »Motor für die Durchsetzung von Individualisierungshoffnungen« (BETTE, 1993, S. 38). Es gibt kaum einen gesellschaftlichen Bereich, der sich in ähnlicher Weise zur Darstellung, Pflege und Zur-Schau-Stellung von (Lebens-)Stilen anbietet, wie der Sport (SEIBERTH, 2012). Der Sport eignet sich insbesondere deshalb für die Darstellung von Individualität, weil sich hier die symbolische Inszenierung von (Lebens-)Stil exzessiver ausleben lässt als beispielsweise im Arbeitsbereich.

Der Sport als Raum von Lebensstilen wird in der sportsoziologischen Literatur v.a. auf Basis des Bourdieuschen Lebensstilkonzepts systematisch diskutiert. Diese Analysen zeigen, dass es in vielen neuen Sportarten den Teilnehmern um einen »Anschluss an Gemeinschaften von Gleichgesinnten [geht], deren Mitglieder durch ähnliche Vorlieben, Attribute und Zeichen (virtuell) miteinander verbunden sind« (ALKEMEYER, BOSCHERT, GEBAUER & SCHMIDT, 2003, S. 9). Es geht also immer auch darum, Identität, Lebenseinstellungen und Individualität zur Schau zu stellen. Dies erklärt denn auch, weshalb Menschen nicht selten Sporträume wählen, an denen andere Menschen partizipieren, die ähnliche Einstellungen und Ansprüche haben. Genau dies bietet die Vielfältigkeit von Sporträumen, wie wir sie heute finden.

Wem traditionelle Formen von Geselligkeit im Verein nicht zusagen, der kann sich z. B. einer der zahlreichen informellen Sportszenen (z. B. Skatern) anschließen. Wer Wert auf Unabhängigkeit, Flexibilität und Individualität beim Sporttreiben legt, für den bietet Streetball mehr Überschneidungspunkte als z. B. der traditionelle Vereinssport. Für zahlreiche neue, »posttraditionale« Sporträume ist die explizite Darstellung von Lebensstil geradezu konstitutiv. Die Analysen von Robert Schmidt zum Streetball zeigen beispielsweise sehr anschaulich, dass es bei dieser Art von Sport eben nicht ausschließlich nur um die körperliche Betätigung, sondern auch darum geht, seiner Lebenseinstellung Ausdruck zu verleihen. SCHMIDT (2002, S. 34) schließt aus seinen Befunden auf die Etablierung eines »neuen inszenatorisch-präsentatorischen Sportmodells« (SCHMIDT, 2002, S. 34), das sich durch expressive Praktiken der Stilisierung auszeichnet. Unterschiedlichkeit wird in diesen Räumen explizit über Körper-, Bewegungs- und Begrüßungspraktiken sowie über Sprachcodes zur Schau gestellt.

Dass die sportliche Aktivität längst an andere Lebensstilelemente, wie Musik, Kleidung, distinktiven Accessoires oder spezifische Sprache gekoppelt ist, zeigt sich heute in vielen, insbesondere in neuen Sportarten. Dabei ist zu berücksichtigen, dass in diesen Zusammenhängen auch die Sportkleidung eine wichtige, nämlich distinktive Funktion hat. Die Sportartikelindustrie hat dies mittlerweile erkannt und bedient dementsprechend – sogar in den Sektoren der sportiven Funktionskleidung – die Nachfrage (vgl. GEBAUER, ALKEMEYER, FLICK & SCHMIDT, 2004; HITZLER, BUCHER & NIEDERBACHER, 2005).

Der systemtheoretische Ungleichheitsdiskurs in der Sportsoziologie schließt in vielerlei Hinsicht an diese Erkenntnisse an. Kennzeichnend für die systemtheoretische Perspektive ist die Annahme, dass auch das Sportsystem der modernen Gesellschaft auf einer gesellschaftlichen Ebene prinzipiell offen ist, was aber nicht bedeutet, dass im Sport nicht auch Exklusionsprozesse stattfänden. Exklusion wird aber nicht auf der Ebene gesellschaftlicher Teilsysteme vollzogen, sondern vielmehr entweder durch die Sportorganisation oder durch die Person selbst erzeugt. Sportvereine exkludieren Menschen beispielsweise darüber, dass in der Satzung bestimmte Rechte und Pflichten verankert sind, die von denjenigen, die Mitglied werden möchten, akzeptiert werden müssen. Andere Merkmale, wie z. B. Nationalität oder Religion, dürfen zumindest in der Bundesrepublik Deutschland nicht als Eintrittsbarriere gelten. Dies schließt allerdings indirekte Fremdexklusion nicht aus, wenn z. B. ein hoher Mitgliedsbeitrag im Sportverein oder hohe Kosten für die Sportausrüstung von Menschen mit geringem Einkommen nicht erbracht werden können. Selbstexklusion, womit der selbst gewählte Ausschluss aus bestimmten Sporträumen gemeint ist, wird wiederum sowohl durch gesellschaftliche Erwartungshaltungen als auch durch individuelle Prioritätensetzung bestimmt (THIEL & CACHAY, 2003).

So zeigt eine Arbeit von Yvonne WEIGELT-SCHLESINGER (2008), dass Frauen, die in Deutschland Fußballtrainerinnen werden möchten, sich mit stereotypen Vorstellungen über die Passung von Frauen und Fußball auseinandersetzen müssen. Folgern lässt sich daraus, dass Frauen im männlich konnotierten Sportraum Fußball höhere (informale) Selektionsschwellen überwinden müssen, als wenn sie weiblich konnotierte Sportarten betrieben. Dies führt häufig dazu, dass auf die Fußballtrainerausbildung verzichtet wird.

Im Sozialisationsprozess greifen klassische Merkmale sozialer Ungleichheit und Merkmale sozialer Unterschiedlichkeit ineinander. Zwar kann davon ausgegangen werden, dass Ungleichheitsstrukturen und gesellschaftliche Erwartungshaltungen Einfluss auf den Lebenslauf nehmen. Aber sie determinieren ihn nicht. Dass es z. B. statistische Unterschiede zwischen Mitgliedern von Golfclubs und Nicht-Mitgliedern hinsichtlich ihres Schulabschlusses gibt, heißt eben nicht, dass es nicht auch Hauptschüler gibt, die Golf spielen. Solange ein Schulabschluss nicht Eingangsbedingung für den betreffenden Verein ist, darf auf Basis des Schulabschlusses auch nicht der Vereinseintritt verwehrt werden. Sogar ein geringes Einkommen steht der Mitgliedschaft im Golfclub nicht grundsätzlich entgegen. Allerdings muss der Betreffende, will er den hohen Mitgliedsbeitrag bezahlen können, Prioritäten setzen, also z. B. auf andere Freizeitaktivitäten oder Konsumgüter verzichten. Dass Prioritäten anders gesetzt werden und dass »organisationskulturelle Erwartungserwartungen« (z. B. die Antizipation von Fremderwartungen der wohlhabenderen Mitglieder bezüglich Kleidung und Autos) existieren, ist denn wohl auch der wesentliche Grund, dass Menschen mit geringem Einkommen diesem Sport fernbleiben.

Phänomene sozialer Selektivität im Sport ergeben sich also letztendlich aus dem »Zusammenspiel zwischen sozialstrukturellen Merkmalen und individuellen Präferenzen« (Cachay & Thiel, 2000, S. 217). Zwar schränken die einer Person zur Verfügung stehenden finanziellen Ressourcen den Optionsraum ein. Die letztendliche Entscheidung basiert jedoch auf Prioritätensetzungen, die wiederum durch Einstellungen, Handlungsdispositionen, durch ein »Sich-zu-einer-bestimmten-Gruppe-Rechnen«, aber auch durch antizipierte gesellschaftliche Erwartungshaltungen (z. B. Stereotypen) bedingt sind. Genau dieser Sachverhalt macht es auch so schwer, vorauszusagen, wie eine sportbezogene Entscheidung eines Menschen ausfallen wird.

Dies bestätigt sich auch in einer empirischen Studie mit Eltern von teilkommerzialisierten Kindersportangeboten. So sind es durchaus häufig Eltern mit vergleichsweise hohem Einkommen, hoher Bildung und einem Beruf mit hohem sozialen Status, die solche Angebote nachfragen. Bildung und Einkommen korrelieren also in gewissem Maße statistisch durchaus mit der Präferenzsetzung der Eltern. Dies lässt sich, oberflächlich gesehen, damit erklären, dass diese Gruppe sowohl die finanziellen Mittel hat als auch über das Wissen über den Beitrag solcher Angebote für die kindliche Entwicklung verfügt. Dennoch finden sich in der Studie auch nicht wenige Eltern, deren Einkommen und Berufsstatus durchschnittlich bzw. unterdurchschnittlich sind. Wie die Ergebnisse der Studie zeigen, haben diese Eltern aber vergleichbare Werthaltungen und Einstellungen zu Sport, Bildung und Gesundheit wie die Eltern mit hohem Einkommen, hohem Berufsprestige und hohem Bildungsgrad (Cachay & Thiel, 2000).

4 Fazit

Die Frage nach Erklärungen für soziale Ungleichheitsphänomene hat auch heute noch höchste Relevanz. Gleichsam ist die Diskussion über die Ursachen ungleicher Verteilungen von Sportpartizipation in Abhängigkeit von sozialstrukturellen Merkmalen ein Thema, bei dem es häufig zu vorschnellen Schlussfolgerungen kommt. Die sportsoziologische Auseinandersetzung mit Sportpartizipation und Sportverhalten auf der Basis neuerer Sozialstrukturkonzepte bietet die Chance, solche Annahmen auch zu hinterfragen und zu differenzierteren Aussagen zu kommen, welche Mechanismen sich für den Zugang von Menschen zum Sport verantwortlich zeigen. So hat beispielsweise ein Satz wie »die soziale Schicht bestimmt den Zugang zum Sportverein« eine nur eingeschränkte Erklärungskraft. Zum einen gibt es gute Gründe zu bezweifeln, dass die moderne Gesellschaft durch soziale Schichten strukturiert wird, zum anderen lässt sich die Kausalität dieser Behauptung nur schwerlich halten, da es genügend Gegenbeispiele gibt. Es spricht viel dafür, dass trotz ungleicher und oft auch ungerechter Verteilungen von Bildung, Besitz, Einkommen und Zugangsmöglichkeiten zu bestimmten Berufen der Zugang zum Sport in einer nicht formal restriktiven Gesellschaft letztendlich nicht primär ein Phänomen sozialer Ungleichheit oder gar der Ungerechtigkeit ist, sondern v.a. soziale Unterschiedlichkeit beschreibt.

Lernkontrollfragen

- Was sind soziale Schichten?
- Von welchen Annahmen gehen Schichttheoretiker aus?
- Welche Kritikpunkte werden gegen das Schichtkonzept angeführt?
- Zu welchen Schlussfolgerungen kommen sportsoziologische Untersuchungen zur Sportpartizipation auf Basis des Schichtkonzepts?
- Wodurch unterscheiden sich vertikale von horizontalen Ungleichheitsmodellen?
- Was sind »neue« soziale Ungleichheiten?
- Wodurch sind Lagemodelle bzw. Milieu- und Lebensstilmodelle gekennzeichnet?
- Was ist das Besondere an Inklusions-/Exklusionsmodellen?
- Welche Befunde erbringen sportsoziologische Analysen, die vertikale und horizontale Sozialstrukturvariablen berücksichtigen?
- Was bedeuten die Begriffe Fremd- und Selbstexklusion?
- In welchem Verhältnis stehen sozialstrukturelle Merkmale und individuelle Präferenzen beim Zugang zum Sport?

Literatur

ALKEMEYER, T., BOSCHERT, B., GEBAUER, G. & SCHMIDT, R. (2003). Aufs Spiel gesetzte Körper. Eine Einführung in die Thematik. In T. ALKEMEYER, B. BOSCHERT, R. SCHMIDT & G. GEBAUER (Hrsg.), *Aufs Spiel gesetzte Körper. Aufführungen des Sozialen in Sport und populärer Kultur* (S. 7-15). Konstanz: UVK.

BACHLEITNER, R. (1988). Soziale Schichtung im Sport. Eine Problemanalyse. *Sportwissenschaft, 18* (3), 237-253.

BAUR, J. & BRAUN, S. (2000). *Freiwilliges Engagement und Partizipation in ostdeutschen Sportvereinen. Eine empirische Analyse zum Institutionentransfer.* Köln: Sport und Buch Strauß.

BAUR, J. & BRETTSCHNEIDER, W.-D. (1994). *Der Sportverein und seine Jugendlichen.* Aachen: Meyer & Meyer.

BAUR, J. & BURRMANN, U. (2000). *Unerforschtes Land: Jugendsport in ländlichen Regionen.* Aachen: Meyer & Meyer.

BECK, U. (1983). Jenseits von Stand und Klasse? Soziale Ungleichheiten, gesellschaftliche Individualisierungsprozesse und die Entstehung neuer sozialer Formationen und Identitäten. In R. KRECKEL (Hrsg.), *Soziale Ungleichheiten. Soziale Welt,* Sonderband 2, (S. 35-74). Göttingen: Schwarz.

BECK, U. (1986). *Risikogesellschaft. Auf dem Weg in eine andere Moderne.* Frankfurt/M.: Suhrkamp.

BETTE, K.-H. (1993). Sport und Individualisierung. *Spectrum der Sportwissenschaften, 5* (1), 34-55.

BOURDIEU, P. (1992). *Rede und Antwort.* Frankfurt/M.: Suhrkamp.

BOURDIEU, P. (1999). *Die feinen Unterschiede. Kritik der gesellschaftlichen Urteilskraft* (11. Aufl.). Frankfurt/M.: Suhrkamp.

BRINKHOFF, K.-P. (1998). Soziale Ungleichheit und Sportengagement im Kindes- und Jugendalter. In K. CACHAY & I. HARTMANN-TEWS (Hrsg.), *Sport und soziale Ungleichheit. Theoretische Überlegungen und empirische Befunde* (S. 63-81). Stuttgart: Naglschmid.

CACHAY, K. & THIEL, A. (2000). *Soziologie des Sports: Zur Ausdifferenzierung und Entwicklungsdynamik des Sports der modernen Gesellschaft.* Weinheim: Juventa.

CACHAY, K. & THIEL, A. (2008). Soziale Ungleichheit im Sport. In K. WEIS & R. GUGUTZER (Hrsg.), *Handbuch Sportsoziologie* (S. 189-199). Schorndorf: Hofmann.

GEBAUER, G., ALKEMEYER, T., FLICK, U. & SCHMIDT, R. (2004). *Treue zum Stil: die aufgeführte Gesellschaft.* Bielfeld: Transcript.

GEIGER, T. (1932). *Die soziale Schichtung des deutschen Volkes. Soziographischer Versuch auf statistischer Grundlage*. Stuttgart: Enke.

GEISSLER, R. (2002). *Die Sozialstruktur Deutschlands. Die gesellschaftliche Entwicklung vor und nach der Vereinigung* (3. Aufl.). Wiesbaden: VS.

GEORG, W. (1998). *Soziale Lage und Lebensstil. Eine Typologie*. Opladen: Leske + Budrich.

HARTMANN, P. H. (1999). *Lebensstilforschung. Darstellung, Kritik und Weiterentwicklung*. Opladen: Leske + Budrich.

HEINEMANN, K. (1998). *Einführung in die Soziologie des Sports* (4. Aufl.). Schorndorf: Hofmann.

HITZLER, R., BUCHER, T. & NIEDERBACHER, A. (2005). *Leben in Szenen. Formen jugendlicher Vergemeinschaftung heute* (2. Aufl.). Wiesbaden: VS.

HITZLER, R., HONER, A. & PFADENHAUER, M. (2008). *Posttraditionale Gemeinschaften: Theoretische und ethnografische Erkundungen*. Wiesbaden: VS.

HRADIL, S. (1987). *Sozialstrukturanalyse in einer fortgeschrittenen Gesellschaft. Von Klassen und Schichten zu Lagen und Milieus*. Opladen: Leske + Budrich.

HRADIL, S. (2005). *Soziale Ungleichheit in Deutschland* (8. Aufl.). Wiesbaden: VS.

HRADIL, S. (2006). Soziale Milieus – eine praxisorientierte Forschungsperspektive. *Aus Politik und Zeitgeschichte, 44-45*, 3-10.

HRADIL, S. (2010). Soziale Ungleichheit, soziale Schichtung und Mobilität. In H. KORTE & B. SCHÄFER (Hrsg.), *Einführung in Hauptbegriffe der Soziologie* (8. Aufl., S. 211-234). Wiesbaden: VS.

KLEIN, M., FRÖHLICH, M. & EMRICH, E. (2011). Sozialstatus, Sportpartizipation und sportmotorische Leistungsfähigkeit. *Sport und Gesellschaft, 8* (1), 54-79.

KRECKEL, R. (2004). *Politische Soziologie der sozialen Ungleichheit* (2. Aufl.). Frankfurt/M.: Campus.

LAMPRECHT, M. & STAMM, H. (1995). Soziale Differenzierung und soziale Ungleichheit im Breiten- und Freizeitsport. *Sportwissenschaft, 25* (3), 265-284.

LEHNERTZ, K. (1979). *Berufliche Entwicklung der Amateurspitzensportler in der Bundesrepublik Deutschland*. Schorndorf: Hofmann.

LÜDTKE, H. (1989). *Expressive Ungleichheit. Zur Soziologie der Lebensstile*. Opladen: Leske + Budrich.

LÜDTKE, H. (2001). *Freizeitsoziologie. Arbeiten über temporale Muster, Sport, Musik, Bildung und soziale Probleme*. Münster: LIT.

LUHMANN, N. (1985). Zum Begriff der sozialen Klasse. In N. LUHMANN (Hrsg.), *Soziale Differenzierung: zur Geschichte einer Idee* (S. 119-162). Opladen: Westdeutscher Verlag.

Lüschen, G. (1963). Soziale Schichtung und soziale Mobilität bei jungen Sportlern. *Kölner Zeitschrift für Soziologie und Sozialpsychologie, 15* (1), 74-93.

Nagel, M. (2003). *Soziale Ungleichheiten im Sport*. Aachen: Meyer & Meyer.

Nagel, S. & Ehnold, P. (2007). Soziale Ungleichheit und Beteiligung am Kindersport. *Sportunterricht, 56* (2), 36-39.

Otte, G. (2004). *Sozialstrukturanalysen mit Lebensstilen*. Wiesbaden: VS.

Pfetsch, F. R., Beutel, P., Stork, H.-M. & Treutlein, G. (1975). *Leistungssport und Gesellschaftssystem. Sozio-politische Faktoren im Leistungssport. Die Bundesrepublik Deutschland im internationalen Vergleich*. Schorndorf: Hofmann.

Richter, R. (2005). *Die Lebensstilgesellschaft*. Wiesbaden: VS.

Schlagenhauf, K. (1977). *Sportvereine in der Bundesrepublik Deutschland. Teil 1*. Schorndorf: Hofmann.

Schmidt, R. (2002). *Pop – Sport – Kultur. Praxisformen körperlicher Aufführungen*. Konstanz: UVK.

Schulze, G. (1992). *Die Erlebnisgesellschaft. Kultursoziologie der Gegenwart*. Frankfurt/M.: Campus.

Seiberth, K. (2012). *Fremdheit im Sport. Eine kritische Auseinandersetzung mit den Möglichkeiten und Grenzen der Integration im Sport*. Schorndorf: Hofmann.

Stichweh, R. (2005). *Inklusion und Exklusion. Studien zur Gesellschaftstheorie*. Bielefeld: Transcript.

Thiel, A. & Cachay, K. (2003). Soziale Ungleichheit im Sport. In W. Schmidt, I. Hartmann-Tews & W.-D. Brettschneider (Hrsg.), *Erster Kinder- und Jugendsportbericht* (S. 275-295). Schorndorf: Hofmann.

Ulrich, H. E. (1977). *Leistungssport – zwischen Idealisierung und Professionalisierung*. Hilden: Buchpresse Hilden.

Vester, M., von Oertzen, P., Geiling, H., Hermann, T. & Müller, D. (2001). *Soziale Milieus im gesellschaftlichen Strukturwandel. Zwischen Integration und Ausgrenzung*. Frankfurt/M.: Suhrkamp.

Weigelt-Schlesinger, Y. (2008). *Geschlechterstereotype – Qualifikationsbarrieren von Frauen in der Fußballtrainerausbildung?* Hamburg: Czwalina.

Winkler, J. (1998). Schichtspezifische Varianten des Sportverhaltens in den neuen und alten Bundesländern. In K. Cachay & I. Hartmann-Tews (Hrsg.), *Sport und soziale Ungleichheit. Theoretische Überlegungen und empirische Befunde* (S. 121-139). Stuttgart: Naglschmid.

Lektion 12

Migration, Integration und Sport

1 Einleitung

Die Beständigkeit, mit der Sportverbände, Medien und Politiker auf die herausragende Integrationskraft des Sports verweisen, lässt bereits erahnen, welche immense symbolische Bedeutung diesem Thema zukommt. In zahlreichen Werbekampagnen und -broschüren des organisierten Sports, aber auch in Reden von (Sport-)Politikern findet sich immer wieder dieselbe Botschaft: Sport integriert. Wirft man einen Blick auf die Namen der aktuellen deutschen Frauen- und Männer-Fußball-Nationalmannschaften, so lässt sich der Eindruck gewinnen, dass Integration im Sport hervorragend funktioniert. Zuwanderungsprozesse haben also nicht nur Einfluss auf den Sport in der Bundesrepublik genommen, sondern offenbar ist auch der Sport ein geradezu idealer Raum für die gelingende Integration von Menschen mit Migrationshintergrund. Der genauere Blick offenbart allerdings eine Reihe von Phänomenen, die Zweifel daran aufkommen lassen, dass der Sport den hohen ideellen Erwartungen gerecht werden kann. In dieser Lektion geht es daher darum, Möglichkeiten und Grenzen der Integration im Sport offenzulegen. Dabei wird insbesondere auch auf die Hintergründe dieser Diskussion eingegangen.

Folgende Themenbereiche werden im Laufe der Lektion bearbeitet:

- Migrationsgeschichte der Bundesrepublik
- Menschen mit Migrationshintergrund als Zuschreibungsobjekte
- Integration als Schlüsselbegriff
- Integrationserwartungen an den Sport
- Blinde Flecken der sportbezogenen Integrationsrhetorik
- Grenzen der Integration im Sport

2 Migration und Integration

Kaum ein Thema hat in den vergangenen Jahren so viel Aufmerksamkeit erhalten wie das der *Integration*. Der folgende Abschnitt beleuchtet daher zunächst jene Prozesse, die Einfluss darauf genommen haben, dass Integration zum öffentlichen und politischen Thema sowie zum Thema des Sports in der Bundesrepublik werden konnte. Dazu ist es notwendig, sich einen Überblick über die jüngere Migrationsgeschichte zu verschaffen. Darüber hinaus ist zu klären, welche Begriffe, Konzepte und Vorstellungen von Integration den Diskurs prägen. Schließlich geht es darum, jene Gruppen näher zu kennzeichnen, von welchen die öffentliche Integrationsdebatte heute vorrangig handelt: Migranten und »Menschen mit Migrationshintergrund«.

2.1 Migrationsgeschichte der Bundesrepublik

In der öffentlichen Diskussion besteht Einigkeit darüber, dass sich die Bundesrepublik im Zuge von Migrationsprozessen verändert hat. Betrachtet man die Migrationsgeschichte seit 1945, dann lassen sich dabei verschiedene Phasen unterscheiden. Die Tatsache, dass es heute einen Nationalen Integrationsplan, Integrationsministerien und städtische Integrationsbeauftragte gibt, kann nur mit Blick auf spezifische gesellschaftliche, politische und historische Entwicklungen verstanden werden.

Die 1950er- und 1960er-Jahre

Die Zuwanderungsgeschichte der Bundesrepublik beginnt Mitte der 1950er-Jahre mit einem *Anwerbeabkommen* mit Italien, dem in der Folgezeit weitere Abkommen mit Spanien, Griechenland, der Türkei, Portugal und dem ehemaligen Jugoslawien folgen. Hinter den Abkommen stehen primär wirtschaftliche Interessen. Die Wirtschaft boomt und damit geht ein zunehmender Bedarf an zusätzlichen Arbeitskräften einher. Diesem Bedarf wird mit einer regelrechten *Anwerbepolitik* begegnet. Ziel ist es, »günstige« männliche Arbeitskräfte mit temporär begrenzten Arbeitsverträgen nach Deutschland zu holen (Mecheril, 2004). Da sie als vorübergehende Gäste wahrgenommen werden, setzt sich die Bezeichnung »Gastarbeiter« durch. Im Jahr 1964 erreicht der millionste Gastarbeiter die Bundesrepublik. Eine Eingliederung dieser Personen in die bundesrepublikanische Gesellschaft ist zu dieser Zeit jedoch weder ein politisches noch ein öffentliches Thema, da davon ausgegangen wird, dass die Gastarbeiter nach dem Ende ihrer Arbeitsverträge ohnehin in ihre Herkunftsländer zurückkehren (Finkelstein, 2006). Die Tatsache, dass es in städtischen Ballungsräumen seit den 1960er-Jahren verstärkt zur Gründung eigenethnischer oder migrantischer (Sport-)Vereine kommt (STAHL, 2009), gibt jedoch bereits Hinweise auf einen dauerhaften Verbleib der Gastarbeiter.

Die 1970er- und 1980er-Jahre

In den 1970er-Jahren setzt eine wirtschaftliche Rezession ein. Die Regierung reagiert im Jahr 1973 mit einem *Anwerbestopp.* In der Folge verlässt eine beträchtliche Zahl an Gastarbeitern die Bundesrepublik. Zugleich holen viele Arbeitsmigranten ihre Familien nach Deutschland. Damit tritt eine von der Politik unerwartete Entwicklung ein. Viele der ehemaligen Gastarbeiter ziehen aus den provisorischen Arbeitersiedlungen und Sammelunterkünften in die Städte. Mit der *Zunahme der Arbeitslosigkeit* ändert sich jedoch auch das gesellschaftliche Klima (FINKELSTEIN, 2006). In Politik, Medien und Sozialwissenschaften werden Arbeitsmigranten zunehmend als gesellschaftliches Problem dargestellt. HOFFMANN-NOWOTNYS (1973) Arbeit »Soziologie des Fremdarbeiterproblems« steht stellvertretend für diesen Perspektivwechsel. Das neue Ziel der sogenannten »Ausländerpolitik« heißt *Zuwanderungsbegrenzung*. Im Zuge einer restriktiven Zuwanderungspolitik werden Familienzusammenführungen erschwert und rigide Abschiebungspraktiken eingeführt (MEIER-BRAUN, 2002). Trotz der staatlich finanzierten *Rückkehrerprämien* steigt die Zahl der »ausländischen Bevölkerung« weiter an. Insbesondere an der Asylfrage entzündet sich eine breite öffentliche und politische Debatte, die zur Kultivierung von Vorurteilen und Fremdenangst beiträgt sowie Existenz- und Sicherheitsängste schürt (FINKELSTEIN, 2006).

Gleichzeitig steigt das sozialwissenschaftliche Interesse an diesem Thema (z. B. ESSER, 1980). In den 1980er-Jahren entstehen erste sportsoziologische Grundlagenarbeiten (z. B. GEBAUER, 1986). Im Jahr 1981 widmet der Deutsche Sportbund dem Thema eine Grundsatzerklärung, die den Titel »Sport der ausländischen Mitbürger« trägt. Paradigmatisch schließt diese eng an die Problemperspektive der 1980er-Jahre an. Der Erklärung liegt eine explizit assimilatorische Zielsetzung zugrunde, da sie Integration lediglich als Anpassungsleistung von Migranten an das deutsche Sportsystem begreift. Dennoch etabliert sich mit ihr das Thema nachhaltig im Selbstverständnis des organisierten Sports (vgl. SEIBERTH, 2012).

Die 1990er-Jahre

In der Folgezeit wird die Gruppe der »Ausländer« zunehmend zum gesellschaftlichen Feindbild. Die moralische Aufladung sowie die populistische und demagogische *Instrumentalisierung des Themas Zuwanderung* schürt Ressentiments und Abwehrreaktionen. So warnen Politiker verschiedener Lager vor »Überfremdung«, vor dem Verlust von nationaler Identität und vor Asylmissbrauch. Es sind primär ökonomische Interessen, die die politische Auseinandersetzung mit dem Thema Zuwanderung prägen (Mecheril, 2004). Im Jahr 1993 kommt es zu weitreichenden *Gesetzesänderungen*, die als »Asylkompromiss« bezeichnet werden. Insbesondere die Änderung des Asylverfahrensgesetzes und die damit einhergehende Einführung der Drittstaatenregelung haben weitreichende Auswirkungen. Die Asylanträge gehen in der Folge stark zurück. In die Geschichtsbücher gehen die 1990er-Jahre v.a. durch eine Vielzahl rassistischer *Übergriffe und Anschläge auf Asylbewerber und Arbeitsmigranten* ein. Die Ortsnamen Hoyerswerda, Rostock-Lichtenhagen, Mölln und Solingen stehen stellvertretend für eine Renaissance rassistischer Pogrome in Deutschland nach 1945 (Finkelstein, 2006).

Die Sportverbände reagieren auf diese Entwicklungen v.a. mit symbolischen Kampagnen. Unter dem Slogan »Mein Freund ist Ausländer« startet der Deutsche Fußball-Bund (DFB) im Jahr 1992 eine der ersten Imagekampagnen des organisierten Sports für eine Verbesserung des Verhältnisses von Deutschen und Migranten. Gleichzeitig etabliert sich ein kritischer sportsoziologischer Diskurs, der sich mit Phänomenen wie Fremdheit, Diskriminierung und Rassismus im Sport beschäftigt (vgl. Bröskamp & Alkemeyer, 1996).

Seit 2000

Grundlegend für die Zeit seit 2000 ist eine Reihe von Gesetzesänderungen. Im Jahr 2000 tritt ein *reformiertes Staatsangehörigkeitsrecht* in Kraft, das die doppelte Staatsbürgerschaft mit Optionsregelung ermöglicht. Eine grundlegende Neuerung ist die Ergänzung des Abstammungsprinzips durch das Geburtsortprinzip (Finkelstein, 2006). Von historischer Bedeutung ist das Gesetz deshalb, weil mit ihm die »Ersetzung der Formel vom Nicht-Einwanderungsland« (Bommes, 2006, S. 9) besiegelt ist. Im Jahr 2005 tritt ein *neues Zuwanderungsgesetz* in Kraft. Die erstmalige *Ausrichtung eines »Nationalen Integrationsgipfels«* (2006) durch die Bundesregierung spiegelt die Relevanz wider, die dem Thema vonseiten der Politik beigemessen wird. Welche Rolle dem Sport bei der Integration von Menschen mit Migrationshintergrund von politischer Seite aus zugetraut wird, zeigt sich in der exponierten Stellung, die dem Sport im »Nationalen Integrationsplan« (Bundesregierung, 2007) zugewiesen wird. Über die 2008 eingeführten Einbürgerungstests sowie über die Integrationskurse entbrennt eine kontroverse öffentliche Debatte.

Der Deutsche Sportbund (DSB) veröffentlicht im Jahr 2004 eine neue Grundsatzerklärung, die den Titel »Sport und Zuwanderung« trägt und die sich in paradigmatischer Hinsicht grundlegend von der vorausgegangenen Erklärung des Jahrs

1981 unterscheidet. In der sportsoziologischen Migrations- und Integrationsforschung etablieren sich in diesem Zeitraum zunehmend neue Themenfelder und Forschungstraditionen. Im Mittelpunkt der sportsoziologischen Auseinandersetzung mit dem Thema Integration steht die Frage nach den Partizipationsmöglichkeiten des Sports (vgl. SEIBERTH, 2012).

1950er- und '60er-Jahre	1970er- und '80er-Jahre	1990er Jahre	Seit 2000
• Wirtschaftsboom • Bedarf an zusätzlichen Arbeitskräften • Anwerbeabkommen • Anwerbung von „Gastarbeitern" • Gründung erster migrantischer Sportorganisationen • Integration kein politisches Ziel	• Rezession • Anwerbestopp ('73) • Rückkehrerprämien • Problematisierung von Zuwanderung • Restriktive Zuwanderungspolitik • Forderung nach Assimilation • DSB-Grundsatzerklärung „Sport der ausländischen Mitbürger" (1981)	• „Ausländer" als Feindbild • Politische Instrumentalisierung des Themas Zuwanderung • Ressentiments gegenüber Asylbewerbern • Gesetzesänderungen: Asylkompromiss, Drittstaatenregelung • Rassistische Anschläge und Übergriffe	• Integration als zentrales gesellschaftliches Thema • Gesetzesänderungen: Staatsangehörigkeits- und Zuwanderergesetz • Nationaler Intergrationsgipfel und Nationaler Integrationsplan • Einbürgerungstests • DSB-Grundsatzerklärung „Sport und Zuwanderung" (2004)

***Abb. 1:** Phasen der Migrationsgeschichte der Bundesrepublik*

2.2 Menschen mit Migrationshintergrund als Zuschreibungsobjekte

Die Begrifflichkeiten, mit denen heute in der Bundesrepublik Personen bezeichnet werden, deren Eltern oder Großeltern z. B. im Zuge der Anwerbeabkommen nach Deutschland gekommen sind, sind ebenso vielfältig wie widersprüchlich (SÖKEFELD, 2004). So unterscheidet z. B. das STATISTISCHE BUNDESAMT (2011) u. a. zwischen Deutschen mit und ohne Migrationshintergrund, zwischen Menschen mit Migrationshintergrund im engeren und weiteren Sinne, zwischen Deutschen mit einseitigem und beidseitigem Migrationshintergrund und vielem mehr. Deutlich wird daran, dass der aktuelle Diskurs nicht mehr vorrangig von Menschen handelt, die selbst nach Deutschland migriert sind.

Während Georg SIMMEL (1908) in seinem »Exkurs über den Fremden« den Wandernden noch als denjenigen beschrieben hat, »der heute kommt und morgen bleibt« (SIMMEL, 1908, S. 509), handelt es sich heute bei der Großzahl der Menschen mit Migrationshintergrund um Personen, die schon seit ihrer Geburt in der Bundesrepublik leben. Dass diese Menschen selbst dann, wenn sie die deutsche Staatsbürgerschaft besitzen, nicht selten als Fremde wahrgenommen werden, ist nicht zuletzt damit zu erklären, dass sich Unterscheidungen wie die zwischen »Ausländern« und »Deutschen« bzw. Menschen »mit« und »ohne« Migrationshintergrund als selbstverständliche Kategorien etabliert haben (MECHERIL & RIGELSKY, 2010). Mehr noch: In öffentlichen Darstellungen tauchen Menschen mit Migrationshintergrund häufig als homogene Gruppe auf, der spezifische Lebensentwürfe, Wertvorstellungen, Präferenzen, Einstellungen und Handlungsweisen unterstellt werden. Kennzeichnend für diese Darstellungen ist, dass Menschen mit Migrationshintergrund nicht nur als »anders«, sondern häufig als Problemgruppe klassifiziert werden. Sozial etabliert hat sich das stereotype »Bild vom retardierten, anomischen, starren, unbeweglichen Fremden und Außenseiter [...], der Halt in seiner ethnischen Enklave sucht und dessen Horizont von ethnischen oder religiösen Verbänden begrenzt wird« (WIPPERMANN & FLAIG, 2009, S. 9).

Charakteristisch für solche Bilder ist ihre Tendenz zur reduktionistischen Darstellung und Wahrnehmung der Gruppe. So ist z. B. das öffentliche Bild der Frau mit türkischem Migrationshintergrund von stereotypen Darstellungen geprägt – dies gilt insbesondere für Frauen, die ihrem Glauben durch das Tragen eines Kopftuchs Ausdruck verleihen. In der öffentlichen Wahrnehmung ist das Kopftuch zum Symbol für Rückständigkeit, Fortschrittsfeindlichkeit und Unterdrückung geworden. Unberücksichtigt bleibt dabei in der Regel, dass die Motive für das Tragen des Kopftuchs äußerst vielfältig sind (BECK-GERNSHEIM, 2007). Die Gruppe der muslimischen Frauen mit Migrationshintergrund ist vor diesem Hintergrund ebenso heterogen wie die Gruppe der christlichen Frauen mit Migrationshintergrund.

Die gesellschaftliche Relevanz stereotyper Bilder legt Elisabeth BECK-GERNSHEIM (2007) in ihrer Arbeit »Wir und die Anderen« dar. Sie verweist darin auf eine »Folklore des Halbwissens« (BECK-GERNSHEIM, 2007, S. 11), die die öffentliche, politische und bisweilen auch die wissenschaftliche Auseinandersetzung prägt. Beck-Gernsheim geht es darum, »Halbwahrheiten« und stereotype Bilder mithilfe von empirischen Erkenntnissen der aktuellen Migrations- und Integrationsforschung zu reflektieren. Diejenigen, die sich kritisch mit gesellschaftlich etablierten Ordnungen von Zugehörigkeit und Fremdheit auseinandersetzen möchten, finden in dieser Arbeit zahlreiche Anregungen.

Bilder wie das von der muslimischen Frau und Symbole wie das des Kopftuchs eignen sich in besonderer Weise als Bezugspunkte für die Feststellung von Andersheit. In der Regel wird diese Andersheit mit dem Verweis auf kulturelle Differenzen erklärt. Dabei wird zumeist auf die Unterschiedlichkeit von »Kulturen« oder »Kulturkreisen« verwiesen. In der Logik dieser Argumentation handeln Menschen mit und ohne Migrationshintergrund deshalb unterschiedlich, weil sie verschiedenen »Kulturen« bzw. Ethnien angehören. Probleme, Missverständnisse und Konflikte, wie sie im Alltag von Einwanderungsgesellschaften auftreten, werden demzufolge mit dem Verweis auf kulturelle Differenzen erklärt. Konflikte zwischen Menschen mit und Menschen ohne Migrationshintergrund werden vor diesem Hintergrund pauschal als »interkulturelle« Konflikte klassifiziert.

Problematisch sind diese Erklärungsmodelle deshalb, weil die Verantwortung für das Handeln von Personen der *Kultur* oder der ethnischen Zugehörigkeit einer Person zugeschrieben wird. Die Person wird dadurch in erster Linie als »Exemplar einer Kultur« (Sökefeld, 2004, S. 24) wahrgenommen. Kultur fungiert in solchen Erklärungsmodellen damit nicht nur als universelle Instanz, die Menschen in ähnlicher Weise handeln lässt, sondern reduziert speziell Menschen mit Migrationshintergrund, die z. B. in der Bundesrepublik sozialisiert wurden, auf die ethnisch-kulturelle Herkunft ihrer Eltern, Großeltern oder Urgroßeltern (Sökefeld, 2007).

Obwohl es zahlreiche Beispiele dafür gibt, dass es sich im Selbstverständnis vieler Menschen mit Migrationshintergrund nicht ausschließt, »deutsch« und »türkisch« zu sein, ist der öffentliche und politische Integrationsdiskurs noch immer von binären Konstruktionen von Zugehörigkeit geprägt (Mecheril, 2003). Gemäß dieser Logik werden Menschen entweder der einen oder der anderen »Kultur« zugeordnet. Die aktuellen Befunde der Migrations- und Integrationsforschung widersprechen diesen Ordnungskonstruktionen insofern, als Phänomene wie Mehrfachidentität und Hybridität längst empirisch dokumentiert und theoretisch beleuchtet sind (Foroutan & Schäfer, 2009).

Geradezu exemplarisch für deterministische Erklärungsmodelle steht Huntingtons (1998) Werk »Kampf der Kulturen«. Darin werden kulturelle Differenzen als Hauptauslöser für gesellschaftliche und globale Konflikte identifiziert. Kennzeichnend für diese Argumentation ist ein statisches Konzept von Kultur, welches von klar abgrenzbaren, homogenen »Kulturkreisen« ausgeht. Das Buch ist insbesondere in den Geistes- und Sozialwissenschaften auf starke Kritik gestoßen. Der Hauptvorwurf lautet, dass das Erklärungsmodell kulturalistisch argumentiere und damit Ethnisierungen und Stereotypisierungen Vorschub leiste (vgl. Müller, 1998).

Kulturalistische Erklärungsmodelle werden im aktuellen sozialwissenschaftlichen Diskurs zunehmend in Frage gestellt. Im Mittelpunkt der Kritik steht die Erkenntnis, dass universalistische Konstruktionen von »Kultur« der empirisch beobachtbaren Realität der Einwanderungsgesellschaft nicht (mehr) gerecht werden (SÖKEFELD, 2007). Folgern lässt sich daraus, dass kulturalistische Argumentationen nicht in der Lage sind, empirisch beobachtbare Phänomene wie das der Mehrfachidentität, zu erklären.

In der aktuellen Migrationsforschung wird daher davon ausgegangen, dass Kategorien wie »Kultur« oder »ethnische« Herkunft nur noch eine äußerst begrenzte Reichweite aufweisen und den vielfältigen Globalisierungs- und Transformationsprozessen nicht (mehr) gerecht werden (MECHERIL, 2004). In Anlehnung daran stellt daher auch der Soziologie Armin NASSEHI (2003, S. 237) fest, »dass das Beobachtungsschema Kultur Eindeutigkeiten erzeugt, die stabiler sind, als die empirische Realität, die sich dieser eindeutigen Repräsentation nicht fügt«. In der Realität verarbeiten Menschen gesellschaftliche und kulturelle Einflüsse individuell. Werte, Kommunikations- und Umgangsformen sowie Sprache sind Aspekte menschlicher Sozialisation, die individuell reflektiert werden. Gerade dieser Bedeutung von Individualität wird in kulturalistischen Konzepten kaum Rechnung getragen.

Insbesondere die Sinus-Milieu-Studie »Lebenswelten von Migranten« steht stellvertretend für diese Einsicht. Die empirischen Ergebnisse machen deutlich, dass die Gruppe der Menschen mit Migrationshintergrund heterogen ist und sich sowohl im Hinblick auf klassische Dimensionen sozialer Ungleichheit (z. B. ökonomischer Status, Bildung) als auch im Hinblick auf individuelle Werte, Normen, Einstellungen und Präferenzen unterscheidet. Ferner zeigen die Ergebnisse, dass ethnische oder religiöse Aspekte weit weniger Einfluss auf die Lebensstile von Menschen mit Migrationshintergrund ausüben als der öffentliche und mediale Diskurs unterstellt. So repräsentieren denn auch weder der Migrationshintergrund noch die ethnische oder »kulturelle« Herkunft aussagekräftige Unterscheidungskategorien. Die Tatsache, dass die Eltern eines Jugendlichen aus einem anderen Land in die Bundesrepublik migriert sind, lässt demzufolge keine Rückschlüsse auf Werte, Einstellungen und Präferenzen dieser Person zu. Damit taugt der Migrationshintergrund einer Person nur noch sehr bedingt als Erklärungsgröße (WIPPERMANN & FLAIG, 2009).

Eine kritische Auseinandersetzung mit kulturalistischen Erklärungsmodellen liefern z. B. SÖKEFELD (2007) mit seinem Artikel »Zum Paradigma kultureller Differenz« sowie MECHERIL (2004) in seiner Arbeit »Einführung in die Migrationspädagogik«.

2.3 Integration als Schlüsselbegriff

Integration ist aktuell einer der populärsten und gleichzeitig schillerndsten Begriffe der Gegenwart. Was die öffentliche und politische Debatte besonders auszeichnet, ist die normative Aufladung sowie die Mehrdeutigkeit des Integrationsbegriffs. Integration wird in diesen Diskursen z. B. als Prozess der Eingliederung, als einseitige Anpassungsleistung oder als Zustand friedlichen Zusammenlebens beschrieben. In der Soziologie hat sich ein Integrationsbegriff durchgesetzt, der Integration wertneutral beschreibt. Im Kern geht es dabei um die Einbindung von Individuen in verschiedene Bereiche von Gesellschaft (z. B. ESSER, 2000). Der Begriff *Integration* steht also für die »Teilhabe an ›der Gesellschaft‹ und Einfügung in gesellschaftliche Ordnungen« (SOEFFNER & ZIFONUN, 2008a, S. 118). In der Soziologie hat sich eine Definition etabliert, die Integration als mehrdimensionalen Prozess kennzeichnet, der auf Wechselseitigkeit sowie gleichberechtigter Teilhabe beruht und die Einbindung von Menschen in verschiedene Zusammenhänge einer Gesellschaft zum Ziel hat. Damit positioniert sich der soziologische Integrationsdiskurs in Abgrenzung zu assimilatorischen Konzepten. Während nämlich *Assimilation* eine einseitige und bedingungslose Anpassung der (ethnischen) Minderheit an die Erwartungen einer Mehrheit impliziert, steht *Integration* für reziproke, d.h. wechselseitige Austauschprozesse.

Grundlegend für den soziologischen Integrationsdiskurs ist die Erkenntnis, dass Integrationsprozesse auf verschiedenen Ebenen verortet sind. So unterscheidet Friedrich Heckmann vier Dimensionen von Integration: die *strukturelle*, *soziale*, *identifikatorische* und die *kulturelle Integration* (HECKMANN, 2001; HECKMANN & TOMEI, 2003):

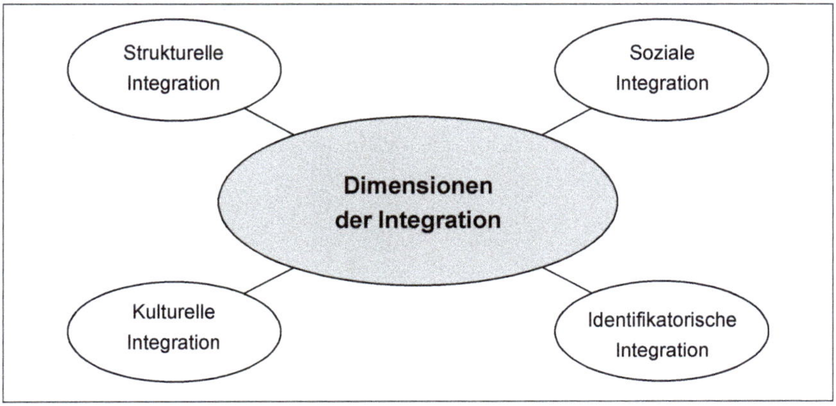

Abb. 2: *Dimensionen der Integration*

Strukturelle Integration
Ob und inwieweit eine Person integriert ist, hängt in hohem Maße davon ab, in welcher Weise sie strukturell in relevante Gesellschaftsbereiche eingebunden ist. Die Qualität der strukturellen Integration zeigt sich im Zugang zu und in der Partizipation an (Aus-)Bildungseinrichtungen, am Arbeitsmarkt oder an der Wirtschaft. So sind beispielsweise Asylbewerber aufgrund ihres rechtlichen Status in weit geringerem Maße strukturell integriert als Personen mit einem deutschen Pass.

Soziale Integration
Dass eine Person einen Schulabschluss oder einen Arbeitsplatz besitzt, sagt jedoch noch nicht zwangsläufig etwas darüber aus, inwieweit eine Person in soziale Netzwerke eingebunden ist. Die Dimension der sozialen Integration verweist auf Partizipationsprozesse im privaten Bereich. Ist eine Person sozial integriert, so greift sie auf funktionierende Sozialbeziehungen und soziale Netzwerke zurück. Der Grad an sozialer Integration zeigt sich an der Qualität, mit der Menschen mit Migrationshintergrund am gesellschaftlichen Leben teilnehmen, sich z. B. ehrenamtlich in (Sport-)Vereinen engagieren und Freundschaften knüpfen.

Identifikatorische Integration
Die identifikatorische Integration bezieht sich auf die subjektiv wahrgenommene Zugehörigkeit zu einer Gesellschaft. Es geht bei dieser Dimension also darum, in welcher Weise sich eine Person oder eine Gruppe z. B. mit einem Land, einer Region oder einer Stadt identifiziert. Eine identifikatorische Integration setzt voraus, dass sich Personen akzeptiert und zugehörig fühlen.

Kulturelle Integration
Die kulturelle Integration umfasst die konstruktive Auseinandersetzung mit den Regeln, Normen und Ordnungen einer Gesellschaft. So setzt eine umfassende kulturelle Integration das Erlernen der Sprache und gängiger gesellschaftlicher Kommunikationsmuster voraus. Die Ergebnisse der Sinus-Studie geben Grund zu der Annahme, dass dies für den Großteil der Menschen mit Migrationshintergrund zutrifft (Wippermann & Flaig, 2009). Ausgehend von einem pluralistischen Integrationsbegriff, setzt kulturelle Integration jedoch nicht das Aufgeben der »Muttersprache« voraus.

3 Möglichkeiten und Grenzen der Integration im Sport

Die Sportwissenschaft beginnt in der Bundesrepublik vergleichsweise spät damit, sich mit Zusammenhängen zwischen Migration und Sport auseinanderzusetzen. Während in den 1980er-Jahren allmählich ein kritischer sportsoziologischer Diskurs in Gang kommt, vertritt der Deutsche Sportbund (1981) noch einen assimilativen Standpunkt, der auf bestehende Angebotsstrukturen verweist, Anpassung einfordert und »Ausländersportvereinen« lediglich einen temporären Status zuweist. Letztere Einschätzung wird heute bereits beim Blick auf die Namen vieler Sportvereine widerlegt. Neben traditionellen Abkürzungen wie »TV«, »TSV« oder »FC« finden sich Vereine, deren Vereinsname Bezeichnungen wie »International«, »Türkspor«, »Maccabi« oder »Croatia« enthalten. Migrantensportvereine haben heute ihren festen Platz im organisierten Sport der Bundesrepublik. Auch die Politik des DSB und des späteren DOSB hat sich – wie bereits ausgeführt – im Laufe der Zeit erheblich verändert.

Daran alleine lässt sich allerdings noch nicht abschätzen, wie groß die integrativen Möglichkeiten des Sports tatsächlich sind und wo die Grenzen der Integrationsfähigkeit des Sports liegen. Im Folgenden wird in drei Schritten auf diese Fragen genauer eingegangen. So werden in einem ersten Schritt populäre Integrationserwartungen an den Sport offengelegt. Im zweiten Schritt werden aktuelle empirische Befunde präsentiert, die blinde Flecken der populären Wirkungsannahmen aufdecken. Schließlich werden in einem dritten Schritt Barrieren der Integration im Sport dargestellt.

3.1 Integrationserwartungen an den Sport

Bis heute wird von Sportverbänden, Politik und Medien kaum eine Gelegenheit ausgelassen, um auf die besondere Integrationsfunktion des Sports hinzuweisen. Etabliert hat sich eine regelrechte »Integrationsrhetorik«.

Sport als verbindende Instanz

Die Annahme, dass Sport verbindet, hat sich wie kaum eine andere ins gesellschaftliche Bewusstsein und in das Selbstverständnis des organisierten Sports eingeschrieben. Darum überrascht es auch nicht, dass diese Annahme zum wichtigsten Slogan der Integrationsrhetorik des organisierten Sports geworden ist. Insbesondere die Olympischen Spiele gelten als Symbol für die verbindende Wirkung des Sports. Sie stehen als Sinnbild für das friedliche und faire Wettstreiten aller Nationen. Dieser Argumentation zufolge ermöglicht Sport den Brückenschlag zwischen Menschen unterschiedlicher Nationalität sowie zwischen Ländern und »Kulturen« (DSB, 2004). Sportvereine repräsentieren demnach »Orte der Alltagskommunikation, die Anlass zu wechselseitigem interkulturellen Lernen bieten« (Bundesregierung, 2007, S. 140).

Sport als Praxis mit hoher Anziehungskraft

Als Beleg für eine universale Integrationsfunktion des Sports wird außerdem auf seine besondere Anziehungskraft verwiesen. Die jährlichen Mitgliederzahlen des Deutschen Olympischen Sportbundes (DOSB) stützen diese Argumentation; repräsentiert doch der organisierte Sport die mitgliederstärkste Organisation in der Bundesrepublik und umfasst die im Vergleich zu anderen Freiwilligenorganisationen größte Anzahl an ehrenamtlich und freiwillig engagierten Menschen. Gefolgert wird daraus, dass die Chance, andere Menschen kennenzulernen, Kontakte aufzubauen und in Austausch mit anderen zu treten, im Sport höher ist als in anderen Gesellschaftsbereichen. Der Verweis auf die Anziehungskraft, den Anforderungscharakter und das immense Kontaktpotenzial des Sports findet sich in nahezu jeder ideellen Darstellung (Bundesregierung, 2007).

Sport als Symbol für Offenheit und Chancengleichheit
Ein grundlegendes Ansinnen des organisierten Sports besteht darin, für alle Menschen offen zu sein (DSB, 1972). Dieser konstitutive Anspruch ist eine der Lehren, die aus der Rolle des Sports im Nationalsozialismus gezogen wurde und steht exemplarisch für die Neuordnung des Sports in Deutschland nach 1945. Religion, Weltanschauung oder Nationalität sollen im Sport keine Bedeutung haben. Sportvereine sind daher formal dazu verpflichtet, Menschen jeglicher Herkunft den Zugang zum Sport zu ermöglichen. Der Sport wird jedoch nicht nur als Gesellschaftsraum ohne Zugangsbeschränkungen dargestellt, sondern inszeniert sich darüber hinaus auch als Symbol für (Chancen-)Gleichheit. Im Sport messen sich Menschen im fairen Wettkampf und tun dies auf der Grundlage des Prinzips der Chancengleichheit. Es ist diese Wirkungsannahme, die den Sport zum herausragenden Medium für die Ausblendung von Differenzen stilisiert (DSB, 2003).

Sport als internationale und universale Sprache
Der oft zitierte Slogan »Sport spricht alle Sprachen« steht stellvertretend für eine weitere populäre Wirkungsannahme. Begründet wird diese in der Regel mit dem Verweis auf die internationale Verbreitung sowie auf universelle Regeln und Symboliken des Sports. Eine Verständigung zwischen Sportlern soll demzufolge selbst dann möglich sein, wenn die Sportler nicht dieselbe Landessprache sprechen. Dem Sport wird damit die Fähigkeit zugesprochen, über alle gesellschaftlichen Differenzen und Grenzen hinweg Verständigung ermöglichen zu können. Da im Sport körperliche Interaktionen im Vordergrund stehen – so wird angenommen –, besteht hier im Gegensatz zu verbal dominierten Sozialräumen die Möglichkeit unvoreingenommener Verständigung (Giebenhain, 1995).

Diese vier Argumente stehen stellvertretend für das öffentliche Bild vom Sport. Den Status des Selbstverständlichen haben die Wirkungsannahmen wohl v. a. aufgrund ihrer kontinuierlichen Wiederholung in Politik, Medien und Sport erlangt. Insbesondere der organisierte Sport inszeniert sich über diese Integrationsrhetorik »als im Dienste der Allgemeinheit wirkendes, gleichzeitig jedoch unabhängiges Korrektiv gesellschaftlicher Fehlentwicklungen« (Göttlich, 2008, S. 215). Aus Sicht des organisierten Sports ist Integration längst »gelebte Praxis« (DSB, 2004, S. 3). Bei näherer Betrachtung ergeben sich jedoch Zweifel an solchen Aussagen. Grundsätzlich fällt auf, dass die Wirkungsannahmen relativ abstrakt und vage bleiben. Göttlichs Analyse »Integrationsvorstellungen deutscher Sportverbände« zeigt außerdem, »dass in den offiziellen Materialien des DSB eine Thematisierung von negativ konnotierten, bspw. desintegrativen Wirkungen des Sports durchgehend unterlassen wird« (2008, S. 217). Gleichzeitig wird darauf hingewiesen,

»dass in der Öffentlichkeitsdarstellung des DSB Problembereiche, welche aus der Sicht der Sozialwissenschaften mehr oder weniger nahe liegend erscheinen, wenig oder überhaupt keine Beachtung finden« (GÖTTLICH, 2008, S. 224). Konkrete Wirkungsmechanismen werden in diesen Argumentationen ebenso selten benannt wie empirische Belege.

3.2 Empirische Widersprüche

Die sportsoziologische Integrationsforschung hat eine Reihe von Erkenntnissen hervorgebracht, die dem universalen Anspruch ideeller Integrationserwartungen widersprechen. So wirft beispielsweise Bernd BRÖSKAMP (1994, S. 5) in einer sportsoziologischen Pionierarbeit die Frage auf, »ob Vorurteile im Sport nicht unbedingt abgebaut, sondern hier – soweit vorhanden – auch bestätigt oder möglicherweise sogar erst erzeugt werden können«. Ausgangspunkt für diese Frage ist die Erkenntnis, dass der Sportalltag in der Einwanderungsgesellschaft vielfach anders aussieht, als es die ideellen Integrationserwartungen glauben machen möchten. Dies bestätigen auch aktuelle empirische Befunde, die im Folgenden skizziert werden.

Unterrepräsentation von Menschen mit Migrationshintergrund
Obwohl die formale Offenheit konstitutiv für den organisierten Sport ist, finden offenbar vergleichsweise wenige Migranten und Menschen mit Migrationshintergrund den Weg in das deutsche Vereinssystem. Die Datenlage ist, insgesamt gesehen, zwar nicht konsistent, was nicht zuletzt an unklaren Begriffsbestimmungen liegt. Die wenigen repräsentativen Studien berichten allerdings von einer Unterrepräsentation von Menschen mit Migrationshintergrund in zahlreichen Sportarten und organisierten Sporträumen (BREUER & WICKER, 2009b; FUSSAN & NOBIS, 2007).

Eine Ausnahme bildet der Fußballsport. Dort sind Jungen und Männer mit Migrationshintergrund gewissermaßen überrepräsentiert (KALTER, 2003). Insgesamt wird der Anteil von Personen mit Migrationshintergrund in Sportvereinen im Sportentwicklungsbericht 2007/2008 auf ungefähr 10 % beziffert (BREUER & WICKER, 2009a, S. 35). Damit sind Menschen mit Migrationshintergrund in Sportvereinen weniger repräsentiert, als es ihr Anteil an der Gesamtbevölkerung erwarten ließe.

In doppelter Weise unterrepräsentiert sind Mädchen und Frauen mit Migrationshintergrund im Sport, da sie zum einen vergleichsweise selten auf Mitgliederlisten von traditionellen »deutschen« Sportvereinen auftauchen (vgl. KLEINDIENST-CACHAY, 2009) und zum anderen auch nur selten in sogenannten

»Migrantensportvereinen« organisiert sind (STAHL, 2009). Gleichzeitig zeigt die sportwissenschaftliche Forschung, dass sich viele Mädchen und junge Frauen mit Migrationshintergrund gerne öfter sportlich betätigen würden, den Sportverein aber nicht als adäquate Organisationsform wahrnehmen (vgl. BOOS-NÜNNING & KARAKAŞSOĞLU, 2009). Die Beobachtung, dass weniger als 3 % der Ehrenamtlichen in Sportvereinen einen Migrationshintergrund haben (BREUER & WICKER, 2009a) – d.h., dass Menschen mit Migrationshintergrund kaum in höheren Funktionsrollen von Sportvereinen (z. B. Trainer, Abteilungsleiter, Vorstand) auftauchen –, hinterlässt erhebliche Zweifel an den universellen Integrationsfunktionen des Sports allgemein und des Sportvereins im Besonderen.

Ethnische Grenzziehungsprozesse

Obwohl speziell der Fußballsport häufig als herausragender Integrationsmotor dargestellt wird, finden sich gerade im (Amateur-)Fußball zahlreiche Berichte von Konflikten zwischen Menschen mit und ohne Migrationshintergrund, die nicht selten vor dem Sportgericht enden. Insbesondere Begegnungen zwischen Mannschaften, deren Selbstverständnis auf der Zuordnung zu einer spezifischen ethnischen Gruppe, Nationalität oder Kultur basiert, bergen nicht selten erhebliche Eskalationspotenziale. Strategisch eingesetzte (rassistische) Beleidigungen (SCHWARK, 1998; STAHL, 2009) sind dabei häufige Auslöser für handfeste Auseinandersetzungen, die weit über das erlaubte Regelwerk hinausgehen und Sportgerichte beschäftigen.

Nicht selten werden sportliche Wettkämpfe von symbolischen Identitäts- und Zugehörigkeitsbekundungen überlagert. In diesem symbolischen Raum werden Wettkämpfe dann zu explosiven Auseinandersetzungen zwischen »Deutschen«, »Türken«, »Griechen« oder »Kroaten«. Gerade weil sich der Sport im Allgemeinen und der Fußball als beliebteste Sportart im Besonderen wie kaum eine andere Praxis als Plattform für eine symbolische Inszenierung von (ethnischer) Zugehörigkeit eignen, ist der Sport auch ein geeignetes Feld für Grenzziehungsprozesse, die nicht nur auf den Wettkampf beschränkt bleiben. Dies gilt insbesondere auch für Sportvereine (SOEFFNER & ZIFONUN, 2008b). Diese Prozesse können, wie eine niederländische Studie belegt, durchaus dazu führen, dass sich Menschen mit Migrationshintergrund in ethnisch homogene Sporträume zurückziehen, um Sport abseits der symbolischen Kämpfe und alltäglichen Zuschreibungen treiben zu können. Ethnisch homogene Vereine scheinen also gerade für Menschen mit Migrationshintergrund ein Raum zu sein, der es ihnen ermöglicht, jenen Zuschreibungen auszuweichen, die im außersportlichen, gesellschaftlichen Alltag häufig erfahren werden. Der Sport fungiert in dieser Hinsicht also als Rückzugsraum vor gesellschaftlichen Differenzzuschreibungen. Sport in ethnisch heterogenen Kontexten führt also durchaus nicht notwendigerweise zu Verständigungsprozessen, sondern reproduziert eben auch Grenzen entlang von ethnischer Zugehörigkeit (Krouwel, Boonstra, Duyvendak & Veldboer, 2006).

Diskriminierung von Menschen mit Migrationshintergrund

Die sportsoziologische Migrations- und Integrationsforschung berichtet darüber hinaus auch von Phänomenen expliziter Diskriminierung von Menschen mit Migrationshintergrund im Sport. So zeigt z. B. die »Mannheimer Fußballstudie« (Kalter, 2003) zwar, dass die Relevanz von leistungsfernen Merkmalen, wie Ethnie oder Staatsangehörigkeit, mit zunehmendem Leistungsniveau abnimmt, doch sie dokumentiert auch prekäre Praxen im Sportalltag, die diametral zur Annahme stehen, dass Sport ein ideales Feld für Gleichberechtigung und (Chancen-) Gleichheit sei. Von solchen Diskriminierungspraxen sind insbesondere Spieler mit türkischem Migrationshintergrund in niedrigen Ligen betroffen.

Kalter (2005) schließt daraus, dass der Wettkampf als konstitutives Prinzip des Sports nicht grundsätzlich dafür sorgen kann, Diskriminierungen zu reduzieren. Andere Studien machen auf institutionelle Diskriminierungspraxen gegenüber Menschen mit Migrationshintergrund aufmerksam. So zeigen z. B. Scherer und Winands (2010) in einer Auswertung von Sportgerichtsakten aus dem Amateurfußball, dass Personen, deren Name einen Migrationshintergrund erwarten lässt, für vergleichbare Vergehen höher bestraft werden, als Personen, deren Name keinen Migrationshintergrund vermuten lässt. Schließlich fungiert v.a. auch der Zuschauersport als Bühne für Provokationen und Diskriminierungen. Es sind Praxen, wie das Imitieren von Affenlauten, das Rufen oder Zur-Schau-Stellen von rassistischen Parolen und Symbolen oder das Werfen von Bananen, die darauf ausgelegt sind, Menschen unterschiedlicher Herkunft zu diskreditieren.

3.3 Grenzen der Integration im Sport

Insgesamt gesehen, werfen die empirischen Befunde die Frage auf, inwieweit »die großen und kleinen Erzählungen vom ›melting-pot‹ Sport so widerspruchslos hinzunehmen sind« (Thiele, 1999, S. 23). Ferner geben die Erkenntnisse Grund zu der Annahme, dass soziale Integrationsprozesse im Sport nicht unter allen Umständen zu erwarten sind. Eine reflektierte Auseinandersetzung mit den Möglichkeiten der Integration im Sport setzt demzufolge die Identifikation von Grenzen der Integration im Sport voraus. Im Folgenden werden diese Grenzen auf der

Ebene des Körpers, des Lebensstils und der Sportorganisation dargestellt (vgl. SEIBERTH, 2012).

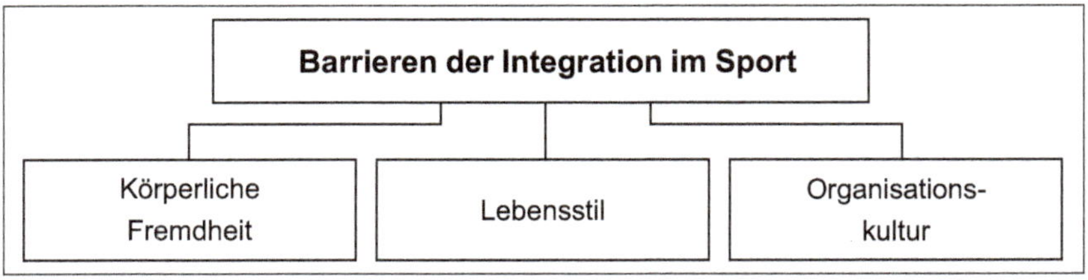

Abb. 3: *Barrieren der Integration im Sport*

Körperliche Fremdheit als Integrationsbarriere
Setzt man sich mit den Grenzen der Integration im Sport auseinander, dann rückt aus soziologischer Perspektive zunächst die Rolle des Körpers in den Fokus. Insbesondere Bernd BRÖSKAMPS (1994) theoretische Analyse »Körperliche Fremdheit. Zum Problem der interkulturellen Begegnung im Sport« prägt mit ihrer Kritik an der populären Integrationsideologie die spätere sportsoziologische Diskussion. Der Soziologe Bröskamp beschreibt in seiner Arbeit – im Anschluss an einen Artikel von Gunter GEBAUER (1986) – den Körper im Sport als zentralen Träger von kultureller Differenz. Die Leistung dieser Arbeiten besteht darin, dass sie dogmatische Argumentationen aufdecken und den Körper im Sport in seiner gesellschaftlichen Bedingtheit reflektieren.

Den Ursprung von Fremdheitserfahrungen im Sport führen die Autoren auf sogenannte »ethnisch-kulturelle« Differenzen zurück, die sich in erster Linie körperlich manifestieren. Kennzeichnend für diese Argumentation ist diese Annahme, dass der Körper im Sport kein neutrales Kommunikationsmedium sei, was gleichermaßen die Vorstellung in Frage stellt, der Sport tauge als Raum unvoreingenommener körperlicher Verständigung. Vielmehr lässt der Sport Erfahrungen von Fremdheit gerade deshalb erwarten, weil sich unterschiedliche ethnische Körper- und Bewegungskulturen treffen und diese (kulturellen) Differenzen im Sport auch unmittelbar körperlich erfahren werden. Das gemeinsame Sporttreiben unterschiedlicher ethnischer Gruppierungen würde aus dieser Sicht also keine Integration erwarten lassen, sondern vielmehr wären Inkompatibilitäten von körperlichen Praxen und Fremdheitserfahrungen logische Folgen ethnischer Pluralisierungsprozesse (BRÖSKAMP, 1994).

Aus Sicht der heutigen Migrations- und Integrationsforschung weist insbesondere die Verknüpfung von Körperlichkeit mit ethnischer Herkunft nur noch eine begrenzte Reichweite auf. So bestehen erhebliche Zweifel daran, dass sich die Körper- und Bewegungspraxen der meisten Menschen mit Migrationshintergrund – die ja eben in Deutschland sozialisiert wurden – ursächlich auf die ethnische Herkunft der Eltern oder Großeltern zurückführen lassen. Entsprechend ist es auch »nur wenig einleuchtend, dass ihre Körperpraxen fundamental mit denen der Menschen ›ohne‹ Migrationshintergrund kollidieren« (Thiel & Seiberth, 2009, S. 20).

Die Vorstellung, wonach die ethnische Herkunft die Ausprägung spezifischer Körper-, Sport- und Bewegungspraxen bedingt, unterstellt Eindeutigkeiten, die heute kaum mehr begründbar sind. So wird suggeriert, dass Menschen unterschiedlicher ethnischer Herkunft notwendigerweise differente herkunftskulturelle Sport- und Körperpraxen ausbilden, die sich von denen der Mehrheitsbevölkerung unterscheiden. Es sind nicht zuletzt gerade diese Unterstellungen von Differenz, die Grenzen zwischen »uns« und »denen« etablieren und dafür sorgen, dass konflikthafte Auseinandersetzungen im Sport schnell als »interkulturelle« Konflikte wahrgenommen werden, denen der Sport gewissermaßen hilflos ausgeliefert ist (Seiberth & Thiel, 2007). In solche Darstellungen schleichen sich denn auch nicht selten sportbezogene Mentalitätsmythen und Nationalstereotypen ein. Speziell die sportwissenschaftliche Debatte der 1990er-Jahre liefert zahlreiche Belege dafür. Ein Beispiel ist der stereotype Verweis auf die »türkische« Spielauffassung, welche mit Begriffen wie Ehre, Härte und Männlichkeit verknüpft wird (Gebauer, 1996).

Verhalten ursächlich auf die ethnische Herkunft zurückzuführen, hat eine ähnlich geringe Validität wie eine Rückführung von Persönlichkeitseigenschaften auf Haut- und Haarfarbe. Aus diesem Grund sind solche Kategorisierungen für soziologische Analysen untauglich. Eine kritische Auseinandersetzung mit der Logik stereotyper Kategorien liefert Zifonun (2008) in dem Artikel »Stereotype der Interkulturalität«. Am Beispiel des Stereotyps vom »heißblütigeren Südländer« im Fußball zeichnet der Soziologe jene Mechanismen nach, die dazu beitragen, »feste Selbst- und Fremdbilder sowie klare ethnische Grenzen zu konstituieren und aufrechtzuerhalten« (Zifonun, 2008, S. 172).

Wie stark sich die empirischen Befunde von diesen selbstverständlichen Unterstellungen und Zuschreibungen unterscheiden, lässt sich am Beispiel von muslimischen Frauen und Mädchen verdeutlichen. Diese Gruppe wurde im öffentlichen, aber auch im sportwissenschaftlichen Integrationsdiskurs lange Zeit als Paradebeispiel für die Unvereinbarkeit von »einheimischen« und »fremden« Körper- und Bewegungskulturen herangezogen. Im Gegensatz zu diesen Darstellungen zeichnet auch die internationale sportsoziologische Forschung ein deutlich differenzierteres Bild. Demnach schließen sich Islam und sportliche Betätigung in der Wahrnehmung muslimischer Frauen und Mädchen eben nicht notwendigerweise aus (Walseth & Fasting, 2003). Stattdessen wird auf die Heterogenität der Bewegungsbedürfnisse dieser Gruppe verwiesen. Zudem machen die Studien darauf aufmerksam, dass es nicht zuletzt auch angebotsspezifische und organisationale Bedingungen sind, die den Zugang von muslimischen Frauen zum Sport limitieren. Erklärungen, welche die geringe Teilhabe von muslimischen Frauen am (organisierten) Sport einzig und allein auf Inkompatibilitäten zwischen »muslimischer« Körperkultur und Sport zurückführen, werden also der Vielfalt an muslimischen Körperpraktiken ebenso wenig gerecht, wie der gesellschaftlichen Realität in Einwanderungsgesellschaften (Kay, 2006; Walseth, 2006).

Damit soll nicht bezweifelt werden, dass es religiös geprägte Körper- und Bewegungskulturen gibt, die im Sport miteinander in Widerspruch treten und die den Grund dafür darstellen können, dass Menschen nicht am Sport teilnehmen. In Frage gestellt werden muss aber die Selbstverständlichkeit, mit der vom äußeren Erscheinungsbild auf religiöse oder ethnische Herkunft und davon wiederum auf bestimmte Werte, Einstellungen und Eigenschaften geschlossen wird (Thiel & Seiberth, 2009). Die Gefahr, dass Differenzen gewissermaßen am Körper abgelesen und auf diese Weise naturalisiert werden, ist im Sport besonders hoch. Gerade weil im Sport körperlich interagiert wird und Zuschreibungen von Andersheit am Körper ansetzen, kann der Körper für Personen zur Integrationsbarriere im Sport werden (Seiberth, 2012).

Lebensstil als Integrationsbarriere

Auch Lebensstile können als Integrationsbarrieren wirken. Dabei geht es um selbst gewählte Abgrenzungen von sozialen Zusammenhängen, wie z. B. dem Sportverein. Mit der Fokussierung auf Lebensstile ändert sich der integrationstheoretische Blickwinkel grundlegend. Denn in dem Maße, in dem die Wahl der sportlichen Betätigung als Resultat lebensstilbedingter Präferenzen betrachtet wird, verlieren Kategorien wie ethnische oder religiöse Zugehörigkeit an Bedeutung. Stattdessen rückt die Positionierung des Individuums im sozialen Raum in den Mittelpunkt. Im Vordergrund stehen somit individuelle Einstellungen, Wertvorstellungen und Orientierungen. Lebensstile stellen heute bedeutende Strukturen gesellschaftlicher Wirklichkeit dar. Über Lebensstile bringen Menschen Zugehörigkeit sowie Ähnlichkeit und zugleich Abgrenzung sowie Inkompatibilität zum Ausdruck. Entscheidend für den Zusammenhalt von Lebensstilgruppen sind ähnliche Leidenschaften, Vorstellungen und Visionen oder auch ähnliche Aktivitäten, mit denen z. B. die Freizeit verbracht wird (vgl. Richter, 2005).

Die Relevanz von lebensstilbedingten Integrations- und Abgrenzungsprozessen im Sport wird sichtbar, wenn man berücksichtigt, dass der Sport zu einer zentralen Plattform für die Zur-Schau-Stellung von (Lebens-)Stil geworden ist. Sport bietet Menschen längst nicht mehr nur die Gelegenheit, dem Bedürfnis nach Bewegung nachzukommen. Vielmehr bieten Sport- und Bewegungsangebote heute die Gelegenheit, individuelle und lebensstilspezifische Präferenzen zum Ausdruck zu bringen. Die Ausdifferenzierung des Sportsystems hat zu einer Vervielfältigung der Sporträume und Sportarten geführt. Insbesondere im Freizeitsport steht heute ein immenses Angebot an unterschiedlichsten Sport- und Bewegungspraktiken sowie Organisationsformen zur Verfügung, angefangen vom klassischen Vereinsangebot bis hin zu neuen informellen Sportpraktiken, wie z. B. Parkour (vgl. Seiberth, 2012).

Speziell in informell organisierten Kontexten ermöglicht Sport in hohem Maße die Inszenierung von Individualität und Stil. Umgekehrt ist die Wahl einer Sportart oder eines Sportraums mittlerweile in hohem Maße abhängig von individuellen Präferenzen. Sichtbar werden dadurch »qualitative Unterschiede in der Art des Sporttreibens innerhalb eines differenzierten Sportsystems« (Thiel & Cachay, 2003, S. 283).

Menschen wollen heute Sport in einer Weise treiben, die zu ihnen und ihrem Lebensstil passt. Eine bedeutende Rolle bei der Wahl der Sportart spielen Ähnlichkeitserwartungen. Personen, die z. B. an klassischem Wettkampfsport und regelmäßigen Trainingszeiten interessiert sind, sich außerdem ehrenamtlich engagieren möchten und darüber hinaus Wert auf Aspekte wie Gemeinschaft und Verbindlichkeit legen, werden sich eher im traditionellen Vereinssport zu Hause fühlen als in den informellen neuen Sport- und Bewegungspraktiken, bei denen Werte wie Individualität, Selbstbestimmtheit oder Unabhängigkeit im Vordergrund stehen.

In den neuen, informellen Sporträumen und -szenen, wie z. B. dem Skateboarden oder dem Inlinehockey, ist eine im Vergleich zum traditionellen Vereins- und Wettkampfsport andere Art des Spielens und des Leistens zu beobachten. Beispielsweise wird Inlinehockey offenbar v.a. von Personen gespielt, die selbstbestimmt Sport treiben, den Ort selbst wählen und Regeln flexibel gestalten möchten. Einstellungen und Präferenzen werden über das Spiel und dessen Organisation expressiv zum Ausdruck gebracht. Gerade der Stil repräsentiert dabei das »Element, das die neuen Spiele zusammenhält und ihnen Sinn gibt« (GEBAUER, ALKEMEYER, BOSCHERT, FLICK & SCHMIDT, 2004, S. 16).

Ähnliches gilt auch für die Skater-Szene. Anhänger dieser Szene grenzen sich bewusst über Kleidung, Leistungsphilosophie und Werte vom Mainstream der Sportkultur ab. Die Szene basiert auf spezifischen »Formen der kollektiven Selbststilisierung« (HITZLER, NIEDERBACHER & BUCHER, 2005, S. 20), die sich in spezifischen Accessoires, Codes und Regeln manifestiert.

Insbesondere für Jugendliche sind Sport- und Bewegungsaktivitäten, die sie in sogenannten *Szenen* treiben, sehr attraktiv. Dazu brauchen sie häufig weder feste Regeln noch Sportanlagen oder feste Zeiten. Skateboarden, Inlinehockey oder Parcour sind allesamt Bewegungsaktivitäten, die in der Regel abseits der traditionellen Vereinsangebote angesiedelt sind. Gleichzeitig geht das Sich-Zuordnen zu solchen Szenen mit der Abgrenzung von anderen Sporträumen einher. Lebensstile können also Integration verhindern, indem sie zu einer Selbstausgrenzung aus jenen Sporträumen führen, die nicht vereinbar mit den individuellen Präferenzen sind, welche von einer Person an eine sportliche Betätigung geknüpft werden (SEIBERTH, 2012).

Organisationskultur als Integrationsbarrieren
Wird von Integration im und durch Sport geredet, dann wird in der Regel auf die herausragende Bedeutung von Sportvereinen verwiesen. Obwohl neue Sportpraktiken in den letzten Jahrzehnten an Bedeutung gewonnen haben, besitzt der organisierte Vereinssport noch immer eine gesellschaftliche Sonderstellung in der Bundesrepublik. Dieser Stellung entsprechend wurde in den letzten Jahren eine Vielzahl an Integrationsprogrammen und -projekten für Sportvereine ins Leben gerufen (vgl. z. B. BRAUN & FINKE, 2010).

Der Erfolg von Programmen und Projekten wird jedoch nicht selten an der anzahlmäßigen Zunahme formaler Mitgliedschaften von »Ausländern« oder Menschen mit Migrationshintergrund in »deutschen« Sportvereinen gemessen.

Dabei wird jedoch übersehen, dass Integration mehr als nur die Mitgliedschaft in einem Sportverein voraussetzt. Formale Zugehörigkeit ist zwar eine zentrale Bedingung dafür dass Integrationsprozesse überhaupt in Gang kommen können. Doch dies reicht alleine nicht aus, da sich Personen durchaus nur aus infrastrukturellen Gründen bzw. aus Leidenschaft für eine Sportart für den Verbleib in einem Sportverein entscheiden, ohne sich dort eingebunden zu fühlen. Integration zeigt sich im Grunde aber erst an der Qualität, mit der Personen in gesellschaftliche Zusammenhänge eingebunden sind. Es geht also primär um die Frage, inwieweit Sportvereinsmitglieder von anderen akzeptiert werden, sich mit dem Verein identifizieren und sich zugehörig fühlen (Seiberth, 2012).

Auch der aktuelle sportsoziologische Integrationsdiskurs macht deutlich, dass die Integration von Menschen mit Migrationshintergrund in Sportvereinen keineswegs selbstverständlich ist. So sei nicht nur die Frage zu stellen, »ob und welche Personen mit Migrationshintergrund in einem Sportverein organisiert sind, sondern auch, welche Gelegenheitsstrukturen ihnen überhaupt zur Verfügung stehen« (Nobis & Fussan, 2007, S. 270). Nicht in jedem Verein sind die Bedingungen gegeben, die über formale Mitgliedschaft hinaus auch eine soziale und emotionale Einbindung ermöglichen. Trotz aller verbandlichen Alternativen, die ein großes Interesse daran haben, dass Sportvereine Menschen mit Migrationshintergrund integrieren, hat noch nicht einmal jeder 10. Sportverein »spezifische Maßnahmen oder Initiativen zur Integration von Migranten« (Breuer & Wicker, 2009a, S. 35) ergriffen. Dass nicht mehr Sportvereine darauf reagieren, liegt vermutlich daran, dass Integration kein genuines Ziel von Sportvereinen ist, auch wenn sie formal für Menschen jeder Nationalität, Herkunft oder Religion zugänglich sind. Denn wie jede Organisationsform basieren auch Sportvereine auf spezifischen Regeln und Mitgliedschaftserwartungen und sind zunächst einmal primär den Interessen ihrer Mitglieder verpflichtet. Diese Mitgliederinteressen müssen sich nicht zwangsläufig mit den ideellen Ansprüchen der Sportverbände oder der Politik decken.

Inwieweit Vereine geeignet sind, um Integrationsprozesse zu ermöglichen, ist zu einem nicht unbeträchtlichen Teil vom vereinskulturellen Selbstverständnis abhängig. Abseits der formellen Mitgliedschaftserwartungen entwickeln Sportvereine im Laufe ihrer Geschichte eine Reihe an informellen Mitgliedschaftserwartungen, die dem Verein sein unverwechselbares Selbstverständnis geben. Diese »Vereinskultur« repräsentiert den identifikatorischen Kern, sozusagen die »Seele« eines Sportvereins. In der Vereinskultur sind informelle Zugehörigkeitskriterien angelegt. Um diese Kultur zu erhalten und weiterzugeben, greifen Vereine v.a. auf solche Personen zurück, die sich im Verein verdient gemacht haben und die dementsprechend mit der Geschichte des Vereins vertraut sind. Vertraut wird also jenen, die die Kultur kennen und bei denen angenommen wird, dass sie im Sinne des Vereins handeln (Meier & Thiel, 2006).

Die Fallstudien von Soeffner und Zifonun (2008b) machen deutlich, dass Sportvereine – je nach Konstellation – Orte des Austauschs und der Verständigung sowie Orte der ethnischen Grenzziehung sein können. Die Tatsache, dass viele männliche Heranwachsende mit Migrationshintergrund nach einer Phase in traditionellen »deutschen« Fußballvereinen zu Migrantensportvereinen wechseln (Schwarz, 1998), kann als Hinweis darauf gedeutet werden, »daß es den deutschen Fußballvereinen in der Regel nicht gelingt, dauerhafte Bindung der Migranten an den Sport in ihrer Organisation zu sichern« (Klein, Kothy & Cabadag, 2000, S. 326). Dies ist zum einen auf eine »fiktive Akzeptanzgrenze in Bezug auf den prozentualen Anteil von Zuwanderern im eigenen Verein« (Rummelt, 1998, S. 108) und damit verbundene offene Benachteiligungen, zum anderen aber auch auf eine subjektiv empfundene Ablehnung zurückzuführen (Kalter, 2003).

Das öffentliche Bild von migrantischen Selbstorganisationen ist erheblich von negativ gefärbten Zuschreibungen geprägt. Nicht selten wird ihnen pauschal Integrationsfeindlichkeit und Separatismus unterstellt. Eine kritische Auseinandersetzung mit dieser Pauschalkritik findet sich z. B. in Stahls (2009) Studie zur »Selbstorganisation von Migranten im deutschen Vereinssport«. Stahl führt in seiner Arbeit den Begriff *Migrantensportverein* in die sportsoziologische Diskussion ein. Er weist nach, dass sich hinter dieser Bezeichnung vielfältige Formen migrantischer Sportorganisationen verbergen und dass viele dieser Vereine einen integrativen Beitrag leisten.

Aus den vorliegenden Erkenntnissen lässt sich folgern, dass der Sportverein kein universaler Tempel der Integration ist, sondern nur unter bestimmten Bedingungen integrative Prozesse in Gang zu setzen vermag. Es ist davon auszugehen, dass die Chance auf eine soziale und emotionale Integration von Menschen mit Migrationshintergrund dann steigt, wenn der Vereinskultur ein Integrationsgedanke zugrunde liegt, der Vielfalt als Chance begreift. Je mehr Nationalität, Staatsangehörigkeit, Religion oder ethnische Abstammung eine Rolle für die Selbstbeschreibung eines Vereins spielen, desto weniger sind integrative Prozesse im Sinne einer Etablierung eines positiven Vielfaltgedankens zu erwarten. Diese Erkenntnis gilt sowohl für traditionelle »deutsche« Sportvereine als auch für Migrantensportvereine (SEIBERTH, 2012).

4 Fazit

Zusammenhänge zwischen Migration, Integration und Sport lassen sich nur im Rekurs auf historische Entwicklungen und sozialwissenschaftliche Analysen sinnvoll beschreiben. Die Auseinandersetzung mit der Migrationsgeschichte der Bundesrepublik macht deutlich, dass mit den Anwerbeabkommen der 1950er- und 1960er-Jahre Entwicklungen und Herausforderungen einhergegangen sind, die eben auch den Sport betreffen. Sowohl die Sportverbände als auch die Sportwissenschaft haben in Deutschland vergleichsweise spät damit begonnen, sich überhaupt mit Themen wie Integration und Migration zu beschäftigen. Heute hat sich zumindest in der sozialwissenschaftlichen Diskussion die Erkenntnis durchgesetzt, dass Kategorien wie ethnische Herkunft, Nationalität oder Religionszugehörigkeit kaum mehr tragfähige Erklärungen für das Handeln von Individuen in der Einwanderungsgesellschaft liefern. Die Vorstellung, dass im Sport Integrationsprozesse gewissermaßen beiläufig bewerkstelligt werden, repräsentiert aus heutiger Sicht eines der großen Erkenntnishindernisse der sportbezogenen Integrationsforschung. Auch wenn der Sport ein immenses Kontaktpotenzial bietet, ist Integration eben nicht selbstverständlich.

Lernkontrollfragen

- Welche Phasen lassen sich in der Migrationsgeschichte der Bundesrepublik unterscheiden und wodurch zeichnen sie sich aus?
- Warum ist es heute mit Blick auf die Bundesrepublik nicht (mehr) zutreffend, Menschen mit Migrationshintergrund als homogene Gruppe zu kennzeichnen?
- Aus welchem Grund greifen kulturalistische Argumentationen zu kurz?
- Welchen Erklärungswert hat das Paradigma kulturelle Differenz heute?
- Was heißt Integration?
- Welche Dimensionen von Integration lassen sich unterscheiden?
- Welche integrativen Funktionen und Mechanismen werden dem Sport im öffentlichen Diskurs zugeschrieben?
- Was spricht gegen die populäre Integrationsrhetorik des Sports?
- Welche Barrieren der Integration lassen sich im Sport ausmachen?
- Welche Rolle spielen der Körper, der Lebensstil sowie die Sportorganisation mit Blick auf Integrationsprozesse im Sport?
- Unter welchen Voraussetzungen können Sportvereine einen Beitrag für die Integration von Menschen mit Migrationshintergrund leisten?

Literatur

Beck-Gernsheim, E. (2007). *Wir und die Anderen.* Frankfurt/M.: Suhrkamp.

Bommes, M. (2006). Einleitung: Migrations- und Integrationspolitik in Deutschland zwischen institutioneller Anpassung und Abwehr. In M. Bommes & W. Schiffauer (Hrsg.), *Migrationsreport 2006. Fakten – Analysen – Perspektiven* (S. 9-30). Frankfurt/M.: Campus.

Boos-Nünning, U. & Karakaşoğlu, Y. (2009). Sportliches Engagement und Wünsche nach sportbezogenen Angeboten von jungen Frauen mit Migrationshintergrund. In Innenministerium des Landes Nordrhein-Westfalen & Landessportbund NRW e. V. (Hrsg.), *»Wir sind dabei«. Mädchen und Frauen mit Zuwanderungsgeschichte im Sport* (S. 25-33). Düsseldorf: Eigenverlag.

Braun, S. & Finke, S. (2010). *Integrationsmotor Sportverein. Ergebnisse zum Modellprojekt »spin – sport interkulturell«.* Wiesbaden: VS.

Breuer, C. & Wicker, P. (2009a). Sportvereine in Deutschland – ein Überblick. In C. Breuer (Hrsg.), *Sportentwicklungsbericht 2007/2008. Analyse zur Situation der Sportvereine in Deutschland* (S. 26-48). Köln: Sportverlag Strauß.

Breuer, C. & Wicker, P. (2009b). Integration von Migrantinnen und Migranten im Sportverein. In C. Breuer (Hrsg.), *Sportentwicklungsbericht 2007/2008. Analyse zur Situation der Sportvereine in Deutschland* (S. 77-107). Köln: Sportverlag Strauß.

Bröskamp, B. (1994). *Körperliche Fremdheit. Zum Problem der interkulturellen Begegnung im Sport.* Sankt Augustin: Academia.

Bröskamp, B. & Alkemeyer, T. (Hrsg.). (1996). *Fremdheit und Rassismus im Sport.* Sankt Augustin: Academia.

Bundesregierung (Hrsg.). (2007). *Nationaler Integrationsplan. Neue Wege – Neue Chancen.* Berlin: Eigenverlag.

Deutscher Sportbund (1972). *Sport für alle – Herausforderungen an den Sport.* Frankfurt/M.: Eigenverlag.

Deutscher Sportbund (1981). *Sport der ausländischen Mitbürger. Eine Grundsatzerklärung des Deutschen Sportbundes.* Frankfurt/M.: Eigenverlag.

Deutscher Sportbund (2003). *Wissen für die Praxis: Integration im Sportverein. Band 2 der Werkhefte zur Kampagne »Sport tut Deutschland gut«.* Frankfurt/M.: Eigenverlag.

Deutscher Sportbund (2004). *Sport und Zuwanderung. Eine Grundsatzerklärung des Deutschen Sportbundes.* Frankfurt/M.: Eigenverlag.

Esser, H. (1980). *Aspekte der Wanderungssoziologie. Assimilation und Integration von Wanderern ethnischer Gruppen und Minderheiten; eine handlungstheoretische Analyse*. Darmstadt: Luchterhand.

Esser, H. (2000). *Soziologie. Spezielle Grundlagen. Band 2. Die Konstruktion der Gesellschaft*. Frankfurt/M.: Campus.

Finkelstein, K., E. (2006). *Eingewandert. Deutschlands »Parallelgesellschaften«*. Bonn: Christoph Links.

Foroutan, N. & Schäfer, I. (2009). Hybride Identitäten – muslimische Migrantinnen und Migranten in Deutschland und Europa. *Aus Politik und Zeitgeschichte, 5*, 11-18.

Fussan, N. & Nobis, T. (2007). Zur Partizipation von Jugendlichen mit Migrationshintergrund in Sportvereinen. In T. Nobis & J. Baur (Hrsg.), *Soziale Integration vereinsorganisierter Jugendlicher* (S. 277-297). Köln: Sportverlag Strauß.

Gebauer, G. (1986). Festordnung und Geschmacksdistinktionen. Die Illusion der Integration im Freizeitsport. In G. Hortleder & G. Gebauer (Hrsg.), *Sport – Eros – Tod* (S. 113-143). Frankfurt/M.: Suhrkamp.

Gebauer, G. (1996). Der Körper als Symbol für Ethnizität. In B. Bröskamp & T. Alkemeyer (Hrsg.), *Fremdheit und Rassismus im Sport* (S. 81-86). Sankt Augustin: Academia.

Gebauer, G., Alkemeyer, T., Flick, U. & Schmidt, R. (2004). *Treue zum Stil: die aufgeführte Gesellschaft*. Bielfeld: Transcript.

Giebenhain, H. (1995). Die gesellschaftliche Integration von Fremden durch den Sport. In S. Müller, U. Otto & H.-U. Otto (Hrsg.), *Fremde und Andere in Deutschland: Nachdenken über das Einverleiben, Einebnen, Ausgrenzen* (S. 165-178). Opladen: Leske + Budrich.

Göttlich, A. (2008). König Fußballs neue Kleider: Die Integrationsvorstellungen deutscher Sportverbände. In S. Neckel & H.-G. Soeffner (Hrsg.), *Mittendrin im Abseits. Ethnische Gruppenbeziehungen im lokalen Kontext* (S. 211-234). Wiesbaden: VS.

Heckmann, F. (2001). Integrationsforschung in europäischer Perspektive. *Zeitschrift für Bevölkerungswissenschaft, 26* (3-4), 341-356.

Heckmann, F. & Tomei, V. (2003). *Einwanderungsgesellschaft Deutschland. Zukunftsszenarien: Chancen und Konfliktpotentiale. Gutachten für die Enquete-Kommission »Demografischer Wandel« des Deutschen Bundestags.* Zugriff am 22. April 2012 unter http://www.efms.uni-bamberg.de/pdf/enquete.pdf.

Hitzler, R., Niederbacher, A. & Bucher, T. (2005). *Leben in Szenen: Formen jugendlicher Vergemeinschaftung heute* (2. Aufl.). Wiesbaden: VS.

HOFFMANN-NOWOTNY, H.J. (1973). *Soziologie des Fremdarbeiterproblems*. Stuttgart: Enke.

HUNTINGTON, S. P. (1998). *Kampf der Kulturen. Die Neugestaltung der Weltpolitik im 21. Jahrhundert*. München: Siedler.

KALTER, F. (2003). *Chancen, Fouls und Abseitsfallen. Migranten im deutschen Ligenfußball*. Wiesbaden: Westdeutscher Verlag.

KALTER, F. (2005). Reduziert Wettbewerb tatsächlich Diskriminierungen? Eine Analyse der Situation von Migranten im Ligensystem des deutschen Fußballs. *Sport und Gesellschaft, 2* (1), 39-66.

KAY, T. (2006). Daughters of Islam: Family influences on muslim young women's participation in sport. *International Review for the Sociology of Sport, 41* (3-4), 357-373.

KLEIN, M.-L., KOTHY, J. & CABADAG, G. (2000). Interethnische Kontakte und Konflikte im Sport. Soziale Desintegrationsprozesse und ethnisch-kulturelle Konfliktkonstellationen. In W. HEITMEYER & R. ANHUT (Hrsg.), *Bedrohte Stadtgesellschaft* (S. 307-346). Weinheim: Juventa.

KLEINDIENST-CACHAY, C. (2009). Mädchen und Frauen mit Migrationshintergrund im Sport - aktuelle Situation und Perspektiven für die Integration. In Innenministerium des Landes Nordrhein-Westfalen & Landessportbund NRW e. V. (Hrsg.), *»Wir sind dabei«. Mädchen und Frauen mit Zuwanderungsgeschichte im Sport* (S. 8-21). Düsseldorf: Eigenverlag.

KROUWEL, A., BOONSTRA, N., DUYVENDAK, J. & VELDBOER, L. (2006). A good sport?: Research into the capacity of recreational sport to integrate Dutch minorities. *International Review for the Sociology of Sport, 41* (2), 165-180.

MECHERIL, P. (2003). *Prekäre Verhältnisse. Über natio-ethno-kulturelle (Mehrfach-)Zugehörigkeit*. Münster: Waxmann.

MECHERIL, P. (2004). *Einführung in die Migrationspädagogik*. Weinheim: Beltz.

MECHERIL, P. & RIGELSKY, B. (2010). Nationaler Notstand, Ausländerdispositiv und die Ausländerpädagogik. In C. RIEGEL & T. GEISEN (Hrsg.), *Jugend, Zugehörigkeit und Migration* (S. 61-80). Wiesbaden: VS.

MEIER, H. & THIEL, A. (2006). »Starke Kulturen«. Sportvereine im Spannungsfeld zwischen struktureller Veränderung und Existenzsicherung. In M. KRÜGER & B. SCHULZE (Hrsg.), *Fußball in Geschichte und Gesellschaft* (S. 181-190). Hamburg: Czwalina.

MEIER-BRAUN, K.-H. (2002). *Deutschland, Einwanderungsland*. Frankfurt/M.: Suhrkamp.

MÜLLER, H. (1998). *Das Zusammenleben der Kulturen. Ein Gegenentwurf zu HUNTINGTON*. Frankfurt/M.: Fischer.

NASSEHI, A. (2003). *Geschlossenheit und Offenheit. Studien zur Theorie der modernen Gesellschaft*. Frankfurt/M.: Suhrkamp.

Nobis, T. & Fussan, N. (2007). Soziale Integration von Jugendlichen mit Migrationshintergrund: Vorbemerkungen zur Bedeutung der Sportvereine. In T. Nobis & J. Baur (Hrsg.), *Soziale Integration vereinsorganisierter Jugendlicher* (S. 261-276). Köln: Sportverlag Strauß.

Richter, R. (2005). *Die Lebensstilgesellschaft.* Wiesbaden: VS.

Rummelt, P. (1998). Möglichkeiten und Grenzen der Aussiedler-Integration durch Sport. In M.-L. Klein & J. Kothy (Hrsg.), *Ethnisch-kulturelle Konflikte im Sport* (S. 99-111). Hamburg: Czwalina.

Scherer, J., & Winands, M. (2010). Konfliktbelastungen im Amateurfußball. In A. Ribler & A. Pulter (Hrsg.), *Konfliktmanagement im Fußball (S. 47-54).* Frankfurt/M.: Sportjugend Hessen.

Schmidt, R. (2002). *Pop – Sport – Kultur. Praxisformen körperlicher Aufführungen.* Konstanz: UVK.

Schwark, J. (1998). Rassismus und Ethnozentrismus im alltagskulturellen Sportsystem. Ergebnisse einer Fallstudie zum Sport- und Kulturverein Birlik Spor Duisburg e. V. In M.-L. Klein & J. Kothy (Hrsg.), *Ethnisch-kulturelle Konflikte im Sport* (S. 75-85). Hamburg: Czwalina.

Schwarz, T. (1998). Zuwanderer und ethnische Vereine im Berliner Sport und die Debatte um Integration versus Segregation. In M.-L. Klein & J. Kothy (Hrsg.), *Ethnisch-kulturelle Konflikte im Sport* (S. 87-98). Hamburg: Czwalina.

Seiberth, K. (2012). *Fremdheit im Sport. Eine kritische Auseinandersetzung mit den Möglichkeiten und Grenzen der Integration im Sport.* Schorndorf: Hofmann.

Seiberth, K. & Thiel, A. (2007). Fremd im Sport? – Barrieren der Integration von Menschen mit Migrationshintergrund in Sportorganisationen. In R. Johler, A. Thiel, J. Schmid & R. Treptow (Hrsg.), *Europa und seine Fremden. Die Gestaltung kultureller Vielfalt als Herausforderung.* (S. 197-212). Bielefeld: Transcript.

Simmel, G. (1908). Exkurs über den Fremden. In G. Simmel (Hrsg.), *Soziologie. Untersuchungen über die Formen der Vergesellschaftung* (S. 509-512). Berlin: Duncker & Humblot.

Soeffner, H.-G. & Zifonun, D. (2008a). Integration und soziale Welten. In S. Neckel & H.-G. Soeffner (Hrsg.), *Mittendrin im Abseits. Ethnische Gruppenbeziehungen im lokalen Kontext* (S. 115-132). Wiesbaden: VS.

Soeffner, H.-G. & Zifonun, D. (2008b). Fußballwelten: Die Ordnungen interethnischer Beziehungen. In S. Neckel & H.-G. Soeffner (Hrsg.), *Mittendrin im Abseits. Ethnische Gruppenbeziehungen im lokalen Kontext* (S. 133-161). Wiesbaden: VS.

SÖKEFELD, M. (2004). Das Paradigma kultureller Differenz: Zur Forschung und Diskussion über Migranten aus der Türkei in Deutschland In M. SÖKEFELD (Hrsg.), *Jenseits des Paradigmas kultureller Differenz. Neue Perspektiven auf Einwanderer aus der Türkei* (S. 9-33). Bielefeld: Transcript.

SÖKEFELD, M. (2007). Zum Paradigma kultureller Differenz. In R. JOHLER, A. THIEL, J. SCHMID & R. TREPTOW (Hrsg.), *Europa und seine Fremden. Die Gestaltung kultureller Vielfalt als Herausforderung.* (S. 41-57). Bielefeld: Transcript.

SONNENSCHEIN, W. (1999). Assimilation versus Ethnizität. In R. ERDMANN (Hrsg.), *Interkulturelle Bewegungserziehung* (S. 81-92). Sankt Augustin: Academia.

STAHL, S. (2009). *Selbstorganisation von Migranten im deutschen Vereinssport. Ein Forschungsbericht zu Formen, Ursachen und Wirkungen.* Köln: Sportverlag Strauß.

STATISTISCHES BUNDESAMT (2011). *Bevölkerung und Erwerbstätigkeit. Bevölkerung mit Migrationshintergrund. Ergebnisse des Mikrozensus 2010.* Zugriff am 20. April 2012 unter https://www.destatis.de/DE/Publikationen/Thematisch/ Bevoelkerung/ Migration Integration/Migrationshintergrund2010220107004.pdf?__blob=publicationFile.

THIEL, A. & K. CACHAY (2003). Soziale Ungleichheit im Sport. In W. SCHMIDT, I. HARTMANN-TEWS & W.-D. BRETTSCHNEIDER (Hrsg.), *Erster Deutscher Kinder- und Jugendsportbericht* (S. 275-296). Schorndorf: Hofmann.

THIEL, A. & SEIBERTH, K. (2009). Der »soziale Körper« als Träger kultureller Differenz – Zur Reichweite eines Erklärungsmodells der sportwissenschaftlichen Integrationsforschung. In A. HORN (Hrsg.), *Körperkultur. Band 2* (S. 13-25). Schorndorf: Hofmann.

THIELE, J. (1999). Bewegungskulturen im Widerstreit – ein Beitrag zur Begrenzung des Verstehens. In R. ERDMANN (Hrsg.), *Interkulturelle Bewegungserziehung* (S. 22-41). Sankt Augustin: Academia.

WALSETH, K. (2006). Sport and belonging. *International Review for the Sociology of Sport, 41* (3-4), 447-464.

WALSETH, K. & FASTING, K. (2003). Islam's view on physical activity and sport: Egyptian women interpreting Islam. *International Review for the Sociology of Sport, 38* (1), 45-60.

WIPPERMANN, C. & FLAIG, B. B. (2009). Lebenswelten von Migrantinnen und Migranten. *Aus Politik und Zeitgeschichte, 5*, 3-11.

ZIFONUN, D. (2008). Stereotype der Interkulturalität: Zur Ordnung ethnischer Ungleichheit im Fußballmilieu. In S. NECKEL & H.-G. SOEFFNER (Hrsg.), *Mittendrin im Abseits. Ethnische Gruppenbeziehungen im lokalen Kontext* (S. 163-186). Wiesbaden: VS.

Lektion 13

Soziale Konflikte im Sport

1 Einleitung

Konflikte sind Alltagsphänomene, die überall dort auftreten, wo Menschen in Interaktion miteinander treten. In Anbetracht dessen stellt der Sport ebenso ein potenzielles Konfliktfeld dar wie andere Gesellschaftsbereiche. Insbesondere im Wettkampfsport finden sich vielfältige Erscheinungsformen von Auseinandersetzungen auf und neben dem Spielfeld. Dabei geht es um Stammplätze, Spielzeit, Macht, Prestige, Anerkennung oder auch um Vertragsverhandlungen. Insbesondere für Trainer, Athleten oder Teammanager gehören Konflikte zum Tagesgeschäft. Diese werden dann zum Problem, wenn sie z. B. dafür sorgen, dass Athleten ihre Ressourcen nicht mehr in vollem Umfang auf die sportliche Leistung richten. Daran wird bereits deutlich, dass Konflikte in Mannschaften Einfluss auf deren Gefüge nehmen können. Es handelt sich also um potenziell leistungsrelevante Phänomene. Dazu kommt, dass Konflikte im Sport zu einem zentralen Gegenstand der medialen Sportberichterstattung geworden sind – mit bisweilen erheblichen Konsequenzen für Spitzensportler oder Sportmannschaften. In der Lektion geht es zum einen um die Frage, wie soziale Konflikte im Sport überhaupt entstehen. Um zu verstehen, wie aus »banalen« Meinungsverschiedenheiten handfeste Auseinandersetzungen werden können, sind Eskalationsprozesse näher zu betrachten. Schließlich wird darauf eingegangen, wie sich konstruktiv mit Konflikten im Sport umgehen lässt.

Folgende Themenbereiche werden im Laufe der Lektion erarbeitet:

- Der soziale Konflikt als Gegenstand soziologischer Theoriebildung
- Zugänge der sportsoziologischen Konfliktforschung
- Konfliktpotenziale als Ursprünge von Konflikten
- Charakteristika stabiler Konfliktsysteme
- Phänomene und Phasen der Eskalation
- Management von Konfliktpotenzialen und Konfliktverläufen

2 Der soziale Konflikt als Gegenstand soziologischer Theoriebildung

Während der Begriff *Konflikt* im öffentlichen Sprachgebrauch häufig sehr allgemein und unspezifisch verwendet wird, findet sich im sozialwissenschaftlichen Diskurs eine Reihe von spezifischen Bestimmungsversuchen. Die Frage, was ein sozialer Konflikt ist, wird im sozialwissenschaftlichen Diskurs unterschiedlich beantwortet. Die Spannbreite dessen, was alles als Konflikt bezeichnet wird, ist sehr weit und reicht von kurzen Meinungsverschiedenheiten zwischen Personen bis hin zu militärischen Auseinandersetzungen zwischen Ländern. Darüber hinaus finden sich zahlreiche Typologien, die zwischen verschiedenen Arten oder Formen von Konflikten unterscheiden. Während einige Zugänge die am Konflikt beteiligten Instanzen zur Klassifikation heranziehen und zwischen intrapersonellen, interindividuellen, intraorganisationalen, interorganisationalen sowie internationalen Konflikten (Brommer, 1994) unterscheiden, bestimmen andere Arbeiten Konflikte anhand ihrer Eskalationsdynamik oder des Ausmaßes von Folgeschäden (Glasl, 2004).

Zugang	Vertreter
Der Konflikt als Struktureffekt	Ralf Dahrendorf
Der Konflikt zwischen Funktion und Dysfunktion	Lewis A. Coser
Der Konflikt als soziales System	Niklas Luhmann

Abb. 1: *Konflikttheoretische Zugänge*

Der sportsoziologische Konfliktdiskurs knüpft im Wesentlichen an drei grundlegende theoretische Zugänge an. Die Zugänge beschreiben den Konflikt als *Struktureffekt*, als *funktionales Geschehen* sowie als *Sozialsystem* (ausführlich Thiel, 2003).

- Einer der bedeutendsten zeitgenössischen Konflikttheoretiker ist Ralf Dahrendorf. Dahrendorf definiert den Konflikt als »jede Beziehung von Elementen, [...] die sich durch objektive (›latente‹) oder subjektive (›manifeste‹) Gegensätzlichkeit kennzeichnen läßt« (DAHRENDORF, 1972, S. 23). Im Mittelpunkt von Dahrendorfs konfliktsoziologischen Arbeiten steht die Frage nach den Ursachen und Ursprüngen von Konflikten. Dahrendorfs Konflikttheorie gründet auf der Annahme, dass Konflikte Phänomene sind, die aus strukturellen Bedingungen der Gesellschaft resultieren. Als *Struktureffekte* von Gesellschaft sind Konflikte in den sozialen Herrschaftsverhältnissen angelegt. Grundsätzlich wird dabei zwischen *latenten* und *manifesten Konflikten* unterschieden. Während *latente Konflikte* auf unausgesprochene Gegensätzlichkeit, d.h. auf potenzielle Auseinandersetzungen, verweisen, sind *manifeste Konflikte* offen ausgetragene Auseinandersetzungen. Von psychologischen Konfliktmodellen grenzt sich Dahrendorf insofern ab, als er versucht, den Konflikt als überindividuelles, gesellschaftliches Phänomen darzustellen, das im Hinblick auf die gesellschaftliche Entwicklung durchaus funktional sein kann (DAHRENDORF, 1969; 1972). So kann beispielsweise die ungleiche Verteilung gesellschaftlich relevanter Rechte Konflikte bedingen, die wiederum Wandlungsprozesse im Sinne einer Veränderung der Verteilung von Rechten in Gang setzen können.
- Die Fassung des *Konflikts als ein funktionales Geschehen* wurde in anderen soziologischen Analysen noch detaillierter analysiert. Diese Perspektive geht in ihren Ursprüngen auf Georg SIMMEL (1958) zurück. Für die soziologische Konfliktdiskussion waren insbesondere die Arbeiten von Lewis A. Coser von Bedeutung, die auch die Sportsoziologie geprägt haben. In diesen Arbeiten geht es insbesondere um die Frage, was Konflikte bewirken, welche gesellschaftliche Funktion Konflikte haben. COSER beschreibt den Konflikt als »Kampf um Werte und um Anrecht auf mangelnden Status, auf Macht und Mittel, in dem einander zuwiderlaufende Interessen notwendig entweder einander neutralisieren oder verletzen oder ganz ausschalten« (1965, S. 8). Eine wesentliche Funktion von Konflikten besteht darin, dass sie einerseits den Zusammenhalt von Gruppen erhöhen und andererseits Abgrenzungsprozesse gegenüber anderen Gruppen in Gang setzen. Demnach erzeugen Konflikte Instabilität, indem sie gegensätzliche Interessen offenlegen und sorgen gleichzeitig für sozialen Zusammenhalt. Darüber hinaus wird Konflikten ein produktives Potenzial zugeschrieben. Grundlegend für die Analyse von Konflikten ist dabei die Unterscheidung zwischen *funktionalen* und *dysfunktio-*

nalen Konflikten. Als *funktional* werden Konflikte bezeichnet, die auf das Finden eines Konsenses ausgelegt sind. Ihnen wird insofern eine integrative Funktion zugeschrieben, als sie produktive Lösungen generieren und Strukturveränderungen zur Folge haben. Als *dysfunktional* werden Konflikte beschrieben, die nicht auf die Erzielung eines Konsenses abzielen. Eine desintegrative Funktion wird ihnen deshalb zugewiesen, weil sie nicht zur Generierung produktiver Lösungen beitragen (Coser, 1965).

- Ein weiterer Zugang beschreibt *Konflikte als soziale Systeme.* Der Ansatz geht auf den Systemtheoretiker Niklas Luhmann (1984) zurück, der einen Neubeginn des konflikttheoretischen Diskurses fordert. Im Zentrum des Zugangs stehen Kommunikationsprozesse. In der Konflikttheorie Luhmanns sind Konflikte alltägliche und allgegenwärtige Phänomene sozialer Kommunikation. Soziale Konflikte werden dabei als soziale Systeme betrachtet, die in sogenannten »gastgebenden Systemen«, wie Organisationen oder Gruppen, eine »parasitäre Existenz« entwickeln. Den Ausgangspunkt eines sozialen Konflikts bildet »ein kommuniziertes ›Nein‹, das eine vorangegangene Kommunikation beantwortet« (Luhmann, 1984, S. 530). Dieser Definition zufolge sind Konflikte mitgeteilte Ablehnungen, mit denen auf eine vorausgegangene Mitteilung reagiert wird. Von einem Konflikt wird also nur dann gesprochen, wenn Widersprüche geäußert werden. Die Äußerung des Widerspruchs kann verbal wie nonverbal kommuniziert werden. Entscheidend ist, dass der sogenannte »Andere« im Kommunikationsprozess eine Mitteilung als Widerspruch seines Kommunikationsangebots versteht. Dass nur die in irgendeiner Art geäußerten Widersprüche in der systemtheoretischen Konflikttheorie als Konflikte definiert werden, ist deshalb relevant, weil nur diese empirisch beobachtbar sind. Mit dieser Festlegung wird denn auch eine wichtige Abgrenzung beispielsweise zu Dahrendorfs Unterscheidung in latente/manifeste Konflikte vorgenommen. Da der einfache Konflikt im Sinne eines einmaligen Widerspruchs ein Bagatellereignis ist, das praktisch ständig vorkommt, sind für die Konfliktforschung länger andauernde Konflikte, d.h. sinnhaft zusammenhängende Ketten von Ablehnungen, relevant. Im aktuellen systemtheoretischen Diskurs werden solche Ketten als *Konfliktsysteme* aufgefasst, die durch einen sinnhaften »Zusammenhang kommunizierter Widersprüche« (Thiel, 2003, S. 42) gekennzeichnet sind.

Eine vergleichende Darstellung der genannten konflikttheoretischen Zugänge findet sich in Thiels (2003) soziologischer Analyse »Soziale Konflikte«.

2.1 Zugänge der sportsoziologischen Konfliktforschung

Die Sportsoziologie hat vergleichsweise früh damit begonnen, sich mit Konflikten im Sport zu beschäftigen. So entstanden seit den 1960er-Jahren einige Arbeiten, die sich mit der Frage nach der Bedeutung von Konflikten im Sport für die sportliche Leistung von Mannschaften auseinandersetzten. Die Befunde dieser empirischen Studien der sportsoziologischen (und sportpsychologischen) Konfliktforschung erweisen sich als inkohärent und widersprüchlich, da sowohl funktionale, d.h. leistungssteigernde, als auch dysfunktionale, d.h. leistungsmindernde Effekte von Konflikten identifiziert werden. Die empirischen Befunde geben daher Grund zu der Annahme, dass die gleichen Konflikte unter bestimmten Bedingungen sowohl funktional als auch dysfunktional sein können (Thiel, 2002). Im Rahmen der Untersuchung einer Rudermannschaft kam beispielsweise Lenk (1966) zu dem Schluss, dass sich intensive Konflikte nicht zwangsläufig leistungsmindernd auf die Gesamtleistung der Gruppe auswirken. Mehr noch: Lenk (1966, S. 168) zufolge kann »mit der Entwicklung oder Verstärkung eines Konflikts [...] sogar eine Leistungssteigerung einhergehen«.

Im Gegensatz dazu stellten Klein und Christiansen (1966) dysfunktionale Effekte von Konflikten in Sportmannschaften in sogenannten *interagierenden Sportarten* fest. Spätere Studien von Cachay (1978) sowie Cachay und Fritsch (1983) zeigten ebenfalls leistungsbehindernde Effekte von Konflikten sowohl für Handballmannschaften als auch für Rudermannschaften auf. Eine weitere Studie von Wilhelm und Drews (1997), die sich mit dem Zusammenhalt in Sportspielmannschaften beschäftigt, berichtet umgekehrt, dass eine hohe soziale Kohäsion der Mannschaftsmitglieder die Leistungsstärke der Mannschaft nicht notwendigerweise positiv beeinflusst, sondern dass es für die Leistungsstärke einer Mannschaft wesentlich relevanter ist, inwieweit sich die Mannschaftsmitglieder mit den Zielen und Anforderungen identifizieren.

Ein großer Teil der bis heute entstandenen Arbeiten zu Konflikten im Sport lässt sich den oben beschriebenen, allgemeinen, konflikttheoretischen Positionen zuordnen. Der sportsoziologische Diskurs der späten 1970er- und frühen 1980er-Jahre orientierte sich beispielsweise stark an den konflikttheoretischen Überlegungen Dahrendorfs. Die Leistung der entsprechenden Arbeiten besteht darin, dass sie Potenziale von Konflikten im Sport bezeichnet und systematisiert haben. Gleichzeitig bleiben bei dieser Perspektive psychische Aspekte und personale Einflüsse weitgehend unberücksichtigt (vgl. Thiel, 2003; Thiel & Cachay, 2008).

Im Fokus der Analysen stehen die strukturellen Bedingungen, unter welchen Sport getrieben wird. In diesem Zusammenhang wird beispielsweise auf die Konkurrenz um Stammplätze, Macht oder Prestige hingewiesen (Cachay, 1980). Konflikte, wie sie z. B. in Sportspielmannschaften auftreten, werden dabei primär als Struktureffekte der Sportart verstanden, es wird also davon ausgegangen, dass Konflikte im Sport strukturell angelegt sind. Sportarten stellen demzufolge aufgrund ihres Regelwerks, ihrer Organisations- oder Anforderungsstruktur spezifische Bedingungen bereit, die zur Manifestation von Konflikten führen können (Cachay, 1988). So sind z. B. im Fußball Einwechslungen in der Regel in erheblich höherem Maße begrenzt als im Handball oder Basketball. Die Wahrscheinlichkeit, dass sich aus dieser spezifischen Strukturbedingung Konflikte entwickeln, ist im Fußball ungleich höher als in solchen Sportarten, in denen häufiger oder beliebig oft ausgewechselt werden darf.

Die systemtheoretische Konfliktsoziologie des Sports weist darauf hin, dass der bisherige sportsoziologische Diskurs eine Theorie der Konflikte im Sport weitgehend schuldig geblieben ist. Seit 2000 ist eine Reihe von Arbeiten entstanden, die der systemtheoretischen Konfliktsoziologie zugerechnet werden können und die versuchen, diese Lücke zu schließen. Der systemtheoretische Konfliktbegriff erlaubt es, die Auseinandersetzung zweier Vorstandsmitglieder im örtlichen Sportverein ebenso als Konflikt zu fassen wie die tätliche Auseinandersetzung zweier Spieler im Spiel oder die Vertragsverhandlungen zwischen Spieler und Sportmanager. Der Fokus dieses Diskurses liegt auf Konflikten innerhalb von Sportspielmannschaften (Thiel, 2002) bzw. zwischen Trainer und Athlet (Borggrefe, Thiel & Cachay, 2006). Neue Erkenntnisse liefern die Arbeiten insofern, als dass sie neben den jeweiligen Strukturbedingungen von Sportarten auch Konfliktprozesse theoretisch fassen.

3 Grundzüge der systemtheoretischen Konfliktsoziologie des Sports

Gegenstand systemtheoretischer Arbeiten zu einer Konfliktsoziologie des Sports sind erstens Entstehungs- und Stabilisierungsprozesse von Konflikten, zweitens die Mechanismen der Eskalation von Konflikten sowie drittens Strategien des Managements von sozialen Konflikten im Sport.

3.1 Konfliktpotenziale als Ursprünge von Konflikten

Bei der Analyse von Konflikten in Sportspielmannschaften wird schnell deutlich, dass es häufig ähnliche Widersprüche sind, aus denen Konflikte entstehen (vgl. CACHAY, 1978). Diese typischen Erwartungsdifferenzen werden im systemtheoretischen Konfliktdiskurs als »Konfliktpotenziale« bezeichnet (THIEL, 2002, S. 53). Erwartungsdifferenzen können aus unterschiedlichen Vorstellungen von körperlicher Härte und Fairness, aus den Erwartungen an den Führungsstil von Trainern, aber auch ganz einfach aus dem formalen Regelwerk resultieren.

Beispielsweise gibt es im Fußball trotz aller Rotationsmaßnahmen in vielen Mannschaften immer noch eindeutige Differenzen zwischen Stamm- und Ersatzspielern. Eine Abschwächung dieser Statusdifferenz – beispielsweise durch häufiges Ein- und Auswechseln – ist nicht möglich, da die Anzahl möglicher Auswechslungen begrenzt ist. Besitzt ein Trainer zwei in etwa gleich leistungsstarke Spieler auf derselben Position, so erwarten beide Spieler, im Wettkampf in der Startaufstellung zu stehen. Eine der wesentlichen Aufgaben des Trainers besteht darin, zu entscheiden, wer zum Einsatz kommt, wer auf der Ersatzbank sitzt und wer gar nicht erst im Mannschaftskader ist. Der Trainer muss damit rechnen, dass seine Entscheidung bei den nicht ausgewählten Spielern zu Erwartungsenttäuschungen führt. Eine solche Erwartungsdivergenz führt nicht zwangsläufig dazu, dass ein Konflikt entsteht. Erst wenn der Spieler die Entscheidung des Trainers ablehnt und der Trainer diese Ablehnung auch als solche versteht, lässt sich von einer konfliktären Kommunikation sprechen. Dieser Widerspruch kann ein einfaches Bagatellereignis sein. Erst wenn die beiden Kommunikationspartner auf die jeweils vorausgegangene Äußerung immer wieder mit Ablehnung reagieren, etabliert sich ein Konflikt.

Die Ursprünge, aus denen solche kommunizierten Widersprüche entstehen, sind vielfältig. In der sportsoziologischen Konflikttheorie wird zwischen *intern* und *extern generierten Konfliktpotenzialen* unterschieden (THIEL, 2002):

- *Intern generierte Konfliktpotenziale* sind Erwartungsdifferenzen, die aus der spezifischen Logik des Wettkampfsports, der Sportart, der Sportorganisation oder aber aus den personalen Besonderheiten der Konfliktbeteiligten hervorgehen. In Sportspielmannschaften sind es v. a. Ansprüche auf knappe Güter, wie Einsatzzeiten, Spielpositionen oder Macht, die Erwartungsdifferenzen produzieren können. Zu berücksichtigen sind jedoch auch nicht direkt sportbezogene Erwartungen der »inneren Umwelt«

der Sportspielmannschaft, also der Athleten oder Trainer. So kann eine individuell gering ausgeprägte Empathiefähigkeit ebenso Widersprüche auslösen, wie ein gering ausgeprägter Teamgedanke in interagierenden Sportarten. Interne Konfliktpotenziale beziehen sich also auf Erwartungsdifferenzen, die ihren Ursprung in den strukturellen Bedingungen des gastgebenden Systems oder in den kognitiven Strukturen der Beteiligten – der sogenannten »inneren Umwelt« des Systems – haben (THIEL, 2002, S. 142-148).

- *Extern generierte Konfliktpotenziale* ergeben sich dagegen aus der »äußeren Umwelt« des Systems. Diese Umwelt wird u. a. von Sponsoren, Medien oder Zuschauern gebildet. So nehmen beispielsweise Sponsoren Einfluss auf das gastgebende System, indem sie konkrete Erwartungen an ein von ihnen unterstütztes Team oder einen Club richten. Werden diese Erwartungen nicht erfüllt, kann dies finanzielle Konsequenzen für die Mannschaft oder den Verein haben. Wie bedeutend extern generierte Konfliktpotenziale im Sport sind, lässt sich am Beispiel der Sportberichterstattung verdeutlichen. Denn Medien können erheblichen Einfluss auf Konflikte im Sport nehmen. Obwohl Medien keine beteiligte Konfliktpartei im engeren Sinne darstellen, sondern lediglich über Konflikte berichten, sind sie in der Lage, Konflikte zu provozieren, zu verschärfen oder wiederaufzubereiten. In der Mediensoziologie wird daher darauf verwiesen, »dass in einer globalen Mediengesellschaft die Konfliktdarstellung zunehmend die Konfliktentstehung und -dynamik mitbestimmt« (BUCHER & DUCKWITZ, 2005, S. 194). Dies hängt nicht zuletzt damit zusammen, dass Medien eigene Konfliktrealitäten publizieren, die sowohl von einer breiten Masse als auch von den Athleten rezipiert werden. Die Sportberichterstattung stellt also alternative Darstellungen von Konflikten zur Verfügung. Ob die publizierten Darstellungen den Konfliktverlauf nun tatsächlich so schildern, wie er stattgefunden hat, ist zunächst zweitrangig. Primär geht es darum, Ereignisse so darzustellen, dass die Darstellungen gelesen werden (THIEL, 2002, S. 148-151).

3.2 Stabilisierung von Konflikten

Ein Blick in den Alltag zeigt, dass die meisten Meinungsverschiedenheiten und Widersprüche ebenso schnell beigelegt werden, wie sie entstehen. Es gibt jedoch auch Auseinandersetzungen, die sich über einen längeren Zeitraum erstrecken und dabei eigene Strukturen entwickeln. In der sportsoziologischen Konflikttheorie wird in diesem Fall von *stabilen Konflikten* gesprochen. Auf welche Weise sich soziale Konflikte stabilisieren und welche Mechanismen dabei greifen, wird im Folgenden erklärt.

Charakteristika stabiler Konfliktsysteme

Bagatellereignisse werden erst dann zu *stabilen Konflikten*, wenn sinnhaft aneinander anschließende Widerspruchsketten entstehen. Die Entstehung stabiler Konflikte kann mit weitreichenden Konsequenzen für eine Mannschaft verbunden sein. Stabile Konflikte entwickeln häufig eine *parasitäre Existenz* im gastgebenden System, d.h., sie bilden eigene Strukturen und Logiken aus, die Abläufe, Routinen oder Kommunikationsprozesse stören können. Stabile Konfliktsysteme haben also eine potenziell schädigende Wirkung und sind durch eine Veränderung der Wahrnehmung sozialer Interaktion gekennzeichnet. So ist Kommunikation zunehmend durch Gegnerschaft gekennzeichnet. Für stabile Konfliktsysteme ist weiterhin eine Polarisierung der kommunizierten Inhalte typisch. Charakteristisch dafür ist, dass »so gut wie alles Handeln unter einen Gesichtspunkt des Gewinnens und Verlierens gebracht wird« (LUHMANN, 1981, S. 101).

Eine bedeutende Rolle bei der Stabilisierung von Konflikten spielen *Affekte*. Dies ist darauf zurückzuführen, dass menschliches Denken und soziale Interaktion in erheblicher Weise von Affekten geprägt sind. Kennzeichnend für stabile Konflikte ist die Kollektivierung von *Affektlogiken*.

> *Luc CIOMPI (2005) macht in seinem »Entwurf einer fraktalen Affektlogik« deutlich, wie sehr individuelle und kollektive Affekte Wahrnehmungsprozesse beeinflussen. In dieser Hinsicht fungieren »Affekte als Energielieferanten und Organisatoren des sozialen Raums« (CIOMPI, 2005, S. 244).*

Konfliktstabilisierende *Affektlogiken* basieren in der Regel auf positiven Selbst- und negativen Fremdzuschreibungen. Im Zuge dessen etablieren sich spezifische Bilder der Gegenpartei, die als Abgrenzungsvorlage dienen. Getragen werden diese Logiken von moralischen Kategorisierungen. Kategorien wie gut vs. schlecht, richtig vs. falsch oder schuldig vs. unschuldig werden eingeführt, um die eigene Partei von der anderen abzugrenzen. In der Folge bindet der Konflikt immer mehr Energie des gastgebenden Systems. Je mehr Energie von den Beteiligten in den Konflikt gesteckt wird, desto größer ist die Gefahr, dass die Aufmerksamkeit vom ursprünglichen Systemzweck auf den Konflikt gelenkt wird.

In Sportspielmannschaften äußert sich dies beispielsweise dadurch, dass sich Spieler nicht mehr an taktische Vorgaben halten, Mannschaftsmitglieder werden während des Wettkampfs ignoriert oder Auseinandersetzungen mit Mitspielern werden lautstark auf dem Spielfeld ausgetragen. Die in diesem Beispiel angedeuteten Koalitionsbildungen und aggressiven Handlungen sind ein Zeichen dafür, dass Konflikte eskalieren. So zeichnen sich eskalierende Konflikte durch eine »Offenheit für fast alle Möglichkeiten des Benachteiligens, Zwingens, Schädigens« (Luhmann, 1984, S. 534) und die Ausweitung der Konfliktkommunikation auf andere Personen aus (Thiel, 2002).

3.3 Eskalation von Konflikten

Ausgehend von einem systemtheoretischen Konfliktbegriff, lässt sich *Eskalation* als »ungebremstes Wachstum des Konfliktsystems« (Thiel, 2003, S. 64) bezeichnen.

Phänomene der Eskalation

Das Wachstum eines Konflikts ist durch drei Phänomene gekennzeichnet und vollzieht sich auf drei Ebenen: erstens auf der Ebene der *einbezogenen Personen*, zweitens auf der Ebene der *Konfliktgegenstände* und drittens auf der Ebene der *eingesetzten Konfliktmittel* (Thiel, 2003, S. 64ff.).

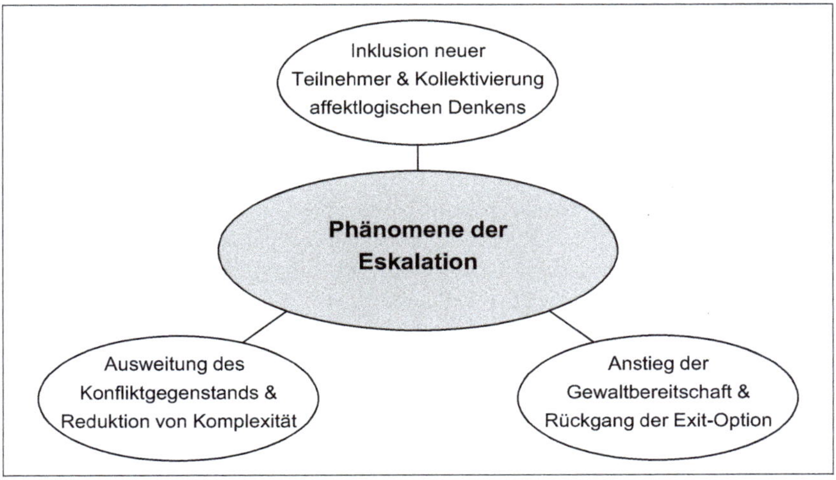

Abb. 2: *Phänomene der Eskalation*

Inklusion neuer Teilnehmer bei gleichzeitiger Kollektivierung affektlogischen Denkens

Das Wachstum eines Konfliktsystems geht in der Regel mit einer *Ausweitung des Personenkreises* einher. Äußert sich eine Person zum Konfliktgeschehen, dann wird sie automatisch in das Konfliktsystem inkludiert. Im Zuge der Ausweitung der konfliktbedingten *Polarisierung* auf die gesamte Gruppe entsteht eine *Kollektivierung konkurrierender Affektlogiken*. Die Mitglieder einer Konfliktpartei bestätigen sich dabei gegenseitig in ihren Deutungen des konfliktären Sachverhalts. Beide Gruppen gehen dabei von einer jeweils rationalen Wahrnehmung der Dinge aus. Ein typisches Beispiel hierfür sind die Wahrnehmungen von konkurrierenden Fangruppierungen bei einem vermeintlichen Foulspiel. Während die eine Gruppe eine »Schwalbe« erkannt zu haben glaubt, echauffiert sich die andere Gruppe über das »brutale« und »rücksichtslose« Einsteigen des beteiligten Spielers. Die Gegensätzlichkeit der Annahmen bei gleichzeitigem Beharren auf der »Richtigkeit« der eigenen Wahrnehmung kann zu sehr emotionalen kollektiven Reaktionen führen.

Ausweitung des Konfliktgegenstandes bei gleichzeitiger Reduktion von Komplexität

Die Eskalation von Konflikten geht zumeist mit einer *Erweiterung des ursprünglichen Konfliktgegenstandes* einher. Dies kommt u. a. daher, dass die Inklusion neuer Teilnehmer meist auch mit der *Integration neuer Themen* in die Konfliktkommunikation einhergeht. Nimmt beispielsweise ein zunächst nicht betroffener Spieler zur Auseinandersetzung eines Trainers mit einem anderen Spieler über dessen Nicht-Aufstellung Stellung, dann ist auch er in den Konflikt inkludiert. Dieser Spieler wird möglicherweise andere Entscheidungen des Trainers zum Thema machen, was dazu führt, dass sich der Konfliktgegenstand ausweitet. Obwohl sich mit einer solchen Integration neuer Themen die Komplexität des Konfliktsystems erheblich erhöht, wird der Konflikt in der Wahrnehmung der Beteiligten in der Regel dennoch auf einen singulären Gegenstand reduziert, wie im Beispiel die nicht zufriedenstellende Aufstellungstaktik des Trainers. Diese *Reduktion von Komplexität* ermöglicht es den Beteiligten, den Konflikt weiterhin als klar abgrenzbare Erscheinung wahrzunehmen.

Anstieg der Gewaltbereitschaft bei gleichzeitigem Rückgang der Exit-Option

Besonders folgenreich ist die *Steigerung der eingesetzten Konfliktmittel*. So werden im Zuge der Eskalation eines Konflikts die eingesetzten Mittel der Konfliktaustragung zunehmend gewaltsamer. Dies liegt nicht zuletzt daran, dass die andere Partei nicht mehr nur als Gegner, sondern auch als Verursacher der eigenen Probleme wahrgenommen wird. Die Entstehung von regelrechten Bedrohungsszenarios ist kennzeichnend für dieses Phänomen. Auf Drohungen und Einschüchterungsversuche wird mit entsprechenden Gegenmaßnahmen reagiert. So können Provokationen, Drohgebärden oder Beleidigungen zu einer Verschärfung der eingesetzten Mittel führen (GLASL, 2004). Der Einsatz härterer Konfliktmittel und Gewalt führt jedoch in der Regel nicht, wie erhofft, zum Nachgeben der anderen Partei, sondern wiederum zu Gegenmaßnahmen. So ziehen beispielsweise auch im Fußball rohes Spiel oder überharter Einsatz nicht selten Vergeltungsmaßnahmen nach sich, die den Konflikt weiter verschärfen. Mit der Anwendung von Gewalt steigen die Investitionen in den Konflikt erheblich an. Gleichzeitig sinkt die Wahrscheinlichkeit der Kooperation rapide ab – was gleichbedeutend ist mit dem *Rückgang der Exit-Option*.

Phasen der Eskalation

Die Eskalation von Konflikten ist ein dynamischer Prozess, der immer auf eine Geschichte von Widersprüchen und Ablehnungen verweist. Handgreiflichkeiten, Tätlichkeiten oder Gewaltexzesse sind meistens nur die Spitzen eines schon länger existierenden Konfliktsystems, das kontinuierlich an Dynamik gewonnen hat. Um Konflikte in ihrem Verlauf bzw. ihrer Eskalation beschreiben und analysieren zu können, wird in der Konflikttheorie auf *Stufen- und Phasenmodelle* zurückgegriffen. Diese Modelle gehen davon aus, dass mit jeder Stufe des Wachstums eine neue Qualität der Eskalation erreicht wird. Eines der populärsten Stufenmodelle hat der Konfliktforscher Friedrich GLASL (2004) mit seinem »Neun-Stufen-Modell« vorgelegt. Im Folgenden wird auf das Phasenmodell von THIEL (2002) zurückgegriffen, das an die Begrifflichkeiten der systemtheoretischen Konflikttheorie anschließt. In diesem Modell werden idealtypisch vier Phasen der Eskalation unterschieden. Der ersten Eskalationsphase geht die Entstehung eines stabilen Konfliktsystems voraus. Von Eskalation wird also erst gesprochen, wenn es sich um ein Konfliktsystem handelt, das eine eigene Struktur mit stabilen Erwartungserwartungen ausgebildet hat (THIEL, 2002, S. 79ff.):

Eskalationsphase 1: Koalitionsbildung und Ausweitung des Konfliktgegenstandes

Charakteristisch für die erste Eskalationsphase ist das Wachstum auf der Ebene der beteiligten Personen. In dieser Phase ist der Konflikt nicht mehr auf die ursprünglich beteiligten Personen ausgelegt, sondern hat bereits weitere Personen integriert. Das Werben um Mitstreiter hat außerdem zur Folge, dass weitere Konfliktthemen in den Konflikt inkludiert werden. So können sich – beispielsweise bei Konflikten in Sportspielmannschaften – stabile Gruppenkoalitionen bilden, die die Mannschaft und auch das Umfeld in verschiedene »Lager« teilen. Im Mannschaftssport kann z. B. die Nicht-Berücksichtigung von Spielern Anlass für Polarisierungen bieten – beispielsweise, wenn andere Spieler, Betreuer, Zuschauer oder Funktionäre Partei ergreifen. Die Wahrscheinlichkeit für eine Kooperation der Parteien nimmt in dieser Phase stark ab.

Eskalationsphase 2: Verstärkte Angriffe
In der zweiten Eskalationsphase nimmt die Härte der Angriffe auf die andere Partei zu. Dabei dominiert insbesondere die Androhung von Gewalt. Die Parteien setzen in zunehmendem Maße darauf, die andere Partei bloßzustellen. Ein Beispiel aus dem Mannschaftssport sind diffamierende Aussagen bei Mannschaftsbesprechungen oder Demütigungen im Trainings- oder Spielbetrieb, wenn technisch versierte Spieler versuchen, leistungsschwächere Spieler der gegnerischen Konfliktpartei »vorzuführen«, wobei es dabei weniger darum geht, dem eigenen Trainingsteam einen spielrelevanten Vorteil zu verschaffen, sondern vielmehr darum, die andere Partei symbolisch zu erniedrigen. Dem Trainer kommt insofern eine besondere Position zu, als er, im Gegensatz zu den Spielern, mit Sanktionsgewalt ausgestattet ist. Er kann Spielern damit drohen, sie aus dem Kader zu verbannen oder Geldstrafen in Aussicht stellen. Typisch für die Konfliktkommunikation sind »Wenn-dann-Sätze«, die das Auftreten bestimmter Ereignisse (z. B. fehlende Leistungsmotivation) mit negativen Sanktionen (z. B. Auswechslung) koppeln. Die wechselseitigen Drohgebärden und Angriffe führen schließlich dazu, dass die Konfliktinvestitionen weiter ansteigen und der Ausstieg aus dem Konflikt immer unwahrscheinlicher wird. In dieser Phase sinkt der Erwartungsnutzen, der einer Kooperation beigemessen wird, rapide ab.

Eskalationsphase 3: Begrenzte Schädigung der gegnerischen Partei
Mit der dritten Eskalationsphase ist ein Punkt erreicht, an dem den Drohungen Taten folgen. Vor dem Hintergrund dieser Entwicklung wird Gewalt zum legitimen Konfliktmittel. Die Parteien zielen nun auf eine begrenzte Schädigung der anderen Partei ab (vgl. Glasl, 2004). Solche begrenzten Schädigungen zeigen sich im Mannschaftssport beispielsweise dann, wenn der Trainer einzelne Spieler vom Trainings- oder Spielbetrieb für eine bestimmte Zeit ausschließt. Typisch für diese Phase ist, dass die Konfliktinvestitionen exponentiell ansteigen. Gleichzeitig sinkt der Erwartungsnutzen, den die Beteiligten mit dem Konflikt verbinden. Der Konflikt ist bereits so stark angewachsen, dass die Durchsetzung der Interessen einer Partei automatisch erhebliche Verluste bei der anderen Partei bedeutet. Das Ziel der Beteiligten besteht fortan darin, die andere Partei zu besiegen.

Eskalationsphase 4: Vernichtung wichtiger Ressourcen
Die vierte Eskalationsphase zeichnet sich durch eine weitere Extremisierung auf der Ebene der Konfliktmittel aus. Gerade weil die Beteiligten bereits so viel in den Konflikt investiert haben, besteht kaum mehr eine Möglichkeit, aus dem Konflikt auszusteigen. Obwohl der Konflikt bereits längst wichtige Ressourcen des gastgebenden Systems in Anspruch nimmt, setzt sich das Wachstum fort. Der Einsatz von Konfliktmitteln richtet sich nun zunehmend auf die Vernichtung der anderen Partei und von deren Ressourcen. Sind Konflikte an diesem Punkt angelangt, so nehmen die Parteien nicht selten die Selbstvernichtung in Kauf. Die Parteien gehen dabei gewissermaßen »gemeinsam in den Abgrund« (Glasl, 2004, S. 299). Der Konflikt ist mit enormen Folgeschäden für die beteiligten Personen, die Mannschaft und den Verein verbunden. Keine der Parteien kann mehr als Sieger aus dem Konflikt hervorgehen.

Mit Blick auf die Konflikteskalation lässt sich festhalten: Mit dem Wachstum von Konflikten steigen auch die Investitionen der beteiligten Personen und Gruppen. Je länger der Konflikt dauert und je höher die investierten Kosten sind, umso geringer wird die Chance, dass die beteiligten Parteien aus dem Konflikt aussteigen. Die Exit-Option geht also mit fortschreitender Eskalation zurück. Typisch für eskalierende Konflikte ist, dass die Beteiligten eine Kooperation immer weniger in Betracht ziehen, d.h., mit steigenden Investitionen sinkt der Erwartungsnutzen, der an eine Kooperation gebunden wird. Ein Einlenken einer Partei wird damit zunehmend unwahrscheinlicher (Thiel, 2002, S. 79).

3.4 Management von Konflikten im Sport

Die Auseinandersetzung mit Eskalationsprozessen hat gezeigt, dass das Wachstum von Konflikten häufig mit Folgeschäden für das gastgebende System verbunden ist. Doch wie lässt sich das verhindern? Wie lassen sich Konflikte nutzbringend steuern, sodass sie keinen Schaden an der Wettkampfeinheit anrichten? Beim Management von Konflikten im Sport werden zwei Zugänge unterschieden, welche an verschiedenen Zeitpunkten der Konfliktentstehung und des Konfliktverlaufs ansetzen (vgl. Thiel, 2003). Während das Management von Konfliktpotenzialen ansetzt, bevor ein Konflikt entsteht bzw. eskaliert, setzt das Management von Konfliktverläufen an bereits bestehenden Konflikten an. Im Folgenden wird davon ausgegangen, dass ein Konfliktmanagement nicht die Verhinderung oder

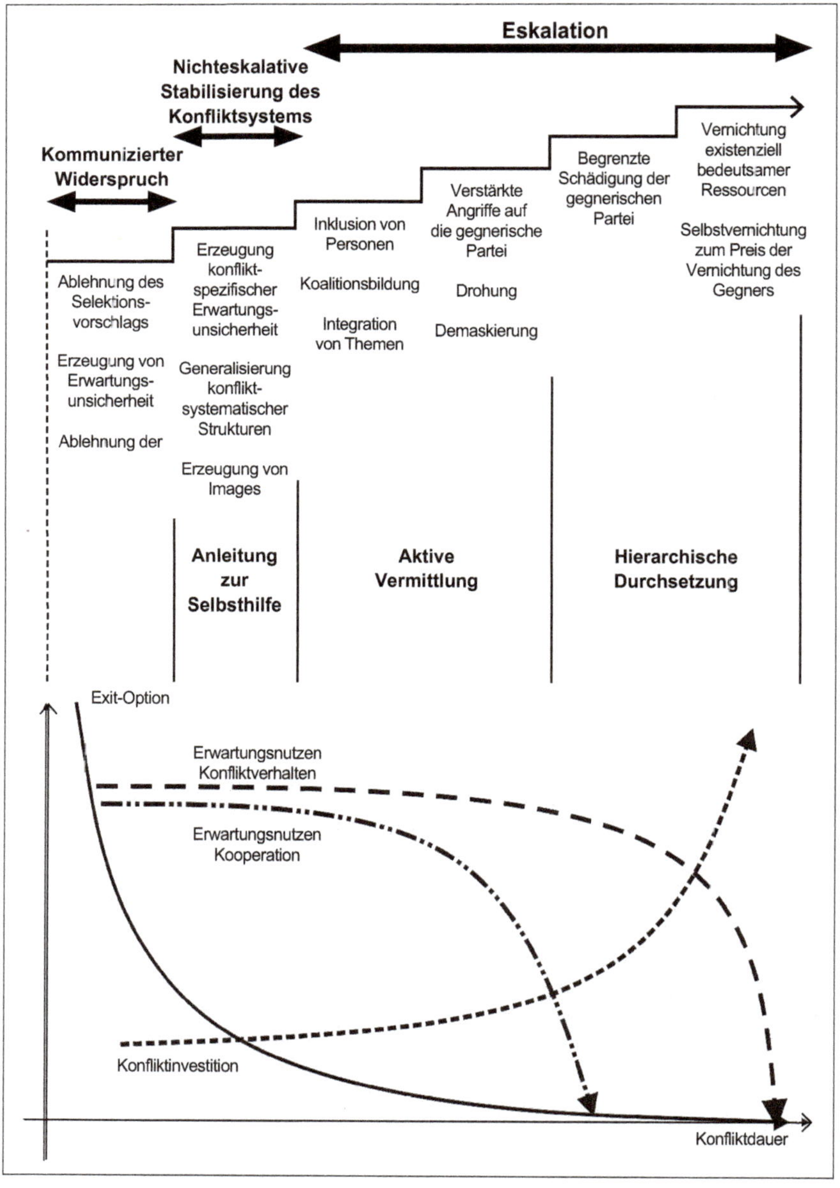

Abb. 3: Management von Konfliktverläufen (Thiel, 2002, S. 201)

Lösung von Konflikten zum Ziel hat. Vielmehr wird die Annahme vertreten, dass Konflikte durchaus eine »existenziell bedeutsame Funktion für eine Sportspielmannschaft« (Thiel, 2002, S. 179) haben können, vorausgesetzt, es gelingt, Konflikte so zu steuern, dass sie nützlich im Sinne dieser Mannschaft verlaufen.

Management von Konfliktpotenzialen

Beim Management von Konfliktpotenzialen steht die Steuerung von Verhaltenserwartungen im Mittelpunkt. Es handelt sich also um einen präventiven Zugang, der potenzielle Konfliktherde aufdeckt. Ziel ist es, interne und externe Verhaltenserwartungen (Konfliktpotenziale) sichtbar zu machen und zu moderieren. Die Steuerungsmöglichkeiten sind jedoch in doppelter Weise begrenzt: Zum einen gibt es im Sport formale Strukturen, die nicht verhandelbar oder regulierbar sind (z. B. Spiel- und Wettkampfregeln), zum anderen lassen sich Erwartungen der Umwelt (z. B. Medien) nur in sehr begrenzter Weise steuern (Thiel, 2002, S. 192ff.).

Auf der Ebene interner Verhaltenserwartungen setzt das Management von Konfliktpotenzialen in Sportspielmannschaften v. a. an den Erwartungen der Mannschaftsmitglieder an. Besonders im Breitensport kann es vorkommen, dass sich in einer Mannschaft Spieler mit unterschiedlichen Motivlagen zusammenfinden. So kann es sein, dass manche Mannschaftsmitglieder trainieren, um sich fit zu halten, während sich andere primär am sportlichen Erfolg orientieren und es wieder anderen speziell um den Aspekt der Geselligkeit geht. Dass Erwartungen divergieren, ist allerdings den Beteiligten nicht immer bekannt. Daher empfiehlt es sich zunächst, unterschiedliche Ansprüche, Motive und Erwartungen offenzulegen, um, darauf aufbauend, nach Möglichkeiten des Umgangs mit diesen Differenzen zu suchen.

Eine Möglichkeit sind Einzelgespräche zwischen Spielern und Trainern, um individuelle Lernprozesse anzuregen. Der Erfolg solcher Maßnahmen hängt allerdings einerseits von der Gesprächsführungsfähigkeit des Trainers, andererseits von der Bereitschaft der Mitglieder, sich auf diese Prozesse einzulassen, ab. Individuelle Lernprozesse hinterlassen in Sportorganisationen nur dann einen bleibenden Eindruck, wenn sie sich ins »Gedächtnis« der Organisation (z. B. eines Sportvereins) einschreiben; d. h., es sind Strukturen zu etablieren, die die Organisation in die Lage versetzt, zukünftig konstruktiv mit Erwartungsdivergenzen umzugehen.

In diesem Zusammenhang wird auch von »organisationalem Konfliktlernen« (Thiel, 2002, S. 182) gesprochen. Der Begriff beschreibt den »Prozess des Erwerbs der Fähigkeit einer Wettkampfeinheit, Konfliktverhalten effizient durch Ein- und Ausschluss von Verhaltensweisen zu steuern« (Thiel, 2002, S. 183). Um organisationale Lernprozesse in Gang zu setzen, ist an den Strukturen der Sportorganisation anzusetzen. Ein möglicher Ansatzpunkt ist die Einführung klarer Kommunikationsregeln oder das Einfordern mannschaftsbezogener Zielvereinbarungen. Über die Erarbeitung von Leitbildern oder Wertekataloge lassen sich außerdem »erwünschte« Verhaltensweisen festlegen und Verhaltensweisen benennen, die unter keinen Umständen toleriert werden (z. B. Beleidigungen).

Sportvereine können sich in solchen Katalogen darüber hinaus zu einem spezifischen Umgang mit Sportmedien verpflichten. So könnte z. B. die öffentliche Kritik an anderen Spielern des eigenen Teams ebenso ausgeschlossen werden, wie der Einsatz körperlicher Gewalt oder provokanter Gesten gegenüber Schiedsrichtern und Zuschauern. Über die Einführung solcher Regeln kann Einfluss darauf genommen werden, wie miteinander umgegangen wird, indem verhaltensleitende Bedingungen gestaltet und Sanktionen bei Verstößen legitimiert werden, es kann aber auch ein gewisser Einfluss darauf genommen werden, wie sich eine Mannschaft in der Öffentlichkeit präsentiert.

Die Steuerung externer Verhaltenserwartungen ist dagegen insofern schwieriger, als die Zugriffsmöglichkeiten vonseiten der Sportorganisation deutlich geringer sind. So haben Mannschaften nur begrenzten Einfluss auf die Berichterstattung. Trotzdem bestehen aber Möglichkeiten, um auf externe Erwartungen einzuwirken. Beispielsweise kann eine gezielte Konflikt-PR dazu beitragen, negativen Wirkungen publizierter Konflikte auf Sponsoren und Publikum vorzubeugen. Dafür eignen sich Gegen- bzw. Alternativdarstellungen, mit deren Hilfe auf mediale Darstellungen reagiert wird. In dieser Hinsicht ist die Konflikt-PR eine Strategie, bei der es darum geht, der Entstehung von Folgekonflikten vorzubeugen. Voraussetzung für eine professionelle Konflikt-PR ist allerdings die Förderung der Medienkompetenz von Athleten, Trainern und Funktionären sowie die Immunisierung der Betreffenden gegenüber medialen Darstellungen (Thiel, 2002, S. 201ff.).

Management von Konfliktverläufen

Grundsätzlich ist davon auszugehen, dass Konflikte auch dann eskalieren können, wenn präventiv auf Verhaltenserwartungen eingewirkt wird. In diesem Falle ist das Management von Konfliktverläufen relevant, das an bereits bestehenden Konflikten ansetzt und auf die Abwendung negativer Folgewirkungen ausgelegt ist. In diesem Falle wird auch von *Deeskalation* gesprochen. Mit *Deeskalation* wird in der systemtheoretischen Konflikttheorie die »selbst- bzw. fremdgesteuerte Regression von Konfliktsystemen« (THIEL, 2003, S. 79) bezeichnet. Im Mittelpunkt steht die Destabilisierung des Konflikts durch die Irritation etablierter Konfliktlogiken. Einfacher ausgedrückt, geht es darum, die im Laufe eines Konflikts entstandenen negativen Zuschreibungen und Unterstellungen zu stören. Ein wesentlicher Aspekt dabei ist die energetische Absenkung der kollektiven Affekte (THIEL, 2002; vgl. CIOMPI, 2005).

Kennzeichnend für das Management von Konfliktverläufen ist die Einbeziehung einer dritten Partei in das Konfliktsystem. Das Ziel des Einschaltens dieser Partei besteht darin, negative Folgewirkungen und folgenreiche Konfliktverläufe abzuwenden. Welche Strategie der Deeskalation gewählt wird, ist abhängig vom Status quo des Konflikts. In der ersten Stufe einer Konflikteskalation ist eine andere Strategie zu wählen als in hocheskalierten, gewaltträchtigen Konflikten.

In der systemtheoretischen Konflikttheorie werden drei Strategien des Managements von Konfliktverläufen unterschieden: die *Anleitung zur Selbstregulierung*, die *aktive Vermittlung* und die *hierarchische Durchsetzung* (THIEL, 2002, S. 209ff.):

Anleitung zur Selbstregulierung

Die *Anleitung zur Selbstregulierung* ist dann Erfolg versprechend, wenn der Erwartungsnutzen von Kooperation noch relativ hoch ist, wenn sich z. B. ein Konflikt zwar stabilisiert hat, aber noch keine anderen Personen inkludiert wurden und die Komplexität des Konfliktgegenstands noch begrenzt ist. Da zu diesem Zeitpunkt noch von einer relativ hohen Bereitschaft zur Kooperation auszugehen ist, besteht eine begründete Chance, dass bei den Beteiligten eine Reflexion des eigenen Verhaltens angestoßen werden kann. Eine solche Intervention würde in die Zuständigkeit eines *Moderators* fallen, der die Parteien bei der Selbsthilfe unterstützen soll. Die wesentliche Aufgabe eines Moderators besteht darin, die Beteiligten dazu zu bringen, alternative Wege der Konfliktbearbeitung zu erarbeiten. Er achtet darauf, dass zielorientiert und ergebnisorientiert diskutiert wird, strukturiert Gespräche und fasst zentrale Aussagen zusammen. Der Moderator nimmt dabei eine passive Rolle ein, indem er die Beteiligten lediglich dabei unterstützt, in konstruktiven Austausch zu treten. Ziel ist es, den Kontext für einen produktiven Austausch zu schaffen.

Im Fall eines Konflikts zwischen zwei Spielern einer Mannschaft könnte ein Moderator z. B. ein offenes Gespräch anleiten, in dem die Differenzen abseits der hohen emotionalen Einbindung in Spiel- und Trainingssituationen besprochen sowie Gelegenheiten für die Aushandlung eines Konsenses geschaffen werden. Die Ergebnisse eines solchen Gesprächs können wiederum Grundlage für ein Gespräch zwischen den beiden Spielern und dem Trainer sein, um Handlungsvorgaben zu entwickeln, wie z. B. die Einführung eines regelmäßigen Feedbacks.

Aktive Vermittlung

Die Anleitung zur Selbstregulierung bietet nur noch wenig Aussicht auf Erfolg, wenn Konflikte eskalieren. Werden neue Personen und neue Themen inkludiert und dominieren Drohungen bzw. Schuldzuweisungen, dann wird eine »aktive Vermittlung« (Thiel, 2002, S. 214) notwendig, um den Konflikt zu deeskalieren. Die *Vermittlung* – auch *Mediation* genannt – ist ein demokratisches Verfahren zur konstruktiven Bearbeitung von Konflikten, bei dem es darum geht, Gemeinsamkeiten zwischen den verschiedenen Parteien herauszuarbeiten und alternative Perspektiven auf den Konflikt einzuführen. Aussicht auf Erfolg haben Vermittlungsverfahren dann, wenn die Parteien noch etwas zu gewinnen haben. Voraussetzung für die Durchführung dieses Verfahrens ist also das Interesse der Beteiligten an einem Konsens. Vermittlungen oder Mediationen sind freiwillig und lassen sich somit auch nicht erzwingen. Eine *Mediation* wird von einer allparteilichen, geschulten Person geleitet, die als »Vermittler« oder »Mediator« bezeichnet wird. Dem Vermittler kommt v. a. eine analytische Funktion zu. Ihm obliegt die Aufgabe, den Konflikt in seiner komplexen Struktur zu erfassen. Das Ziel solcher Vermittlungen besteht darin, zu einer dauerhaften Deeskalation beizutragen, indem auf einen Kompromiss hingearbeitet wird (vgl. Dulabaum, 2009).

Um Einblicke in die Realitätskonstruktionen der Konfliktparteien zu bekommen, sind häufig Vorverhandlungen mit den einzelnen Parteien nötig. Diese Phase der Mediation wird auch als »Konflikterhellung« (Faller, Kerntke & Wackmann, 1996, S. 153) bezeichnet. Der *Mediator* macht sich hier zunächst ein Bild vom Stand des Konflikts, den Beziehungen zwischen den Parteien, den eingesetzten Konfliktmitteln oder den gegenseitigen Zuschreibungen. Sofern die Parteien bereit dazu sind, sich an einen Tisch mit der anderen Partei zu setzen, beginnt die eigentliche Vermittlung. Die Schwierigkeit besteht darin, einen Kompromiss zu finden, bei dem sich keine der beteiligten Parteien als Verlierer fühlt.

Eine wesentliche Aufgabe des Mediators besteht in einer Absenkung der Affekte. Gleichzeitig versucht er, die Logik des Konflikts zu entschlüsseln sowie Fremd-

und Selbstbilder offenzulegen. Zugleich geht es darum, Ansätze herauszuarbeiten, an denen ein Kompromiss ansetzen könnte. Mediatoren sind allparteiliche Personen, die weder Position beziehen noch Bearbeitungsvorschläge machen. Eine Kernaufgabe des Vermittlers besteht darin, mit den Beteiligten Möglichkeiten der nachhaltigen Kooperation zu entwickeln. Zunächst fungiert der Vermittler aber als »Störenfried«, der verfestigte Konfliktrealitäten, Kommunikationsstrukturen und Affektlogiken in Frage stellt. Vermittler loten dabei Verhandlungsspielräume aus, indem sie die Beteiligten systematisch in die Position bringen, sich die Perspektive der anderen Gruppe anzuhören. Gelingt es, die Perspektivenübernahme zu fördern, dann steigt auch die Wahrscheinlichkeit dafür, dass die Parteien ihre Position überdenken.

Mediatoren sind somit Destabilisatoren eskalierter Konfliktsysteme. Erfolgreich sind Vermittlungen allerdings nur unter der Voraussetzung, dass sie transparente Vereinbarungen generieren, die an klare Kriterien gebunden sind und für alle Beteiligten einen bindenden Charakter haben. Im Wesentlichen geht es um die Erarbeitung von alternativen Umgangsweisen, welche von beiden Parteien als Gewinn betrachtet werden können (Win-win-Konstellationen). Um dies zu erreichen, greifen Mediatoren auf ein breites Repertoire an Kommunikationstechniken zurück.

Einen anschaulichen Überblick über das Verfahren der Mediation geben z. B. Altmann und Müller (2003). Einblicke in die Möglichkeiten und Grenzen der Sportmediation liefern Thiel und Ribler (2005) sowie Ribler (2008). Die konzeptionelle Einbindung sowie die praktische Umsetzung von Mediationsverfahren im Fußball werden in dem Projekthandbuch »Konfliktmanagement im Fußball« (Ribler & Pulter, 2010) anschaulich beschrieben.

Hierarchische Durchsetzung

Mit dem Erreichen der dritten Eskalationsphase tritt eine Situation ein, bei der die Beteiligten in der Regel nicht mehr zu einem Kompromiss bereit sind. In diesem Falle ist es auch nicht mehr besonders effektiv, einen Mediator einzuschalten, der aktiv zwischen Parteien vermitteln soll. In diesen Fällen bleibt als letzte Möglichkeit, um zumindest die Folgeprobleme der Konflikteskalation einzudämmen, nur noch das Einschalten einer offiziellen Machtinstanz (z. B. Schiedsgerichte), welche Konfliktregulierungen hierarchisch durchsetzt (vgl. Glasl, 2004). Im Gegensatz zur Mediation geht es also nicht mehr um die Aushandlung eines

Kompromisses (Thiel, 2002, S. 219). Charakteristisch für diese Deeskalationsstrategie ist, dass eine Lösung unabhängig von den Interessen und Meinungen der Konfliktparteien zustande kommt. Von langfristigem Nutzen ist dieses Verfahren jedoch eher selten, da zwar eine verbindliche Regelung vorgegeben, der Konflikt aber nicht konstruktiv bearbeitet wird. Die Parteien müssen sich vielmehr der Lösung unterordnen. Dies kann dazu führen, dass der Konflikt unter der Oberfläche weiterbrodelt. Gerade für Sportspielmannschaften kann dies zum existenziellen Problem werden.

4 Fazit

Obwohl Konflikte allgegenwärtige Phänomene sind, die in der Regel rasch bereinigt werden, lassen sich immer wieder auch Konflikte beobachten, die ein Eigenleben entwickeln. Dies gilt für den Sport ebenso wie für andere Sozialräume. In ihrer Verlaufsstruktur unterscheiden sich also Konflikte im Sport nicht von Konflikten im familiären Bereich oder im Berufsleben. Um Konflikte im Sport konstruktiv managen zu können, braucht es ein grundlegendes Verständnis von der »Grammatik« sozialer Konflikte. Eine wesentliche überindividuelle Ursache von Konflikten sind strukturell vorgegebene Konfliktpotenziale. Dieser Sachverhalt ist verantwortlich dafür, dass Konflikte nicht vermieden werden können. Für das Konfliktmanagement bedeutet dies, dass nicht nur bestehende Konflikte zum Gegenstand gemacht werden, sondern bereits vor der Manifestation eines Konflikts das Verhalten der Mitglieder einer Organisation so geschult wird, dass sie produktiver mit Konflikten umgehen können. Ziel ist es letztendlich, zum einen zu verhindern, dass ein Konflikt in einer Sportmannschaft Ressourcen bindet, die in der Folge nicht mehr zur sportlichen Leistungserbringung eingesetzt werden können. Zum anderen gilt es, das produktive Potenzial von Konflikten zu fördern, nämlich Strukturen zu verändern, die den Zielen der Sportmannschaft entgegenstehen.

Lernkontrollfragen

- Was ist ein sozialer Konflikt?
- Welche konflikttheoretischen Zugänge lassen sich unterscheiden?
- Wie entstehen soziale Konflikte?
- Was sind Konfliktpotenziale und durch welche Konfliktpotenziale zeichnet sich der Sport aus?
- Wodurch zeichnen sich stabile Konfliktsysteme aus?
- Was passiert bei der Eskalation von Konflikten?
- Welche Phasen der Konflikteskalation lassen sich unterscheiden und wodurch zeichnen sie sich aus?
- Wie lassen sich Konflikte im Sport konstruktiv managen?
- Welche Möglichkeiten der Deeskalation bestehen in den verschiedenen Eskalationsphasen?
- Wodurch zeichnet sich das Management von Konfliktpotenzialen aus?
- Wie lassen sich Konfliktverläufe konstruktiv managen?

Literatur

ALTMANN, G. & MÜLLER, R. (2003). Mediation. In A. E. AUHAGEN & H-W. BIERHOFF (Hrsg.), *Angewandte Sozialpsychologie. Das Praxishandbuch* (S. 136-154). Weinheim: Beltz.

BORGGREFE, C., THIEL, A. & CACHAY, K. (2006). *Sozialkompetenz von Trainerinnen und Trainern im Spitzensport.* Köln: Sport & Buch Strauß.

BROMMER, U. (1994). *Konfliktmanagement statt Unternehmenskrise.* Zürich: Orell Füssli.

BUCHER, H.-J. & DUCKWITZ, A. (2005). Medien und soziale Konflikte. In M. JÄCKEL (Hrsg.), *Mediensoziologie. Grundfragen und Forschungsfelder* (S. 179-199). Wiesbaden: VS.

CACHAY, K. (1978). *Sportspiel und Sozialisation.* Schorndorf: Hofmann.

CACHAY, K. (1980). Zur Erforschung sozialer Konflikte in Sportspielmannschaften. In O. GRUPE (Hrsg.), *Sport: Theorie in der gymnasialen Oberstufe* (S. 276-292). Schorndorf: Hofmann.

CACHAY, K. (1988). Zur Erforschung sozialer Beziehungen in Sportspielmannschaften. In O. GRUPE (Hrsg.), *Sport: Theorie in der gymnasialen Oberstufe* (S. 356-387). Schorndorf: Hofmann.

CACHAY, K. & FRITSCH, W. (1983). Überlebensprobleme von Gruppen im Hochleistungssport. In F. NEIDHARDT (Hrsg.), *Gruppensoziologie. Perspektiven und Materialien* (S. 510-531). Opladen: Westdeutscher Verlag.

CACHAY, K. & THIEL, A. (2000). *Soziologie des Sports.* Weinheim: Juventa.

CIOMPI, L. (2005). *Die emotionalen Grundlagen des Denkens. Entwurf einer fraktalen Affektlogik* (3. Aufl.). Göttingen: Vandenhoeck & Ruprecht.

COSER, L. A. (1965). *Theorie sozialer Konflikte.* Neuwied/Berlin: Luchterhand.

DAHRENDORF, R. (1969). Zu einer Theorie des sozialen Konflikts. In W. ZAPF (Hrsg.), *Theorien des sozialen Wandels* (S. 108-123). Köln/Berlin: Kiepenheuer & Witsch.

DAHRENDORF, R. (1972). *Konflikt und Freiheit.* München: Piper.

DULABAUM, N. L. (2009). *Mediation: Das ABC. Die Kunst, in Konflikten erfolgreich zu vermitteln* (5. Aufl.). Weinheim: Beltz.

FALLER, K., KERNTKE, W. & WACKMANN, M. (1996). *Konflikte selber lösen. Ein Trainingshandbuch für Mediation und Konfliktmanagement in Schule und Jugendarbeit.* Mülheim: Verlag an der Ruhr.

GLASL, F. (2004). *Konfliktmanagement. Ein Handbuch für Führungskräfte, Beraterinnen und Berater* (8. Aufl.). Stuttgart: Freies Geistesleben.

KLEIN, M. & CHRISTIANSEN, G. (1966). Gruppenkomposition, Gruppenstruktur und Effektivität von Ballspielmannschaften. In G. LÜSCHEN (Hrsg.),

Kleingruppenforschung und Gruppe im Sport (S. 180-191). Opladen: Westdeutscher Verlag.

LENK, H. (1966). Maximale Leistung trotz innerer Konflikte. In G. LÜSCHEN (Hrsg.), *Kleingruppenforschung und Gruppe im Sport* (S. 168-172). Opladen: Westdeutscher Verlag.

LUHMANN, N. (1981). *Ausdifferenzierung des Rechts. Beiträge zur Rechtssoziologie und Rechtstheorie*. Frankfurt/M.: Suhrkamp.

LUHMANN, N. (1984). *Soziale Systeme. Grundriß einer allgemeinen Theorie*. Frankfurt/M.: Suhrkamp.

RIBLER, A. (2008). Interkulturelle Konfliktvermittlung/Mediation im organisierten (Fußball-)Sport. In S. BRAUN & S. HANSEN (Hrsg.), *Steuerung im organisierten Sport* (S. 351-359). Hamburg: Czwalina.

RIBLER, A. & PULTER, A. (Hrsg.). (2010). *Konfliktmanagement im Fußball*. Frankfurt/M.: Sportjugend Hessen.

SIMMEL, G. (1958). *Soziologie*. Berlin: Duncker & Humblot.

THIEL, A. (2002). *Konflikte in Sportspielmannschaften des Spitzensports. Entstehung und Management*. Schorndorf: Hofmann.

THIEL, A. (2003). *Soziale Konflikte*. Bielefeld: Transcript.

THIEL, A. & CACHAY, K. (2008). Soziale Konflikte im Sport. In K. WEIS & R. GUGUTZER (Hrsg.), *Handbuch Sportsoziologie* (S. 266-276). Schorndorf: Hofmann.

THIEL, A. & RIBLER, A. (2005). Mediation von Konflikteskalationen in Sportorganisationen. In C. BREUER & A. THIEL (Hrsg.), *Handbuch Sportmanagement* (S. 47-60). Schorndorf: Hofmann.

WILHELM, A. & DREWS, J. (1997). Kohäsion und Leistung am Beispiel einer Volleyballmannschaft. In E.-J. HOSSNER & K. ROTH (Hrsg.), *Sport-Spiel-Forschung: Zwischen Trainerbank und Lehrstuhl* (S. 140-142). Hamburg: Czwalina.